DEERBOOK
鹿 书

中国思想史中的知识信仰与人间情怀

刘芝庆 著

武汉大学出版社

目录

序 ...i
自 序 ...i

王道、经学与身体 ...1
北宋理学"天人之道"溯源 ...24
观物之极,游物之表 ...66
心学经世陆象山 ...78
陈亮经学述义 ...104
"真迂阔"的儒者 ...127
见山又是山 ...152
理礼双彰 ...206
"情不能不因时尔" ...229
文人论经 ...246
身体与美学 ...262
博学于诗 ...281

序

湖北经济学院刘芝庆教授将他近年所发表的 12 篇论文,集结成《解释世界与改变世界:中国思想史中的知识信仰与人间情怀》一书,这是芝庆继 2017 年博士论文《自适与修持——公安三袁的死生情怀》(湖北人民出版社,2017)之后,在大陆出版的又一本简体字版论文集。芝庆与我相识超过 15 年,在台湾大学硕士班求学时期上过我许多课程,担任我的教学助理与研究助理期间,更是共学适道的善友。他远道索序与余,我义不容辞,乐于应命,写一点阅读芝庆这部新书的心得与想法,以就教于读者朋友。

这部书包括 12 篇独立论文,研究主题各不相同,从西汉董仲舒(公元前 179—前 104)的春秋学,唐代至北宋的"天人之道",南宋苏轼(1037—1101)、陆象山(1139—1192)、陈亮(1143—1194)、叶适(1150—1223),到明末王夫之(1619—1692)以至近代康有为(1858—1927)、廖平(1852—1932)与胡适之(1891—1962),各文论述内容表面上似不相干,但其实各文之间呈现一个贯通性的主题,这个主题就是"从个人之'安身立命'到'兼善天下'如何可能"。用孔子(公元前 551—前 479)的话来说,就是如何从"修己以敬",迈向"修己以安人"以及"修己以安百姓"的问题;用庄子(约公元前 399—前 295)的话来说,就是"内圣"与"外王"的贯通如何可能的问题;用青年马克思(Karl Marx, 1818—1883)在《关于费尔巴哈的提纲》中的话来说,就是从"解释世界"到"改变世界"如何可能的问题。芝庆以"解释世界与改变世界"作为本书书名的主标题,他所关怀的正是中国思想史中知识分子的"知识信仰"与"人间情怀"如何结合的问题。

芝庆在本书中探索这个问题的切入点有二:第一是"身体观",第二是"经世论",并将两者合而观之。这两个切入点正好是最近几十年来中国思想史研究的重要学术领域。我想就这两个领域的研究进展与芝庆的论点略加探讨。

首先,"身体观"是最近30年来东亚思想史研究的重要创新领域,语言哲学家约翰逊(Mark Johnson, 1949—)有专书探讨人对意义的认知、想象与理性实有其"身体"之基础。[1] 20世纪70年代,汤浅泰雄(1925—2005)也曾有专书研究东亚的身体哲学,认为这是一种身心合一的实践性的体验之学,但又是具有超越经验的一套知识。[2] 杨儒宾的《儒家身体观》对汉语学术界的中国身体哲学研究,有其开创之功。[3] 吴光明的《中国身体思维》则聚焦在中国哲学家通过"身体"进行哲学思考的方式,并随时与西方哲学互作比较。[4] "身体"在东亚思想界,一直是一个重要的主题,我曾归纳东亚思想史上的"身体观"为四种类型:(1)作为政治权力展现场域的身体;(2)作为社会规范展现场域的身体;(3)作为精神修养场域的身体;(4)作为隐喻的身体。[5] 芝庆研究中国思想史中的"身体观",从"作为政治权力场域的身体"进入。他2009年在台大的硕士论文,就

1　Mark Johnson, *The Body in the Mind: The Bodily Basis of Meaning, Imagination and Reason*, Chicago and London: University of Chicago Press, 1987.

2　[日]汤浅泰雄:《身体——东洋の身体论の试み》,东京:创文社,1977,1986。此书有中译本:《灵肉探微》,马超等译,北京:中国友谊出版社,1990;亦有英译本: Yasuo Yuasa, *The Body: Toward an Eastern Mind-body Theory*, edited by Thomas P. Kasulis; translated by Nagatomo Shigenori, Thomas P. Kasulis, Albany: State University of New York Press, 1987。

3　杨儒宾:《儒家身体观》,台北:"中央研究院"中国文哲研究所筹备处,1998。

4　Kuang-ming Wu, *On Chinese Body Thinking: A Cultural Hermeneutics*, Leiden: E. J. Brill, 1997。我曾有书评评介这本书,刊于 *China Review International*, Vol.5, No.2 (1998, Fall), pp. 583-589。

5　黄俊杰:《东亚儒学:经典与诠释的辩证》,台北:台湾大学出版中心,2007,页190—210。

是研究先秦到汉初的身体政治论。[1] 芝庆在本书第一篇中，将"修身"与"经世"的关系，做了较为详细的阐释。他说：

> 董仲舒的理论，主要的针对对象是君王。他以公羊学解《春秋》，《春秋》寓含了王者改制之道，因此破解圣经，就成了他所发现之秘，但是解经法，事实上又是为世立法，必有赖君者实践。他将修身治国的原则性带入其中，修身立道，就是法天而行，具有参化天地的神圣感体验，表现在对礼的各种实践中。

这样的讲法，是可以成立的。我想再加以补充的是，董仲舒虽然强调"道之大原出于天"，但是董子是从人事而反思天道。马一浮（1883—1967）先生说：

> 董生曰："不明乎《易》，不能明《春秋》。"以《春秋》推见至隐，以人事反之天道，是故因行事加王心。王心者何？即道心也、天理也。志在《春秋》，此志即王心也。[2]

马先生这一段话最为深刻，是确切不移之论。

芝庆在本书第 11 篇文字中，讨论清末民初以来中国思想家对于身体的改造与进化特加重视，他以康有为与廖平为例，申论新时代中国的修身观，饶有新意。事实上，民国初年这种以强身保健为目标的新修身观，已经落实在新式大学的教育之中。先师萧公权（号迹园，1897—1987）先生曾回忆他在 1918 年至 1920 年肄业国立清华大学时的体育课程说：

> 清华特别注重体育。其主要目的不在训练少数运动选手而在普遍地培养学生的体力，用以矫正中国读书人文弱的积病。每天清晨高等科的学生要集合在广场

---

[1] 刘芝庆：《修身与治国——从先秦诸子到西汉前期身体政治论的嬗变》，台北：花木兰文化出版社，2015。

[2] 马一浮：《通治群经必读诸书举要》，《复性书院讲录》卷 1，台北：广文书局，1970，页 25。

上,由体育教员布汝士先生(Mr. Bruce)领导,做十五分钟的柔软体操(天雨改在体育馆举行),然后才分别到教室里去上课。每天下午两点到三点钟,宿舍、图书馆、教室的门都关锁起来。学生纵然不在操场或体育馆做运动,也得在校园里空气流通的地方散步或坐地。此外还有每星期若干小时由教员分级分组指导的体育课程……学校规定学生平日的体育课程及格方能毕业,毕业前的体力测验通过达到标准方能遣送游学。民国八九年间的体力测验包括下列五项:(一)百码快跑;(二)跳高或急走跳远(两者任择其一);(三)攀绳;(四)横杠翻越;(五)游泳。[1]

萧先生这段证言,可以为芝庆所说的清末民初的新修身观,在新式教育中的落实,提供第一手的史料。

其次,芝庆这部书所讨论课题的第二个重点在于中国经世思想。20世纪70年代,日本前辈学者山井涌(1920—1990)就讨论过明清时代以经世致用为目标的实学。[2] 经世思想更是20世纪80年代中期以降,美国汉学界所关心的一个研究课题,举办过几次国际研讨会,也有论文集出版[3],台北"中央研究院"近代史研究所也曾召开会议,并编成论文集出版。[4] 从经世思想研究的立场来讲,芝庆这部书中的中国经世思想研究,虽属旧题,却有其新意,例如在本书第4篇,芝庆将陆象山的心学与经世思想加以贯通,回答"修身究该如何治国"之问题(本书页78—103)。本书第5篇论陈亮所持"道"在"事"中的经学观;第6篇析论叶适的事功之学背后的心学基础,都与芝庆2009年在台大所提交的硕士论文《修身与治国》中所探讨的所谓"身国共治"思想研究一脉相承。十年来芝庆将"身体观"与"经世思想"合而观之,他的研究成果为中国身体哲学与经世思想

---

[1] 萧公权:《问学谏往录》,收入《萧公权文集》,北京:中国人民大学出版社,2014,页21。

[2] [日]山井涌:《明清思想史の研究》,东京:东京大学出版社,1981。

[3] Robert P. Hymes and Conrad Schirokauer eds., *Ordering the World: Approaches to State and Society in Sung Dynasty China*, Berkeley, Los Angeles, Oxford: University of California Press, 1993.

[4] 《近世中国经世思想研讨会论文集》,台北:"中央研究院"近代史研究所,1984。

研究开启了新的视窗。近年来，大陆学界有所谓"心性儒学"与"政治儒学"的提法，作为纯理论分析而言，这种提法虽有所见但失之二分，虽有分河饮水之便，却无同条共贯之契。在儒家思想中，"格致诚正"与"修齐治平"绝不断为两橛。在实践过程中"心性儒学"与"政治儒学"如车之二轮，鸟之两翼，不可分亦不能分，两者之间虽不免有其互为紧张性，但在实践上却有其不可分割性。本书各篇都在不同主题研究中彰显这项事实。

以上是我阅读芝庆这部书之后，就这部书的研究主题，亦即中国思想史中的"身体观"与"经世论"，表达一些我个人粗浅的看法。

芝庆这部书除第 8 篇论朝鲜阳明学者郑齐斗（号霞谷，1649—1736）之外，各篇文字均从中国思想史立场论中国思想家，这自然是由于研究主题及其性质所决定的，读者完全可以理解。但是，自从 16 世纪以后，中、日、韩各国文化交流日益频繁，各国思想交光互影之处甚多，而由于中国文化是东亚文明的核心，思想史上许多缘起于中国的概念或命题，在中国本土原处于郁而不发之状态，但东传朝鲜或日本以后，却在异域大放光芒，成为朝鲜或日本思想的主流命题，例如朝鲜思想史上的"四端七情之辩"即为重要的个案。[1] "四端"出自《孟子》，"七情"则出自《礼记》，这两个儒家核心概念，都在朝鲜半岛获得前所未有的"显题化"。此外，《论语》东传日本以后，对日本影响极大，17 世纪日本古学派儒学大师伊藤仁斋（维桢，1625—1705）将《论语》推崇为"最上至极宇宙第一书"。[2] 日本儒者诵读《论语》，出新解于陈篇，《论语》的重要命题，如"学而时习之"、"吾道一以贯之"及"五十而知天命"等，在德川日本将近 300 年间，都获得崭新的诠释。[3]

从这个角度来看，芝庆讨论朝鲜阳明学者郑齐斗"理""礼"双彰的经世

1　李明辉：《四端与七情——关于道德情感的比较哲学探讨》，台北：台湾大学出版中心，2012。
2　[日]伊藤仁斋：《论语古义》，收入[日]关仪一郎编《日本名家四书注释全书》，东京：凤出版，1973，第 3 卷，论语部一，《总论》，页 4，亦见于[日]伊藤仁斋：《童子问》，收入[日]家永三郎等校注《近世思想家文集》卷上，东京：岩波书店，1966，1981，第 5 章，页 204。
3　参见黄俊杰《德川日本〈论语〉诠释史论》，台北：台湾大学出版中心，2007，增订 2 版。

之学，如果再进一步取之而与中国清儒的"礼"学论述互作比较，则郑齐斗的"理""礼"双彰思想的思想史位置将更为彰显。郑齐斗说：

> 物者心之感应也；事者良知之用也（物由于心，心在于物，不可分缺），皆意之所着也，而非理之所出也。理者心之体而知之能也，理字只作礼字看，盖心之有礼文于事物也，即如天之正性命于物也，吾之各尽礼义，即天之各正性命也，天命造化，与吾心天理，只是一事一理。[1]

郑齐斗以上这一段论述，呈现了他典型的阳明学思想立场。郑齐斗之所以主张"理字只作礼字看"，乃因他认为"理"与"礼"均源于"心"。

"理"与"礼"的关系，到了清代儒者手上被完全翻转。18世纪中国"礼"学大师凌廷堪（字次仲，1755—1809）所著《复礼》三篇，是清儒礼学论述的代表作。凌廷堪主张宋儒所说的"理"是抽象概念，幽深微眇，但"礼"是具体行为，有事可循，有物可稽，所以他接着主张：

> 仁不能舍礼但求诸理也。……夫仁根于性，而视听言动则生于情者也。圣人不求诸理而求诸礼，盖求诸理必至于师心，求诸礼始可以复性也。[2]

凌廷堪的"复礼"新诠，深深地浸润在清儒特重"礼"学的学术氛围之中，而且与18世纪中国江南地区商品经济飞跃发展所带来的社会风俗贪奢有深刻之关系。

如果采取东亚比较思想史的视野，将18世纪清儒"礼"学思想，与17世纪下半叶到18世纪上半叶的朝鲜阳明学者郑齐斗互作比勘，则郑齐斗"理""礼"双彰的思想将更能获思想史上的定位。

---

1 （清）凌廷堪：《杂著一·复礼上、中、下》，《校礼堂文集》卷4，北京：中华书局，1998。
2 （清）凌廷堪：《杂著一·复礼下》，《校礼堂文集》卷4，北京：中华书局，1998，页31—32。

我仅取韩儒郑齐斗为例,建议芝庆百尺竿头,更进一步,扩大视野,从东亚宏观视域出发,当更能体会并体知中国文化的博大精深及其光被异域的影响力。除了韩儒郑齐斗,本书所论的南宋功利学派思想家陈亮、叶适等人,其所采取的"王霸同质论"与"功效伦理学"立场,与德川时代(1603—1868)日本学者(尤其是古学派儒者)的思想,都可比而观之,从而开启一片芳草鲜美、落英缤纷的学术桃花源。我期待芝庆行过幽崖,舒展望眼,再创研究的新境界。

　　是为序。

黄俊杰

2019 年 1 月 2 日

于台北文德书院

自 序

《解释世界与改变世界：中国思想史中的知识信仰与人间情怀》，是我从2015年至武汉任教以来第二本简体字版学术著作，上一部是博士论文：《自适与修持——公安三袁的死生情切》（湖北人民出版社，2017）。从面对死亡到如何活着，"知识信仰"与"人间情怀"一直是我个人学术工作中相当在意的价值。照理说，知识应该是客观的，若牵涉信仰，或有偏颇与执拗的可能；而过度膨胀自身，把现世带回过去，古人的话少，自己的话多，更不能说是严谨的学术研究。其实，问题或许没这样严重，"知识信仰"讲的就是温度，用流行许久的话来说，就是"生命的学问"或是"生活的学问"，但生命也好，生活也罢，不能只是单向度，而应是多元而复数，这就可接上"人间情怀"的面向。

我们人文学者所关心的，或许都是曾经的事物。可是，国家或社会若没有历史，人们从不回头看，不知此道，或觉得是过去的腐物朽事，陈旧不堪，那他跟历史的关系，往往是断裂的。对历史缺乏温情之敬意，他就只能活在当下，继而觉得要革命，要创新，要进步，非得往前看，对于过去只能进行否定、批判、推翻。瞧不起过去，又担心别人瞧不起自己，既不能令，又不受命，不敢承认生命缺乏深度，只好觉得这些研究死去人事物的文史哲学科找不到工作，就业难寻，没什么用,"情怀""信仰"云云反而常常成为被讥笑的话柄。

这种生命状态,缺乏血气,失温已久,被现代性驯化之后,大叙事、套理论,劈头盖脑,养成了过分专业的眼睛,不见天宽地阔,难以体会其他学科领域的美丽与哀愁。若要拯救这种精神贫瘠,只能在审美体验与历史感受中去培养,这就是我们所谓的人文精神。但人文精神不是非得在文史哲专业中学习,而是要有自觉,具有"知识信仰"与"人间情怀",不能再用狭义的科学偏见去衡量天地万物。

这本书所论及的人物、处理的事件,或许难以归类为哲学、史学或文学等等。而现代的研究,区别分科,专业当道,尽精微,极细腻,当然也很好,但其实我更关心的,还是这些被研究的对象,他们是怎么想的。时塞有通,否终有泰,怎么解决生命的问题?新旧扞格,妍媸并存,又怎么回应时代?他们对于知识,更多是在自我与他者、个人与群体、社会与国家的种种互动中我思故我在,情怀所及,既有贪痴嗔慢、偏见恩仇,又不想托足无门,失生迷路;而旅人漂泊,同气相求,渴望被人看见,却又自命文隐;为人为己,或少或多,于是课虚无以责有,叩寂寞而求音。解释世界与改变世界,百余年前马克思的名言,竟成了我们进入历史的路径,也成了本书的主题宗旨。

古人如此,今人又何尝不是?时移世易,相较前几代人的战乱流离、花果飘零,我们活在当下,可能才是最幸运的。在两岸风云万端,变幻莫测的时代,那边少子化,经济不振,这边多禁忌,浮华气躁,"满前扰扰争喧拿",未来如何,谁都说不准。很多话题,被特殊化,又被去脉络化。同样一件事,不同立场的朋友说着极端的观点,相近人士互相取暖,每个人都觉得自己说的是真相,看到别人没看到的,每个人也都有自己的信仰与情怀。从世界局势来看,中国与美国的争端,不只是"文明的冲突"而已,更多的是国际上角力、势力的竞逐。而学者们阅世述学,因时宜,应机变,趋事理,又该如何安放自己的知识,抒展情怀?于是今之视昔,亦古亦今,历史真的成了现在与过去的不断对话。或许,这个世界很大,但一切只跟自己有关,在可能是如鱼得水,也可能成了两面不讨好的机遇里,我们生活其中,呼吸着,触摸着,感受着,观察着,述往事,思来者,知识成了我们理解世界的力量，对人间的关心，则促使我们去改变。悬拟推揣，自古成败在尝试，福祸相倚，优缺并存——原来，我们可以是时代的最佳见证人与参与者。

2018 年 12 月 12 日
于汤逊湖旁

王道、经学与身体
——重探董仲舒的春秋学

一、前言

  以经为政,解释经典中的典章制度,古为今用,一向是中国传统学术的重要环节。在古人的认知里,经典并非束之高阁的图书馆书籍,而是斟酌损益,因应人情之后,旧瓶装新酒,可以因应于时代,切合于社会的。《春秋》一书更是明天人相与、通阴阳五行,是治国的大经大法,董仲舒自己便说:"《春秋》大一统者,天地之常经,古今之通谊也。"[1] 根据陈苏镇的研究,在士大夫与儒生的推动下,《春秋》是汉代立法与推行政制的主要经典之一,极为重要。[2]

  董仲舒身属其中,也不例外。而董仲舒的解经学,在《春秋繁露》有更完整的说明。《春秋繁露》最早见于《隋书·经籍志》,在此之前,并无董仲舒撰《春

---

[1] (汉)班固撰、(唐)颜师古注:《汉书》,台北:宏业书局,1996,页2523。西汉公羊学特别强调大一统,并主张崇让观,显然与西汉从分封功臣到分封诸王的历史有关。武帝时期,诸侯王多有骄恣,武帝胞兄胶西王,便是其中之一,所以武帝特地命董仲舒为胶西相,此所以有《春秋繁露》其中《对胶西王越大夫不得为仁》之作。可见张端穗《西汉公羊学研究》,台北:文津出版社,2005,页12。

[2] 参见陈苏镇《汉代政治与〈春秋〉学》,北京:中国广播电视出版社,2001。较早期的研究,可见刘德汉《从〈汉书·五行志〉看〈春秋〉对两汉政教的影响》,台北:华正书局,1979,第四章。

秋繁露》的记载，故历代不乏质疑其非董氏著作的声音，经过学者考证，现在大致可以作这样的判断：《春秋繁露》全篇不一定是董仲舒亲自著作，但即使是由后世弟子或后人编著，仍可代表董仲舒的思想。[1] 当然，董仲舒基本上是以公羊学解读《春秋》，《史记·儒林列传》载："唯董仲舒明于春秋，其传公羊氏也。"就董仲舒看来，经学是他理解世界、改变世界的资源，他以公羊学的角度，在学术与政治交涉中，在理想与现实的冲突里，擘画政策，企图开物成务，以经学论政，以经学改制更化。但是，从经学世界到国家社会，董仲舒究竟是怎么言政论道的？这是本文首先要讨论的问题。

更进一步来看，其实经学更是董仲舒的生活世界，此处的生活世界，并非指生活起居、人伦日用之类，而是他到底怎么感受世界，将其转化成对经学的理解与投入，从而建构了他的经学观点。这种感受，当然有学术传统的传承，也有着个人的特色。其中最重要的发挥之一，就是感官，感官来自身体，若依余舜德之说，身体与外部空间的互动感受种类繁多，诸如冷、热、亮、暗、香、臭、干净、恶心、刺痛、肮脏……不一而足，都是我们身体的感受与外在环境的"焦点"，可称之为"身体感"[2]，属于身体的经验。举凡日常生活中的许多观念，都可以从身体

---

[1] 最早提出质疑的是宋人程大昌，稍晚的黄震也提出类似看法，他们大多认为《通典》《太平御览》等书都有转引文字，但查今本《春秋繁露》却皆无记载，而且此书文意浅薄，不似董仲舒所为，加上有些篇幅混杂难分，因此断定非董仲舒著作。对此疑案，近人徐复观先生已有考证，他认为这些质疑最多只能说明此书有残缺，但并非伪书，而且文辞并不肤浅，总之，《春秋繁露》固然可能是由后人整理而成，但仍可代表董仲舒的思想。近人戴君仁亦提出董仲舒不讲五行的观点，他认为《汉书·董仲舒传》只讲阴阳，未言五行，将《汉书》与《春秋繁露》比照，当然应该是以《汉书》为主，徐复观不认同这样的观点，他认为《天人三策》的中心内容是刑德之说，以刑德配合阴阳，这也正是《春秋繁露》的讲法，因此董仲舒没有在《天人三策》中讲五行的必要，邓红在此基础上继续推衍，他认为《天人三策》确实有类似五行的说法。除此之外，日本学者如庆松光雄、田中麻纱巳、近藤则之等人也对《春秋繁露》的一些篇章（特别是有关五行的篇章）提出质疑，但这些说法已有学者驳之。可参徐复观《两汉思想史》（卷二），上海：华东师范大学，2001，页192—194；邓红《董仲舒思想研究》，台北：文津出版社，2008，页192—195、264—276。

[2] 自笛卡尔以来身心二元论的结构，经历康德（Kant）与黑格尔（Hegel）纯粹意识或是精神哲学的发展，特别是在黑格尔之后，在二元结构中处于受轻视一方的身体渐为人所重，不管是尼采（Nietzsche）、叔本华（Schopenhauer）或是柏格森（Henri Bergson）对身体做了不同程度的表述，这种身心的二元模式，到了梅洛-庞蒂（Merleau-Ponty）手上，则因其强调身体意向性与身体主体，渐渐克服了这种二元对立。就梅洛-庞蒂看来，身体不只是物质肉身的身体，更是人存在的根基，也唯有通过身体，才能开展出充满价值生命的生活世界。就此点来说，梅洛-庞蒂建立了真

经验中找到源头，如洁净、庄严、神圣、正式等等。身体感更可以引申出联类关系，例如从黑暗感觉到恐怖，从明亮与某些色彩中感受到华丽，类似认知科学强调的观念与文化分类系统，意谓当人们接受庞杂的身体经验与感受时，往往会将资讯分类放入秩序中（put into order），然后加以解读并作出反应。[1]若依此说，董仲舒有非常多的语句，讨论了类似的问题，这些论述，并非单纯地将身体做比喻而已，而是真的使用了许多具体的感受，丰富了他的论述内容。但是，这些感受，到底怎么转化成他的政治论述，以及他对于更化的观点？学界对此，虽已有些专论[2]，但对于身体与公羊学、感官感受与政治教化如何结合，如何转换，讨论似乎也还不太多。本文的出发点，即是企图拾遗补阙，重新思考董仲舒的许多论点，也希望能从经学的角度，省思近来流行的身体的议题。[3]

二、经术而通治道

武帝即位之后，曾下了一份诏书，以求贤良方正直言极谏之士，之后在元光元年（前134）又诏贤良察策。在两次诏问之中，最著名的回应就是董仲舒的《天

正意义的身体现象学。自此而后，在身体议题的推衍与开展之下，又发展出身体与权力、身体与美学、身体与语言、身体与性别、身体与文化批判等相关论述。这种对于知识、权力、性别与身体网络关系的研究，风潮始终不衰。

正因为此，当许多学者开始探讨中国学术思想中的"身体观"或是"身体感"的时候，他们必须自问：中国身体观是否存在？若无，原因为何？若有，其与西方又有何不同？这种反思，一方面是对西方学术的回应，另一方面，也是借由这样的问题意识再度清理自身。而作为中西文化比较视野下的议题，也有许多学者试图作出回答，诸如杨儒宾、黄俊杰、蔡璧名、林素娟等等。其实，在他们的论述里，"身体观"或是"身体感"又有不同，是有自觉地使用这一名词。学者们对此的定义与差异，可参刘芝庆《儒学身体观的新视野》，收于郭齐勇主编《当代新儒家与当代中国和世界》，贵阳：孔学堂书局有限公司，2017，页83—95。

1 参见余舜德《物与身体感的历史：一个研究取向之探索》，《思与言》第44卷第1期，2006，页23—24。
2 王中江、李存山主编的《中国儒学》第十辑，便收有王志楣《从身体观诠释董仲舒之天人感应》、彭国翔《修身与治国：董仲舒身心修炼的功夫论》。
3 关于"身体观"或是"身体感"的定义，以及如何放到中国学术思想中解读，学界讨论颇多。当然，因应主题，本文并不处理这些问题，只是借由这些论述的启发，来探讨董仲舒的经学世界，并非专门探讨董仲舒的身体观或身体感。

人三策》。故董仲舒论治道，以《天人三策》与《春秋繁露》最为重要，且都跟他的立场有关，也源自他的经学，特别是对《春秋》的理解。[1]

前已言之，董仲舒所学所传者，为公羊学。公羊学本为解经学的一种，公羊学者多认为整部《春秋》基本上是一部拥有庞大寓意的经典，虽然不是全部文字段落都含有密码，但是许多寄托寓意，言此事而意在彼，表面是说某史事，实则借由论述史实而展露微言意旨，托古改制。换句话说，将《春秋》视为一个完整的寄托系统，表面是讲齐桓晋文与鲁国诸公之事，其实多是象征，另有其他蕴含所在，此即孔子之微言。例如《春秋公羊传》开头第一句："元年，春，王正月，元年者何？君之始年也"，徐彦的解释是："若左氏之义，不问天子诸侯，皆得称元年。若《公羊》之义，唯天子乃得称元年，诸侯不得称元年。此鲁隐公，诸侯也，而得称元年者，《春秋》托王于鲁，以隐公为受命之王，故得称元年矣"，"不言公，言君之始年者，王者诸侯皆称君，所以通其义于王者，惟王者然后改元立号，《春秋》托新王，受命于鲁，故因以录即位，明王者当继天奉元，养成万物"。隐公为受命之王，而明王继天奉元，养成万物，故以元年称之。[2]

何休、徐彦是后世人，生当董仲舒之后，但以公羊学解经的大脉络是不变的。董仲舒亦是依此大原则讲《春秋》，所以他解"元年，春，王正月"，认为元就是一，代表政治上的君王，于是便以君王修身是治国基础来作出解释：

> 臣谨案，《春秋》谓一元之意，一者万物之所从始也，元者辞之所谓大也。谓一为元者，视大始而欲正本也。《春秋》深探其本，而反自贵者始。故为人君者，正心以正朝廷，正朝廷以正百官，正百官以正万民，正万民以正四方。[3]

为人君者，正心以正朝廷，而董仲舒以孔子作《春秋》的内容，表述王者应

---

[1] （汉）司马迁撰、[日]泷川龟太郎注：《史记会注考证》，台北：万卷楼图书公司，1993，页1292。

[2] 参见（汉）何休注、（唐）徐彦疏《春秋公羊传注疏》，上海：上海古籍出版社，2014，页6。

[3] （汉）班固撰、（唐）颜师古注：《汉书》，页2503。

为之事,言王者之义。他用此法解经,亦是借此说明他的政治观点,正为公羊学通论。康有为看到了这层道理,在《春秋董氏学》中说:

> "缘鲁以言王义",孔子之意,专明王者之义。不过言托于鲁,以立文字……自伪《左》出,后人乃以事说经,于是周、鲁、隐、桓、定、哀、邾、滕,皆用考据求之。痴人说梦,转增疑惑,知有事而不知有义,于是孔子之微言没,而《春秋》不可通矣。尚赖有董子之说,得已明之……

> 公羊传《春秋》托王于鲁,何(芝庆按:指何休)注频发此义。人或疑之,不知董子亦大发之。[1]

以今观之,康有为解析孔子微言大义的结论,固然不符合史实,但也是为了表达他在现实政治上的需要。他站在公羊学的立场,辨章学术,考镜源流,他不只看到了何休的公羊解经学,更认为这种解经法早在董仲舒时代已有阐发。正如皮锡瑞所言,公羊学解《春秋》,这种寓意解经法一向为中国学术思想史的传统[2],只是康有为更加扩大了这样的说法,延及于三代或是其他经书而已。[3] 另外要说明的是,说董仲舒与何休乃至康有为相同,是指他们都认为《春秋》是部拥有丰富寓意系统的经书,需以某些特定方法解释,即他们都是站在公羊学的立场解经,并非指他们对于经文的解释都是一样的、毫无差异的,况且他们对"史"的定义也不同。例如董仲舒言"远外近内"就与何休的解释不同,内、外,在《公羊传》里本指鲁国与他国之分,其后推衍至夷夏之别,诸夏为内,夷狄为

---

[1] 康有为:《春秋董氏学》,收于姜义华等编《康有为全集》(第三册),上海:上海古籍出版社,1987,页670。
[2] 参见(清)皮锡瑞《论董子之学最醇,微言大义存于董子之书不必惊为非常异义》,收于氏著《经学通论·春秋》,北京:中华书局,2003,页4—6。
[3] 参见刘芝庆《论康有为与廖平二人学术思想的关系——从〈广艺舟双楫〉谈起》,收于氏著《经世与安身:中国近世思想史论衡》,台北:万卷楼图书公司,2017。

外[1]，是一种相对性的指称。董仲舒基本上是用"缘鲁以言王义"的原则，以"天子"的角度来看鲁与他国，以"中国"的角度来看诸夏夷狄的内外之别，是要借此说明"鲁无鄙疆"，对远夷应该要"内而不外"[2]；何休则否，他以三世说直接对应内外之分："所传闻之世"是见治于衰乱之中，所以是对应"内其国而外诸夏"。"所闻之世"是见治升平，对应"内诸夏而外夷狄"。"所见之世"，著治太平，夷狄进至爵，所以是"天下远近大小若一"[3]，此正可见董仲舒与何休解经内容之差异。除此之外，又或是公羊家虽同以"科""旨"解经，但董仲舒的六科十指也与何休、徐彦所谓的三科九旨有异有同，不可一概而论，关于董、何说法的比较，后续会解释，此处暂不详说。对于这种现象，阮芝生曾言："自董仲舒何休以下，皆说公羊之学，而各亦不能尽同。"[4] 观察极为正确，董、何二人虽然站在公羊解经学的立场，但内容亦有差异，不会完全相同。更进一步来讲，虽说公羊学家多把《春秋》的托寓意符视为解经的关键，但并不代表他们都认为这些史实全部是假的，多有可能是解经者自己的"历史性"解读[5]，而也在学术史中早已自成脉络，变成了另一种历史事实。公羊学者间彼此论史事的差异，以及他们各自的"历史性"立场，颇值得注意。[6] 这方面的研究，因与本文主旨无关，难以详论，更具体细致的研究，当另以专文探讨。

当然，如前所言，董仲舒以公羊学解经，不只有经学上的意义。又或者是说，将经学落实到具体世界中，正是理解世界，进而改变世界的关键。这也是董仲舒以公羊学解释《春秋》的重要立场，他说：

1　参见杨济襄《董仲舒春秋学义法思想研究》，台北：台湾师范大学国文研究所，2001，页439。
2　杨济襄：《董仲舒春秋学义法思想研究》，页473—476。
3　（汉）何休注、（唐）徐彦疏：《春秋公羊传注疏》，页26。
4　阮芝生：《从公羊学论春秋的性质》，台北：台湾大学文学院，1969，页10。
5　所谓的"历史性"解读，根据黄俊杰的看法，是指解读者身处时代的历史情境与历史记忆，以及其思想系统，都会影响解读者以自己的"历史性"进入文本的思想世界。黄俊杰：《东亚儒学史的新视野》，台北：台湾大学出版中心，2006，页46—48。
6　笔者最近就以董仲舒、苏舆、康有为为例，分析他们解读《春秋》历史性的差异。可见刘芝庆《述古与立义——董仲舒与苏舆的公羊学》，收入《经学史重探——中世纪以前文献的再探讨》，台北："中央研究院"文哲所，2019。

> 今所谓新王必改制者,非改其道,非变其理,受命于天,易姓更王,非继前王而王也。若一因前制,修故业,而无有所改,是与继前王而王者无以别。(《楚庄王》)

> 有非力之所能致而自至者,西狩获麟,受命之符是也。然后托乎春秋正不正之间,而明改制之义……(《符瑞》)[1]

改制,即是更化,董仲舒认为经过汉初因循而治的政局之后,到了武帝,时移世易,是该有所变化的时候了:"为政而不行,甚者必变而更化之,乃可理也。……当更化而不更化,虽有大贤不能善治也。"[2] 可是改制并非变道,亦非变理,只是受命于天,而时世代换,所以救世的方法也不同而已。《天人三策》的第二策:"夏上忠,殷上敬,周上文","今汉继大乱之后,若宜少损周之文致,用夏之忠者"[3],夏尚忠,周尚文,尚忠即是以质朴无华为重。董仲舒此说即是以质救文,文不必滥,而质亦不可少,若以文意来看,汉继大乱以后,应少损周之文,而是以质为主,因此忠与质含义接近。文质俱备基本上仍是董仲舒的理想,只是三代质文轮替,以致偏重各有不同。

三代质文的问题,仍可再论。《春秋繁露·三代改制质文》又说:"一商一夏,一质一文,商质者主天,夏文者主地。"[4]《十指》也说:"承周文而反之质。"[5] 则夏又主文,如果代入第二策的说法,以夏救汉承周文之弊,若夏主文,如此则是以文救文,则矛盾不可通。徐复观也发现了这个问题,他认为董仲舒自己也明白文质交替的说法过于机械、勉强,于是在《天人三策》的第二策将夏改成尚

---

1 (清)苏舆:《春秋繁露义证》,北京:中华书局,2002,页17、157。
2 (汉)班固撰、(唐)颜师古注:《汉书》,页2505。
3 (汉)班固撰、(唐)颜师古注:《汉书》,页2518—2519。
4 (清)苏舆:《春秋繁露义证》,页205。
5 (清)苏舆:《春秋繁露义证》,页146。

忠,以避开文质与朝代更替对应的矛盾冲突。[1] 此说可再商榷,因为我们无法肯定《天人三策》的第二策是否成于《春秋繁露》之后。《汉书》本传也只说"仲舒所著,皆明经术之意,及上疏条教,凡百二十三篇。而说春秋事得失,《闻举》《玉杯》……复数十篇,十余万言,皆传于后世"[2],根本未言时间。况且《天人三策》的时间点也有两种说法,《汉书·武帝纪》载元光元年下诏贤良策问,"于是董仲舒、公孙弘等出焉"[3],是以元光元年为《天人三策》之年,但《汉书·董仲舒传》却说:"武帝即位,举贤良文学之士前后百数,而仲舒以贤良对策焉"[4],未言是何年所诏,而《汉书·武帝纪》建元元年(前140)亦载:"诏……诸侯相举贤良方正直言极谏之事"[5],因此建元元年与元光元年各有诏求贤良,两者不可混为一谈,只是不知董仲舒本传所载"武帝即位"是指建元元年还是元光元年?若依《汉书》纪、传参证,则"武帝即位"只是泛指武帝登皇帝位而已,所以《汉书·武帝纪》才记元光元年董仲舒上《天人三策》。但反过来看,既言即位,应是指建元元年方是,《资治通鉴》显然认同这一点,是以将《天人三策》系于建元元年。[6] 钱穆《两汉博士家法考》据此考订通鉴所言正确。但此说显又与《汉书·武帝纪》"于是董仲舒……出焉"不合。另外钱穆又指出建元六年(前135)高园便殿火灾,董仲舒居家推说其意,却遭主父偃上奏而下狱,钱穆认为此事若在对策之前,则董仲舒其时名尚未显,主父偃又何必妒之?因此建元元年才是合理的说法,可是钱穆的基本预设是董仲舒因《天人三策》而名声大显[7],但董仲舒在景帝时已为博士,"学士皆师尊之",其名声未必不显,主父偃之妒亦可能是指此,因此不能就此认定《天人三策》是建元元年所上。况且袁宏《后汉纪》同于《汉书·武帝

1　徐复观:《两汉思想史》(卷二),页215—217。
2　(汉)班固撰、(唐)颜师古注:《汉书》,页2525—2526。
3　(汉)班固撰、(唐)颜师古注:《汉书》,页161。
4　(汉)班固撰、(唐)颜师古注:《汉书》,页2495。
5　(汉)班固撰、(唐)颜师古注:《汉书》,页155—156。
6　(宋)司马光:《资治通鉴》,台北:宏业书局,1993,页549—556。
7　参见钱穆《两汉博士家法考》,收于氏著《两汉经学今古文平议》,北京:商务印书馆,2001,页195—196。

纪》,都是记于元光元年。[1] 此外,岳庆平与苏诚鉴的说法又有不同,苏诚鉴创元朔五年(前124)之说,岳庆平提出异议,他认为董仲舒《天人三策》应该是元光元年,但也不否认建元元年董仲舒也有对策,只是未获任用。[2] 上述这些判断,仍难有定论,但不论是以谁为准,在《春秋繁露》著作年日不明的情况下,亦无法判断两者先后。所以到底是否如徐复观所言,是董仲舒改制避免矛盾,实亦难说。但其实如果就更化与改制所产生的风俗教化之效果,质文本来都该看重,这是具体的施政问题,而非朝代文质特性,相关论述详下节。

公羊学者认为受命改制,则以《春秋》所载最为详细,所以解锁《春秋》,破译改制的密钥,就成为重点。因此而有三科九旨之说,据徐彦的疏解,三科九旨有两种说法:

> 问曰:"《春秋说》云:'《春秋》设三科九旨',其义如何?"
> 答曰:"何氏之意,以为三科九旨正是一物,若总言之,谓之三科,科者,段也;若析而言之,谓之九旨,旨者,意也。言三个科段之内,有此九种之意。"[3]

依徐彦的解释,何休所谓的三科、九旨,两者是一致的,正是一物,但有大小总析的差异。接下来徐彦又引何休《文谥例》解释三科九旨的内涵:"新周故宋,以《春秋》当新王"为一科三旨;"所见异辞,所闻异辞,所传闻异辞",此为二科六旨;"内其国而外诸夏,内诸夏而外夷狄"是三科九旨。[4] 但何休同时又引宋氏说,提出三科九旨的另外一种解释:

> 三科者,一曰张三世,二曰存三统,三曰异外内,是三科也。九旨者,一曰时,

---

[1] 参见(东汉)荀悦、(晋)袁宏《两汉纪》(上册),北京:中华书局,2005,页173。
[2] 参见岳庆平《董仲舒对策年代辨》,《北京大学学报》(哲学社会科学版)1986年第3期。苏诚鉴:《董仲舒对策拟在元朔五年议》,《中国史研究》1984年第3期。
[3] (汉)何休解诂、(唐)徐彦疏:《春秋公羊传注疏》,页5。
[4] 参见(汉)何休解诂、(唐)徐彦疏《春秋公羊传注疏》,页5。

二曰月，三曰日，四曰王，五曰天王，六曰天子，七曰讥，八曰贬，九曰绝。[1]

就两种解释来看，何休与宋氏三科九旨的说法并不相同，其中"新周故宋，以《春秋》当新王""所见异辞，所闻异辞，所传闻异辞""内其国而外诸夏，内诸夏而外夷狄"或可分别对应"存三统""张三世""异外内"。[2] 但基本上何休是将三科九旨视为一物，故曰："何氏之意，以为三科九旨正是一物"，宋氏却是各有所论，并不等同看待。至于时代更早于两人的董仲舒，则未使用"三科九旨"的说法，他解释庄公二十七年"杞伯来朝"：

> 杞何以称伯？《春秋》上绌夏，下存周，以《春秋》当新王。《春秋》当新王者奈何？曰：王者之法必正号，绌王谓之帝，封其后以小国，使奉祀之……故同时称帝者五，称王者三，所以昭五端，通三统也。……《春秋》作新王之事，变周之制，当正黑统。而殷周为王者之后，绌夏，改号禹谓之帝，录其后以小国，故曰：绌夏、存周，以《春秋》当新王。不以杞侯，弗同王者之后也。（《三代改制质文》）[3]

董仲舒此处以"绌夏、存周，以《春秋》当新王"为说。由上述可知，何休、徐彦说法与董仲舒类同，何休称为一科三旨。绌夏，何休解庄公二十七年"杞伯来朝"亦言："杞，夏后，不称公者，《春秋》黜杞，新周而故宋，以《春秋》当新王。黜而不称侯者，方以贬杞伯为黜"[4]，僖公二十三年冬十一月："杞子卒。"何休的解释是"始见称伯，卒独称子者，微弱，为徐、莒所胁，不能死位。《春秋》伯、子、男一也，辞无所贬。贬称子者，《春秋》黜杞不明，故以其一等贬之，明本非伯，乃公也。"[5] 徐、莒威胁杞一事，可见《公羊传》僖公十四年春。何休此处是说《春

---

[1] （汉）何休解诂、（唐）徐彦疏：《春秋公羊传注疏》，页5。
[2] 参见杨济襄《董仲舒春秋学义法思想研究》，页319。
[3] （清）苏舆：《春秋繁露义证》，页197—200。
[4] （汉）何休解诂、（唐）徐彦疏：《春秋公羊传注疏》，页177。
[5] （汉）何休解诂、（唐）徐彦疏：《春秋公羊传注疏》，页247。

《秋》伯、子、男是同一的，所以称伯未能为尊，称子亦未能为贬，而杞国国君本来是公，但《春秋》黜杞，理当降称侯，但杞灭而又不能死位，所以又再降一等，于是贬为子，而前所言"杞伯来朝"，称杞君为伯，则是追贬的缘故。董仲舒又说："故春秋应天作新王之事，时正黑统，王鲁，尚黑，绌夏，亲周，故宋"，而《春秋》黜杞，是为了新周而故宋[1]，因为孔子既以《春秋》当新王，则前两代殷、周当退居为前王。殷旧有，所以是"故宋"；周新有，故曰"新周"。[2] 而杞是夏之后，但被绌，此即董仲舒"王鲁"（以《春秋》当新王）之意，也就是何休所谓"新周、故宋、王鲁"，有时又称为"新周、故宋、以春秋当新王"的一科三旨。

但是三科九旨毕竟是后世公羊家言。在董仲舒的理论中，他是以六科十指来解经的：

> 《春秋》，大义之所本耶！六者之科，六者之恉[3]之谓也，然后援天端，布流物，而贯通其理，则事变散其辞矣。故志得失之所从生，而后差贵贱之所始矣。论罪源深浅，定法诛，然后绝属之分别矣。立义定尊卑之序，而后君臣之职明矣。载天下之贤方，表谦义之所在，则见复正焉耳。幽隐不相逾，而近之则密矣，而后万变之应无穷者，故可施其用于人，而不悖其伦矣。（《正贯》）[4]

钟肇鹏释六旨（六科）即六个种类，分别是：天端、流物、得失、法诛、尊卑、谦义，其分法颇有可议。若以得失为一类，那贵贱是否可为一类？谦义可为一类，幽隐又为何不能成一类？而"援天端，布流物，而贯通其理"明指《春秋》义法，故董仲舒又曰"则事变散其辞矣"，但钟肇鹏却分为天端、流物两类，不知何所据？细读此段文字，可知董仲舒之意，六旨（六科）并非要把《春秋》大义分为

---

1 参见（清）苏舆《春秋繁露义证》，页187—189。
2 参见钱穆《两汉经学今古文评议》，页271—272。
3 钟肇鹏校"恉"为"指"。钟肇鹏：《春秋繁露校释》（校补本），石家庄：河北人民出版社，2005，页305。
4 （清）苏舆：《春秋繁露义证》，页143。

六类，而是彰显《春秋》义法的目的与效用。[1] 所以董仲舒才就得失贵践、法诛罪源深浅，又或是君臣尊卑之道而论，用意在于说明"幽隐不相逾，而近之则密矣，而后万变之应无穷者，故可施其用于人，而不悖其伦矣"的《春秋》改制说。

对董仲舒而言，"六科"是针对目的与作用而论，"十指"则是指原则与种类：

> 《春秋》二百四十二年之文，天下之大，事变之博，无不有也。虽然，大略之要有十指。十指者，事之所系也，王化之所由得流也。举事变，见有重焉，一指也；见事变之所至者，一指也；因其所以至者而治之，一指也；强干弱枝，大本小末，一指也；别嫌疑，异同类，一指也；论贤才之义，别所长之能，一指也；亲近来远，同民所欲，一指也；承周文而反之质，一指也；木生火，火为夏，天之端，一指也；切刺讥之所罚，考变异之所加，天之端，一指也。（《十指》）[2]

董仲舒认为《春秋》二百四十二年所涉之事极为广博，但大致有十点要义，此即"十指"。董仲舒以十指之论，对《春秋》义法发凡起例，而《春秋》又隐含王者改制之说，因此十指不但是事之所系、属辞比事，同时也是王化所流，所以十指不仅是解译《春秋》的方法，更是要以此明《春秋》大义。董仲舒接下来又以十指的效用来讲："举事变见有重焉，则百姓安矣；见事变之所至者，则得失审矣；因其所以至而治之，则事之本正矣；强干弱枝，大本小末，则君臣之分明矣；别嫌疑，异同类，则是非著矣；论贤才之义，别所长之能，则百官序矣；承周文而反之质，则化所务立矣；亲近来远，同民所欲，则仁恩达矣；木生火，火为夏，则阴阳四时之理相受而次矣；切刺讥之所罚，考变异之所加，则天所欲为行矣。"[3] 安百姓、审得失、序百官、论贤才、达仁恩等等，则都是就王道政治、治国教化而发。

董仲舒曾言"天不变，道亦不变"，可是改制算不算是变道呢？当然不能算，

---

[1] 参见杨济襄《董仲舒春秋学义法思想研究》，页314。
[2] （清）苏舆：《春秋繁露义证》，页144—145。
[3] （清）苏舆：《春秋繁露义证》，页145—147。

因为"王者有改制之名,无变道之实"[1]。就董仲舒看来,改制更化并非变道而行,更非改变天命。相反,正是一种"无为"。所以他引孔子的话"无为而治者,其舜乎!"以证明所谓的"无为",就是"改正朔,易服色,以顺天命而已;其余尽循尧道,何更为哉!"[2] 顺天命,循尧道,以《春秋》立法,以公羊学解经,明白了这点,才能了解《春秋繁露》屡言无为的脉络所在。[3]

三、经学而通天人

董仲舒谈更化,述无为,论六科十指,讲绌夏亲周故宋,自然是要从经学谈到政治,以经学来改变世界。他也深知,虽从理论上说明,对具体事务或有陈略,但成与不成,仍需要改制者上行下效,风行草偃,彻底实践。所以公羊学者对"元年,春,王正月"不厌其烦地解释,或说唯天子乃得称元年,《春秋》托王于鲁,或讲一为元者,缘鲁以言王意,都是因为这层道理。董仲舒认为元为万物之根基,而君王是元,君王又是人间之主,也是人道的开始,因此王的一举一动无不牵引着人间秩序——是元气和顺?或是贼气充斥?治与乱,此皆有赖于君王:"《春秋》何贵乎元而言之?元者,始也,言本正也;道,王道也;王者,人之始也。王正,则元气和顺,风雨时,景星见,黄龙下;王不正,则上变天,贼气并见。"[4] 若要国家安乐,必有赖于君王本身得正,这就是修身。修身立道,就是法天而行,就是更化改制。董仲舒在《天人三策》与《春秋繁露》里不断反复论述这样的观点:"圣人法天而立道"[5]、"道大原出于天,天不变,道亦不变"[6]、"以天之端,

---

1 (汉)班固撰、(唐)颜师古注:《汉书》,页2518。
2 (汉)班固撰、(唐)颜师古注:《汉书》,页2518。
3 此外,以《春秋》决狱,董仲舒也多有论述,并以《春秋》重质推演出以"春秋决狱""原心定罪"等观点。可见张端穗《董仲舒思想中三统说的内涵、缘起及意义》,《东海中文学报》第16期,2004年7月,页97—102。
4 (清)苏舆:《春秋繁露义证》,页100—101。
5 (汉)班固撰、(唐)颜师古注,《汉书》,页2515。
6 (汉)班固撰、(唐)颜师古注,《汉书》,页2519。

正王之政"[1]、"循天之道以养其身,谓之道也"[2]、"圣人副天之所行以为政"[3]。而天"分为阴阳,判为四时,列为五行"[4],因此王者应循天道,法阴阳五行。董仲舒即是以天道与人道互通而论,天与人气物相感、同类相动,天有阴阳,人也有阴阳,两者互为交感联系。因此天地之阴气生,人之阴气亦生,反之亦然。[5]然后阴阳又与刑德相配,阳为德,阴为刑[6],阳主阴副,因此是德先刑后,刑是德的辅助。而在四季与阴阳方面,则是春夏阳多阴少,秋冬阳少阴多[7],但这又不止天象变化而已,而是与人的情志息息相关:"喜怒之祸,哀乐之义,不独在人,亦在于天;而春夏之阳,秋冬之阴,不独在天,亦在于人。"[8]人情与四时相应,同时四季又与五行相对,并以春主生、夏主长、季夏主养、秋主收、冬主藏的模式运行[9],木代表春,火代表夏,土代表季夏,金代表秋,水代表冬:

> 是故木居东方而主春气,火居南方而主夏气,金居西方而主秋气,水居北方而主冬气。(《五行之义》)
>
> 木者春,生之性……火者夏,成长……土者夏中,成熟百种……金者秋,杀气之始也……水者冬,藏至阴也……(《五行顺逆》)[10]

王者循天道,修身而行,都不是简单地比附而已。仲舒认为在这个世界里,

---

1 (清)苏舆:《春秋繁露义证》,页155。

2 (清)苏舆:《春秋繁露义证》,页444。

3 (清)苏舆:《春秋繁露义证》,页353。

4 (清)苏舆:《春秋繁露义证》,页362。

5 "天有阴阳,人亦有阴阳,天地之阴气起,而人之阴气应之而起,人之阴气起,天地之阴气亦宜应之而起,其道一也。"(清)苏舆:《春秋繁露义证》,页360。

6 "天道之大者在阴阳。阳为德,阴为刑,刑主杀而德主生。"(汉)班固撰、(唐)颜师古注:《汉书》,页2502。

7 参见(清)苏舆《春秋繁露义证》,页339。

8 (清)苏舆:《春秋繁露义证》,页335。

9 参见(清)苏舆《春秋繁露义证》,页315。

10 (清)苏舆:《春秋繁露义证》,页322、371—377。

人与天是息息相关的，联类共感，气化相应，学者或称为"联系性思维方式"[1]，或以"引譬连类"为主[2]，又或是讲成"同源同构互感"[3]，其意大多类似。但这种联系引譬，互感联类，很多都是由身体触发的。这种触发，正是人有感于外在环境变化的深切感受，人要理解外在环境，才可能因应外在环境，做出比较好的选择与政策，董仲舒的"法天"即是指此。就柏拉图（Plato）看来，天人关系，可以说是一种"模仿"，他主张人类应当效法天体的运动，天上的秩序正好就是人间城邦最好的模型，因此要和谐，避免冲突，法自然四时。对此，弗雷德（Dorothea Frede）感到难以理解，说如果这是比喻，或许尚可，但如果真的要效法，究竟该怎么做，才不至沦为空谈？人到底要学习天上的什么东西？又该怎么学习？他的回答是："因为他的目的也许不仅仅是要将宇宙秩序投射到地球上或是按照天体秩序塑造人类灵魂，而是想要在永恒的灵魂与永恒的身体之间设计出一种理想的关系，并且展示人类在这一方面所能学习的东西。"[4]

这个解答，如果就董仲舒的说法来看，就是修身。董仲舒在《春秋繁露·为人者天》中认为人固然本之于天，但在天与人之间还有"性"的存在。人的生命是天，而人的欲求却是情，性则是人先天的本性与后天的学习，"性"可以是"生之谓性"，也可以是"性者，质也"，但人性不会全是善的，因此不能只在善中去找性的本质：

> 今世暗于性，言之者不同，胡不试反性之名？性之名，非生与？如其生之自然之资，谓之性。性者，质也，诘性之质于善之名，能中之与？既不能中矣，而尚谓之

---

[1] 黄俊杰：《东亚儒学史的新视野》，页314。

[2] 参见郑毓瑜《身体时气感与汉魏"抒情"诗——汉魏文学与〈楚辞〉〈月令〉的关系》，《汉学研究》，第22卷2期，2004年12月，页5—13。

[3] 葛兆光：《道教与中国文化》，上海：上海人民出版社，1987，页42。

[4] ［德］多罗西娅·弗雷德：《柏拉图的〈蒂迈欧〉：宇宙论、理性与政治》，刘佳琪译，北京：北京大学出版社，2014，页99。值得注意的是，陈昭瑛从神话思维与原始分类的角度，来分析董仲舒天人思想，并与荀子做比较，有很深入的讨论。可见陈昭瑛《荀子的美学》，台北：台湾大学出版中心，2016，页318—329。

质善,何哉?性之名不得离质,离质如毛,则非性已,不可不察也。(《深察名号》)[1]

此处董仲舒用了一个比喻,他以禾苗比喻性,米比善,米出禾中,善亦是由性出,但禾苗不等于稻米,一如性不等于善。因为性不会只是善或恶,而是有贪有仁、善恶混杂的:"人之诚,有贪有仁。仁贪之气,两在于身。"[2] 人性善恶掺杂,正如君王有好恶喜怒,若是要顺着善的方向走,应该要凭借教化,依靠理性的力量。人性如此,皇帝君王亦如是,所以人应在内心中禁制众恶:

栣众恶于内,弗使得发于外者,心也,故心之为名,栣也。人之受气苟无恶者,心何栣哉?……身之名取诸天,天两,有阴阳之施,身亦两,有贪、仁之性;天有阴阳禁,身有情欲栣,与天道一也。(《深察名号》)[3]

"人之受气苟无恶者,心何栣哉",说明了气有善有恶。所以修身首在于修心,心有禁制(栣)众恶的作用,同时心也是气的主宰,"故君子道至,气则华而上。凡气从心,心,气之君也,何为而气不随也",苏舆注此句:"心动而气随之。"[4] 心能制气,亦能制恶,心有时又称为意,意生神,神又生气,而养生又重在爱气[5],因此心可谓修身根源。但心的作用有赖于后天的培养学习,这种学习教化,则是仁义礼乐之说,董仲舒认为毕竟人不能单凭自然之性而成为善,就好像禾不能是米,必有待雨水滋润才能收成。人也是如此,董仲舒在《天人三策》的第三策所说"质朴之谓性,性非教化不成;人欲之谓情,情非度制不节"[6],即是此意。人性如此,掌握政治权力的君王更应该要明白这个道理,何况人又分

---

1 (清)苏舆:《春秋繁露义证》,页291—292。
2 (清)苏舆:《春秋繁露义证》,页294。
3 (清)苏舆:《春秋繁露义证》,页293—296。
4 (清)苏舆:《春秋繁露义证》,页448。
5 "故养生之大者,乃在爱气。气从神而成,神从意而出。心之所之谓意,意劳者神扰,神扰者气少,气少者难久矣。"(清)苏舆:《春秋繁露义证》,页452。
6 (汉)班固撰、(唐)颜师古注:《汉书》,页2515。

数级,其中圣人与王者又是天地精之尤精者,因此更应该以修身为本,作为天人(民)之间的中介角色,然后上通于天,下化万民:"是故王者上谨于承天意,以顺命也;下务明教化民,以成性也;正法度之宜,别上下之序,以防欲也。修此三者,而大本举矣。"[1] 这个道理,《春秋繁露》说得更明白:

> 古之造文者,三画而连其中,谓之王。三画者,天地与人也,而连其中者,通其道也,取天地与人之中以为贯而参通之,非王者孰能当是?是故王者唯天之施,施其时而成之,法其命而循之诸人,法其数而以起事,治其道而以出法,治其志而归之于仁。(《王道通三》)[2]

董仲舒探究名学,以字解释,《深察名号》一开头就说:"治天下之端,在审辨大;辨大之端,在深察名号。"[3] 深察名号,一方面是循名责实的正名,因为事顺于名,名号不正则事必反逆,其中"王"就是最重要的名号。就上引文来看,"王",三横而上下相连,象征王权贯通天地人,所以君王不但法天,还要观地、看人,因为君王是最有资格融合三道的人,可以说是整个政治秩序的重心,也是最关键的人物。但君王也有限制,不可以任凭己意,就像天有春秋冬夏,君王也有好恶喜怒,反之亦然:"喜怒之祸,哀乐之义,不独在人,亦在于天;而春夏之阳,秋冬之阴,不独在天,亦在于人。"[4] 在气化感通的宇宙间,人与天地是同源同构的,身体与外在相依相存,人的感知即是天地的感知。[5] 这就有了君王是否称职的问题,因为君王的好恶喜怒跟天的春秋冬夏一样,是无法避免的,也是天生如此的:"然而主之好恶喜怒,乃天之春夏秋冬也,其俱暖清寒暑而以变化成

---

1 (汉)班固撰、(唐)颜师古注:《汉书》,页2515。
2 (清)苏舆:《春秋繁露义证》,页328—329。
3 (清)苏舆:《春秋繁露义证》,页284。
4 (清)苏舆:《春秋繁露义证》,页335。
5 参见郑毓瑜《身体时气感与汉魏"抒情"诗——汉魏文学与〈楚辞〉〈月令〉的关系》,《汉学研究》,页28。

功也。"[1] 所以重点不在于该不该有好恶喜怒，而是要怎么运用才合理，合不合理则取决于是否顺天而行。就天来讲，奉养万物是好的出发点；就君王来说，妥善治理天下万民，则是好的出发点。换言之，天若按照正常次序运行，以奉养万物为重，则春秋冬夏四时运行，于是天下万物自然生长。君王也是如此，若君王不顾天下万民安乐，而是任凭本身好恶喜怒行事，就是不义，不义则容易发生变乱："当暑而寒，当寒而暑，必为恶岁矣。人主当喜而怒，当怒而喜，必为乱世矣。"反之，若君王尊道而行，修身为正，则天运当正常运转："是故人主之大守，在于谨藏而禁内，使好恶喜怒必当义乃出，若暖清寒暑之意当其时乃发也。"[2] 除此之外，董仲舒还将人体赋形与宇宙周期的年、季、月相应，把施政与天数相互配合，形成一套无所不包的世界体系，这都表现在《人副天数》《通国身》《官制象天》等篇章里。[3]

这种说法，颇类似于上述柏拉图的"模仿"。但是讲修身，除内在的精神修养之外，更重要的是对待身体的态度。董仲舒就以服饰再现宇宙世界的方式，来谈天人关系：

> 天地之生万物也以养人，故其可适者以养身体，其可威者以为容服，礼之所为同也。剑之在左，青龙之象也。刀之在右，白虎之象也。韨之在前，朱鸟之象也。冠之在首，玄武之象也。四者，人之盛饰也。夫能通古今，别然不然，乃能服此也……是以君子所服为上矣，故望之俨然者，亦已至矣，岂可不察乎！（《服制像》）[4]

可适者以养身体，其可威者以为容服，林素娟将其做法称为"象征"，意在说明统治者的基础在于天，也表达出伦理意涵，因为董仲舒以象征武德的玄武

1　（清）苏舆：《春秋繁露义证》，页330。
2　（清）苏舆：《春秋繁露义证》，页333。
3　董仲舒也将五行参杂其中，关于五行的问题，因应主题，本文并未详论。董仲舒论五行，可见邓红《董仲舒思想研究》，页186—187。
4　（清）苏舆，《春秋繁露义证》，页151—154。

居首,将统治者武力高度象征化,以此消弭武力冲突,强调文德为上,武威为下,此说甚是。[1] 不过,除此之外,这个谈法,透露出的不但是教化的意义,更有神圣的层面,这也是论公羊学派者较为人所忽视的面向。20世纪初,"神圣经验"(numinous)一词,在宗教学领域中广泛讨论,鲁道夫·奥托(Rudolf Otto)把神圣经验视为普遍,是一种"全然他者"又不同于伦理与道德的领域。但其实神圣并非宗教学独有,与其说是宗教的现象,不如说神圣包括了宗教感受,更可以说是一种转化。[2] 此处所谓的神圣感,即类于此,在董仲舒的理论中,虽有宗教性的冥契,但更多的是伦理与道德的经验,难以分论。董仲舒借由服饰区隔了俗与圣,制造一种特殊性,而这个特殊性,当然是由身体所引发的:粲粲衣服,表章仪饰,在政治社会的脉络中,构成了一种二元的文化认知——圣/俗、善治/灾害、秩序/混乱、安全/危险等,而可威者可适者,君子所服,脱离混浊尘土,却又以神圣之姿重新来到世界,化民成俗,形塑了世界的秩序,充满着人文的意义。这种神圣感受,他称之为"礼"。礼有名有实,既是形式也包括内容,所以要循名责实,"人生别言礼义,名号之由人事起也。不顺天道,谓之不义,察天人之分,观道命之异,可以知礼之说矣"[3]。知礼,往往就是天子施政,教育万民而人文化成的关键。而董仲舒在天人三策时,就说过行教化而美习俗的问题:

> 臣闻命者天之令也,性者生之质也,情者人之欲也。或夭或寿,或仁或鄙,陶冶而成之,不能粹美,有治乱之所生,故不齐也……古之王者明于此,是故南面而治天下,莫不以教化为大务。立大学以教于国,设庠序以化于邑,渐民以仁,摩民以谊,节民以礼,故其刑罚甚轻而禁不犯者,教化行而习俗美也。

---

1 董仲舒的讲法,自非孤明先发,从中国早期的许多论述中,都已得见端倪。可参林素娟《美好的与丑恶的文化论述——先秦两汉观人、论相中的礼仪、性别与身体观》,台北:学生书局,2011,第一章、第二章。

2 参见王镜玲、蔡怡佳《神圣与身体交遇:从灵动的身体感反思宗教学"神圣"的理论》,收于余顺德编《身体感的转向》,台北:台湾大学出版中心,2015,页166—167。

3 (清)苏舆:《春秋繁露义证》,页472。

他认为汉继秦后，法出奸生，令下诈起，所以他主张要改制、更化，"更化则可善治，善治则灾害日去"，更化的原则与方法，自然是他的春秋公羊学。但是教化与习俗所牵涉到的典章制度，诸如董仲舒所说的服制、官制、度制、爵国、祭祀、礼法、名号等等，有合适与不合适，有恰当与不恰当，有实用与不实用，并非铁板一块，不可一概而论。因此就有文质的问题与特性，需要斟酌损益，因时应势，文太过，救之以质，质过甚，需要文来修饰。文质不是一个两端的、非此则彼的问题，而是动态的平衡，两者相会，互得其中。因此说董仲舒以文质与朝代更替相对应，都只是大方向性的权宜说法而已，重点应该放在具体的制度里，所以他在《三代改制质文》，才从公羊学的角度详细地解释了"元年，春，王正月"的意思。王者既受命而王，则应改制作科（制作条规），所以要改正朔、易服色、制礼作乐。首先要在十二种颜色中选取一种作为正色，然后以黑统、白统、赤统根据寅、丑、子的逆序循环搭配，黑统以建寅月（一月）为正月，其中舆服昏冠刑乐都有相应的制度："斗建寅，天统气始通化物，物见萌达，其色黑，故朝正服黑，首服藻黑，正路舆质黑，马黑，大节绶帻尚黑，旗黑，大宝玉黑，郊牲黑，牺牲角卵，冠于阼，昏礼逆于庭，丧礼殡于东阶之上，祭牲黑牡，荐尚肝，乐器黑质，法不刑有怀任新产……"[1] "斗"即北斗星，北斗七星第五至第七颗为斗柄，四季月份即是根据斗柄所指的位置来划分。黑统尚黑，因此朝见服、帽子、路舆、符节、印授、旗子、乐器等等，都是以黑色为主；白统则以建丑月（十二月）为正月，亦有相应制度："其色白，故朝正服白，首服藻白，正路舆质白，马白，大节绶帻尚白，旗白，大宝玉白，郊牲白，牺牲角茧，冠于堂，昏礼逆于堂，丧事殡于楹柱之间，祭牲白牡，荐尚肺，乐器白质，法不刑有身怀任……"；赤统则是以建子月（十一月）为正月，"其色赤，故朝正服赤，首服藻赤，正路舆质赤，马赤，大节绶帻尚赤，旗赤，大宝玉赤，郊牲骍，牺牲角栗，冠于房，昏礼逆于户，丧礼殡于西阶之上，祭牲骍牡，荐尚心，乐器赤质，法不刑有身，重怀藏以养微，是月不杀，听朔废刑

---

[1] （清）苏舆：《春秋繁露义证》，页191—192。

发德……"¹ 文质互补，相辅相成，缺一不可。何者为主，何种为重，未可拘泥，在《三代改制质文》，看似谈质文，其实并未强硬归类，而是把质文融入在更化改制的具体措施之中，调节疏导，不走极端，故其服饰昏礼喜丧乐器饮食房舍，各有等差，亦有其制，这就是礼。礼不同于世俗，区隔了日常，以圣入俗，使得礼充满了特殊的神圣感，构成了社会体系与政治意义，于是改制作科，化民成俗，就更符合他对于更化的需求。

更进一步来看，有了这种神圣经验，修身才可能深刻体会宇宙的和谐与秩序，这种感受楔入了万物造化的真善美，也表现在具体的典章制度之中。董仲舒作《山川颂》，从外在环境中，上下古今，感物之情，格物致知，直观人生诸多面向，山则"巃嵷崔嵬，摧嵬罪巍"，水则"源泉混混沄沄，昼夜不竭"²，体悟人的生死、时间、空间等永恒的大问题，再以勇者、不疑者、有德者、知命者等等德行精神，自修自励。在此，感知并非全来于山水，也非思想家纯粹的哲思，而是身体与外在持续互动的成果，促成了一种精神体验。这种神圣感的经验，借由身体感官的中介，往往可以给人类特殊情境的启示，调适上遂，同气相感，联类不绝。人之身心，处四时变化，以类通，以气感，则可以知灾异之变与推阴阳错行，这也正是《为人者天》所谓："人之形体，化天数而成；人之血气，化天志而仁；人之德行，化天理而义。人之好恶，化天之暖清；人之喜怒，化天之寒暑；人之受命，化天之四时。"³ 人效天道，从"模仿"到"联系性"，从"同源同构"到"引譬联类"，都在说明这种神圣、秩序、和谐的天人感受，董仲舒不断强调的王者法天循天，若能由此神圣感受切入，则是由身体感受出发，发而皇之，呈现在政治社会，表现在文物典章，也就是解经之后破译出来的更化内容，体国经野，设官分职，建立规范，说礼论义，立学校，举贤士，改服色，易正朔，执贽礼，行郊祀……由上而下，自然可成就习俗之美，即是所谓的教化，也是《天人三策》所说

---

1 （清）苏舆：《春秋繁露义证》，页194—195。
2 （清）苏舆：《春秋繁露义证》，页423—424。
3 （清）苏舆：《春秋繁露义证》，页318。

的："是以阴阳调而风雨时，群生和而万民殖，五谷孰而草木茂，天地之间被润泽而大丰美，四海之内闻盛德而皆来臣，诸福之物，可致之祥，莫不毕至，而王道终矣。"[1] 政教散布，移风易世，以圣转俗，启文明，开国运，教化行而习俗美，有节，有度，有制，有教，有序，有美，有质，有文，王道政治方成，这也是董仲舒真正的理想，皆源于他的经学世界，所以他主张要重视《春秋》。《春秋》之所以成为君王治国的方针，就是因为上探天端，奉行天道："《春秋》之道，奉天而法古。是故虽有巧手，弗循规矩，不能正方圆。虽有察耳，不吹六律，不能定五音。虽有知心，不觉先王，不能平天下。亦天下之规矩六律已。故圣者法天，贤者法圣，此其大数也。得大数而治，失大数而乱，此治乱之分也。"

四、结论

儒者修身经世，一向为先秦儒家通义，自孔子强调君子"修己以敬""修己以安人""修己以安百姓"[2] 以来，修己自然为儒者成德的必要条件，却不止于此而已。许多人同时也重视"修身"的目的与效用，正如上引《论语》，文中孔子接着指出修身的更深一层意义：原来"修己"始能"安人""安百姓"。"人"与"己"相对，而"百姓"则是"人"的聚集称谓，从己到人再到百姓，可见修身非仅于自身，更必须建立在社会政治之中，以重建秩序为己任，这就指出了修身与经世的关系。当然修身的对象非止是儒者，由于为政者处于政治中心，因此更有修身必要，所以孔子才特别举尧、舜为证。

可是，修齐治平，修身可以治国，这种近乎常识性的通义，如果只是泛谈，则先秦诸子固然如此，宋明理者何尝不是如此？扩大来讲，东亚儒者又岂能置身于外？当许多儒者都可以套进这个模式之后，这个命题似乎已毋庸再论，因为翻

1　（清）苏舆：《春秋繁露义证》，页14。
2　全文为："子路问君子。子曰：'修己以敬。'曰：'如斯而已乎？'曰：'修己以安人。'曰：'如斯而已乎？'曰：'修己以安百姓。修己以安百姓，尧舜其犹病诸！'"（宋）朱熹：《四书章句集注》，北京：中华书局，2003，页159。

来覆去,似乎都是修身治国的陈腔滥调而已。当古人预设了修身治国的理论,有了经世的怀抱之后,值得我们再深思的是,修身究竟该如何治国?内心的修养,要怎么表现在经世行为上?

董仲舒的理论,主要的针对对象是君王。他以公羊学解《春秋》,《春秋》寓涵了王者改制之道,因此破解圣经,就成了他所发现之秘,但是解经法,事实上又是为世立法,必有赖君者实践。他将修身治国的原则性带入其中,修身立道,就是法天而行,具有参化天地的神圣感体验,表现在对礼的各种实践中,"礼者,继天地,体阴阳,而慎主客"[1]。形式即是内容,法天尊天,一循天道,就包括了改制更化。毕竟,汉承秦制,到了不得不改的时候了,但此又非革命,而是无为,因为就他看来,顺天体天,其实就是天人合一的展现,这是符合他的公羊学主旨的。正如他说六科十指,都是解释天所欲行,所以天不变,道亦不变,改制不但不是变道,还是符合天理之道的,"故王者有改制之名,无变道之实"[2]。

公羊学释《春秋》,从解释世界到改变世界,以经学通治道,通天人,施行教化,化民成俗,此为董仲舒论政大体,疏略陈说如上,还请专家同行不吝指正。

---

[1] (清)苏舆:《春秋繁露义证》,页275。
[2] 先秦诸子多谈无为,但语境脉络与政治效果都有不同,高柏园论之甚详。其实,除政治之外,更可以指本文所谓的神圣感,但儒道法表现与内涵,各有其异,饶富学术与当代意义。本文未及论述,俟诸他日,当以专文详论。高柏园之说,可见其《就无为而治,论儒道法三家治道之异同》,收于东海大学文学院编《第一届中国思想史研讨会论文集——先秦儒法道思想之交融及其影响》,台中:国成书局,1989,页25—26。

北宋理学"天人之道"溯源
——以唐中叶"气、天、易"为线索

一、前言

关于理学的兴起渊源，学者多有论述，或从儒学本身源流而观，上溯韩愈、李翱，又或是以佛道作为渊源的切入点，例如熊琬便研究佛学对于理学的影响。另从道家或是道教的角度，论其对理学影响之学者，则有容肇祖、詹石窗、余敦康等人。[1]

不管如何，北宋理学家如周敦颐、张载、二程等人，思想虽各有特色，但就其同处观之，他们都是企图上溯先秦儒学，回归本源，重新追寻儒家天道性命之学。此学理并不将天人分为两隔，互不相涉，而是作为一个既内在（内

---

[1] 学界目前对理学起源的研究颇多，不论是源于佛道，又或追溯儒学道统，上述多位学者并未就当时思潮（例如气论，又或是儒佛道）与经典（易）的关系，以及佛道对内在功夫的注意如何影响北宋理学等等，做一个统整且具体的论述。本文的主轴，即是对这些"学术空隙"再做进一步的论述，并标举气、天、易为三大主轴，贯串儒释道，企图说明北宋理学起源的多线性。

至于学界就儒、释、道探索理学兴起的文献回顾，可参李长远《北宋理学"性与天道"思想的渊源初探》，台北：台湾大学历史学研究所硕士论文，2005，页1—6。

向)又超越的天人整体之学。[1] 可是这种整体观,并不自北宋起始,唐代同样也有类似的看法,甚至早在先秦时代就已可见,只是其后又有变化,各有其具体内涵。唐代对于天人整体的见解,事实上又与当时普遍流行的气化思维密切相关,相互影响。在此之间,唐人又看重《易》,视之为由内而外、由人到天的关键。顺着这样的观察,本文认为唐代关于气、天、易三种思潮遍布当时思想界,其间的种种论述,互有牵涉,环环相扣,对北宋理学世界观的形成影响甚大。

当然,唐代世界观的内涵彼此也有差异(例如三教),但都不脱离将天地万物视为一个整体的立场。日后理学的理路建构与这些差异、认同关系甚深。毕竟,历史研究贵在知其常而审其变,唐代天人观牵涉到的常与变,特别是与气论、易论的互动,也正是唐代思潮的特殊之处。这些因素究竟如何影响理学世界的形成,是一个值得探索的问题。

另外要说明的是,学者往往将理学渊源上溯唐代三教,三教思想固然是极为重要的部分,但三教毕竟只是唐代思潮的一部分,无法完全代表唐代思潮,其他无法归属领域的思想,实亦甚多。因此,本文在前人的基础上进行论述时,三教当然是重点所在,但也不排斥诸如正史笔记或是传奇诗赋等史料,并希望能善用这些资料说明整个时代氛围。

二、气化而成的世界

在唐代中叶知识界里,有场为人熟知的讨论,主角是韩愈、柳宗元、刘禹锡。当时韩愈任史馆修撰,因修史问题与刘秀才争论,故有《答刘秀才论史书》,柳

---

[1] 余英时早年使用"内在超越",其后改成"内向超越"。他认为"内在"是西方神学上的观念,"内向"则较为中性,并无西方语义。吴展良研究朱子与理学家的世界观,也提出"世界一元观"的说法,源头又可上溯至先秦两汉。吴展良认为这种世界观所强调的道,只内化于一切事物之中,此外并无他处可寻超越至高之道,此理无以名之,只好暂时称为"内化的超越"。而且这种世界观虽源自先秦,但就其发展历程来看,其间涉及的变化面向,值得进一步梳理。吴展良对"内化的超越"的解释与理由,可与余英时所言相发明。参见余英时《知识人与中国文化的价值》,台北:时报文化出版社,2007,页75。吴展良:《朱子的世界秩序观之构成方式》,收入吴展良编《东亚近世世界观的形成》,台北:台湾大学出版中心,2007,页277—299。

宗元不同意韩愈的说法，复了一封《与韩愈论史官书》，批驳韩愈。问题于是从论史转为论天，之后又引起刘禹锡的回应。三人天论观点为何，将在第三节分析，此处暂不处理。但要指出的是，三人观点虽有差异，却都有一个基本的预设：世界是由气化而成，人与物，同在这个气化世界之中。根据柳宗元的转述，韩愈的看法是：

> 夫果蓏饮食既坏，虫生之；人之血气败逆壅底，为痈疡、疣赘、瘘痔……物坏，虫由之生；元气阴阳之坏，人由之生……人之坏元气阴阳也亦滋甚，垦原田，伐山林，凿泉以井饮……吾意天闻其呼且怨，则有功者受赏必大矣，其祸焉者受罚亦大矣……[1]

韩愈认为人类损害天地自然，破坏元气阴阳，"人之坏元气阴阳也亦滋甚"。因为天地之间有（元）气，人体之内也有气（血气），当气损坏败伤时，包括人在内的天地万物便无法适得其所。韩愈基本上是将宇宙天地视为一种空间秩序，但人却损毁了它的运行，是很糟糕的破坏分子，诸如垦原田、伐山林、凿泉井饮等等，都是人对于天地元气的扰乱，于是天与人形成对立，而且天对人也有赏罚的权力。

柳宗元不认同这个看法，他认为韩愈的观点或许是由于他个人遭遇所致："子诚有激而为是耶？"柳宗元基本上认为灾祸属人事，与天无关，天亦不具赏罚功能。话虽如此，但他也认同韩愈关于气的解释，气确实存在于天地之中，具有普遍性：

> 彼上而玄者，世谓之天；下而黄者，世谓之地；浑然而中处者，世谓之元气……[2]

在天地之间，浑然中处者为元气。更进一步来讲，柳宗元《天对》认为元气

---

[1] （唐）柳宗元：《天说》，收入（唐）柳宗元《柳河东集》，上海：上海古籍出版社，2008，页285—286。

[2] （唐）柳宗元：《天说》，收入（唐）柳宗元《柳河东集》，页286。

在宇宙成形之前便已存在，其后呀炎吹冷，交错而功，万物更是由气化成：

> 问曰：遂古之初，谁传道之？上下未形，何由考之？冥昭瞢暗，谁能极之？冯翼惟像，何以识之？明明暗暗，惟时何为？
>
> 对曰：本始之茫，诞者传焉。鸿灵幽纷，曷可言焉！智黑晣眇，往来屯屯，庞昧革化，惟元气存，而何为焉！
>
> 问：阴阳三合，何本何化？
>
> 答：合焉者三，一以统同。呀炎吹冷，交错而功。（子厚自注："独阴不生，独阳不生，独天不生，三合而后生。"）[1]

在元气遍存的世界中，经由天地阴阳的运转，万物造始。而万物从生到死，亦是气之聚散，《掩役夫张进骸》："生死悠悠尔，一气聚散之。"[2] 天地万物既皆由气化所成，但气之质素既然有异，故万物造化或运行亦各有不同，像是山泽通气则雨至，《雷塘祷雨文》："夷于草莽，腾波通气。"柳宗元自注曰：《易》：山泽通气。"[3] 孔颖达《周易正义》："山泽通气而云行雨施，故变化见矣。"[4] 柳宗元"腾波通气"一句，即是据此。

天论的讨论者，还有刘禹锡，他同样也认可气化的世界观：

> 两位既仪，还相为庸，嘘为雨露，噫为雷风，乘气而生，群分汇从。[5]

在刘禹锡的其他说法里，亦多可见：

---

1 （唐）柳宗元：《天对》，收入（唐）柳宗元《柳河东集》，页227—228。
2 （唐）柳宗元：《掩役夫张进骸》，收入（唐）柳宗元《柳河东集》，页744。
3 （唐）柳宗元：《雷塘祷雨文》，收入（唐）柳宗元《柳河东集》，页662。
4 （魏）王弼注、（唐）孔颖达疏：《周易正义》，北京：北京大学出版社，1999，页258。
5 （唐）刘禹锡：《辩易九六论》，收入（唐）刘禹锡《刘禹锡集》，北京：中华书局，2000，页72。

> 阳荣阴悴，生濡死藁，各乘气化，不以意造。[1]

> 五行秀气，得之居多者为俊人。[2]

俊人因得五行秀气为多，故与凡人不同，而人所涵之气，更与前述柳宗元"夷于草莽，腾波通气"之类的变化有异，所以万物各乘气化，不必相同。只是若就宏观处来讲，其所同者，在于他们同样身处气化世界中。但此种气论并非韩、柳、刘三人所独有，而是遍布整个唐代，三人不过是顺着这样的思想背景讨论天意而已。太宗时人李义府就说："邃初冥昧，元气氤氲。二仪始阐，三才既分。"[3] 元气早在天地未成之际便已充斥，其后阴阳两仪、天地人三才出现。这种气化的现象，正是宇宙形成的基础，所以陈子昂才说："元气，天地之始，万物之祖。"[4] 元稹《竞渡》亦云："一气忽为二，蠢然画乾坤。日月复照耀，春秋递寒温。八荒坦以旷，万物罗以繁。"[5] 皆是此理。

（元）气既是天地万物始祖，扩而充之，广袤无垠，或受气为物，又或是禀气为人，《旧唐书·太宗纪》："生有七尺之形，寿以百龄为限，含灵禀气，莫不同焉，皆得之于自然。"[6] 人之得气，源于自然之气，白居易《念金銮子》："形质本非实，气聚偶成身"[7]，气聚成身，亦是此意。但如果就李翱的讲法，人与物皆受气而生，其间差异处，在于人有道德之性，如《复性书》：

> 天地之间，万物生焉。人之于万物，一物也。其所以异于禽兽虫鱼者，岂非道

---

1 （唐）刘禹锡：《问大钧赋》，收入（唐）刘禹锡《刘禹锡集》，页2。
2 （唐）刘禹锡：《唐故衡州刺史吕君集纪》，收入（唐）刘禹锡《刘禹锡集》，页234。
3 《旧唐书》，台北：鼎文书局，2000，页2766。
4 《新唐书》，北京：中华书局，2003，页4068。
5 （唐）元稹：《竞渡》，收入（清）彭定求等编《全唐诗》，北京：中华书局，1992，卷三九八，页4476。
6 《旧唐书》，页46—47。
7 （唐）白居易：《念金銮子》，收入（清）彭定求等编《全唐诗》，卷四三三，页4795。

德之性全乎哉？受一气而成形，一为物而一为人，得之甚难也。[1]

"其所以异于禽兽虫鱼者，岂非道德之性全乎哉？"就李翱看来，人之异于禽兽虫鱼者，正在于斯。另外还有阴阳之气，阴阳合和则雨，如封演所谓"阳之专气为雹，阴之专气为霰，阴阳和则雨成"[2]。此与前述柳宗元说法有异，但他们都认为雨皆由天地气化而成，这是没有问题的。不只如此，自然环境更是布满了（元）气，《旧唐书·代宗纪》："授四时者，布和而顺气。"[3] 上引陈子昂更是以元气为说，说明气在政治上的转化作用，所以他建议武后兴建明堂、大学，"皆所以调元气、治阴阳也"[4]。

气既然存于天地，则由天气或是云气得知某些现象，称为望气。懂此法者或以此道行世，以窥见世事，预测未来，《旧唐书·音乐志》便记玄宗未登基之时："宅在隆庆坊，宅南坊人所居，变为池，望气者亦异焉。"[5] 杜元纪也曾替李义府住宅望气："所居宅有狱气，发积钱二千万乃可厌胜。"[6] 望气如此普遍，所以连许多传奇小说也引用，如《虬髯客传》："望气者言太原有奇气。"[7]《崔书生》里胡僧对崔生说："君岂不有异人奉赠乎？贫道望气知之。"[8] 当然，望气并非唐代才开始出现，先秦时期早已有之，而唐代是气论盛行的时代，自然也继承了此种说法。[9]

---

1 （唐）李翱：《复性书》，收入（清）董诰等编《全唐文》，北京：中华书局，1987，页6437。

2 （唐）封演：《封氏闻见记校注》，北京：中华书局，2005，页65。

3 《旧唐书》，页266。

4 《新唐书》，页4068—4070。

5 《旧唐书》，页1062。

6 《旧唐书》，页2769。

7 （唐）杜光庭：《虬髯客传》，收入蔡守湘选注《唐人小说选注》，台北：里仁书局，2002，页897。

8 （唐）牛僧孺、（唐）李复言编：《玄怪录·续玄怪录》，北京：中华书局，2006，页36。

9 "望气"在先秦的语境与背景，可参黄俊杰《孟学思想史论》，台北：东大图书公司，1991，卷一，页32—46。刘芝庆：《修身与治国——从先秦诸子到西汉前期身体政治论的嬗变》，台北：台湾大学历史学研究所硕士论文，2009，页136。

宋代以后气论依然可见，赵湘《薰莸论》说"在人之所禀，莫非一气"[1]就是一例。张景为老师柳开（948—1001）编辑文集，他在《河东先生集序》就说：

> 一气为万物母，至于阴阳开阖，嘘吸消长，为昼夜，为寒暑，为变化，为死生，皆一气之动也。[2]

一气为万物母，其后阴阳开阖，乃至于昼夜寒暑等等，皆由气动变化而来。刘牧（1011—1064）《易数钩隐图》也说："天地未分之前，元气混而为一，一气所判，是曰两仪……交接乎天地之气，成就乎五行之质，弥纶错综，无所不周……"[3]这都是气论盛行的例证。

因此，气既是"其细无内"，是构成万物的细微之处，又是"其大无外"，整个宇宙都充满了气。更有甚者，早在冥玄之处，洪荒之时，气便已存在，是为"元气"。[4]当然，各人所论自然会有不同，如柳宗元与封演对"雨"看法便稍异。但就其同处观之，气论的内涵，其实预设了一个整体的观念，就是人与天地万物都是气化，在这个世界里，我们各乘气化，却又共生共存，并且有感通的可能。[5]

---

1 曾枣庄、刘琳主编：《全宋文》第八册，上海：上海辞书出版社，2006，页357。

2 （宋）柳开：《河东先生集》，台北：台湾商务印书馆，1979，页1。

3 （宋）刘牧：《易数钩隐图》，收入《易学丛书续编：苏氏易传·易数钩隐图》，台北：广文书局，1974，页3。

4 这种气论自然不会从唐代才开始。毕竟早在先秦时期，已经有了气的观念。而且气不但是古代医学的重要理论，人同时也借由气来解释天地宇宙，因此人与自然的沟通往往也是由气而通感。唐代不但继承了这种思想，同时还更进一步联结天人关系，《易》的内外合一。关于气的产生与影响，可见[日]加纳喜光《医书中所见的气论——中国传统医学中的疾病观》，收入[日]小野泽精一等编《气的思想——中国自然观和人的观念的发展》，李庆译，上海：上海人民出版社，1992，页273—306。杨儒宾：《导论》，收入杨儒宾编《中国古代思想史中的气论及身体观》，台北：巨流图书公司，1993，页3—59。

至于在"气"的基础上，明确提出"元气"者，则为汉儒。相对来讲，"气"是广义，泛指任何气，"元气"则是狭义，是指原始之气，但有时两者亦多有混凝，皆指流动于天地自然间的气。可参郑吉雄《戴东原经典诠释的思想史探索》，台北：台湾大学出版中心，2008，页87—123。

5 王维在《为相国王公紫芝木瓜赞》自序中便清楚说明此理："人心本于元气，元气被于造物，心善者气应，气应者物美，故呈祥于鱼鸟，或发挥于草木，示神明之阴骘，与天地之嘉会。"（唐）王维：《王右丞集笺注》，上海：上海古籍出版社，1998，页378。

借由气化而交感,既是一股普遍思潮,唐代道教亦不能免于此。更进一步来讲,道教往往也将气论融为己用,这也与道教的神仙思想有关,毕竟早在先秦两汉时期,便已有神仙之说[1],远在汉魏六朝道教各派成立之前。至于道教成仙之法,除了传承神仙轶闻,同时也受气论思潮的影响,像是葛洪就借由"仙人禀异气"来说明成仙的可能,而服食金丹,再加上行气引导,都是为了达到成仙目的。[2] 只是在唐代气化宇宙的思潮里,道教对气论的看法略有变化。根据陈弱水的研究,在南北朝末期到唐初,道教气化世界观的内涵已有改变。在此之前,道教较少重视内心的心灵转化,后来受到佛教"佛性"刺激,开始出现"道性"的概念,并且以道性来解释世界缘起妄和,正与佛教缘起性空观类同。道教经典诸如《太玄真一本际经》,"二念法身,犹如虚空,圆满清净,即是真道,亦名道身,亦名道性"等等,都可看出"道性"仿习"佛性"的踪迹。[3] 不只如此,唐初道教徒成玄英与王玄览亦多借用佛学,像是成玄英以空宗义理解齐物,王玄览也说"诸法无自性,随离合变为相为性"如此等等,都可见佛道交融痕迹。[4]

　　可是这种思潮在刘知古、司马承祯与吴筠之后渐衰,此时大约已是唐代中叶[5],道教又开始注重气论,像是"人禀气而生"的说法。刘知古就说:"人所禀躯,元精云布,因气托初,阴阳为度……"[6],至于司马承祯与吴筠建构的天地宇宙,其实也就是气化的世界,这也与道教传统说法较为契合。司马承祯说:"夫道本虚无,因恍惚而有物,气元冲始,乘运化而分形。"[7] 吴筠也说:"元气者……万

1　参见萧登福《先秦两汉冥界及神仙思想探源》,台北:文津出版社,2001,页197—201、203—278。

2　参见汤一介《魏晋南北朝时期的道教》,台北:东大图书公司,1991,页182—187。

3　参见陈弱水《唐代文士与中国思想转型》,桂林:广西师范大学出版社,2009,页141—163。

4　龚鹏程就指出,成玄英在道教气化自然的基础上,一方面安放自己的信仰基础,另一方面又尝试新的开展,吸收佛学。龚鹏程:《唐代思潮(上)》,宜兰:佛光人文社会学院,2001,页141—146、160。

5　刘知古、司马承祯、吴筠、张果皆大抵生活在武后、玄宗、代宗时期,约七世纪中叶到八世纪,正为唐代中期。

6　(唐)刘知古:《日月玄枢论》,收入(清)董诰等编《全唐文》,页3386。

7　(唐)司马承祯:《天宫地府图》,收入(宋)张君房编《云笈七签》,北京:中华书局,2003,页608。

象之端，兆朕于此。"[1] 张果注《黄帝阴符》："天地以阴阳之气化为万物"[2]；《嵩山太无先生气经》："夫形之所恃者，气也；气之所依者，形也。气全即形全，气竭即形毙"[3] 如此等等，可见道教认为（元）气是万物之端，乘运而分为万物，成形世界，与上述气化宇宙是一致的。

也因为道教又开始融用气论，不再如南北朝末唐初这段时间一样，把万物视为空、虚，也不再是"诸法无自性"或是"犹如虚空"的世界。因此在这个实有的世界里，人对天的反思，才可能反映在内外丹修炼的热潮中，其中缘由详见下节讨论，暂不赘述。

但佛教与此颇有不同。在佛教经典中，使用"气"的时候并不太多，福井文雅曾爬梳佛经，诸如火气、地气、风气、出气、入气等等，用例不超过二十种。他认为理由有两点：一、气是中国独有的观念，其中 vāsanā 虽可勉强对应中国自创的词语"习气"，仍另有异译"薰气""残气""余气"，但显然都不能完全同等于中国对"气"的看法；二、因气多被道教使用，故佛教刻意避免。[4] 福井文雅第二点说法可再商榷，佛教气说不盛，恐怕并非道教缘故，毕竟气论是中国传统思想资源，儒道只是其中的使用者而已，此外有更多的用法是无法归于某家某派的。况且佛道固然有对立的时期，但融用对方观念的现象，亦所在多有，所以不能只从宗派对立的角度来看，佛教之所以无法遍用气论，应该就其教理而观。再者，值得再深思的是，唐代佛教是否真的气论不盛？如果答案是肯定的，那么他们对气论又是怎样的看法？在当时佛教思想中，又占有什么样的地位？

---

1 （唐）吴筠：《宗玄先生玄纲论》，收入《正统道藏》第三十九册，台北：新文丰出版公司，1985—1988，页700。

2 （唐）张果注：《黄帝阴符》，收入（宋）张君房编《云笈七签》，页377。

3 （唐）张果：《嵩山太无先生气经》，收入《正统道藏》第三十册，台北：新文丰出版公司，1985—1988，页856。

4 参见 [日] 福井文雅《儒、道、佛三教中的气》，收入小野泽精一等编《气的思想——中国自然观和人的观念的发展》，李庆译，页320—321。
木村清孝也指出，印度佛教与"气"完全类似的概念几乎没有，但就内容类似来看，印度佛教的冥想法、呼吸法、疾病治疗法可与气相结合。[日] 木村清孝：《中国佛教中的"气论"》，收入杨儒宾编《中国古代思想史中的气论及身体观》，台北：巨流图书公司，1993，页541—544。

一般来说，中国佛教修悟的心，即是肯定自觉的自宰，因此包含成佛的"佛性""真如""法性""实相"。但此心未悟前，业力流转、尘世名色，彼此互相依存，此有此生，都是缘起合和所致，所以佛教又讲三法印、四谛、十二因缘，皆是要明此之"识"。[1] 反过来讲，这个造成天地宇宙生灭的"藏识"（或称阿赖耶识、阿梨耶识），佛经有时也以"心"涵括之。[2] 因此佛教是一种缘起的立场，认为万般事物皆非实有，只是一种外相的存在。

就在这样的架构中，澄观（738—839）虽归宗华严，不属禅宗，但他据以分判三教差异的理论，释禅皆同。[3] 澄观指出儒道以气化为本，万物禀气，聚气而生，反之便死，其中气又非因缘所成，而是由自然而生：

> 岂同儒道气变为神，神由气就，气非缘就，出于自然……
> 儒道以聚气为生，散气为死。[4]

儒道以气之聚散为生死，此说当然不被澄观认同，毕竟佛教主张的是万法

---

[1] 参见马定波《中国佛教心性说之研究》，台北：正中书局，1980，页401—402。印顺：《佛法概论》，新竹：正闻出版社，2003，页147—151。

[2] 以唯识学的角度来讲，盖可略分为三种。地论宗认为阿赖耶识为真常净识，为真心，具有觉悟之能；摄论宗则在八识之外，另立第九识阿摩罗识，以转其他八识；《大乘起信论》则视阿赖耶识为染净相依，未觉时为阿赖耶识，已觉则为清净如来藏识，即所谓一心开二门，由心生灭门转入心真如门。以上各家说法或有不同，但就体心明道，达理澈悟此点来讲，各家并无差异。可参韩廷杰《唯识学概论》，台北：文津出版社，1994，页87—88、116—117、223。印顺：《大乘起信论讲记》，新竹：正闻出版社，2004，页60—64。

[3] 中晚唐以后流行的禅宗，重在以心传心，离言说相，诸家禅法接引固然或有差异，但就直指心源，破我法执，证我法双空这点来讲，释禅并无二致。可参张国一《唐代禅宗心性思想》，台北：法鼓文化，2004，页323—329。

其中澄观虽被后人视为华严四祖，但他早年广学禅教各家，又参访过牛头宗的慧忠、道钦，荷泽宗的无名，以及北宗神秀一系的慧云，对禅法当不陌生。参见（宋）赞宁《宋高僧传》，北京：中华书局，1997，页105—106。

关于天台、华严、三论等与禅宗融合的情况，可参冉国诠《中国禅学思想研究——宗密禅教一致理论与判摄问题之探讨》，台北：文津出版社，1987，页65—68、162—164、282—284。

[4] （唐）澄观：《大方广佛华严经随疏演义钞》，收入《大正藏》第三十六册，台北：新文丰出版公司，1983—1988，页105、106。

唯识，万物更是相依相生，而气只是自然，并非缘起，"气非缘就，出于自然"即是此义。因此儒道的气论，在澄观看来是颇有问题的。澄观又说：

> 释以心为法本，万行凭缘。……凭缘则必假修成。[1]

佛教以心为本，万物又凭因缘所生，若要探究其中真义，则端视心的体悟。更何况"立生灭因缘，无定初始"，根本不存在宇宙世界的开端本体问题，但儒道却以太初太始为"物之先"，故其说为非：

> 儒道有太初太始，为物之先，太初为万物之先。[2]

其后圭峰宗密（781—841）也提出质疑，他认为气化万物固然合理，却尚有一间未达，原因在于儒道不明万法唯心（识）之故，他首先检查气论之说：

> 儒道二教，说人畜等类，皆是虚无大道生成养育。谓道法自然，生于元气，元气生天地，天地生万物。[3]

元气生天地，天地又生万物，万物皆禀气而生，这就是标准的宇宙气化论。宗密不同意这样的看法，他认为气之前还有"心"，心识才是根本：

> 然所禀之气，展转推本，即混一之元气也。所起之心，展转穷源，即真一之灵心也。究实言之，心外的无别法，元气亦从心之所变。[4]

---

[1] （唐）澄观：《大方广佛华严经随疏演义钞》，收入《大正藏》第三十六册，页106。
[2] （唐）澄观：《大方广佛华严经随疏演义钞》，收入《大正藏》第三十六册，页106。
[3] （唐）宗密：《原人论》，收入《大正藏》第四十五册，台北：新文丰出版公司，1983—1988，页708。
[4] （唐）宗密：《原人论》，收入《大正藏》第四十五册，页710。

> 识是正因，气是助缘，心识能知一切境。[1]

混一元气化成万物，但究其根源，仍是心（识）变化，气不过是助缘而已。因此气由心变，展转起伏，以成天地世界，都不过是妄计造业的境界之相，故曰："心识能知一切境。"所以宗密又说：

> 心既从细至粗，展转妄计乃至造业……境亦从微至著，展转变起乃至天地（……彼云元气如此一念初动，其实是境界之相）。[2]

正如蒋义斌所言，宗密之所以不完全排斥气论，自然是因为他企图以一心开二门的方式容纳佛教诸宗，整合气化宇宙观。[3]可是即便是整合，也并不代表宗密认肯气论之说。或者换个方式来讲，正因为宗密不同意气化的看法，他才要以佛门的观点统合融会。因此他最后仍不忘说明世界缘起妄合之理，"心既从细至粗，展转妄计乃至造业"，一切由心展转变化，连元气也是心之所变，故气为助缘，并非正因。澄观、宗密此说，当非个人或是华严一派的意见而已，毕竟他们对禅理亦多有深入。[4]更进一步来看，他们指出气化宇宙缺乏根本义，因为气仍是由心所起，心是主，气是辅，不可主次混淆。但从前述分析可知，基本上气论预设了一个天人万物相关的整体立场。澄观等人的观点与此是否有所不同？那又未必，毕竟佛教仍然是同意此一预设的，因为他们也承认气的普遍存在，只是与前述气论讲法有异，所以在气化世界之说以外，他们往往又追溯于心，毕竟佛教认为万法万物皆源于心（识），是涵摄世界的唯一所在，并希望借由体证灵明

---

[1] （唐）宗密：《圆觉经略疏钞》，收入《续藏经》第九册，台北：佛教会影印卍续藏经委员会，1968，页245。
[2] （唐）宗密：《原人论》，收入《大正藏》第四十五册，页710。
[3] 参见蒋义斌《宋儒与佛教》，台北：东大图书公司，1997，页267—268。
[4] 宗密从学于禅宗道圆、华严澄观，主张禅教合一，其《禅源诸诠集都序》更是将禅与教整合，然后各区分为三种，使其一一对应。（唐）宗密撰：《禅源诸诠集都序》，阎韬释译，高雄：佛光出版社，1996，《题解》，页5—6。

人心，则可直破尘世之虚妄，万物（包括天）是空而非实。[1] 当然，"心"也是不可执着的，既是无住无念，就要经由不断地否定以通向"空"，又或是主张当下的不舍不取，所以"心"其实也是方便说法而已。因此中晚唐以后的禅宗亦由"即心即佛"，走向"非心非佛"，但即心也好，非心也罢，不执的观念是相通的。[2]《镇州临济慧照禅师语录》就说："心法无形通贯十方，在眼曰见，在耳曰闻，在鼻嗅香，在口谈论，在手执捉，在足运奔。本是一精明，分为六和合。一心既无，随处解脱。"[3] 一心既无，随处解脱，即是此义，反过来讲，从心法而通贯十方，由一精明而分为六合，亦可见万物幻化的形成。这与宗密所谓心从细到粗，境从微到著，展转妄计乃至天地生起，都是同样的观点。

禅宗如此，又如五代宋初的赞宁（911—1001）便引《易》太极之说："太极是生两仪，两仪生万物，纲缊而出，鼓动而萌。由庶类以蚩蚩，禀自然而历历。自然者道，道惟本心，心无不通，通物之理之谓道也。"[4] 赞宁虽非禅宗人物，但其说亦同。换言之，佛教（包括禅宗）指出由人的肉身乃至于诸法万物，莫不是因缘相际，以至于牵连干涉，究其缘由，正是彼此处在同个世界宇宙所致。因此人与天地万物依然是整体的性质，天人仍在同个世界观里，缘起相生，互依互存。

从上述讨论可知，气论是唐代流行思潮之一，不管是儒家或是道教，甚至是无法归纳为某教某派的一般知识界，都在此思潮笼罩之内。天地之间充满了气，万物与人类皆是气化所生，人逝物死，气亦为之离散，而气的聚集散去，万物皆气，同生共感，显然预设了一个天人万物的整体观。其中佛禅虽不完全认同气论，但也无法排除此观念，对于气论背后的天人整体立场，更是接受并使用的。

于是唐人就在这种认同之中仰观于天，抒怀自身。在天人之间，他们体感世界宇宙，或叹天地之悠，或慨天命靡常，都反映了他们对自身与宇宙的认识。

---

1 参见陈弱水《唐代文士与中国思想转型》，页352—353。
2 参见葛兆光《中国禅思想史——从六世纪到九世纪》，北京：北京大学出版社，2006，页328。
3 （唐）慧然集：《镇州临济慧照禅师语录》，收入《大正藏》第四十七册，台北：新文丰出版公司，1983—1988，页497。
4 （宋）赞宁：《宋高僧传》，页756。

三、天人之间——自我的存在与认识

在这个一气化成、万物气感的整体世界中，人与天是什么样的关系？面对高高在上的天，人又何以自处？

事实上经由对天的省视，人们已开始探讨自身的存在与自觉，思考与天的关系。这种天论，与唐代气论是互为表里的，同时也是唐代知识界普遍面临的问题。第二节曾引韩、柳、刘三人天论，为方便表示，不妨以表格说明：

表一　韩、柳、刘之天论[1]

	韩愈	柳宗元	刘禹锡
	"吾意有能残斯人，使日薄岁削，祸元气阴阳者滋少，是则有功于天地者也；繁而息之者，天地之仇也。""吾意天闻其呼且怨，则有功者受赏必大矣，其祸焉者受罚亦大矣。"	"(天地元气阴阳)是虽大，无异果蓏痈痔草木也。假而有能去其攻穴者，是物也，其能有报乎？蕃而息之者，其能有怒乎？""天地，大果蓏也；元气，大痈痔也；阴阳，大草木也，其乌能赏功而罚祸乎？功者自功，祸者自祸。"	"世之言天者有二道……阴骘之说……自然之说。""天之能，人固不能也，人之能，天亦有所不能。故余曰：天与人交相胜耳。""人能胜乎天者，法也。法大行，则是为公是，非为公非……法大弛，则是非易位……人之能胜天之具尽丧矣。"
结论	人坏元气。天是世界的主宰。天能赏罚，人有功于天则赏，反之则罚。	天不能赏罚。万物纯任自然，福祸为自取。	天道人道各有所能，互有胜出，天人交相胜人胜天与否，关键在于法。

三人关于天的讨论，基本上都是站在"人"的立场来思考"天"，他们固然争

---

[1] 资料来源：(唐)柳宗元：《天说》，收入《柳河东集》，页286；(唐)刘禹锡：《刘禹锡集》，页67—72。值得注意的是，柳宗元的观点并非一成不变，柳宗元被贬至永州时，也曾感叹天命的无可违逆，非人力所能动摇，《与萧翰林俛书》就说："今天子兴教化，定邪正，海内皆欣欣怡愉，而仆与四五子者独沦陷如此，岂非命欤，命乃与我也，非云云者所制，又何恨。"这都是唐人站在自身立场思考天(命)的例证。(唐)柳宗元：《柳河东集》，页493。阴骘之说即是认为天是主宰，可以祸福人世；自然之说则是天行有常的自然天。韦政通：《中国思想史(下)》，台北：水牛出版社，2001，页973。

论天的性质,但往往也是针对"天人关系"而发,这是三人都同意的立场。韩愈指出人破坏元气,因而有害于天;柳宗元认为天地元气与人一样,都是宇宙世界的一部分,人的福祸乃自取;刘禹锡则以人是否能行法作为胜天的依据……三人所论虽有差异,各持己见,但异中依然有同。当然,他们的争论,可以说是唐代天论思潮里显著的标志,但绝非唯一。类似天人思考,进而指出天的质性者,所在多有。例如李翱就以道德之性分判人物,不只如此,他更认为人可以知天参天,其中关键在于诚,所以他在《复性书》就引《中庸》语:"唯天下至诚为能尽其性……可以赞天地之化育,则可以与天地参矣。"[1]因此主张要复性,得证天地澄明,同样也是以人知天的路数。

由于天对于人实在太重要了,所以我们在唐人言论与传奇里屡见不鲜[2]:

一、王者受命于天,作主于人,必大一统。[3]

二、圣人受命于天,以人为主,苟功济于天,天人同和。其功大矣。[4]

三、臣闻天者群物之祖,王者受命于天,故则天而布列职。[5]

四、此天杀我,岂尔之能?然尔妇已孕,勿杀其子,将逢圣帝,必大其宗。[6]

五、钱塘君再拜而歌曰:上天配合兮,生死有途![7]

六、娥私叹曰:李君精悟玄鉴,皆符梦言,此乃天启其心,志将就矣![8]

七、尔沦下士,贱卑万品。臻于如此,实由冥合。[9]

---

1 (唐)李翱:《复性书》,收入(清)董诰等编《全唐文》,页6434。

2 李丰楙认为,唐人表现天(命)思想者,往往形象化表达于笔记小说中,借以解说人间世诸般现象,代表民间社会的共同意识。李丰楙:《六朝隋唐仙道类小说研究》,台北:台湾学生书局,1986,页344—345。

3 (唐)皇甫湜:《东晋元魏正闰论》,收入(清)董诰等编《全唐文》,页7031。

4 (唐)高郢:《谏造章敬寺书》,收入(清)董诰等编《全唐文》,页4595—4596。

5 (唐)张柬之:《对贤良方策》,收入(清)董诰等编《全唐文》,页1785。

6 (唐)佚名:《补江总白猿传》,收入蔡守湘选注《唐人小说选注》,页28。

7 (唐)李朝威:《柳毅传》,收入蔡守湘选注《唐人小说选注》,页211。

8 (唐)李公佐:《谢小娥传》,收入蔡守湘选注《唐人小说选注》,页308。

9 (唐)佚名:《张佐》,收入蔡守湘选注《唐人小说选注》,页454。

八、乃知阴骘之定，不可变也。宋城宰闻之，题其店曰："定婚店"。[1]

九、天既职性命，道德人自强……天能夭人命，人使道无穷。若此神圣事，谁道人道短……[2]

十、忘荣知足委天和，亦应得尽生理。[3]

上述引文都代表了当时人对于天的看法[4]：圣人受命于天，但亦必须知天之意，不可妄行，才能天人同功（如第一、二、三则）；人的生死、命运乃是天意，但人依然要尽其所能，修养自身，以获得所能拥有的幸福（第四、六、九、十则）；再不然则是认为天意已定，天命不能更改，人只能被动地受天所制（第五、七、八则）。

这些说法，如果再加上韩、柳、刘、李四人的意见，可知唐人对天的观察并非完全一致，而是众声喧哗、各持己见的。但在看似各有说法的外表下，却也透露着同样的讯息，就是他们都是以人的角度来解析上天。可是反过来看，天的旨意若真是如此绝对，预定了所有可能，则人什么都不必做，只要枯等天命到来便是，在这条路子上，人将很难积极地面对自己，进而开创可能的未来。[5] 因此，借由对天的理解，思索人生处境，在有限生命中有所澈悟而同归天命，揣想天人同和的可能性，如李翱说诚，如上述第一、二、三、四、六、九所言等等，在这个模

---

1 （唐）佚名：《定婚店》，收入（唐）牛僧儒、李复言编《玄怪录·续玄怪录》，页188。
2 （唐）元稹：《人道短》，收入（清）彭定求等编《全唐诗》卷四一八，页4620。
3 （唐）白居易：《吟四难》，收入（清）彭定求等编《全唐诗》卷四五二，页5138。所谓的四难，即年老、家贫、眼病、命薄。
4 从引文中，常可见到天与命并提。其间关联，牟宗三所论最善，他说："故曰：'生死有命，富贵在天。'生死是必然的，这不是命，但必然的生死中却有命存焉。人生中或富或贵，或贵或贱，或幸福或不幸福，这也有命存焉。'在天'即在'你个体如何样地存在'中即涵蕴你有如何样的遭际。为何有这样的遭际是无理由可说的，这是一个虚意，即此便被名曰命，因此便说为在天。"牟宗三：《圆善论》，台北：台湾学生书局，1985，页142—143。
5 乐蘅军：《意志与命运——中国古典小说世界观综论》，台北：大安出版社，2003，页267—273。乐蘅军以唐传奇代表意志，宋明话本象征命运，是否如此，尚可再论。但他指出命运（天命）"将'悲剧知识'给了人类，使人明白他的毁灭与他的绝望，也极少给人救赎机会，在毁灭与绝望中，他才明白了他自身，也明白了命运"。本文所谓"无法积极开创"云云，即是此意。

式中，人们才能实现对于自身的关怀，肯定自身的价值，也才能对内在心灵世界作出更多更深的探索。

因此，唐代中叶以后道教《周易参同契》的流行，还有所牵涉到的内外丹思想，正可由此理解。

基本上，在唐代《周易参同契》是外丹炼丹的重要经典，如刘知古《进日月元枢论表》："臣自幼年，与道合虚，情性守一，颇历岁月。至于留心药物，向此二纪，意谓无出《周易参同契》。但能寻究此书，即自见其道。"[1] 非此而已，里头许多篇章也在晚唐内丹大盛以后，其修炼所本，像是五代彭晓注本的第二十、二十一、二十七、六十二、六十六等章，就将《周易参同契》与内丹结合。当然此处并非要考证内外丹源起[2]，而是要说明在唐代时期，丹道修炼之术，同样代表了人与天的沟通。这种联结，也是立基于对人类本身的关怀，并且肯定自身价值，然后以人思天，塑造了理想的天人关系。

我们先以外丹来看，张玄德《丹论诀旨心照五篇》：

> 凡修大丹，不在药味，事在五行精究，易象分明，辨节序之运移，知日月之度数，阴阳相使，神仙之药，合道之中。[3]

《大还心鉴》也说：

> 论大丹唯一阴一阳之道，即合天地之机也。[4]

---

1 刘知古：《进日月元枢论表》，收入（清）董诰等编《全唐文》，页3383。

2 关于内丹的起源，学界多以《罗浮山志》为据，由此追溯至隋代苏元朗。但龚鹏程认为《罗浮山志》成于清代，记载亦多混淆唐末以后的观念，实不足为据。究竟内丹起源为何，因与本文无关，故不处理，但内丹盛于唐末五代，并延续后世，这是没有问题的。可参龚鹏程《道教新论》，北京：北京大学出版社，2009，页182—183。张广保：《唐宋内外丹道教》，上海：上海文化出版社，2001，页 6—9。

3 （唐）张玄德：《丹论诀旨心照五篇》，收入（宋）张君房编《云笈七签》，页1453。

4 收入《正统道藏》第三十二册，页368。

从上述说法可知，既是阴阳相使，又要合天地之机，因此外丹就不只是铅铜水银调炼的药学成果。炼制原理，更必须取象于天，再由天地造化中归究于丹道。《周易参同契》无名氏注：

> 金汞禀阴阳二气，象色精微，是天地之灵。[1]

刘知古也说："人所禀躯，元精云布，因气托初，阴阳为度，夫作丹者，亦以法象人也。"[2] 人既然禀气而生，其间又以阴阳为度，于是在气化世界里，外丹也应该"以法象人"，自然也要吸收日月华气，又或是融用阴阳二气，取得天地之机，因此外丹的炼丹理路，同时也必须符合气化宇宙的原理。不只如此，炼丹者使用的鼎炉等器具，也像一个小宇宙一样，必须呼应外在天地的大宇宙，大小相生相即，"鼎炉"与"天地"是相辅相应的。张果《玉洞大神丹砂真要诀》就说：

> 大丹炉鼎亦须合其天地人三才五神而造之……夫用火之诀，亦象乎阴阳二十四气、七十二候……火数足而成大丹也。[3]

唐代丹家显然认为在这个小宇宙的鼎炉中，只要火候掌控得宜，应节度，重时气，则丹药自然可成，而关键便在于"大丹炉鼎亦须合其天地人三才五神而造之"。

当然唐代丹道甚多，丹法亦不甚相同。[4] 但若就同处观之，炼丹家普遍认定天地万物由气化所成，而且阴阳运行造化，从不间断，因此人若要像天地宇宙持续运化，生生不息，就必须服用丹药，而丹药炼制之法，则必须参考天地之机，毕竟生命的恒久，正存在宇宙的奥秘之中。至此，人与天产生了密切联系，人借

---

[1] 《周易参同契》，收入《正统道藏》第三十四册，页304。《通幽诀》亦言："故之赤水中自生者流为阳汞，名曰天铅之精，黄芽之祖，是日月之华气（水），化为天然还丹。"收入《正统道藏》第三十二册，页67。

[2] （唐）刘知古：《日月玄枢论》，收入（清）董诰等编《全唐文》，页3386。

[3] （唐）张果：《玉洞大神丹砂真要诀》，收入《正统道藏》第三十四册，页748。

[4] 丹法之异，可参廖芮茵《唐代服食养生研究》，台北：台湾学生书局，2004，页320—336。

由服丹成仙不死，终与天地造化同流，天不再是可望不可即的高高在上，而人也可以依凭本身努力，由丹道窥知天道机妙。

外丹如此，内丹又是如何？唐末陶埴《陶真人内丹赋》：

> 自然者，元气也。元气者是天地虚无之气，天地虚无之气即化生万物，玄元之始也。学丹之流链此得虚无之气，名真一自然之道，为万物化元也。[1]

内丹既以炼气为主，则人身自然就是一个小宇宙。若以丹道讲法来看，人体就是一座鼎炉，外丹以鼎炉炼丹，内丹则是以人体为鼎，鼎中阴阳乾坤气化运转，因此烧炼之药就非金石铅汞，而是气，所以又出现真水、真火、真铅、真汞、真虎、真龙的说法。例如钟（权离）吕（洞宾）一派的道士，就认为肾主气，气中又含真一之水，此即真虎；心则主液，藏正阳之气，故为真龙。如此种种，皆是顺着内丹推展而出，内丹也与外丹共用许多术语，诸如水火既济、龙虎交媾之类。[2]

这种讲法，基本上都说明了内丹与外丹一样，都讲究内外相合，大小宇宙彼此呼应。北宋张伯端《金丹四百字》就说：

> 身中有一点真阳之气，心中有一点真阴之精，故曰二物，心属乾，身属坤，故曰乾坤鼎器。[3]

张伯端虽然批判道教丹法混乱[4]，但对于炼气以成丹的基础，还是认同的，他又以乾坤鼎器来讲内丹，更是将身心视为炼丹之所。《龙虎还丹诀》亦云：

---

[1] （唐）陶埴：《陶真人内丹赋》，收入《正统道藏》第三十四册，页337。
[2] 参见张广保《唐宋内外丹道教》，页173—176。戈国龙：《道教内丹学溯源》，台北：中华大道文化事业公司，2004，页206—214。
[3] （宋）张伯端：《金丹四百字》，收入《正统道藏》第七册，页403。
[4] 张伯端说："惟金丹一法……终不言真铅真汞是何物也？不说火候法度温养指归，加以后世迷徒恣其臆说，将先圣典教妄行笺注，乖讹万状，不唯紊乱仙经，抑亦惑误后学。"参见《正统道藏》第四册，页371。

> 万物之中，唯人得天地至灵之气，而内有灵气之根，即为还丹之根本也，在人谓丹基，在人之身内故也。[1]

人得天地至灵之气，其内又有灵气之根，则以人为鼎，在鼎中炼丹，是再合理不过的。而既得天地之气，自然要效法天地之道，天是炼丹的法则与学习的对象，人因丹道以知天明天，了解天地宇宙。彭晓就说：

> 故鼎室之中，乃自是一天地也……则知一鼎中造化，一一明象天地运动，发生万类也。[2]

若要炼丹，则人必须取法于天，在宇宙大化中观察万物运行、阴阳升降，以察天地之机，以证循环复始，然后反诸己身，最后则是同流大化。人与天，不但是密切相关，更是相生相成的。

因此，外丹也好，内丹也罢，表面上看来，丹药似乎只是丹家企图成仙得道的工具而已。但究其实，道教炼丹，展现的正是对自身生命的关怀，希望借此摆脱生命的限制，所以他们肯定人与天地自然的相应互依，故天人和谐共知共生的整体境界，正是道教丹法的理想，这也就是唐代道教所建构的天人观。

既已说明道教丹法的天人关系，那么佛教禅宗既认为世界如梦幻泡影，对天又如何看待？

前已言之，佛教主张缘起相续，宇宙万物既然是妄，天自然也不真实，因此人对天应该是秉持不住不染的态度。天既是虚妄缘起，就不该执着于天，不但澄观、宗密皆持此说[3]，中唐灵澈也有《大藏治病药》一文，列出好色、轻口、骄

---

[1] (宋)张伯端：《龙虎还丹诀》，收入《正统道藏》第四十册，页676。
[2] (五代)彭晓：《周易参同契真义》，《中国子学名著集成》六十五，台北：中国子学名著集成编印基金会，1978，页26—27。
[3] 参见蒋义斌《宋儒与佛教》，页144。冉云华：《宗密》，台北：东大图书公司，1998，页80—

人等百病，又列出清心寡欲、语言谦逊等百药，其中"乐天知天"亦是一药。[1]但此说并非要安于天命，毕竟顺着上节所言的佛理来看，此说意谓人的醒悟（用灵澈的话来讲，则为治病药方），即视天为空为假，因此所谓的知天乐天，是既不要惑于天，也不要胜天伐天，与天保持一种或即或离的关系。以此而观吉藏（549—623）《二谛义》，他引竺道生之语："果报是变谢之场，生死是大梦之境，从生死至金刚心，皆是梦。"[2]对吉藏而言，二谛也不过是为了把唯一之境表达出的方便言说罢了，故曰："二谛者，乃是表中道之妙教……道非有、无，寄有、无以显道。"[3]业报历程、生死变谢，皆如梦幻，都只是权说，乐天知命云云，亦如是观。

这样的看法，不止上述诸人而已，在禅宗的公案机锋中亦时时得见，只是前文说的是天为借缘空假，不可忽视，但也不可执着，现在却是反过来，说天地万物之中，都可能是悟道的机缘。雪峰义存（822—908）就曾借此喻说：

> 师在雪峰，僧问峰："如何是触目不会道？运足焉知路？"峰云："苍天！苍天！"僧不会，遂问师："苍天意旨如何？"师云："三斤麻，一匹布。"僧云："不会。"师云："更奉三尺竹。"[4]

此处所言，道即是自性。在如来藏缘起理论之中，五大六识，乃至于万事万物，都是如来藏心的显露，禅宗认为道就在其中，因此遍处是道，触目皆菩提。所以天是道，三斤麻、一匹布、三尺竹，亦皆可见道。

宋初白云守端诗云：

82。

[1] 转引自南怀瑾《药师经的济世观》，上海：复旦大学出版社，2002，页252。
[2] （唐）吉藏：《二谛义》，收入《大正藏》第四十五册，页107。
[3] （唐）吉藏：《二谛义》，收入《大正藏》第四十五册，页85。吉藏的二谛说，可参杨惠南《吉藏》，台北：东大图书公司，1989，页145—147。
[4] （明）瞿汝稷编：《指月录》，成都：巴蜀书社，2006，页593—594。

>六不收兮调最新,能歌何待绕梁尘,和风满槛花千树,不换乾坤别是春。

"六不收"出自唐末五代云门文偃,"六"固然可实指,如佛教六根、六识、六尘,但也可能是泛称,意谓万般法身。[1]白云守端此诗,是讲满槛和风、千树花朵、乾坤天地等物,皆容纳万法,都是自性的真实显现。

但是这些禅机也只是方便言说,都是"禅筏",由天见道云云,目的在于接引,进而转识成智,了然醒觉。以指见月,切莫执指为月,所以禅宗连佛祖都要呵骂,都要超越。[2]因此所谓的机锋,重在不执,重在空相,直凑单微而少落言筌,更不可死在句下。在这样的情形中,人与天,甚至与天地万物的关系,只是缘起的因缘际会,不必拘泥也不可执着。但正如第二、三节所分析的,佛教禅宗同样是以人观天,其法虽无定,只是金针度与,仍有若干迹象可说,故总有以禅机佛理悟道之举,于是此处所谓"人、天、道"的关系,就变成一种方便法,不可明说却又不能不说,只好权宜说之,示之以法,以度有缘人。但不管如何,人也借此省思知天,因此天人关系依然是一个整体观念,在这样的整体观里,佛教才可以谈因缘、随处见道,毕竟天人若本是断裂,甚至两不相涉,则佛禅亦无缘起、"触目会道"可说。

在结束这节之前,有一点必须要澄清。前已言之,南北朝末期到唐初,道教采用佛教的世界观,以道性为本,认为世界乃虚妄和合。但唐代佛教禅宗以心证心,以此破天之执相,道教却不能如此,这是什么原因呢?原因在于唐代道教反思人天关系,往往归诸内外丹,内外丹往往是讲究自身与外在宇宙的确实联系,不管是服食还是修炼,都必须具体地正视天地万物。在这样的基础上,内丹、外丹的修炼之道,必定以天地宇宙为实,以气化为依据,因此就不能再采用佛家的佛性或是缘起说。

---

1 参见杨惠南《禅思与禅诗——吟咏在禅诗的密林里》,台北:东大图书公司,1999,页37。
2 禅宗往往以"干屎橛"或是"棒喝""杀佛"之类的方式表达,当然也是一种权说。杨惠南《禅思与禅诗——吟咏在禅诗的密林里》,页24—28。

最后,天既广大又深微,不能尽知,因此人或是顺应大化,或是修养内心,以知天命,又或是干脆不去说明天道崇高,而是由心悟道,得证世界幻影。在各种论述中,人究竟该如何做?其接引功夫之法或是禅理又是为何?借由这样的探问,特别是在唐中叶以后的思潮中,我们发现《易》扮演了重要角色,《易》所牵涉到的启示与论述,更为后来理学家所本。

四、易理、哲理与教理

在这一节中,我们将重心放到《易》之上。在唐代,特别是唐中叶以后的道教与禅宗,当他们企图同证天道时,往往使用《易》作为思考资源,或讲求易理,或以卦为说,都是以《易》为资源,作为具体的身心修炼之道。[1]而这样的做法,往往也是在气化世界的整体观上呼应了他们的天人关系。

在唐代,很多人常用《易》来说天道人事,张说曾言:"诵诗闻国政,讲《易》见天心。"[2]武后时孔玄义也以周易及祭法之文,建议武后配祭人选。[3]王涯(764—835)也说"《易》有四象之气",且从元、筮法、立例、吉凶、立中来谈,发挥《易》的世界观,所以又说:"元之赞辞,推本五行,辩明气类,考阴阳之数,定昼夜之占,是故观其施辞,而吉凶善否之理见矣。"[4]这些既说明《易》颇受重视,也说明是因为《易》有丰富的宇宙理论,故诸人引经据典以陈己意。但上述所言或是未切实就《易》发挥,或也言及天人,却是忽忽几笔,不见特殊,更未就人的内在功夫立意。

---

[1] 除《易》之外,《中庸》在当时也渐受重视,学界对此已有许多研究,可参杨儒宾《〈中庸〉、〈大学〉变成经典的历程》,《台湾大学历史学报》第24期,1999年12月,页29—66。余英时:《宋明理学与政治文化》,台北:允晨文化实业公司,2004,页118—137。

[2] (唐)张说:《恩制赐食于丽正殿书院宴赋得林字》,收入(清)彭定求等编《全唐诗》卷八十七,页941。

[3] 《旧唐书》,页828。

[4] (唐)王涯:《说元五篇》,收入(清)董诰等编《全唐文》,页4587。

因此还是要从道教来看。司马承祯《天隐子》曾把《易》说成是神仙之道。[1] 吴筠也以《易》的乾坤来说明天地为实有，以破除虚妄之说。[2] 玄宗时人李筌注解《黄帝阴符经》就曾以《易》六十四卦，或是六十甲子归纳天地变化。[3] 同时期的张果也说："用八卦而体天。"[4] 上述道教人物，都是把《易》视为窥探天道的经典，结合《易》与气论，并希望借此得知天地运行之法。在此之前，固然有成玄英的《周易窃寂图》、袁天纲的《易镜玄要》、李淳风的《周易玄义》《周易新冥》等书，但并未将《易》结合丹法、气论。[5] 换句话说，道教将《易》与气论的结合，在唐初并未得见，而是由唐中叶以后才开始。

这样的背景下，《周易参同契》蔚为流行，成为丹道经典，也就可以理解了。《周易参同契》主要是以阴、晴、晦、圆、缺、进、退、上、下来讲炼丹烧鼎之法，根据赖锡三的研究，《周易参同契》既继承《易传》关于天地阴阳的宇宙生成论，又以坎离二卦发展了阴阳相即的动态结构，更重要的是还将易学卦爻象数运用到炼制丹药之中。[6] 除此之外，正如第三节所言：唐代道教往往利用《周易参同契》来解释气化宇宙的变化。不只如此，丹家也运用《易》卦、数术等原理炼丹，经由气论以沟通天人，例如刘师古《日月玄枢论》提及的"子午以成三，戊己以为五，此吾之八石之名也"[7]，即是出自《周易参同契》："子午数合三，戊己号称五，三五既谐和，八石正纲纪。"[8] 前引张玄德《丹论诀旨心照五篇》就有"易象分明，

1　参见司马承祯《天隐子》："《易》曰：'天地之道，易简者，何也？'天隐子曰：'天地在我首之上足之下，开目尽见，无假繁巧而言，故曰易简，易简者，神仙之德也。'"《全唐文》，页736。

2　参见吴筠《神仙可学论》："当世之士不能窥妙门、洞幽赜，雷同以泯灭为真实，生成为假幻，但所取者性，所遗者形，甘之死地，乃谓真理，殊不知乾坤为《易》之韫。乾坤毁则无以见《易》。"《全唐文》，页9650。

3　参见程来远《黄帝阴符经疏解》，台北：气功文化出版社，1993，页47。

4　（宋）张君房编：《云笈七签》，页382。

5　关于道教丹法结合《易》论、气论的过程，龚鹏程论之甚详，可参龚鹏程《道教新论》，页204。另外，在第二节时就说到，唐代道教气论的再次流行，已是武后玄宗以后，是由司马承祯、吴筠等带起，而《周易参同契》的流行、《易》与气论的结合，亦在此时。

6　参见赖锡三《丹道与易道》，台北：新文丰出版公司，2010，页139—194。

7　（唐）刘知古：《日月玄枢论》，收入《正统道藏》第三十五册，页385。

8　（五代）彭晓：《周易参同契真义》，《中国子学名著集成》六十五，页41。

辨节序之运移，知日月之度数，阴阳相使，神仙之药，合道之中"之语。《通幽诀》也以丹火喻爻象，一年十二月通十二消息之卦，因为一卦六爻，所以又把一个月分成六候，各五天，一月又有三百六十时，一年就有四千三百二十时，鼎炉即据此控制火候，"依卦节气候运动以成金丹"。[1]

外丹如此，内丹也不例外，陶埴《陶真人内丹赋》：

精求《易》义，火候进退，生杀合宜，表里清通，内外相应。[2]

"内外相应"云云，即是第三节讲的人以天为法，也即是人身小宇宙与天地大宇宙相辅相成之理，其中关键在于是否精求《易》义。《金丹真一论》也屡引《易》说，以证明金丹与《易》的密切关系：以治易之治丹，"还丹得不生焉？"[3]《全唐诗补编》也有元阳子《金液还丹歌》：

调气运火逐离宫，丹砂入腹身自冲。
五行深妙义难知，龙虎隐藏在坎离。
还丹之术数过百，最妙须得金华池。[4]

调气运火，丹砂入腹，当指内丹，内丹炼气一法，已如上节所言，不再赘述。而坎离为说，"龙虎隐藏在坎离"，特地标出坎离，正是道教炼丹重点之一，内外丹皆同。彭晓就说：

然神母在鼎中，被阴阳之气相蒸，如云行雨施；而水火运用，各归于土，则药

---

[1] 参见《通幽诀》，收入《正统道藏》第三十四册，页67。
[2] 收入《正统道藏》第七册，页337。
[3] "《易》曰：'天地变化圣人效之，天垂象圣人则之。'凡治丹言运符节者，此之谓也，还丹得不生焉？"参见《正统道藏》第四十册，页643。
[4] 陈尚君辑校：《全唐诗补编》，北京：中华书局，1992，页596。

在胎内,颜色形状,随时变易,而无定貌……故圣人探天地之根基,为还丹之父母,运五行而化生灵药,殆非五金八石、诸物杂类而为之也。……将乾坤鼎而同大治,运坎离气而比化权……是故神无方,而《易》无体,得不协其动静,循彼阴阳,而成变化于有无之中乎?神哉![1]

乾坤坎离皆是《易》卦。乾坤代表鼎器。坎为阳卦(震、坎、艮)但多阴爻(☵ 阳爻在中而阴爻在外);离卦为阴(离、兑、巽)却多阳爻(☲ 阴爻在中而阳爻在外),这是一种"颠倒"。道教丹道取坎填离为说,心属火为离,肾属水为坎,心火下降,肾水上升,称作水火既济,这种一上一下的交会,用《易》来讲,就是把坎卦中的阳爻放到离卦中间的阴爻里去,离卦就变成纯阳的乾卦,这叫"取坎填离""会乾坤"。[2] 彭晓认为圣人炼丹,乃探求天地根基,炼丹又因气而行,故曰"然神母在鼎中,被阴阳之气相蒸",其间又以《易》为法,协其动静,循彼阴阳,然后成变化于有无之中,是以《易》之用于炼丹:"神哉!"

由此可知,唐中叶以后道教以丹道与《易》、气的结合,来达成他们天人之道的理想境界,一环接着一环,关系是非常密切的。

另一方面,佛教禅宗对《易》的重视亦不容忽略,以《易》表诠禅理,可见:

师(芝庆按:即慧寂)问一僧:"汝会甚么?"云:"会卜。"师提起拂子云:"这个六十四卦中,阿那卦收?"僧无对。师自代云:"适来是雷天大壮,如今变为地火明夷。"[3]

弟子问崇慧(约为肃、代宗时人):"达磨未来此土时,还有佛法也无?"……良久又曰:"阇黎会么?自己分上作么生?干他达磨来与未来作么?他家来,大似

---

[1] (五代)彭晓:《周易参同契真义》,《中国子学名著集成》六十五,页137—138。
[2] 参见郑吉雄《易图象与易诠释》,台北:台湾大学出版中心,2004,页265—266。戈国龙:《道教内丹学溯源》,页206—214。
[3] 《袁州仰山慧寂禅师语录》(仰山慧寂,814—890),收入《大正藏》第五十一册,页587。

卖卜汉，见汝不会，为汝锥破卦文，才生吉凶，尽在汝分上，一切自看。'僧问："如何是解卜底人？"[1]

第二则是论易卜，但未说明是哪种卜法。第一则值得再解释，慧寂问僧人会什么，僧答曰会卜，可是接下来论易卜的却是慧寂，慧寂说："适来是雷天大壮，如今变为地火明夷。"雷天大壮，大壮卦是䷡，乾下震上。地火明夷，明夷卦䷣，离下坤上。大壮如何变成明夷？不管是以京房的八宫或是虞翻以后的卦变等等，皆无法释例。[2] 因此若以卦变为解，这则资料甚难通释，但慧寂也有可能只是取象喻说，就眼前情境生卦作解，重在戳破。毕竟就该僧的前后表现而言，起先明言"会卜"，所以是"大壮"（雷在天上，正位，高空响雷，自信满满）；接着无以为对，因此是"明夷"（知有所蔽，火住地里，无言以对失位）。[3]

除上述两则资料之外，尚有他例可说，石头希迁曾著《参同契》[4]：

> 师因看《肇论》至"会万物为己者，其唯圣人乎"，师乃拊几曰："圣人无己，靡所不己，法身无象，谁云自他，圆鉴灵照于其间，万象体玄而自现……"……遂著《参同契》曰：
>
> …………
>
> 门门一切境，回互不回互，回而更相涉，不尔依位住。
>
> 色本殊质象，声元异乐苦，暗合上中言，明明清浊句。
>
> 四大性自复，如子得其母，火热风动摇，水湿地坚固。

---

1 《景德传灯录》卷四，收入《大正藏》第五十一册，页299。
2 即便从卜筮系统观点而言，大壮卦得到的卦数当为七九七九八八，才有可能变为明夷卦，但卦数得到的动爻之数为七，落在大壮卦的上六爻位上，而上六之数为八，是不变之数，如此一来就不可能变成明夷卦；除非不考虑动爻之数，直接将本卦的变爻全变，把两个九数阳爻变阴爻，就能变为明夷卦，但这是不入流的卜筮方式。况且原文短短数语，很难推测所卜为何，是卜现况，还是未来变化？此皆难知。此处承陈伯适老师解说，特此致谢，而文责当由作者自负。
3 此解承刘又铭老师指点，特此致谢，文责亦由作者自负。
4 《参同契》即《周易参同契》，两者同义。可参南怀瑾《我说参同契》上册，台北：老古文化事业公司，2009，页46。引文出自《五灯会元》，收入《大正藏》第八十册，页108。

> 眼色耳音声，鼻香舌咸醋，然依一一法，依根叶分布。
> 本末须归宗，尊卑用其语，当明中有暗，勿以暗相遇。
> 当暗中有明，勿以明相睹，明暗各相对，比如前后步。

石头希迁言四大，又说眼色耳音鼻舌等，乃至于一一法、万物自有功云云，都代表了他建构的世界观是一个缘起的世界。石头希迁说："门门一切之境，回互不回互"，"回互"，即是互相涉入又不妨碍之意，既是两者交合，又有自身存在，故曰"回而更相涉，不尔依位住"，因此他以才明暗为例，或言暗中有明，或说明中有暗，又或指出明暗各相对。[1] 至于希迁作《参同契》的原因之一，是读僧肇的《肇论》所致。僧肇作不真空论，不真即空，不真故空，现象事物为假有，假有为不真，便无自性可说，既不真又无自性，故谓空。圣人最能解此说，故曰"夫圣人之于物也，即万物之自虚"[2]，希迁说"圣人无己……法身无象……万象体玄而自现……"即是此意。

回互的讲法，与《易》实太相近了，《易》论阴阳，先是分阴分阳，例如天地、尊卑、男女、刚柔等等，此非二元对立，而是交替互用，是一个动态的相辅相成、生生不息。所以京房就说："阴阳之体，不可执一为定象，于八卦，阳荡阴，阴荡阳，二气相感而成体，或隐或显。"[3] 与回互概念甚是相类，差别在于一视万物为实，一视万物为缘起性空。以此观之，不仅因为二者概念极为接近，而且唐代《易》的流行，或许也是希迁同样使用《参同契》为名的原因。

但是回互并非只是概念游戏而已，而是确实的功夫法门，重在人生实际处。毕竟众生悟法，根器不同，迟疾亦异，禅师自然要随机接引，有时为破除执障，不免以言行曲折或直指道破，但又恐后人执着于此，故又再须以其他言行破之，

---

[1] 此说类似华严宗所谓"理事无碍"及"事事无碍"，理事固然各立，但又可互相交涉，因此是相即又相入的，但事物由缘起而成，所以又是空无自性。吴汝钧：《佛教的概念与方法》，台北：台湾商务印书馆，2000，页434—439。

[2] 《大正藏》第四十五册，页105。

[3] 亦可参钱穆《现代中国学术论衡》，台北：东大图书公司，2008，页111。

展转相破，遂由百丈怀海（740—814）归纳为三关：初关、重关、牢关，即空、有、中三种格局，"中"往往又为两种示说：一、双照明中，为空有相即之意；二、双遮得中，为空有两泯之理，因此三关又可演为四句。[1] 但不管是三关之中也好，双照双遮之中也罢，都是以类似回互的概念为基础，意谓既相即却又自存，不离不杂，亦合亦分。此外，各家运用方法又自有名目，故有百丈三关、曹洞五位正偏、云门三句、临济四料简等说，其中都可见到回互的思维模式，并且实际运用到禅理之中。

不只如此，曹洞宗《宝镜三昧》更把回互与《易》结合。据曹洞宗开创者洞山良价（807—869）所言："吾在云岩先师处亲印宝镜三昧。"[2]《宝镜三昧》就说：

重离六爻，偏正回互，叠而为三，变尽成五。[3]

重离，即是指六十四卦的离卦䷼，内外皆为离卦，故称重离。借由偏正回互，于是六爻分为三叠，又变成五位，虽如此说，但三叠五变究竟如何得来？宋代觉范洪慧、明代永觉元贤、清代释行策都有解释，也各有异同。[4] 但三人同样运用到诸如内外卦、卦象、卦义、变卦、错综、互体等这些关于《易》的概念，基本上都点出了唐中叶以后《易》与回互相结合的现象。

事实上早在曹山本寂（840—901）时，就已经采用大过、中孚、巽、兑、重离等五卦来解释洞山良价的偏正五位说：

正中来者，太（大）过也……偏中至者，中孚也……

1　巴壶天：《艺海微澜》，台北：广文书局，1987，页45—96。
2　《瑞州洞山良价禅师语录》，收入《大正藏》第四十七册，页525。
3　《人天眼目》，收入《大正藏》第四十八册，页321。
4　三人解释的异同，可参林义正《周易重离卦与曹洞禅》，收入巴壶天、林义正校补《校补人天眼目》，台北：明文书局，1982，页299—312。

正中偏者，巽也……偏中正者，兑也……兼中到者，重离也……[1]

本寂之意，即是以修行者阶位区分偏正五位，他说：

> 正位即空界，本来无物。偏位即色界，有万象形。
> 正中偏者，背理就事。偏中正者，舍事入理。兼带者，冥应众缘，不堕诸有，非染非净，非正非偏，故曰虚玄大道……君为正位，臣为偏位，臣向君，是偏中正。君视臣，是正中偏。君臣道合，是兼带语。[2]

正位是空，偏位则是色界、是"有"，君臣即是正偏，君是正，臣是偏，"偏中正"即是"臣向君"，以此类推，"君视臣"就是"正中偏"，其中"兼中至"与"兼中道"是正偏皆具，所以是"君臣道合"的"兼带"，非正非偏，则以离卦表之。曹山本寂并未言及"正中来"，杨惠南推测可能是因为"正中来"明显是指由"正"而来的解脱者。[3] 而正中偏中，又或是正偏互涉互兼，同样也是一种"回互不回互"的思维。[4]

从上述分析可知，唐中叶以后佛道对于《易》的使用，或以《易》言丹道，体象天行；或以《易》为开示，以表阶位。而佛道以天为空为实，认知或有不同，但

---

1 《抚州曹山本寂禅师语录》，收入《大正藏》第四十七册，页533。
2 《抚州曹山本寂禅师语录》，收入《大正藏》第四十七册，页527。
3 杨惠南：《禅史与禅思》，台北：东大图书公司，1995，页148。
4 [日]土屋太祐：《北宋禅宗思想及其渊源》，成都：巴蜀书社，2008，页61—63。宗密同样也使用回互的概念来解释一心开二门的原则，他在《禅源诸诠集都序》卷下之二的附图中，把"正偏回互图说"称为"阿黎耶识"，阿黎耶识即是阿赖耶识，宗密称此为"即真妄和合，非一非异，名为阿赖耶识，此识在凡本来常有觉与不觉二义"。阿赖耶识乃真妄和合，两者既非一非异，亦不离不杂，于是他又分为两种：◐ ◉ 。在图示中，宗密以白圈中的一点黑点来表示（宗密最初其是以红黑两色制图，宋时刻版印书红圈则变成白圈），这种觉即是真如本觉，有净德妙用。反之，黑圈中的一点白点，即是说妄迷中有真如本体。因此若由白圈之中的黑点，依此觉心而修行，经过十重之后黑渐去则见纯白，此即"觉"。反过来讲，若全黑则进入生死轮回的业报循环之中。因此不管是黑圈有白，还是白圈有黑，都代表了觉与不觉的可能，都含有真与妄的因子。所以宗密才又以真如与生灭作比喻："真有不变随缘二义，妄有体空成事二义。谓由真不变故妄体空为真如门，由真随缘故妄成事为生灭门。"见宗密《禅源诸诠集都序》，《大正藏》第四十八册，页409。

与《易》的结合,都是企图圆满自身的一种方法,是一种具体的行为实践。这种功夫,最终是要回证天人关系,以人知天而体认天地的。

相较之下,此时儒学运用《易》与天(世界观)的解释就沉寂多了。《周易正义》虽有"圣人用易,能弥纶天地之道,弥谓弥缝补合,纶谓经纶牵引,能弥合牵引天地之道"[1]的话,但毕竟是唐代前期之作,未见儒士继续发挥。至于其余诸生,或是谨守官书而无刻意偏立异议[2],又或是争论易爻取义等等[3],再加上本节开头所引诗文,也可见到一些儒生的说法,都未若佛道一般善用《易》并融入自身理说而深入内在的功夫。值得一提的是李翱,他在《复性书》里虽多引《易》文句,诸如"与天地合其德""贞夫一者"之类,以证人之性与天之道双合的可能,但《易》只是他说明"复性"的经典之一而已,他同时也引用《中庸》《乐记》等书。况且李翱虽主要是以《易》《中庸》言性[5],并未就《易》大加发挥,也未说明《易》在当时世界观中是否具关键地位。

五、北宋理学"天人之道"

在前几节中,我们分别以天人、气、《易》为焦点,勾勒了唐代中叶以后的思潮框架。这种思潮其实到了宋初仍多可见,除了前三节已略有引述,尚有许多可证。例如李清臣就有《易论》三篇,他认为天道固然存在,但难说且亦未知,因此不如专注人道。[6]这与欧阳修的观点类似,欧阳修是以"不可知"来讲,他引《易》"天道亏盈而益谦……"一句,说明"其于鬼神也,以不可知为言,其可知者,

---

1 (魏)王弼注、(唐)孔颖达疏:《周易正义》,页266。
2 参见陈伯适《汉易之风华再现——惠栋易学研究》,台北:文史哲出版社,2006,页24。
3 例如柳宗元就曾与刘禹锡讨论《易》义。(唐)柳宗元:《与刘禹锡论周易九六书》,《柳河东集》,页501—502。(唐)刘禹锡:《辨易九六书》,《刘禹锡集》,页86—92。
4 (唐)李翱:《复性书》,《全唐文》,页6434—6437。
5 参见洪淑芬《论佛儒交涉与宋代儒学复兴——以智圆、契嵩、宗杲为例》,台北:台湾大学中国文学研究所博士论文,2006,页232—233。
6 参见李长远《北宋理学"性与天道"思想的渊源初探》,页56—57。

人而已"¹,在《易或问》也一再申言:"止于人事而已矣。"² 此皆说明天道晦涩难知,应多注意人事,但他们绝非要废天而行,弃天不讲,只是主张要少谈天而多谈人而已。³

另外,王安石也以气化宇宙为说:

> 道有体有用,体者,元气之不动;用者,冲气运行于天地之间。其冲气至虚而一。在天,则为天五;在地,则为地六;盖冲气为元气之所生,既至虚而一,则或如不盈。⁴

道之体为元气,道之用是冲气运行,以此生养万物。王安石又说:"道有本有末。本者,万物之所以生也;末者,万物之所以成也。本者出之自然,故不假乎人力……末者涉乎形器,故待人力而后万物以成也。"⁵ 万物之生,为本,为自然,但万物之所以成,则须由末,也就是人力促使。因此,道生万物,其后又成于形名度数之间。本末固然是先后之分,但本末同为一体,不可偏废,故曰:"王者人道之极也,人道极则至于天道矣。"⁶

因此,在王安石看来,天人虽是整体,只是"生"是自然,是人无法掌控的,人所能做,也应该做的,是促使"万物之所以成"。

上述所引,虽皆可见宋初士人以《易》、气化来思考天人关系。可是这些人毕竟不是理学家,真正入室操戈,密切呼应佛道,又企图回归传统儒学,并以《易》为天道性命之说,再融会儒家术语的,还是周张二程。

---

1 (宋)欧阳修:《新五代史》,北京:中华书局,2002,页1109。
2 (宋)欧阳修:《欧阳修诗文集校笺》,上海:上海古籍出版社,2009,页1593—1594。
3 胡瑗也是如此,他虽然皆言天道人道,并未真正探究宇宙论的内涵,只是一再地说明天道可供人法,还是以人为主的。可参李长远《北宋理学"性与天道"思想的渊源初探》,页60—61。
4 严灵峰辑校:《辑王安石老子注》,收入严灵峰编《无求备斋老子集成》第五函,台北:艺文印书馆,1964,页2。
5 严灵峰辑校:《辑王安石老子注》,《无求备斋老子集成》第五函,页6。
6 严灵峰辑校:《辑王安石老子注》,《无求备斋老子集成》第五函,页2。

我们先从周敦颐谈起。周敦颐同样也延续了气化宇宙的说法，不管是《太极图说》的"二气交感，化生万物"[1]，还是《通书》的"二气五行，化生万物"[2]，阴阳二气交感相成，化生万物，此与唐代以来的气论天论类合。但周敦颐尤其深入宇宙实质面，注重整个宇宙世界的化成内涵，而人类在世界中是"得其秀而最灵"[3]，是故人应守中正以义，并且主静，如此就能与天地合其德。就周敦颐看来，天人关系，显然也具有整体性，且存在彼此互相呼应的可能。

图一为周敦颐《太极图说》。[4] 其中第二个图（从上往下），即毛奇龄所谓的"水火匡廓图"，毛奇龄认为此图取自《周易参同契》，实则《周易参同契》并无此图。[5]

依图所示，左为离卦，右为坎卦，彼此互相交合，周敦颐说这是"一动一静，互为其根，分阴分阳，两仪立焉"，显然，此处动静与阴阳，是一个二项相对，却又相辅相成的形态。[6] 如果用第四节所引禅宗的讲法，亦可用"回互"称之，原因详下。正因为阴阳是彼此涉入而又互为其根，所以二气交感而五行四时生，乃至于万物生成，从阴阳到气化交感，再到五行四时天地万物，彼此联系而息息相通，由此可见宇宙世界的形成与建立。

当然其中还牵涉到一个问题，周敦颐说"无极而太极"[7]，究竟何解？这句话约有两种解释：朱子认为只是一物，并无先后；陆九渊则反之，认为无极当在太极之前，非指一物。朱子之说固然有许多后继学者遵从，但诸如侯外卢等人却认为这是从无到有的过程，是宇宙论的两阶段。[8]

1　（宋）周敦颐：《周敦颐集》，北京：中华书局，2009，页5。

2　（宋）周敦颐：《周敦颐集》，页32。

3　（宋）周敦颐：《周敦颐集》，页6。

4　《宋元学案》，台北：华世出版社，1987，页497。

5　参见郑吉雄《易图象与易诠释》，页234。

6　参见陈来《宋明理学》，上海：华东师范大学出版社，2003，页40。

7　（宋）周敦颐：《周敦颐集》，页3。

8　参见张祥龙《周敦颐〈太极图说〉〈易〉象数及西方有关学说》，收入吴展良编《东亚近世世界观的形成》，页120—121。

在解释这句话之前，我们还是先回到周敦颐的天人观点：天人既然同在整体，彼此就有相知相通的可能。那么，人究竟该如何做？这就呼应我们在第三节的提问了。周敦颐《读英真君丹诀》说：

> 始观丹诀信希夷，盖得阴阳造化机。子自母生能致主，精神合后更知微。[1]

英真君是阴长生，希夷是陈抟，周敦颐为什么由丹诀而信呢？原来"丹诀"乃"阴阳造化之机"，而丹（子）正是由天地（母）而生，但也能致主，自成一小宇宙。[2] 故既得天地之机，又是人之修炼，内外交相，自然是"精神合后更知微"。

周敦颐凭借丹道的思维模式，企图建立其内在之学，值得追问的是，那么又该怎么入手，才能充实己身？这时他采用的是儒家学说，回归心性主体，"人而至难得者，道德有于身而已矣！"[3] 例如他说"诚"既是圣人之本，也是五常百行之根源[4]，既然如此，人自然要乾乾不息，发明思诚之方。[5] 这种修养原则，亦有赖"中"方可成，中既是无过不及，也是不偏不倚，周敦颐说："性者，刚柔善恶，中而已矣""中也者，

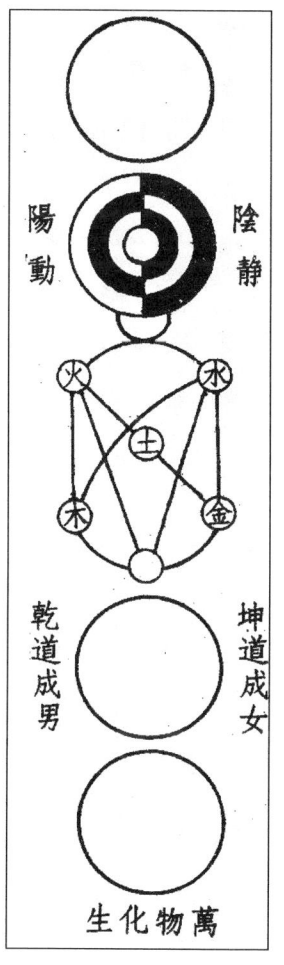

图一

---

1 （宋）周敦颐：《周敦颐集》，页69。
2 《道藏》洞真部中收有署名陈抟注的《阴真君还丹歌注》，主要是以内丹的角度立论。注中指出，天地有阴阳，人身也有阴阳，而天地万物都是互相共感的。人（或是内丹）属万物，是子，万物又由宇宙阴阳交感而生，故是由"母"而生"子"，此处周敦颐显然是借用了内丹的讲法。李长远：《北宋理学"性与天道"思想的渊源初探》，页164—166。
3 （宋）周敦颐：《周敦颐集》，页33。
4 参见（宋）周敦颐《周敦颐集》，页13。
5 参见（宋）周敦颐《周敦颐集》，页38。

和也,中节也,天下之达道也",中既是交和的和谐(互涉),也是中节的节度(不偏)。有意思的是,朱子认为此说与《中庸》不合,朱子认为性是未发,善恶等是情,是已发,这是《中庸》旨意,但周敦颐却将性视为已发。[1] 朱子所言是否合理,与本文宗旨无关,但他指出周敦颐之说与《中庸》不合,是颇为正确的观察,不过问题不在《中庸》,而是周敦颐采类似回互之法,只不过他使用的是儒家术语"中""和"而已。我们在第四节已说明,回互是彼此互相涉入,但又有本身的存在,周敦颐所谓的刚、柔,正可由此理解切入。毕竟就性而观,刚柔善恶当然是一个整体,但就刚柔观之,刚有善有恶,柔也是如此[2],这是善恶的回互。扩大来看,刚善柔善也彼此回互,他说:

> 匪灵弗莹,刚善刚恶,柔亦如之,中焉止矣。二气五行,化生万物……是万为一,一实万分,万一各正,大小有定。[3]

刚恶柔恶固不必言,而刚柔当然是互相交涉又各自存在的。但即便是刚善柔善,都不是人最好境界。毕竟人之灵莹,就在于刚善柔善回互之"中",人得其中,归溯其天道之源,周敦颐则又称为"一"。值得注意的是,如前所言,回互既为禅宗具体行为法门,同样,周敦颐说的刚柔善恶云云,也不是符号概念而已,而是实指人生的。[4]

既明此理,回头来看"无极而太极"。就"一"而观,无极太极当然是一体,可是周敦颐刻意使用不同的语言表述之,太极无极因此又有各自存在的理

---

[1] 参见(宋)朱熹《四书章句集注》,北京:中华书局,2003,页18。

[2] "刚善:为义为直为断为严毅为干固;(刚)恶为猛为隘为彊梁。柔善:为慈为顺为巽;(柔)恶:为懦弱为无断无邪佞。"(宋)周敦颐:《周敦颐集》,页20。柔善交织,影响刚柔。刚善刚柔,是一种回互;柔善柔恶,也是一种回互。

[3] (宋)周敦颐:《周敦颐集》,页32。

[4] 钱穆就指出周敦颐的思想特征,在于具体实践与修养,他说:"敦颐的理论,并不重在纯思辨的说明上,而更重在如何见之行为与实践,所以他才极细密地指示出一套修养方法来。"钱穆:《宋明理学概述》,台北:东大图书公司,2001,页33。

由，太极本无极，太极又生阴阳，动而生阳，静而生阴，是"一动一静，互为其根，分阴分阳，两仪立焉"[1]。但两者却是"回互"的，回互的目的在于得其"中"，用《通书》的话来讲，就是"自至其中而止矣"[2]。因此不但太极无极属于一，乃至于乾坤万物都是由一渐次分化，五行是一阴阳，阴阳又是一太极，如此云云，故曰："是万为一，一实万分，万一各正，大小有定。"以此而观，太极图的五个图示，意谓由一到殊的天地生成过程，在这个过程中，也唯有回互交替，生生不息以运大化，才有中的境界。[3] 是故，"无极而太极"就是借由这种结构来获得自身存在，而就在动静之间，阴阳之中，刚柔互济里，互为其根而交感化生，时时得其"中"以呼应"一"，天人合德云云，即在此焉。[4]

上述论及周敦颐的内在修养与天人关系，值得说明的是，第四节说到佛教禅宗以《易》结合回互，周敦颐论述模式似乎也是如此。另外，他也从丹道中援取资源，而道教丹道与《易》又是极为密切的。由此反观，周敦颐虽多使用儒家术语，论述也往往牵连着《易》[5]，甚至说："大哉易也！性命之源乎！"从这个角度来看，在中晚唐以来佛禅大量使用《易》来建构身心之学的时候，理学家之所以深刻标出《易》，固然是因为《易》本身就具有对于宇宙阴阳的诠释理路，但也很可能是因为理学家在中晚唐以来的思想背景中，有佛道等实际的对话对象。

接下来谈张载。张载反对佛教以万物为虚空之说，他的弟子范育在《正蒙序》就说：

---

1 （宋）周敦颐：《周敦颐集》，页4。

2 （宋）周敦颐：《周敦颐集》，页20。

3 在《通书》中也有相同的说法："动而无动，静而无静，非不动不静也。"动却无动，静却无静，但又非无动无静，而是相涉彼此，是动中有静、静中有动。因此下一句周敦颐就以阴阳水火来讲："水阴根阳，火阳根阴。"同样也是互相回互，其后变化无穷，五行生，四时运行而万物终始。（宋）周敦颐：《周敦颐集》，页28—29。

4 这也是周敦颐与禅宗最大的不同，钱穆说得好："禅宗推论宇宙，必归之于寂灭空虚，而理学家论宇宙，则不忽其悠久性与复杂性。"钱穆：《中国学术思想史论丛》卷四，合肥：安徽教育出版社，2004，页62。

5 参见杜保瑞《北宋儒学》，台北：台湾商务印书馆，2005，页10—13。

佛徒以心为法，以空为真，又曰："知虚空即气，则有无隐显神化性命通一无二……"[1]

佛教反对气化，在第二节时便已明言。张载此时是入室操戈，企欲推翻其说，所以他以气为论，气聚为万物，万物散而为太虚，而太虚无形，又是气之本体……[2] 如此等等，都是针对气化世界所发。不只如此，他更要重新解释《易》，并建立一套贯通宇宙天人的体系，绾合天人，这也是他《正蒙》的旨意。[3]

《乾称篇》说：

天性，乾坤阴阳也，二端故有感，本一故能合……所谓性即天道也。[4]

又说：

乾称父，坤称母，予兹藐焉，乃混然中处。故天地之塞，吾其体。天地之帅，吾其性。[5]

根据吴展良的研究，此即发挥《易·说卦》，是企图借由修养身心而与天地合一。[6] 此理在《正蒙》反复致详：

---

[1] （宋）张载：《张载集》，北京：中华书局，2006，页5。
[2] "太虚无形，气之本体""万物不能不散而为太虚"。（宋）张载：《张载集》，页7。
[3] 参见吴展良《朱子的世界秩序观之构成方式》，收入吴展良编《东亚近世世界观的形成》，页284—292。张载在《经学理窟》也说"释氏锱铢天地……至于言四句偈等……后有文人学之，曾饰其间，或引入《易》中之意，或更引他书文之……实无所依取"，反对佛徒或是文人以《易》掺入佛理。（宋）张载：《张载集》，页248—249。
[4] （宋）张载：《张载集》，页62。
[5] （宋）张载：《张载集》，页63。
[6] 参见吴展良《朱子的世界秩序观之构成方式》，收入吴展良编《东亚近世世界观的形成》，页285—286。

>（释氏）……其语到实际，则以人生为幻妄，世界为荫浊……儒者则因明致诚，因诚致明，故天人合一，致学而可以成圣，得天而未始遗人，《易》所谓不遗不流不过者也。彼语虽似是，观其发本要归，与吾儒二本殊归矣。……彼（芝庆按：指佛教）欲直语太虚，不以昼夜阴阳累其心，则是未始见《易》，未始见《易》……《易》且不见，又乌能更语实际？[1]

张载以《易》为据，说明儒家得天亦得人之理。"未始见《易》"，非指佛家没见过《易》，而是说佛家根本不能深入理解《易》，未得其理，以至于徒言实际，不能心解，"妄意天性而不知范围天用，反以六根之微因缘天地"[2]。因此，佛儒虽有相似，但佛教的天人关系不为张载所承认，故曰"观其发本要归，与吾儒二本殊归"，毕竟儒者以天人为实，佛家却以世界人生为荫浊幻化，虽同以天人为整体视野，但与儒家相比则截然不同。反过来讲，儒家以人知天，挺立道德实体，致学以成圣，得天而未始遗人，正是张载立意处。[3]

但就人的修养来看，气既散于万物，成于生命，但由于形质的不同、阴阳气禀之异，"气质之性"就会有偏失。[4] 所以张载主张要变化气质以返回天地之性[5]，但是这样的说法却非张载所创，北宋张伯端在讲内丹之道时，就说：

>元神者，先天之性也，形而后有气质之性，善返之，则天地之性存焉……善返之，则本元之性胜气质之性。以气质之性而用之，则气亦后天之气也，以本元之性而用之，则气乃先天之气也。[6]

1　（宋）张载：《张载集》，页65。

2　（宋）张载：《张载集》，页26。

3　朱子此说甚切："若《西铭》则推人以之天，即近以明远，于学者日用最为亲切。"（宋）周敦颐：《周敦颐集》，页12。

4　参见（宋）张载《张载集》，页23、281。

5　参见（宋）张载《张载集》，页265、23。

6　（宋）张伯端：《玉清金笥清华秘文金宝内炼丹诀》，收入《正统道藏》第七册，页4—5。

这里讲的，是以气炼丹的问题，也是一个人身小宇宙与外在大宇宙呼应的问题。就张伯端看来，元神是先天，但为后天气质之性所染，因此要回到天地之性，由后天返先天，以与外在宇宙呼应，所以才要修炼内丹。反过来讲，若修炼者杂染后天之气太过严重，炼成的丹则是"幻丹"，虽可延命，却不能长生。[1] 这则记载让人惊讶之处，在于张载所谓由"气质之性"返回"天地之性"云云，使用的思维模式与道教丹法极为类似，而张伯端内丹的天人思维又源于唐中叶以后的道教，由此可见，理学借用的思考资源与唐中期之后的发展是如何密切了。更进一步来看，《宋史》所记张载"又访诸释、老，累年究极其说，知无所得，反而求之六经"[2]，所谓的"知无所得"，并非对佛老义理毫无心得，只是明白自己的精神生命对此不契中，无所可获，因此转求六经。即是如此，佛道仍在张载的思想中留下不可磨灭的痕迹，他的气化论是这样，气质天地之性亦如是。[3]

最后则是二程，二程思想异同，学界对此仍颇有争论，但两人异同并非本文重点。毕竟本文要说明的是，程颢出入释老几十年[4]，程颐也曾与弟子讨论诸如《华严经》、白日飞升等问题[5]，他们对于佛道的思潮当不陌生。而在唐中叶以后佛道大量运用《易》、气论的情况下，二程同样也借此发展其天人之道的世界观，因此程颢论《易传》的"穷理、尽性、至命"，就以此体天地之化，参赞宇宙。[6] 只是程颐不光是讲气而已，同时也就理（道）来说，至于理气问题，更是理学家的

---

[1] 参见萧进铭《反身体道——内丹密契主义研究》，台北：新文丰出版公司，2009，页279。

[2] 《宋史》，台北：鼎文书局，1998，页12723。

[3] 三浦国雄也指出，张载的气论设定了以成圣为目标，修炼气质以成圣人，与天地同化，这与道教的炼化之说有关，三浦国雄认为是因为两者出于共同的时代背景与思潮。[日] 三浦国雄：《气质变化考》，《日本中国学会报》第四十五集，东京：日本中国学会，1993，页95—110。若再细分，张载的气论，与后世王廷相等人，大有差异。可见杨儒宾《异议的意义：近世东亚的反理学思潮》，台北：台湾大学出版中心，2012，页141—149。

[4] 参见（宋）程颐《明道先生行状》，收入（宋）程颢、程颐《二程集》，北京：中华书局，2004，页638。

[5] 参见（宋）程颢、程颐《二程集》，页194—196。

[6] 参见杜保瑞《北宋儒学》，页197、204—209。

问题意识之一。[1]

二程说：

> 所以谓万物一体者，皆有此理，只为从那里来。"生生之谓易"，生则一时生，皆完此理。人则能推，物则气昏，推不得。[2]

既然万物一体，自然皆有此理，而万物化成，生生不息，本身也拥有一个具足完备的理。理又不离气，因此理气是一个世界化成的关键因素，人若要得证天道，就必须妥善处理自身的理气。天地有理气，人也有理气，因此程颐就以《易》来说明"体用一源，显微无间"之意，因为就程颐看来，《易》是"广大悉备，将以顺性命之理，通幽明之故，尽事物之情，而示开物成务之道也"[3]。《易》不但说明了宇宙世界的形成，也沟通了人天，而且《易》既不是为了预测命运，自然就不该以象数为说，所以天人关系从义理来看才是正途。但程颐并非王弼式的路数，而是以理气为建构中心，体现理学家的世界观，呼应先秦儒学。[4]因此，人借由《易》以顺性命之理，通幽明之故，同样也是由人走向天的面向，只是前提在于人必须先修养自身。在这样的角度上，二程当然会注重内心修养，这种由内而外的推移扩展，并借助《易》以说明之，正是唐中叶以来常见的论证方法。

六、结论

在气化宇宙的整体思维里，唐人思索天与人的关系：人或修己以知天；或是人定胜天；又或是认为人专心修身便是，天固然存在，但天却不能赏罚，也不该

---

1 参见韦政通《中国思想史（下）》，页1133—1135。陈来：《宋明理学》，页72—73。
2 （宋）程颢、程颐：《二程集》，页33。
3 （宋）程颢、程颐：《二程集》，页582。
4 陈伯适：《汉易之风华再现——惠栋易学研究》，页28。杜保瑞：《北宋儒学》，页304。

掌控人之意志……众声喧哗，说法纷纭，事实上这些思考，都不能摆脱天人为一整体的预设立场。

另外道教以气、《易》为关键，由外丹而内丹，将身体视为一小宇宙，可与外在宇宙作呼应，这也正是从人迈向天道，与天道合流的最佳例子。禅宗虽直指本心，视外物为"相"为"空"，是缘起妄合，但返回源本，借由内在体悟，认知宇宙之虚妄幻影，同样亦不脱离天人整体的观点。而佛教禅宗关于《易》、回互的使用，亦为开悟的方便法门之一。

就北宋理学内涵来看，一方面上溯先秦儒学，以回归儒门为己任；一方面也在唐代，特别是唐中叶以后的思想背景中成长，取用其思考模式与资源。以后者而观，理学同样也不分割天人之道，同样也援引气论，同样也思考人天关系，而其成圣成贤之途，既内向（化）又超越，不将天人两隔。所以理学家是以人为本，由内而外，以内心修养呼应天地宇宙，人道固然为其所重，但天道亦不能忽略，于是天人一体，同契宇宙大化，就成为理学家的境界理想。[1]

因此在天人之道里，气论是他们世界观的基础，心性是他们的修养依据[2]，《易》、太极图则是示诸后学的入道法门。如此种种，固然可上溯先秦儒学，但先秦儒学并非铁板一块，所论甚广，理学家究竟该如何择取？又该以何种立场回归原典？更进一步来讲，其他时代或许也看重气、天、《易》，但为何理学不在其他时代发展，而偏偏出现在宋代？原因或仍在于时代的特殊性，不同的历史背景往往也使得思想语境发生变化。以此观之，理学家面临了时代的问题，像是排佛

---

1 林启屏曾指出，所谓儒家思想的"一体化"，并不是一种形式主义的论述策略，而是具有人性的真实感，企图在天人联系中，彰显出价值的超越性与普遍性，同时更要进一步化成世界。林启屏此处所言的一体化，与本文所谓的整体说法互可相参。林启屏：《儒家思想中的具体性思维》，台北：台湾学生书局，2004，页282—295。

2 山井涌就将理学的基础视为一种"修养之学"，可参[日]山井涌《宋学的本质及其思想史的意义》，收入氏著《明清思想史研究》，东京：东京大学出版会，1980，页3—21。唐代心性说的发展，及其对理学的影响，当然也是极关键处，本文限于角度，并未处理这个问题。但基本上学界对此也已有许多研究，一般说来，佛道的心性说，都可能是理学家参考的资源，只是影响轻重又有不同。可参陈弱水《〈复性书〉思想渊源再探——汉唐心性观念史之一章》《柳宗元与中唐儒家复兴》，收入氏著《唐代文士与中国思想转型》。李长远：《北宋理学"性与天道"思想的渊源初探》，页75—160。张国一：《唐代禅宗心性思想》，第2—5章。

排道,又或是学术思想、哲学精神、政治立场、社会风气等等[1],这些问题是理学产生的特殊情境,不与其他其时代等同。也因为理学家诞生于此思想土壤之中,面对思潮环境而有所反应,其所见所闻、所思所想,很难完全脱离时代背景的积淀孕育,于是使用了唐代——尤其是唐中叶以后的思考模式、思想资源,企图解决他们面对的疑惑,然后遥契先秦儒学,建构己说,调适而上遂,终于开出中国学术思想史的理学时代。

1　葛兆光:《拆了门槛就无内外——读余英时先生〈朱熹的历史世界〉及其评论》,收入氏著《古代中国的历史、思想与宗教》,北京:北京师范大学出版社,2006,页152—174。

观物之极，游物之表
——苏轼的格物之学

一、前言

  一般来说，宋代理学家重视格物致知，将其作为成贤成圣的功夫方法。论者多将其上溯《大学》，而理学家在回归传统儒学的同时，又加进许多新的意涵，调适而上遂，冀能借此优入圣域，求道知命。其中又以北宋程颐显豁此意最多，其后杨时、朱熹、王阳明等续有发挥。格物致知，至此已成学界研究理学的重要课题。但要指出的是，程颐等人谈格物致知，固然可追源先秦儒学，但也不能忽视当时文人也多谈格物致知，其中最为知名者为苏轼，此亦可见当时与传统的"博物"之风。

  以博物来格物致知，是苏轼的主张，这种说法自然不会得到理学家的赞同，但也无碍苏轼对格物致知的理解与实践。本文的研究，即在指出"格物致知"并非理学家的专利，格物致知之所以成为理学家的重要标志，事实上是后世争夺话语权的结果。田浩就曾指出，吕祖谦与朱熹是南宋知识社群的重要标志人物，但后世所重者，却是朱熹，而非吕祖谦，究其原因，很大程度是由于朱熹与他的追随者掌握了话语权，凸显了自身一脉，且有意无意地淡化了他人。[1] 同样的道理，在后世，谈起宋代学术的"格物致知"，多数人都将眼光放到理学身上，因为从程颐到朱熹，是理学家建构了格物致知学说的知识谱系。格物致知仿佛变成这些人的专属主题，探究其因，其中关键恐怕仍在理学家自身有意识地建构。曾有人问朱子，二苏之学得于佛老，故其说多走作，朱熹就此批评了一番，论点更是以格物为据："看来只是不会仔细读书。它见佛家之说直截简易，惊动人耳目，所以都被引去。圣贤之书，非细心研究不足以见之。某数日来，因间思圣人所以说个'格物'字，功夫尽在这里。今人都是无这功夫，所以见识皆低。然格物亦多般，有只格得一两分而休者，有格得三四分而休者，有格得四五分、五六分者。格到五六分者已为难得。今人原不曾格物，所以见识极卑，都被他引将去。"[2] 换句话说，今天不是不会格物，而是只能格个一二三四分，见解浅劣，因为他们不懂，缺乏功夫。

值得注意的是，中国传统学术中的博物之学，其实也构成了格物致知的另一种可能，用苏轼等文人自己的话来讲，博物格物，也是能够见道的，可是此道非彼道，不是理学家所谓的"道"或"道统"，毕竟两造对格物的看法，仍有许多不同。诸如程颐等理学家所反对的正是这种博物传统下的格物之道，他们之所以说"作文害道""作诗害道"，亦可由此层次来理解。反过来说，苏轼等文人自然也不会赞成程颐等理学家的格物，他们认为此法非但不能明物，反而徒乱人意，不解世情，空谈一场而已。

二、苏轼重博物的原因

拥有一颗敏感心灵的文人，或伤春悲秋，或哀时愤事，欣喜于离章合句，愉悦于技艺事类，感物体悟，物我之情生于笔端，是下笔如有神，停于停所当止，亦笔锋常带感情，难以自休。生命实感，触处可见，只是，文人所感之物，又是

---

1 参见［美］田浩（Hoyt Tillman）《旁观朱子学：略论宋代与现代的经济、教育、文化、哲学》，上海：华东师范大学出版社，2011，页39。

2 （宋）黎靖德编，王星贤点校：《朱子语类》，北京：中华书局，2007，页3111。

什么？这得从中国传统博物之学说起，先秦博物传统已非常丰富，《诗经》多识鸟兽虫木之名，骚赋的体物浏亮，就连孔子说志于道，也要游于艺，"艺"的本义是种植，本来就讲物的，也可称礼乐射御书数等六艺，君子之学的宏阔与丰富由此可见，后来引申为技艺、艺术，更是一种博物之学。而樊迟请问孔子耕耘种菜，孔子说自己不如老农老圃，他并非不看重这些事，因为他自己就是"少也贱，多能鄙事"的，只是必须要志合于道，心怀天下才好，若是斤斤计较于此等事，不免流于孔子说的"小人"了。其他像是《吕氏春秋》十二纪、八览、六训，皇皇万语，备言天地万物。到了汉代以后，写美人，说仙境，述帝都，观气象，哀时命，讽时事，缘情感物，描绘对象已极广泛。六朝山水、宫体、农学、本草学、地理志，博物类著作诸如陆机《毛诗草木鸟兽虫鱼疏》、张华《博物志》、郭义恭《广志》、郭璞《尔雅注》等等，为数繁多，而这些观物、体物、感物之经验与资料，更是替文人学者增加了无数养分，同时也折射出当时对世界的理解方式。所以郭璞强调《尔雅》的重要，正是从博物的层次来讲的："所以通诂训之指归，叙诗人之兴咏，总绝代之离词，辩同实而殊号者也。诚九流之津涉，六艺之钤键，学览者之潭奥，摛翰者之华苑也，若乃可以博物不惑，多识于鸟兽草木之名者，莫近于《尔雅》。"[1] 博物的传统，源远流长，班班可考。

苏轼论学述文，自是也在这个传统里，其实也不独他为然，《文心雕龙》早就说过了："诗人感物，联类不穷。流连万象之际，沉吟视听之区；写气图貌，既随物以宛转；属采附声，亦与心而徘徊。"[2] 自称六一居士的欧阳修，又号醉翁，集藏书、金石、琴、棋、酒于一身，他对这个传统便深有体会，著有《洛阳牡丹记》《集古录》等书，已可谓博雅。他也指出，光是博物还不够，更要进而体物感物才好，《秋声赋》："嗟乎！草木无情，有时飘零。人为动物，惟物之灵。百忧感其心，万事劳其形。有动于中，必摇其精。"[3] 物色之变，有动于中，心亦摇焉，已可谓尽

---

[1] （晋）郭璞：《尔雅序》，收于（晋）郭璞注、（宋）邢昺疏《尔雅注疏》卷第一，《十三经注疏（标点本）》，北京：北京大学出版社，1999，页2—4。

[2] （梁）刘勰著、杨明照校注拾遗：《文心雕龙校注》，北京：中华书局，2005，页566。

[3] （宋）欧阳修著、洪本健校笺：《欧阳修诗文集校笺》上册，上海：上海古籍出版社，2009，页478。

格物之能事了。除欧阳修之外,范仲淹、丁谓、张咏、王禹偁、田锡、余靖、王周、徐昭度、王安石、周邦彦等诸多人皆有大量咏物的作品,所咏之物,莲、蝉、柳、珠、蝶、衣、蚊、齿、叶、茶、梨、虱、马、颜色、啄木鸟,或是野塘漫水,又或耕人扶耒……洋洋洒洒,皆可吟诵相感。

其中苏轼之博学深思,体物格物之功,亦不亚于前辈学人,再加上他才气纵横,性格潇洒,天资灿然,文章曲折变化之妙恍若天成,正如他在《答谢民师推官书》所说:"大略如行云流水,初无定质,但常行于所当行,常止于所不可不止,文理自然,姿态横生……求物之妙,如系风捕影,能使是物了然于心者,盖千万人而不一遇也。而况能使了然于口与手者乎?是之谓辞达。辞至于能达,则文不可胜用矣。"[1] 洒脱神妙,不拘常理之文,自然是因为见物观物能了然于心,又能宣之于笔口,而这个"求物之妙",就是苏轼格物精神之所在。

求物之妙,亦可见于苏轼谈文与可画竹:

> 竹之始生,一寸之萌耳,而节叶具焉。自蜩腹蛇蚹以至于剑拔十寻者,生而有之也。今画者乃节节而为之,叶叶而累之,岂复有竹乎!故画竹必先得成竹于胸中,执笔熟视,乃见其所欲画者,急起从之,振笔直遂,以追其所见,如兔起鹘落,少纵则逝矣。与可之教予如此。予不能然也,而心识其所以然。夫既心识其所以然而不能然者,内外不一,心手不相应,不学之过也。故凡有见于中而操之不熟者,平居自视了然,而临事忽焉丧之,岂独竹乎![2]

文与可画竹,首先在于格物,故所谓画竹,并非一节节地画,一叶叶地描,而是须有成竹在胸,从整体到部分,先明所欲之景物,然后振笔直起,兔起鹘落,把握感物奇妙的灵光显现。文与可格物画竹,很容易让人想起后世王阳明观竹格物,前者格物有功,故能成画;后者大病数天,却也因此渐渐走上自己的"哲

---

[1] (宋)苏轼撰、孔凡礼点校:《答谢民师推官书》,《苏轼文集》卷四十九,北京:中华书局,1986,页1418。

[2] (宋)苏轼撰、孔凡礼点校:《文与可画筼筜谷偃竹记》,《苏轼文集》卷十一,页365。

学之道"，做法、结果虽有不同，但同样就格物着手。而苏轼认为画竹如此，他事他物又何尝不是如此？重点是要有平日熟视的锻炼，了然于心，临事遇物之际，方能尽情挥洒，若过度自信，平日却操之未熟，则不免苟且丧心。他又以《易》噬嗑卦䷔为说，震下离上，噬是啮，嗑是合，噬嗑就是咀嚼、咬合，所以《象传》才说"颐中有物，曰噬嗑"，都是颐口之象。他以咀嚼咬合之义来解释君臣之道，证明"物不可以苟合"，因为苟合于物，则不免君臣相陵，父子相怨，夫妇相离，朋友相侮，这是非常严重的事。[1]

正因为物不可苟合，所以苏轼特重体物格物之功，他以此自省，亦由此观人。上引文与可画竹，已是一例。他又曾引用皮日休对宋广平《梅花赋》的评论，说其为人铁石心肠，作品却又清丽艳发，颇得南朝徐庾体之秘，苏轼就批评这是"凡托于椎陋以眩世者，又岂足信哉！"[2] 可见其苟合于物之恶。他为黄道辅《品茶要录》作跋，也说："物有畛而理无方，穷天下之辩，不足以尽一物之理。达者寓物以发其辩，则一物之变，可以尽南山之竹。学者观物之极，而游于物之表，则何求而不得？故轮扁行年七十而老于斫轮，庖丁自技而进乎道，由此其选也。"[3] 文中所谓的寓物、物理、穷辩、观物等等，显然都是在讲苏轼对格物的重视："凡物皆有可观"，所以他在书信中称赞庞安常"博极群书，又善穷物理"[4]，也是出于这个原因。又例如苏轼批评黄筌画雀，认为画中颈足皆展是错的，故曰："观物不审者，虽画师且不能，况其大者乎？君子是以务学而好问也。"在苏轼看来，一个好的作者，要有密察物情物理的功夫，若缺乏格物的能力，其人作文作品往往不佳。

当然，事物繁多，难以一一遍识，所以要勤学好问，"公识此物否？"他就曾问李公择："近有潮州人寄一物，其上云扶劣膏，不言所用。状如羊脂而颇坚，盛竹筒中，公识此物否？昧其名，必佳物也。若识之，当详以示，可分去，或为问习

---

[1] 参见（宋）苏轼撰、孔凡礼点校《物不可苟合论》，《苏轼文集》卷二，页42。

[2] （宋）苏轼撰、孔凡礼点校：《牡丹记叙》，《苏轼文集》卷十，页329。

[3] （宋）苏轼撰、孔凡礼点校：《书黄道辅品茶要录后》，《苏轼文集》卷六十六，页2067。

[4] （宋）苏轼撰、孔凡礼点校：《与庞安常》，《苏轼文集》卷五十三，页1587。

南海物者。"¹ 体物而致知，述说其形，欲识其物，可见苏轼之好学深思。正如他强调诗人要有写物之功："诗人有写物之功。'桑之未落，其叶沃若。'他木殆不可以当此。林逋《梅花》诗云：'疏影横斜水清浅，暗香浮动月黄昏。'决非桃、李诗。皮日休《白莲》诗曰：'无情有恨何人见，月晓风清欲堕时。'决非红莲诗。此乃写物之功。"² 白莲不可以为红莲，梅花不可为桃李，吾人为诗论文，都要明白仔细观物、发研物理才好。因此写物之功，是绝对不能苟合、苟且于物的。³

从上述实例可证，苏轼是非常重视博物体物的。故先有格物的功夫，然后发而为文，一向是苏轼的主张："……而山川之秀美，风俗之朴陋，贤人君子之遗迹，与凡耳目之所接者，杂然有触于中，而发于咏叹。"⁴ 旧题苏轼《物类相感志》《格物粗谈》等书，虽未必真为苏轼所作，可是既题为苏轼，想来也不是瞎人骑马，胡乱比附，误找作者。苏轼与格物等说产生联系，从苏轼自己的言论来看，实是有以致之，亦可见当时人如何理解他们的关系。

三、一种格物，各自表述

好问力学，重视博物，固然是好事，可是感物体物，心神摇荡，亦容易眩于物象，惑于物理，溺辞而伤乱。人生识字忧患始，识字之所以为忧患，自然也是因为语文符号指涉了万事万物的缘故。人生识字后，就很难对外在无动于衷，所以苏轼不只是要博物，更是要格物的。"物"对于苏轼等文人来说，并非只是客观实存的对象，而是要体贴物情，深入物理，或巧构形似，联类其物，或绘事图色，文辞尽情。换言之，物是要致知的，但是当创作对象事物蠢然兀立于

1　（宋）苏轼撰、孔凡礼点校：《与李公择》，《苏轼文集》卷五十一，页1500—1501。
2　（宋）苏轼撰、孔凡礼点校：《评诗人写物》，《苏轼文集》卷六十八，页2143。
3　苏轼在观物写物的过程中，也会思考造物的问题。在他的眼中，造物诸相，多元而丰盈，有时受命运摆弄，矛盾不可解；有时却又赠与世人江山风月，一同游戏。造物的神妙，在于并无一个既定牢不可破的构造。可参 [日] 山本和义《苏轼论考》，张剑译，北京：中国社会科学出版社，2013，页60—76。
4　刘乃昌选注：《苏轼选集》，济南：齐鲁书社，2005，页222。

心，受其牵引，不免心神激荡，目眩神迷，过度执着与迷恋在世间的各种物色对象，深陷其间，如入泥淖，不能自拔，更难以见道，程颐批评这些文人"作文害道""作诗害道"，也是这个缘故。

程颐怎么批评这种现象呢？他正本溯源，从《大学》着手，刻意突出格物致知的道德意涵，但也不废认知义，所以格物便具有道德精神的修养，以及学习的持续积累。"格物致知"这个命题，再经朱熹与王阳明等人的扩大解释之后，成为宋明理学重要的观念，广为后人重视。而就程颐看来，格物的关键是"敬"："涵养须用敬，进学则在致知。"[1]正如陈来所言，二程皆极为重视敬，彼此却又有差异：程颢强调敬与诚，也指出敬的一个限度，不该过度恭敬而忽略了内心的愉悦与自在；程颐则是以严毅庄重与主一无适来讲敬，除内心之敬外，还包括了外在行为举止。相较其兄，他自己便是一个严肃不苟的人，例如他曾训斥过小皇帝赵煦在春天不可攀枝摘叶。[2]晚年有人问他："先生谨于礼四五十年，应甚劳苦。"[3]程颐不以为然，答曰不苦，但这个问题也透露出程颐给人的形象，确是刚毅严整。所以程颐以内外之道论敬：在内，思虑专一，去邪克私，养善止恶，除弃杂念："大凡人心，不可二用，用于一事，则他事更不能入者，事为之主也。事为之主，尚无思虑纷扰之患，若主于敬，又焉有此患乎？所谓敬者，主一之谓敬。所谓一者，无适之谓一。且欲涵泳主一之义，一则无二三矣"[4]；在外，正衣冠，动容貌，尊瞻视："俨然正其衣冠，尊其瞻视，其中自有个敬处。虽曰无状，敬自可见。"[5]

正因为敬能专心致志，所以敬能生静。单讲静，不免流于佛释，但由敬来讲，静便成了可贵的品质，程颐见人静坐，称其善学，即是此意。程颐说：

> 问："敬还用意否？"曰："其始安得不用意？若能不用意，却是都无事了。"又问：

---

[1] 王孝鱼点校：《二程集》，北京：中华书局，1981，页188。

[2] 参见黄宗羲等编《宋元学案》，台北：河洛图书公司，1975，页49。

[3] 王孝鱼点校：《二程集》，页8。

[4] 王孝鱼点校：《二程集》，页169。

[5] 王孝鱼点校：《二程集》，页185。

"敬莫是静否？"曰："才说静，便入于释氏之说也。不用静字，只用敬字。才说著静字，便是忘也……"[1]

诸事先主敬，去除杂虑私意，动听言视，不受外物外相所惑所诱，自然自静。以敬静来格物穷理，"格犹穷也，物犹理也，犹曰穷其理而已也。穷其理，然后足以致之，不穷则不能致也。格物者适道之始，欲思格物，则固已近道矣"[2]。而万事万物中皆有其理，"眼前无非是物，物物皆有理。如火之所以热，水之所以寒，至于君臣父子间皆是理。"[3] 而穷理之法，或读书阅卷，或论古今人事，或人伦日用洒扫应对间，大千世界，条条大道皆可通。当然格物并非一味外求，最重要的还是要察己自省。故观物与察己，都是必须而不可废的。

由此可见，程颐由"敬""静"来论格物致知，既能遍物理，亦能立身严整。文人博物格物，受于物色，目迷心驰，如《老子》所说五色、五音、五味令人目盲、耳聋、口爽、心发狂之类，所以他才反对苏轼诸文人的作文作诗。毕竟，程颐等理学家也擅此艺，只是自认从正路入手，层次高度皆有不同。就以程颐来讲，作诗作文，尽有涉猎，并不是完全不作诗作文，但因主敬自静，格物穷理，诗文自然醇真纯粹，充满人文厚度之美；文人则不然，放肆轻浮，驰于外物，任性使情，修养不端，以至于玩物丧志：

问："作文害道者否？"曰："害也。凡为文，不专意则不工，若专意则志局于此，又安能与天地同其大也？《书》曰：'玩物丧志'，为文亦玩物也。吕与叔有诗云：'学如元凯方成癖，文似相如始类俳；独立孔门无一事，只输颜氏得心斋。'此诗甚好。古之学者，惟务养情性，其他则不学。今为文者，专务章句，悦人耳目。既务悦人，非俳优而何？"[4]

---

[1] 王孝鱼点校：《二程集》，页189。
[2] 王孝鱼点校：《二程集》，页316。
[3] 王孝鱼点校：《二程集》，页247。
[4] 王孝鱼点校：《二程集》，页239。

今人为文，专务章句，注重辞彩，悦人耳目，故其人其文，不过俳优之类，作文如此，作诗亦如是。程颐就说自己不常作诗，偶一有作，也是为了提点醒悟之用："既学时，须是用功，方合诗人格。既用功，甚妨事。古人诗云'吟成五个字，用破一生心'；又谓'可惜一生心，用在五字上'。此言甚当。先生尝说：王子真曾寄药来，某无以答他，某素不作诗，亦非是禁止不作，但不欲为此闲言语。且如今言能诗无如杜甫，如云'穿花蛱蝶深深见，点水蜻蜓款款飞'，如此闲言语，道出做甚？某所以不常作诗。今寄谢王子真诗云：'至诚通化药通神，远寄衰翁济病身。我亦有丹君信否？用时还解寿斯民。'子真所学，只是独善，虽至诚洁行，然大抵只是为长生久视之术，止济一身，因有是句。"[1] 作诗要劳心费神，于道无补，故程颐素不作诗，但言必有中，作诗是为了觉民经世，如引中赠诗给王子真，即是此举。

程颐批评之严厉，虽非无的放矢，但也绝对不会得到苏轼等文人的同意。也恰恰是这个"敬"，正是苏轼所反对的，更准确来讲，苏轼并不讨厌"敬"，他不满的是程颐过度看重，流于偏执。所以当程颐门人朱光庭（字公掞）为御史，其行端笏正立，班列肃然，严毅不可犯，苏轼便说："何时打破这敬字？"[2] 也因如此，当程颐在经筵，多用古礼，苏轼才会说他为不近人情，每加玩侮。司马光卒时，程颐反对百官庆礼后前往吊丧，苏轼便说这是："鏖糟陂里叔孙通也。"[3] 对人对事，过于严肃，不近人情，缺乏变通与同理心，正是苏轼不满程颐等理学家的地方。

理学家如此古板，潇洒欠缺，幽默不足，所格之物，所穷之理，又能如何讲理？如何能让人心服？故程颐批评文人玩物丧志，苏轼当然不会服气，玩物丧志自然是可议的，但重点在于苏轼自认并非如此，苏轼曾作有《宝绘堂记》，指出："君子可以寓意于物，而不可以留意于物。"寓意于物与留意于物不同，寓意者，

---

1 王孝鱼点校：《二程集》，页239。

2 王孝鱼点校：《二程集》，页414。

3 王孝鱼点校：《二程集》，页416。

随心所欲而不逾矩，能役物而非受役于物；留意于物则不同，是偏执耽情，流涵忘返，沉溺而无法自拔："虽微物足以为乐，虽尤物不足以为病。留意于物，虽微物足以为病，虽尤物不足以为乐。"《老子》虽说五色、音味令人目盲等等，但只是指过度浸淫，事实上连圣人亦不废此声色味："然圣人未尝废此四者，亦聊以寓意焉耳。刘备之雄才也，而好结髦。嵇康之达也，而好锻炼。阮孚之放也，而好蜡屐。此岂有声色臭味也哉，而乐之终身不厌。"[1] 终身不厌，自为佳话，当然也有反面例子，留意于物结果亡身害家者，如钟繇、王僧虔、桓玄、王涯之流，爱之适足以害之，此乃留意于物之祸。

既然如此，苏轼与程颐不同，他不以"敬"为格物致知的下手处，又该以何理呢？他的答案是："诚"。他从《中庸》着手："古之所谓中庸者，尽万物之理而不过，故亦曰皇极。夫极，尽也。后之所谓中庸者，循循焉为众人之所能为，斯以为中庸矣，此孔子、孟子之所谓乡原也。"[2] 中庸之道，并非人家做什么就跟着做什么，跟风追风之举，只是乡愿罢了。中庸应该是尽万物之理，亦曰皇极。[3] 可是尽理穷理也不是容易之事，重点在于无私，也就是诚。苏轼回顾自己的学思历程，说："轼不佞，自为学至今，十有五年。以为凡学之难者，难于无私。无私之难者，难于通万物之理。故不通乎万物之理，虽欲无私，不可得也。已好则好之，已恶则恶之，以是自信则惑也。是故幽居默处而观万物之变，尽其自然之理，而断之于中。"[4] 为学之难，在于无私，无私之难，又在于通理尽理。毕竟过于自信，不免以主观好恶强为之辞，合理化自己的偏见，故观万物之变，尽自然之理，断之于中，便成为极重要的态度与能力，正也可见为学之不易、无私之可贵。所以前引《宝绘堂记》，里头说到寓意于物之所以能乐之终生不厌，其缘故便在于此，乐者，人情之乐，以人情之乐寓意于物，方能格物致知，合情合理。《中庸论》便

---

1 （宋）苏轼撰、孔凡礼点校：《宝绘堂记》，《苏轼文集》卷十一，页356。
2 （宋）苏轼撰、孔凡礼点校：《策略四》，《苏轼文集》卷八，页236。
3 宋代论皇极者极多，有政治上的意义，也有学术上的争论，当然也有经世实践的差异。可见刘芝庆《经世与安身：中国近世思想史论衡》，台北：万卷楼图书公司，2017，页57—67。
4 （宋）苏轼撰、孔凡礼点校：《上曾丞相书》，《苏轼文集》卷四十八，页1379。

说:"夫诚者,何也?乐之之谓也。乐之则自信,故曰诚。夫明者,何也?知之之谓也。知之则达,故曰明。"[1] "君子之欲诚也,莫若以明。夫圣人之道,自本而观之,则皆出于人情。不循其本,而逆观之于其末,则以为圣人有所勉强力行,而非人情之所乐者,夫如是,则虽欲诚之,其道无由。故曰'莫若以明'。使吾心晓然,知其当然,而求其乐。"[2] 圣人之道,出于人情之乐,若能明此事理物理,便可谓致知,知之则达,这才是真正的格物致知法。循此而行,也就不会像程颐等人一样,不通世务,不明人情,强人所难,甚至自以为是。

可是若只知人情之乐,而不能断之以中,恐怕也会沦于"留意于物"的窘境:"夫君子虽能乐之,而不知中庸,则其道必穷。"[3] 所以才要断之以中,这也是苏轼格物论的关键,这个路数与程颐以静主静显然颇有不同。更何况程颐是以未发来谈中,未发时便须涵养,持敬以静,如此才能确保已发之知的正确与醇厚,并非邪意魔道,所以"中"是情感未发的状态。[4] 这与苏轼以诚与无私,然后通万物之理,以此来讲中,是有很大差距的。

四、格物之异同

格物致知,本为《大学》八德目,在宋明理学之后,格物致知已成为其重要功夫法门,理学家多着墨在此,冀能深入儒学门庭,优入圣域。但是格物,又或是博物、观物等等,并非程颐等理学家所独享,在当时许多文人学士亦多强调,苏轼便是其中一,而且还是知名度与深度皆具的论述者。他谈格物,与程颐多有不同,两人也都不同意对方的见解,龃龉摩擦甚多。

有趣的是,虽然他们看待格物穷理的方法与功夫,颇有差异,但他们对所格

---

[1] (宋)苏轼撰、孔凡礼点校:《中庸论上》,《苏轼文集》卷二,页60。
[2] (宋)苏轼撰、孔凡礼点校:《中庸论中》,《苏轼文集》卷二,页61。
[3] (宋)苏轼撰、孔凡礼点校:《中庸论下》,《苏轼文集》卷二,页63。
[4] 参见杨儒宾《论"观喜怒哀乐未发前气象"》,《中国文哲研究通讯》(台北)第15卷第3期,2005年9月,页46—48。

的对象类型、所穷之理终究要回归己身,以及从内外合一的角度看待格物致知等这些大方向却又意外地合辙,符合度颇高。[1] 可是这种相同掩盖不了彼此的批评,故二人论学,并不相契,时有针锋相对。[2] 我们后代知人论世,对此差异与相合,缘由何在,或许也是极富趣味,是值得再多做探索的人性与思想性的议题。

学界论苏、程之交者,多从性格、人际、地位、生平、思想等渊源着手。本文则是以"格物"的角度出发,同时也涉猎了上述的一些角度,重在详人所略,略人所详,指出苏轼重博物格物亦不逊于众所熟知的程颐。在当时,格物之道,或许存在着众说纷纭、众声喧哗的事实,而当我们将"格物致知"多归于宋明理学的同时,观苏轼所言"学者观物之极,而游于物之表,则何求而不得",由此线索,循此而往,也可开始思考从另一种层面切入的可能性。

---

[1] 关于二人之同,可见龚鹏程《有知识的文学课》,北京:中华书局,2015。
[2] 关于程颐与苏轼交恶始末的问题,王水照已论之甚详,可见王水照《苏轼论稿》,台北:万卷楼图书公司,1994。

心学经世陆象山

一、前言

儒者修身经世,一向为先秦儒家通义,自孔子强调君子"修己以敬""修己以安人""修己以安百姓"[1]以来,修己自然为儒者成德的必要条件,却不止于此而已,因为许多人同时也重视"修身"的目的与效用,正如上引《论语》,文中孔子接着指出修身的更深一层意义:原来"修己"始能"安人""安百姓"。"人"是与"己"相对,而"百姓"则是"人"的聚集称谓,从己到人再到百姓,可见修身非仅于自身而已,更必须建立在社会政治之中,以重建秩序为己任,这就指出了修身与经世的关系。当然修身的对象非只是儒者而已,由于为政者处于政治中心,因此更有修身必要,所以孔子才特别举尧、舜为证。[2]

---

[1] 全文为:"子路问君子。子曰:'修己以敬。'曰:'如斯而已乎?'曰:'修己以安人。'曰:'如斯而已乎?'曰:'修己以安百姓。修己以安百姓,尧舜其犹病诸!'"(宋)朱熹:《四书章句集注》,北京:中华书局,2003,页159。不只《论语》,"身国共治"的思想其实也为先秦诸子共有的观念,详可见刘芝庆《修身与治国——从先秦诸子到西汉前期身体政治论的嬗变》,台北:台湾大学历史学研究所硕士论文,2009,第二、三、四章。

[2] 余英时:《史学与传统》,台北:联经出版事业公司,1988,页84—85。亦可参张灏《时代的探索》,台北:"中央研究院",联经出版事业公司,2004,页165—166。

儒者怀抱理想，经世致用，出将入相，开物成务，为帝王师，代不乏其人。他们拥着憧憬，带着自信与自傲，涉世事，走进社会与政治，抚世酬物，在理想与现实中折冲，最后或许功亏一篑，徒呼负负，又或是为世味牵引，依违从俗，忘却了初衷本意。而功业成与不成，尚待天时地利等诸多因素，又非己力所独能，于是理想的追寻永不止息，现实的遗憾也在所难免。儒者们前仆后继，为国家，为社会，为生民，为自己，读圣贤书，修己安人，吊诡的是，即便权力结构复杂万端，儒者经世，常导致负谤贾怨，人事丛脞，却也不能说经世不重要、不值一顾，甚至不能不鼓励后来者对经世的向往与追求。本文的主角，南宋大儒陆九渊（号象山，字子静，以下简称象山），就其生平行事观之，显然他也有着经世济民的理想，百姓的安乐，政治的清明，始终是他关怀的重心。他的学生詹阜民曾问他："先生之学亦有所受乎？"象山答曰："因读《孟子》而自得之。"[1] 象山所学，固然有许多《孟子》以外的思想，不过大体而言，象山受《孟子》启发甚多，自也是事实。而他与王阳明的思想，当然有异有同，可是基本型态类同，是以后世往往陆王心学称之。[2] 象山心学上承《孟子》，看重内心修养，强调践形，但《孟子》同样也重经世，亦不废外在事功[3]，况且如前所言，修己以安人，以安百姓，一向是儒家通义，象山自不能免于其外。象山当然看重事功，强调经世，也多就具体事务（如吏治、救治水旱灾之法）陈说，只是，这些经世对策，究竟该如何与他的心学思想结合，颇值得讨论。若不流于通论与泛谈，内外通贯地讲，修齐治平，内圣而外王，乃是许多儒者的基本心态，可是如何讲得通贯？修养功夫到底要怎么通于外在世务？学理思想怎么呈现在具体事情？个人的内心意念与经世关怀

---

[1] （宋）陆九渊：《陆九渊集》，北京：中华书局，2008，页471。
[2] 王阳明就说圣人之学为心学，象山之学，其纯粹和平虽不逮北宋之周、程，但简易直接，真可接孟氏之传，更断定陆氏之学实可为孟氏之学。（明）王守仁：《王阳明全集》，上海：上海古籍出版社，2006，页245—246。
关于王阳明对陆象山学术的心学渊源，有继承的一面，也有批判的一面，可见杨祖汉《陆象山"心学"的义理与王阳明对象山之学的了解》，《鹅湖学志》第8期，台北：鹅湖月刊社，1992年6月，页79—131。陈来：《有无之境：王阳明哲学的精神》，北京：北京大学出版社，2006，第二章。
[3] 关于孟子的社会政治立场，黄俊杰曾便以"群己关系""王道政治论"为题，深入孟子思想与行事。黄俊杰：《孟学思想史论（卷一）》，台北：东大图书公司，1991，第四、六章。

又该如何连接得当？在这种追问之下，上述儒者基本心态与学说通义，自然也就有了分殊的可能，儒者同谈经世，也就有了不同的谈法，不至于千篇一律，过于肤浅与常识化。

综观当前学术成果，关于陆象山的哲学研究，累积已多，相当丰硕，只是本文不重在探讨象山哲学的问题，毕竟这些年来细部讨论其心学者实在不少，所以希望详人所略，略人所详，就象山思想与经世方面的关系作出梳理。除哲学研究之外，对象山政治立场、具体事功的分析，虽已有学者注意于此，只是相较于哲学思想的研究，仍属少量。[1] 况且究竟该如何与象山心学相结合、内外相融，或仍语焉未详，值得再述，而未尽之处，待发之覆，仍有许多探讨的空间。有鉴于此，本文即是以象山心学与经世之关系为出发点，妥善运用学界已有资源成果，冀能对象山思想内涵作出一些理解与新意。

二、象山的经世志业

后世学者多将陆象山视为心学的代言人，陆象山讲"心即理"，立其本心，故先立其大，宗"尊德性"，与朱熹讲心统性情、中和新旧说、看重"道问学"明显不同。鹅湖之会后，朱陆之争，"千古不可合之同异，亦千古不可无之同异也"[2]，影响极为深远。其中牟宗三以判教的立场，指出儒家思想的主轴是"天道性命相贯通"，以此观之，朱熹格物致知的功夫固然细密，却与道德之关联难以深入，即便可合，又过于曲折复杂，于是真实的道德践履便不能充沛，在心地萌蘖致察而操存的部分，朱熹对此种逆觉体证功夫就显得不真切；相较之下，象山的本心

---

[1] 相关研究，就阅览所及，专书或专章讨论者，有徐复观《象山学述》，收于氏著《中国思想史论集》，台北：台湾学生书局，1959；曾春海：《陆象山的治政思想与实践》，《哲学论集》第21期，1987；张立文：《心学之路：陆九渊思想研究》，北京：人民出版社，2008，第三章。祈润兴：《陆九渊评传》，南京：南京大学出版社，2007，第二章；龚鹏程：《研究象山学之三弊》，吴汉：《一篇声讨贪官污吏的檄文——读陆九渊"与辛幼安"书》，平飞：《经世宏道，救弊图存——陆九渊程文述评》，三文俱收于吴牧山主编《陆象山与现代社会》，北京：社会科学文献出版社，2010。邢舒绪：《陆九渊研究》，北京：人民出版社，2008，第五章。

[2] 此为章学诚语。(清)章学诚：《文史通义》，北京：中华书局，2004，页262。

之所在，预设了心即理的可能，学者以心体认，尽心知天，十字打开，调适而上遂，自可通贯天道性命，上溯孔孟，优入圣域。[1] 牟先生的看法，极具创见，说理力度强，论述亦深刻。他的价值判断，当然也引起许多人的反对，正反意见皆有。[2] 可是这样的朱陆异同，往往是就两者的哲学观点来看，学者的关注点也多聚焦于此。除此之外，其实两人经世立场也有差别，象山曾任荆门军，历事经验丰富，对朱熹在浙东地区的施政，既有认同，也有批判；反过来讲，朱熹也就"皇极"的角度，评论象山在荆门以讲义代醮的方法，这样的言论，毋宁也可视为是另种形式的"朱陆异同"。

象山的经世立场，并非凭空无依，而是循着他心学立场的发展，从修己而安人，到修身而治国，环环相扣，缺一不可。他在作文科举考试范例的诸多程文中，就以君王或管理者为对象，不断强调为政者之心与施政的关系，他说：

> 君之心，政之本，不可以有二。……人君之所以进于先王之政者，盖始于仁心之一兴尔，然而事物之至，利害之交，此心常危而易蔽。[3]

> 汉倪宽以租不办居殿，当去官。百姓思之，大家牛车，小家负担，乃更居最。夫宽于科敛之方略亦疏矣，而能旦暮之间以殿为最，则爱民之心乎于其下故也。诚使今之县令，有倪宽爱民之心，感动乎其下，则富民之粟出，而迩臣散给之策可得而施矣。[4]

就象山看来，君之心是政治的根本，如果能爱民如子，苦民所苦，唯有深刻地了解人民需要，才可能有仁心发现，仁心即在体察百姓哀苦上。可是光有仁心

---

[1] 参见牟宗三《象山与朱熹之争辩》，收于氏著《从陆象山到刘蕺山》，台北：台湾学生书局，1993。

[2] 反对的意见，可见杨儒宾《战后台湾的朱子学》，《汉学研究通讯》第19卷第4期，2000年11月，页572—580。

[3] （宋）陆九渊，《政之宽猛孰先论》，《陆九渊集》，页356、359。

[4] （宋）陆九渊，《问赈济》，《陆九渊集》，页367。

是不够的，还必须具体展现在政策上才行，引文说倪宽的爱民之心，便是明证。象山所说尚嫌简略，《汉书》说倪宽"既治民，劝农业，缓刑罚，理狱讼，卑体下士，务在于得人心；择用仁厚士，推情与下，不求名声，吏民大信爱之。宽表奏开六辅渠，定水令以广溉田。收租税，时裁阔狭，与民相假贷，以故租多不入。后有军发，左内史以负租课殿，当免。民闻当免，皆恐失之，大家牛车，小家担负，输租繦属不绝，课更以最"[1]，最后一段，即象山所本。爱民之心，即仁心，确切地展现在种种施政的原则与成果之中。仁心与仁政必定是合一的，正如孟子所谓"徒善不足以为政，徒法不能以自行"[2]，只有心与法都是片面的，唯有发于仁心，现于仁政，结合为善法，才是王道。象山接着便说："仁心之兴，固未足以言政。孟子之兴其仁心者，固将告之以先王之政也。"故陆象山屡屡强调为政者的为民之心，有此心，才能同理于百姓，设身处地为百姓着想，订定好的制度，而制度的良善，除去不好的制度，淘汰不好的官吏，了解民生，深入民情，便是以为民本的施政。

象山为何如此重视经世？从思想渊源来说，我们当然可以说这是儒家传统、儒者的共识，不过象山自幼即有大略，意欲澄清天下，自是事实，所以也跟他的个性与成长经历颇有关系。十六岁时，读三国六朝史，见五胡乱华，又闻靖康年间事，于是剪去指爪，学弓骑马[3]，又说："世儒耻及薄书，独不思伯禹作贡成赋，周公制国用，孔子会计当，《洪范》八政首食货，孟子言王政，亦先制民产、正经界，果皆可耻乎？"[4]直至晚年，编朱熹奏立社仓事，上殿轮对五札，而读究武略，恢复之志仍在，并访求智勇之士，与之商榷，对武事利病、天下形势、地形要害等，更有一番自己的见解。[5] 五十三岁就任荆门军，在职期间，修城墙，兴郡学，改

---

1 汉代儒者循吏，立身修业，泽加于民，为吏之道，以教化自任，确实展现了本文所谓儒者经世的典型。可参余英时《汉代循吏与文化传播》，收于氏著《中国思想传统的现代诠释》，台北：联经出版事业公司，1987，页167—258。倪宽一例，也为余英时引用，见页202。

2 （宋）朱熹：《四书章句集注》，页275。

3 参见（宋）陆九渊《年谱》，《陆九渊集》，页484。

4 （宋）陆九渊：《与赵子直》，《陆九渊集》，页70。

5 参见（宋）陆九渊《年谱》，《陆九渊集》，页496。

革吏风,革税务之弊,与民吏讲学,以讲义代醮,其所作所为,正符合了他自己在程文中所说的爱民之心、仁心仁政。[1]是以后人帮他编《年谱》,也标明"而先生之道德事功,则表年以系之于后云"[2]。象山之道德与事功,同样受人看重,而且当时人对象山的经世事业,也是极为称赞的:"周益公(周必大)判湖南帅府,复傅子渊书,末云:'曾通象山否?荆门之政,如古循吏,躬行之效至矣。'"[3]如余英时所言,宋代理学家内圣外王兼顾,为己而成务,以得君行道为己任,可是就像荀子所说"儒者在本朝则美政,在下位则美俗"[4],研究时务,辅君与道,自是上佳,若无机会,则专注于地方利弊与民间疾苦,美政与美俗,都是他们经世思想的重要环节。[5]而荆门之政,如古循吏,前引倪宽儒者为循吏一事,正仿若象山自己的写照。

可是,即便理学家在朝、在乡、在下位,皆有经世之志,美政或美俗,又都有不同的看法,于是经世之道便有分歧。前面提到象山在荆门以讲义代醮,为民讲《洪范皇极》的做法,就曾引起朱熹的批评,原因在于双方对"皇极"的理解不同。《年谱》记象山:

> 郡有故事,上元设醮黄堂,其说曰:"为民祈福。"先生于是会吏民,讲《洪范》敛福锡民一章,以代醮事。发明人心之善。所以自求多福者,莫不晓然有感于中,或为之泣。有讲义,仍书河图八卦之象、洛书九畴之数于后,以晓后学。[6]

象山此举极具效果,流泪感动者甚多,也获得时人好评,年代稍晚的罗大经在《鹤林玉露》里便说:

---

1 这些政绩,徐复观皆有简述,可见徐复观《象山学述》,收于氏著《中国思想史论集》,页70—71。
2 (宋)陆九渊:《年谱》,《陆九渊集》,页480。
3 (宋)陆九渊:《年谱》,《陆九渊集》,页512。
4 (清)王先谦:《荀子集解》,北京:中华书局,2007,页120。
5 参见余英时《宋明理学与政治文化》,台北:允晨文化实业公司,2004,页233—234。
6 (宋)陆九渊:《年谱》,《陆九渊集》,页510。

  陆象山在荆门,上元不设醮,但合士民于公厅前,听讲洪范"皇极敛时五福"一段,谓此即为民祈福也。今世圣节,令僧升座说法祝圣寿,而郡守以下,环坐而听之,殊无义理。程大昌、郑丙在建宁,并不许僧升堂说法。朱文公在临漳,且令随例祝香,不许人问话。余谓若祖象山之法,但请教官升郡庠讲席,讲《诗·天保》一篇,以见归美报上之意,亦自雅驯。[1]

  道教上元节举办斋、醮仪式,或解厄求运,或为民祈福,象山以宣讲《洪范》代替醮事,罗大经极为赞赏,认为应该照象山的方法,依其故事,登堂讲席,可见雅驯。象山集中收有《荆门军上元设厅皇极讲义》一文,即是宣讲讲义。"皇极"是《尚书·洪范》中的一个观点,据说周武王问政于箕子,箕子的回答有九点,亦称"九畴",九畴中的第五点为皇极,位居《洪范》的核心。文中象山通过对《洪范》"五,皇极,皇建其有极,敛时五福,用敷锡厥庶民,惟时厥庶民于汝极,锡汝保极"的解释,仍以发明本心的立场,又多加福祸感应之说,强调其心正,则事善,虽不曾识字,亦自有读书之功;反之,恶人读书,适以济恶,其心不正,其事不善,虽多读书,亦增罪恶。他又说心不正,富贵无用;心正,患难之人亦有福德,何况心正则会多行善事,积善之家必有余庆:"此心若正,无不是福;此心若邪,无不是祸。世俗不晓,只将目前富贵为福,目前患难为祸。不知富贵之人,若其心邪,其事恶,是逆天地,逆鬼神,悖圣贤之训,畔君师之教,天地鬼神所不宥,圣贤君师所不与,忝辱父祖,自害其身。静时回思,亦有不可自欺自瞒者,若于此时,更复自欺自瞒,是直欲自绝灭其本心也。纵是目前富贵,正人观之,无异在囹圄粪秽之中也。""正人达者观之,即是福德,作善降之百祥,作不善降之百殃,积善之家,必有余庆。但自考其心,则知福祥殃咎之至,如影随形,如响应声,必然之理也。"富贵为福,患难为祸,只是世俗的表面罢了,真正要看的是富贵之人,心邪或正,而宦祸之人,能秉持正心,坚守善道,自可逢凶化吉,故福祥殃咎,皆

---

[1] （宋）罗大经:《鹤林玉露》,北京:中华书局,2005,页164。

在于本心。

　　以民众为对象,以圣天子皇极之天命,"郡守县令,承流宣化,即是承宣此福,为圣天子以锡尔庶民也"[1]。而象山将"皇极"之"极"解释为"中",故天子建用皇极以临天下,他又认为洪范九畴,五居其中,故谓之极,天地以此为位,万物以此而育,象山这个解释并非突起,早在他与朱熹辨太极无极时,已提出"极"为"中"的看法。[2] 至于在象山荆民宣讲前,朱熹已作有《皇极辨》一文[3],明确反对以"极"为"中"的观点。朱熹认为"皇"是指君主,极不是中,而是标准的意思,皇极是君主修身正身之后,方能为天下的标准,故皇极不是指皇权的伟大圣明,而是对皇权所作的限制。[4] 朱熹说:"但先儒未尝深求其意,而不察乎人君所以修身立道之本,是以误训'皇极'为'大中',又见其词多为含洪宽大之言,因复误认'中'为含糊苟且、不分善恶之意。殊不知极虽居中,而非取乎中之义,且'中'之为义,又以其无过不及,至精至当,而无毫厘之差,亦非如其所指之云也。乃以误认之'中',为误训之'极',不谨乎至严至密之体,而务为至宽至广之量,其弊将使人君不知修身以立政,而堕于汉元帝之优游,唐代宗之姑息,卒至于是非颠倒、贤否贸乱,而祸败随之,尚何敛福锡民之可望哉?"[5] "中"容易被误为含糊苟且、不分善恶之意,将使君王不知修身以立政。而人君修身为政,以自身之德为标准,教化万民,流风远扬,自然就容易让人民依守遵循,追随吾君以归化此极。朱熹指出"皇建其有极"便是人君以身为至极标准:"若箕子之言,有曰'皇建其有极'云者,则以言夫人君以其一身而立至极之标准于天下也。其曰'敛时五福,用敷锡厥庶民'云者,则以言夫人君能建其极,则为五福之所聚,而又有

1　(宋)陆九渊:《荆门军上元设厅皇极讲义》,《陆九渊集》,页284。

2　参见(宋)陆九渊《与朱元晦》,《陆九渊集》,页23。

3　传本朱熹文集的《皇极辨》,并非淳熙十六年(1189)的初本,而是后来朱熹删改的改本,不过两者只有文句的不同,基本思路并无二致,可参陈来《一破千古之惑——朱子对〈洪范〉皇极说的解释》,《北京大学学报》(哲学社会科学版)2013年第2期,页11。

4　参见陈来《"一破千古之惑"——朱子对〈洪范〉皇极说的解释》,《北京大学学报》(哲学社会科学版)2013年第2期,页7。

5　(宋)朱熹:《皇极辨》,收于陈俊民校订《朱子文集》,台北:德富文教基金会,2000,页3590。

以使民观感而化焉,则又能布此福而与其民也。其曰'惟时厥庶民于汝极,锡汝保极'云者,则以言夫民视君以为至极之标准而从其化,则是复以此福还锡其君,而使之长为至极之标准也。其曰'凡厥庶民,无有淫朋,人无有比德,惟皇作极'云者,则以言夫民之所以能有是德者,皆君之德有以为至极之标准也。其曰'凡厥庶民,有猷有为有守,汝则念之。不协于极,不罹于咎,皇则受之'云者,则以言夫君既立极于上,而下之从化,或有浅深迟速之不同,其有谋者、有才者、有德者,人君固当念之而不忘;其或未能尽合,而未抵乎大戾者,亦当受之而不拒也。"若真能"皇建其有极",则人君不但为五福所聚,更能感化人民,被泽苍生,民从其极,民从其化,而民有此德者,皆以君之德为至极的标准,君立极于上,民随之于下,上之化下,下之从化,方可谓皇极之大效。

象山以"承流宣化",讲解"皇极",代天子教化百姓;朱熹则反对当时人以大中解皇极,特别是"极"解为"中"。包括朱陆在内的许多学者,对"皇极"作出的解释,除了学术字义上的探究,也有政治上考量,毕竟"皇极"牵涉到的,还有当时政治秩序与方向的问题。[2] 但朱熹对象山荆门宣讲"皇极"颇为留意,并有所批评,原因不仅如余英时所言,是关注当时政治纲领的大宗旨、大纲领,也全非如陈来所言:"朱子这个批评不恰当,盖陆氏是对民众施行教化,不是解经论学,应不必在此处进行学术辨析。"[3] 其实朱熹的指责,是就儒者经世的角度反对陆象山的做法,这方面学者较少留意,殊为可惜,这里牵涉到朱陆经世立场的不同。

1　(宋)朱熹:《皇极辨》,收于陈俊民校订《朱子文集》,页3588。
2　据余英时的分析,当时讲"皇极"者甚多,如王淮讲皇极,便连接到"国是",强调安静、不妄动,以"大中"来解释"皇极",旨在追求均衡与安全,这也是王淮等人的执政纲领,基本上符合宋高宗"主于安静"的要求。这类的时政纲领,正是朱熹所反对的。陈来又另外指出,包括朱熹在内,当时人解释"皇极"自然有政治上的考量,另一方面,朱熹同时也将"皇极"视为学术思想上待解的问题,就学术探讨的角度,予以厘清。余英时:《朱熹的历史世界:宋代士大夫政治文化的研究(下册)》,北京:生活·读书·新知三联书店,2004,页808—845。陈来:《"一破千古之惑"——朱子对〈洪范〉皇极说的解释》,《北京大学学报》(哲学社会科学版)2013年第2期,页5—17。
3　陈来:《"一破千古之惑"——朱子对〈洪范〉皇极说的解释》,《北京大学学报》(哲学社会科学版),页16。

朱熹在听闻象山讲义皇极之后，颇感不安，曾有信给象山友人胡大时（字季随）：

> 日月逝矣，岁不我与，愿深省察。且将《大学》《论语》《孟子》《中庸》《近思》等书子细玩味，逐句逐字，不可放过，久之须见头绪，不可为人所诳，虚度光阴也。荆门《皇极说》曾见之否？试更熟读《洪范》此一条，详解释其文义，看是如此否？[1]

胡大时为胡五峰幼子，《宋元学案》说他与朱陆多有往来，后师象山，于象山最为相得。[2] 朱熹要他熟读《洪范》，并验证象山的讲法是否正确。显然朱熹并不赞同象山的讲法，《语类》里朱熹更是明言：

> 符叙舜功云："象山在荆门，上元须作醮，象山罢之。劝谕邦人以福不在外，但当求之内心。于是日入道观，设讲座，说'皇极'，令邦人聚听之。次日，又画为一图以示之。"先生曰："人君建极，如个标准。如东方望也如此，西方望也如此，南方望也如此，北方望也如此。莫不取则于此，如周礼'以为民极'，诗'维民之极'、'四方之极'，都是此意。中固在其间，而极不可以训中。汉儒注说'中'字，只说'五事之中'，犹未为害，最是近世说'中'字不是。近日之说，只要含胡苟且，不分是非，不辨黑白，遇当做底事，只略略做些，不要做尽。此岂圣人之意！"[3]

---

[1] （宋）朱熹：《答胡季随十二》，收于陈俊民校订《朱子文集》，页2521—2522。
[2] "胡大时，字季随，崇安人，五峰季子。南轩从学于五峰，先生从学于南轩，南轩以女妻之。湖湘学者以先生与吴畏斋为第一。南轩卒，其弟子尽归止斋，先生亦受业焉。又往来于朱子，问难不遗余力。或说季随才敏，朱子曰：'须确实有志，而才敏方可，若小小聪悟，亦徒然。'最后师象山。象山作荆公祠记，朱子讥之，先生独以为荆公复生，亦无以自解。先生于象山最称相得云。"（明）黄宗羲等：《宋元学案》，台北：华世出版社，1987，页3368。
[3] （宋）黎靖德编：《朱子语类》，北京：中华书局，2007，页2047—2048。

朱熹认为近日说"中",都只是含糊苟且,不分是非,不辨黑白,对于该做的事,都只是略略做些,不要也不能做尽,这已有暗指象山以讲义代醮一事未能做尽。朱熹又继续说:

> 又云:"《洪范》一篇,首尾都是归从'皇极'上去。盖人君以一身为至极之标准,最是不易。又须'敛是五福',所以敛聚五福,以为建极之本。又须是敬五事,顺五行,厚八政,协五纪,以结裹个'皇极'。又须乂三德,使事物之接,刚柔之辨,须区处教合宜。稽疑便是考之于神,庶征是验之于天,五福是体之于人。这下许多,是维持这'皇极'。'正人',犹言中人,是平平底人,是有常产方有常心底人。"又云:"今人读书粗心大胆,如何看得古人意思。如说'八庶征',这若不细心体识,如何会见得。'肃,时雨若。'肃是恭肃,便自有滋润底意思,所以便说时雨顺应之。'乂,时旸若。'乂是整治,便自有开明底意思,所以便说时旸顺应之。'哲,时燠若。'哲是普照,便自有和暖底意思。'谋,时寒若。'谋是藏密,便自有寒结底意思。'圣,时风若。'圣则通明,便自有爽快底意思。"符云:"谋自有显然著见之谋,圣是不可知之妙,不知于寒于风,果相关否?"曰:"凡看文字,且就地头看,不可将大底便来压了。箕子所指'谋'字,只是且说密谋意思;'圣',只是说通明意思;如何将大底来压了便休!如说吃枣,固是有大如瓜者;且就眼下说,只是常常底枣。如煎药合用枣子几个,自家须要说枣如瓜大,如何用得许多!人若心下不细,如何读古人书。《洪范》庶征固不是定如汉儒之说,必以为有是应必有是事。多雨之征,必推说道是某时做某事不肃,所以致此。为此必然之说,所以教人难尽信。但古人意精密,只于五事上体察是有此理。如荆公,又却要一齐都不消说感应,但把'若'字做'如似'字义说,做譬喻说了也不得。荆公固是也说道此事不足验,然而人主自当谨戒。如汉儒必然之说固不可,如荆公全不相关之说,亦不可。古人意思精密,恐后世见未到耳。"

前已言之,象山《荆门军上元设厅皇极讲义》,是以教化为目的,取其心学所重者,再加上善恶福祸等感应之说,宣扬正心善行,可以说是化民成俗的经世手段。可是朱熹显然不认同象山的做法，他认为人君以一身为至极标准，郡守县令承流宣化，就应该按照这个标准依循来做，所以"敛聚五福，以为建极之本"。又须是敬五事、顺五行、厚八政、协五纪，来结裹维护"皇极"，不使其倾斜失正。除五福之外，另外还要讲求稽疑与庶征，稽疑是考之于神，庶征是验之于天，五福是体之于人，因此包括"建用皇极"在内的《洪范》九畴，都是为了要维持"皇极"。可是要明了皇极，就要细心体识，不能粗心大胆，抓住一些意思，通盘附会解释，"不可将大底便来压了"。例如《洪范》庶征，虽非如汉儒所讲的天人感应，有事必有应，例如淫雨，是某时某事不够谨肃，上天降殃，所以致此，但也不能如王安石一般，完全否认感应的可能，毕竟古人意思精密，在体察之后发现此理，自有其可能的合理性，不能因为我们当下不懂，就完全否认古人的说法，更不能因为我们不明白，就任意诠解古人，以己意度古人。以此观之，象山在《荆门军上元设厅皇极讲义》里，大讲善心善行故有善报之说，太过讲求感应，不免过于轻信古人，稽疑、征庶、五福等事，都被他讲得太过简单。而象山又说只要心正事善，虽不识字亦自有读书之功，更不是朱熹所能同意，毕竟古人意思精密，需要细细体察深究才好，又怎能不读书？若依朱熹的讲法，心正事善固佳，就更应该识字读书，来细察古人义理。就朱熹看来，象山这些讲法，是否对百姓有误导之嫌？宣扬不理性、不合理的学说，对百姓来讲，恐怕是有害无益的。[1]

象山的经世手段，就荆门宣讲《洪范》这点来说，以讲义代醮，固然不错，前引《鹤林玉露》也提到"朱文公在临漳，且令随例祝香，不许人问话"，这与象山做法虽有异，不过出发点类同，可是问题就在于教化的内容显然不为朱熹所认同，这就是两人对经世的做法与立场之差异。这里朱熹谈皇极时，是针对象山任罢上元节作醮、要求民众日入道观、设讲座宣讲等事，他认为不妥，于是才就皇极的含义、字词意思等方面来说，否定象山经世化民所采取的方法与

---

[1] 在宋代思想史，特别是南宋，"皇极"极受各家学者重视，言人人殊，各有见解。可见刘芝庆《朱陆论皇极》，《朱子文化与宋明理学学术研讨会》，福建省社科院宋明理学研究中心，2015年10月。

手段。

那么，反过来说，就象山看来，又该如何评价朱熹等人的经世方法？象山在敕局任职时，朱熹适由南康知军改任两浙东路提举，到任后，严刑惩治权贵贪官，由于手段过严，受到不少毁谤与冤枉。[1] 象山虽为朱熹陈情，认为朱熹之政，不能泛然以严病之，毕竟受罚者本有其罪，则当罚则罚，就不能叫严，若是不问理之是非，事之当否，只单纯以宽严来看施政，才是大谬。况且"朱元晦在南康，已得太严之声。……使罚当其罪，刑故无小，遽可以严而非之乎！……元晦浙东救旱之政，比者屡得浙中亲旧书及道途所传，颇知梗概，浙人殊赖。自劾一节，尤为适宜"，颇有赞赏之意。可是象山也承认"元晦之政，亦诚有病"[2]，对朱熹任浙东提举，雇船至他州购买米谷，招诱商船到浙东，又或是半强迫半鼓励富户出米赈灾，煮粥救济灾民，甚至以先斩后奏，令台州各县将纳绢三尺五寸改为纳钱七十一文，事后才申报朝廷等事[3]，颇不以为然，认为这些不合事理处，正是其病。[4]

此外，象山对前人如王安石之政，也多有意见。在《荆国王文公祠堂记》里，他肯定宋神宗与王安石君臣以尧舜自期，而王安石之质，英特迈往，不屑于流俗声色利达，洁白之操，寒于冰霜。又能扫俗学之凡陋，振弊法之因循，以孔孟为道术，以伊周为功勋目标，王安石志向之远大，由此可见。可是新法之议，举朝谨哗，行之未久，天下恟恟，诸君子固然力争，或去或离，而小人投机取巧，环绕王安石身边，王安石对此竟不能觉察，可见其心已蔽，心蔽则事便难成，可是王安石却蔽于末而不能究其本。另一方面，熙宁诸人同样心蔽，其学不足以劝王安石，因循苟且，其害亦无异于新法，两造争吵不端，更阻事行，"及诸贤排公，已甚之

---

1 束景南对朱熹当时的情况，述之甚明。可见束景南《朱子大传（上册）》，北京：商务印书馆，2003，页503—504。

2 （宋）陆九渊：《陆九渊集》，页494。

3 参见束景南《朱子大传（上册）》，页503。

4 此为朱熹告象山之语，朱熹希望象山就此缺失直言不讳，以便他改正。（宋）陆九渊：《陆九渊集》，页495。

辞，亦复称是。两下相激，事愈戾而理益不明"[1]。再者，新法反对者众，有时不免流于意气之争，附和者亦多取巧之辈，所以王安石上不足取信于神宗，下又无法解群士之疑，而施政关键，成功与否，正在于此：

> 为政在人，取人以身，修身以道，修道以仁。仁，人心也。人者，政之本也；身者，人之本也；心者，身之本也。不造其本而从事其末，末不可得而治矣。[2]

既然为政在人，则人心如正，修身以道，修道以仁，这就是本。"本"固则邦宁，"本"固则政成，可惜王安石无见于此，对于"格君之学，克知灼见之道，不知自勉，而戛戛于事为之末，以分异人为快，使人小得间，顺投逆逞……"[3]不免为王安石感到遗憾与惋叹。

儒者施政，分歧已然如此，对其他人，自然也就有更多意见，诸如秋苗税收、胥吏之弊、水旱灾救治、社仓设置等，便多有议论。究其原因，就象山看来，在于他们都不能掌握到心的重要性，自为蒙蔽，自为艰难，不只如此，既不能令又不受命，更去蒙蔽他人、艰难他人。也因为心的修养还不够，正心不足，无法发为仁心仁政，无法先立其大，则施政不免偏差，人材不得通达，百姓不但未得其利，反而过得更苦："今同官皆尽心力相助，人莫不有才，至其良心固有，更不待言。但人之见理不明，自为蒙蔽，自为艰难，亦蒙蔽他人，艰难他人，善端不得通畅，人心不亨，人材不得自达，阻碍隔塞处多，但增尤怨，非所以致和消异。"[4]至于如王安石与熙宁诸公等人，心受到遮蔽，则往往有害于政，也为象山所不取，他们都不能做到象山理想中的修身经世模式。

1　（宋）陆九渊：《荆国王文公祠堂记》，《陆九渊集》，页234。
2　（宋）陆九渊：《荆国王文公祠堂记》，《陆九渊集》，页233。
3　（宋）陆九渊：《荆国王文公祠堂记》，《陆九渊集》，页234。
4　（宋）陆九渊：《与致政兄》，《陆九渊集》，页219。

三、心学如何经世？

陈弱水曾为文指出，治国必须牵涉的种种权力规范、行政实行等原则，未必与修身有着等价性的关系，而且一个人的私己伦理行为不一定就等同于其政治行为。[1] 陈弱水的研究对象虽以先秦儒家为主，并未论及宋代理学家，可是认同为政在于身，为政在人，取人以身，一向也为象山、朱熹等人的看法，况且宋代理学家自觉上承先秦儒学，遥契先秦，对此当亦不陌生。事实上他们的理路也早已预设了"政／身""治国／修身"的必然性，两者或可分体用、本末、先后，但是作为一种连续性的整体关系，在他们的理论中是可以成立的。此处所言之"必然性"，意谓在他们的理想中，若能按照自己对修身的理解，用之于身，扩而大之，就能用之于政，施之于民，修己就能安人、安民姓。反之，若自以为身修，国却未能治，则问题往往出在不明修身之法，从而导致政策的失败。这样的修身功夫，可能未为理学家们所认可，就不能称为真正的身修。当然理学家对修身功夫的理解，也各有不同，只是身不能修，修既未明，则国未可治，民难以安，就算是治了也难以完善，自也是题中之义了，前引象山批评王安石等人"受蔽"，"不造其本而从事其末，末不可得而治矣"，就是这个原因。

象山曾说：

> 人精神在外，至死也劳攘，须收拾作主宰。收得精神在内，当恻隐即恻隐，当羞恶即羞恶。谁欺得你？谁瞒得你？见得端的后，常涵养，是甚次第。[2]

收拾主宰，收得精神在内，其实也就是象山讲的"先立乎其大"，象山曾自道："近有议吾者云：'除了先立乎其大者一句，全无伎俩。'吾闻之曰：'诚然。'"类似"先立乎其大"的说法，或可上承孟子"先立乎其大者，则其小者弗能夺

---

[1] 参见陈弱水《"内圣外王"观念的原始纠结与儒家政治思想的根本疑难》，收于氏著《公共意识与中国文化》，北京：新星出版社，2006，页267—302。

[2] （宋）陆九渊：《语录》，《陆九渊集》，页454。

也"。看似出于孟子,却是陆象山推而广之,不断强化这个命题,所谓"先立乎其大"的"大"者,其实就是要人发明本心。就象山看来,君子的成德功夫,乃至于身心活泼,挺立道德主体的基础,或鸢飞鱼跃而物各付物,或宇宙即吾心,吾心即宇宙,又或是如牟宗三所说的逆觉体证,即人处于扰动喧躁中,人之主体若能在"不安之感"中感受及此,当下发觉这种不安之感,不再顺着物欲滚动翻腾、伊于胡底,象山所谓"人心有病"[1],即是指此。若能停止不安之感的纵肆,以渐存渐养的生命态度,渐至充大,这种不安之感往往会自而凸显,不再顺着物欲流杂而滚动,成为干扰人生的状态。故自持其自己而凸显,吾人因凸显逆觉功夫而体知践履,认为吾人纯净之本心为真正道德行为的可能基础,如象山所说"收得精神在内时,当恻隐即恻隐,当羞恶即羞恶",便可谓"逆觉的体证",亦曰"内在的逆觉体证"。[2] 这些人性的内在发微与道德的展现,皆有赖于心的觉醒。如黄信二所言,象山所言之心,主要有"道德主体性之心"("学问固无穷已,然端绪得失,则当早辨;是非向背,可以立决。……浮文异端,转相荧惑。往圣话语,徒为藩饰。而为机变之巧者,又复魑魅魍魉其间。耻非其耻,而耻'心'亡矣。")、"知性的理解之心"(如象山所言之"心通")、"固有义与本体义之心"("正理在人心,所谓固有""此心此理昭然于宇宙之间诚能得此端绪……")之分,当然三种又非截然不同,有时亦多有重叠,只是相较之下的三种判别而已。[3] 而象山所欲觉醒之心,即是此三种心的总合归趋——"发明本心"。象山说这就是打叠田地净洁,修身者奋发自立,才能从俗世欲望的价值中超拔出来,摆脱人欲与物欲的纠缠牵葛[4],非能如此,就是多读书亦无用。

---

[1] "人心有病,须是剥落,剥落得一番,即一番清明;后随起来,又剥落,又清明,须是剥落得净尽方是。"(宋)陆九渊:《语录》,《陆九渊集》,页458。
[2] 牟宗三将逆觉分为两种,一为"内在的体证",即本文所说,象山亦属此类;另为"超越的体证"。可见牟宗三《心体与性体(中册)》,上海:上海古籍出版社,2007,页394—395。
[3] 参见黄信二《"明体达用":评陆象山心性论对其读书方法之影响》,《哲学与文化》第39卷第10期,2012年10月,页44—46。
[4] "学者须是打叠田地净洁,然后令他发奋植立。若田地不净洁,则奋发植立不得。……然田地不净洁,亦读书不得。若读书,则是假寇兵,资盗粮。"(宋)陆九渊:《语录》,《陆九渊集》,页463。

可是，打叠田地净洁并不是在深山里修行，不与外人接触，而是刚好相反，"圣人教人，只是就人日用处开端"[1]，人伦日用，事情物理，才是学者修行之处，故修心必须反映在立身处世上。修身者（学者）若然涉世，都要能维持初衷，莫忘本心，走江湖，历人事，要努力保持此心的净洁状态，在人情世变上做功夫，就要不断剥落心之蔽障。故象山谈义利之辨，教人辨志，不要汩没于声色富贵间，并以此区分儒佛，便是出于这层考量：

> 傅子渊自此归其家，陈正己问之曰："陆先生教人何先？"对曰："辨志。"正己复问曰："何辨？"对曰："义利之辨。"若子渊之对，可谓切要。[2]

> 阜民初见先生，不能尽记所言。大指云："凡欲学者，当先识得义利公私之辨。今所学果为何事？人生天地间，为人自当尽人道。学者所以为学，为学人而已，非有为也。"[3]

更进一步来讲，儒者经世，尽人伦之道，是公是义；佛教则反之，本欲脱离生死，为了个人利益，只是私而已。象山在给王顺伯的书信中，便畅明此理："释氏以人生天地间，有生死，有轮回，有烦恼，以为甚苦，而求所以免之。其有得道明悟者，则知本无生死，本无轮回，本无烦恼。故其言：'生死事大。'如兄所谓菩萨发心者，亦只为此一大事。其教之所从立者如此，故曰利、曰私。惟义惟公，故经世，惟利惟私，故出世。儒者虽至于无声、无臭、无方、无体，皆主于经世；释氏虽尽未来际普度之，皆主于出世。"[4] 儒与佛是否如此截然二分，牵涉历来儒者对佛教的批判，里头当然也含有许多象山的个人价值判断。不过他主张经世致用，认为儒者不但要理解世界，更要作出贡献，改变世界，所以他的心学就不

---

1 （宋）陆九渊：《语录》，《陆九渊集》，页432。
2 （宋）陆九渊：《语录》《年谱》，《陆九渊集》，页398。
3 （宋）陆九渊：《语录》《年谱》，《陆九渊集》，页495。
4 （宋）陆九渊：《与王顺伯》，《陆九渊集》，页17。

会只是单纯的个人修身养性而已,更是要能实际运用在社会上的。

但是,切莫以为"先立乎其大"的养心功夫是很轻松容易的。象山指出:

> 人之资质不同,有沉滞者,有轻扬者,古人有韦、弦之义,固当自觉,不待人言。但有恣纵而不能自克者,有能自克而用功不深者。[1]

资质不同,才性亦异,即便有此自觉,可是功夫深浅也有差别,恣纵而不能自克,能自克却又用功不深,都是修养功夫时常见的毛病。显而易见的问题尚且如此,更有许多难以察觉的隐微之处:

> 颜子之贤,夫子之所屡叹,气质之美,固绝人甚远。子贡非能知颜子者,然亦自知非俦偶。《论语》所载颜渊喟然之叹,当在"问仁"之前;"为邦"之问,当在"问仁"之后;"请事斯语"之时,乃其知之始至,善之始明时也。以颜子之贤,虽其知之未至,善之未明,亦必不至有声色货利之累,恣狠纵肆之失,夫子答其"问仁",乃有"克己复礼"之说。所谓己私者,非必如常人所见之过恶而后为己私也。己之未克,虽自命以仁义道德,自期以可至圣贤之地者,皆其私也。颜子之所以异乎众人者,为其不安乎此,极钻仰之力,而不能自已,故卒能践克己复礼之言,而知遂以至,善遂以明也。
>
> 若子贡之明达,固居游、夏之右,见礼知政、闻乐知德之识,绝凡民远矣。从夫子游如彼其久,尊信夫子之道如彼其至。夫子既没,其传乃不在子贡,顾在曾子,私见之锢人,难于自知如此。曾子得之以鲁,子贡失之以达。天德已见消长之验,莫著于此矣。[2]

以颜渊之聪颖贤明,仍有未达,所以孔子才有"克己复礼"之说。颜渊虽已

---

[1] (宋)陆九渊:《语录》,《陆九渊集》,页451。
[2] (宋)陆九渊:《与胡季随》,《陆九渊集》,页8。

无大过,如常人所见之过恶,不易再生。可是在细微隐约处,却仍然有过,因为包括自命为仁义道德,自期可至圣贤等欲求,都仍算是私、是过的一种,所以颜渊内心仍未纯粹,人心未能无蔽,未能无私欲,其不安在此,当然危机即是转机,就因为颜渊深知这种不安,最后才能实践克己复礼的功夫。相较之下,子贡之明达干练,虽已不俗,与颜渊相比则仍甚远,也不能真正反求诸己以自克其私,所以最后其传不在子贡,而在日三省吾身的曾子。[1]

当然,打叠田地净洁,光在人情事变上做是不够的,还要多读圣贤书。象山虽说以尊德性为宗旨,其实亦不废道问学,只是他强调与其泛观博览,不如精读,"观古人之书,泛然而不得其实,则如弗观而已矣"[2]。这样的学、这种读书方式,得其实,才可能尽此心,如《赠二赵》:

> 书契既造,文字日多;六经既作,传注日繁,其势然也。苟得其实,本末始终,较然甚明;知所先后,则是非邪正知所择矣。虽多且繁,非以为病,祇以为益。不得其实而蔽于其末,则非以为益,只以为病。[3]

六经既作,为了解释经文,甚至是为了解释注解经文的解释,于是传注日繁,也是不得已的事。可是若能得其实,则传注虽多且繁,也会得益,所以象山才主张先理会经文,然后精读古注:

> 或问读六经当先看何人解注?先生云:"须先精看古注,如读《左传》,则杜预注不可不精看。大概先须理会文义分明,则读之,其理自明白。然古注惟赵岐解《孟子》,文义多略。[4]

---

[1] 颜渊克己复礼之相关讨论,可见杨祖汉《陆象山"心学"的义理与王阳明对象山之学的了解》,《鹅湖学志》第8期,页99—100。
[2] (宋)陆九渊:《策问》,《陆九渊集》,页292。
[3] (宋)陆九渊:《赠二赵》,《陆九渊集》,页245。
[4] (宋)陆九渊:《语录》,《陆九渊集》,页408—409。

读六经，须得其实，要先理会文义，再精读古注，则古注与经文相互印证，才有可能进入古文的义理语境。象山此处所言之"实"，其实就是指面对经典的态度，当然经典并非只是文字排列组合，而是承载了先王制度与先王立政之心，所以面对经典，既是面对古往今来之人事典章，也是面对曾经的生命。而古人的文脉血脉，与个人生活生命同感而共享，这才是读经典的正确心态。这样读书，才可能读进自己的脉动，读出自身的境界，所以他才批评举世之弊是："今之学者读书，只是解字，更不求血脉。且如情、性、心、才，都只是一般物事，言偶不同耳。"[1] 今世学者读书，只是解字，只是为了某种目的（如科举），这种读书态度，与身心无关，所得自然只能是枝叶。

象山的读书法，认为读书是充实个人生命的涵养，读书也是为了知古人之心，古人之心与自己之心相融相知。他又说"学者须是有志读书，只理会文义，便是无志"[2]，就因为先立其大，发扬本心，定好学问志向与规模，而是不以功利的心态读书，则道问学皆可为尊德性，闻见之知亦能为德性之知。借由这种方法与模式，读书才不会刻舟求剑，死在句下，也不会如程颐所说："今人不会读书，如读《论语》，未读时是此等人，读了后又只是此等人，便是不曾读。"[3] 象山指出：

> 大抵读书，训诂既通之后，但平心读之，不必强加揣量，则无非浸灌、培益、鞭策、磨砺之功。或有未通晓处，姑缺之无害。且以其明白昭晰者日夕涵泳，则自然日充日明，后日本源深厚，则向来未晓者将亦有涣然冰释者矣。[4]

训诂是为了通书中句字，可是书中有许多尚待通晓的细极道理，也有许多文本间的缝隙缺漏，不易觉察，此时我们要慢放脚步，平心读之，不要急着立下解

---

1 （宋）陆九渊：《语录》，《陆九渊集》，页444。
2 （宋）陆九渊：《语录》，《陆九渊集》，页432。
3 （宋）朱熹：《四书章句集注》，页43。
4 （宋）陆九渊：《与邵中孚》，《陆九渊集》，页92。

释,而是有疑则阙,持续进德修业,待日后本源深厚,再重新阅读与理解。由此得见,象山讲六经注我,并非不顾经典本身的意涵,也不是只强调"尊德性"而忽视"道问学",而是刚好相反的,因为象山非常注重经典本身,所以才要人细细读书,精读古注,就是为了不落入随意解经,曲解古人的地步,因此在象山的修养功夫中,道问学仍然占有很重要的地位。关于六经注我,他的原意是说:

> 《论语》中多有无头柄的说话。如"知及之,仁不能守之"之类,不知所及、所守者何事;如"学而时习之",不知时习者何事。非学有本领,未易读也。苟学有本领,则知之所及者,及"此"也,仁之所守者,守"此"也,"时习之",习"此"也,说者说"此",乐者乐"此"。如高屋之上建瓴水矣。学苟知本,六经皆我注脚。[1]

此即《宋史·陆象山传》"或劝九渊著书,曰:'六经注我,我注六经。'又曰:'学苟知道,六经皆我注脚'"所本。就象山看来,包括《论语》在内的许多经典,文意未必有头有尾,许多当时特定的语境与针对的对象,未必明确形诸文字,后人不易明白,像是"知及之,仁不能守之""学而时习之"之类,所及、所守、所时习者,是指何事?非学有本领,学不知本,实未易读。若不能平心静气,日夕涵泳,则不免胡乱解人,强加揣量,对己对人都无益。而唯有读得通透,学有本领,慢慢来,才有可能明白古人的真义,与古人对话。对明白昭晰者日夕涵泳;对未通晓处,姑且缺之,惟有当生活历练愈接近经典的可能高度与境界,读书也才能真的丰富我们的心灵。读书毕竟不是一朝一夕之事,而是日夕精读,持续浸灌、培益、鞭策、磨砺之功,不必也不能躐等。相较之下,许多人做学问做官,学而优则仕,却不能为民着想,从政失利,都是因为他们读书并未真的读进生命里,"只是解字,更不求血脉"。

再者,上引陆象山之语,"学苟知本"与"学有本领"所对应的"此",就是指本心。故不论是读书涵养,还是在人情世态上下功夫,都必须知本,求血

---

[1] (宋)陆九渊:《语录》,《陆九渊集》,页395。

脉，时时刻刻系着"本心"，须臾不离，然后彼此激荡，互倚互立，才有可能到达"收拾精神，自作主宰，万物皆备于我，有何欠阙，当恻隐时自然恻隐，当羞恶时自然羞恶，当宽裕温柔时自然宽裕温柔，当发强刚毅时自然发强刚毅"[1]的境界。万物皆备于我，即是我与万物的关系，是同构而共享的，就像他曾说的"宇宙内事乃己分内事，己分内事乃宇宙内事"[2]。"万物皆备于我"出自《孟子》，据彭国翔的看法，"备"的真实含义是同构，万物备于我，并非单方面地进入，而是彼此分享融入，彼此交流互涉，而人之所以失去自我本真，就在于人们总是将目光过度投向外在世界，世俗的价值、世俗的偏执遮蔽了自我，于是在各种比较、谋划、计算之下，"我"常常将万物客体化，此时我与万物就不是同构的状况，反而常常成为一种猎杀的竞争关系。彭国翔又以马丁·布伯（Martin Buber）的《我与你》为例，来说明"万物皆备于我"的理想境况，马丁·布伯提出两种伦理的模式，分别是"我与他""我与你"，"我与他"意指万物对于我而言，是一种客观、有效性、利益式的存在，如眼前的树木对于我而言，可以是桌椅家具的原料；但就"我与你"来说，树木与我皆是天地自然的一分子，彼此处在同个世界观里，彼此是共生共享的，例如我们有赖树木提供氧气、绿意，树木也有赖我们提供良好的生存环境；类似的例子，也可以为官者与百姓的关系来看，百姓与我皆是天地自然的一分子，相生相息，彼此帮助，例如政府官员有赖百姓提供税收与劳役，反过来讲，百姓也有赖为政者提供良好的制度与规范。[3]就"我与你"的模式中，我们可以更进一步理解象山"宇宙内事乃己分内事，己分内事乃宇宙内事""宇宙便是吾心，吾心便是宇宙"的意思：我与人、我与物、我与万类

---

1 （宋）陆九渊：《语录》，《陆九渊集》，页455—456。
2 （宋）陆九渊：《年谱》，《陆九渊集》，页483。
3 参见彭国翔《儒家的万物一体观——孟子"万物皆备于我"章释义》《儒家宗教性人文主义的特质——以〈西铭〉为中心的考察》，收于氏著《儒家传统的诠释与思辨——从先秦儒学、宋明理学到现代新儒学》，武汉：武汉大学出版社，2012，页26—39、65—85。值得留意的是，"我与你"与"万物皆备于我""物吾与也"当然也不会完全等同，马丁·布伯基本上是以神学来区分"我与他""我与你"，意即在天主的慈爱下，"我与你"的一体无分是可以成立的，但孟子与象山等人的讲法，就不可能会有这样的立场。[德] 马丁·布伯（Martin Buber）：《我与你》，陈维刚译，台北：桂冠图书公司，1991，卷3。

万种,彼此是和谐信赖,是一种"相遇"、一种互相的理解,是"彼出于是,是亦因彼"的,并不应该存在着谁利用谁,谁胜于谁的绝对性优势,更非以"我"主宰着某方某物,而此模式往往有赖于人们真诚地自觉与反省,即象山所谓人之心。

陆象山虽尊德性,亦不废事功,其学固然强调先立其本心,但此心此理,须在涉事求学中磨炼成长,培元本心,立其大者,得其位谋其政,明于世务,察于人伦,自然会有事业事功,前者为体,后者为用,虽有体用之分,两者必定是一致、不可分离的。换句话说,学者发明本心,对世间诸多复杂状况,不容易受惑,不会被私欲等因素控制,摇摆不定,运用在政治上,也就更能体会百姓万物之心。懂得人情世态,明白古人为政之道,苦民所苦,知民所需,因此当官就不是为了某些既得利益者,也不是为了某个权贵与集团,而是一种"我与你"在政治上的责任归属。在施政中注入为民之心,体现为民之精神,对人民有责任,才不愧本心,方可使人民丰衣足食,如孟子所谓制民之产:"仰足以事父母,俯足以畜妻子,乐岁终身饱,凶年免于死亡。"[1] 所以出仕为官,就不能乡愿,不能尸位素餐,要勇于任事,因为就象山所见所闻,往往相反,诸如地方官吏把持钱谷米粮等事,贪赃枉法,盘根错节而又官官相护,利益勾结,为官为县者,又不敢检举:"古之人自其身达之家国天下而无愧焉者,不失其本心而已。凡今为县者岂顾其心有不若是乎哉?然或者遏于势而狃于习,则是心殆不可考。吏纵弗肃,则曰事倚以办;民困弗苏,则曰公取以足;贵势富疆,虽奸弗治;贫羸孤弱,虽直弗信;习为故常。天子有勤恤之诏,迎宣拜伏,不为动心,曰奚独我责。吏纵弗肃,民困弗苏,奸弗治而直弗信,天子勤恤之意不宣于民,是岂其本心也哉?"[2] 象山批判这种情况,所以他在《与辛幼安》的信中,便一再言明此理:"自古张官置吏,所以为民",至于那些逞私济欲,置民于囹圄、械系、鞭棰之境,残其肢体,竭民膏血的贪官污吏,本着为民之心,一定要严办。故遏恶扬善,举直错枉,

---

1 (宋)朱熹:《四书章句集注》,页211。
2 (宋)陆九渊:《敬斋记》,《陆九渊集》,页227。

正是宽德之行,这才是以民为本,感受众生而发出的政治原则。[1] 就因为象山主张发明本心,本心基本上又是与天地万物同构共享,宇宙即吾心,吾心即宇宙,人同此心,心同此理,故在人情事变上用功、涵泳古人义理,当政治作为一种志业,其实也就是深入世间实际,重建整个社会秩序的重要步骤。许多后代儒者在谈经世思想时,就非常认同陆象山的观点,王栋就说:"故孟子以后,能切实用功,而不涉于虚想虚见,虚坐虚谈者,无如象山。"[2] 蔡汝楠也引用象山的话来说明公私之辨、出世入世之分:"象山先生曰:'儒者经世,释者出世。'公私之辨也。"[3]

四、结论

正如赖锡三所言,在理想层面上,一个士、君子应该将自身的存在意义,通过公共化、公开化的实践,把内在道德的情怀落实到公共的氛围与境地,以促进道德理想的实现,这种以自身意义公共化的理想性格,修身为己,经世济民,一向是许多儒者坚持的原则。[4] 为往圣继绝学,为万世开太平,上述修身/治国的模式,我们在象山身上也看得很清楚。过往的观点,或以哲学史的角度来分析象山,又或是象山如何通贯天人性命,调适而上遂,对先秦孔孟作了创造性的诠释,与北宋周张二程、南宋朱熹等人,开创了儒学的新局面。这些研究,当然并没有完全忽略象山本身的治绩与事业,对象山经世之志,也偶有着墨,可是象山为己成德,事实上与成己成物是彼此通贯的,就像佛经的譬喻:"如两束芦,互倚不倒",也如车之两轮、鸟之双翼,看重哪方而忽略哪方,对象山整体的观察而言,都是有些遗憾的。

---

1 参见(宋)陆九渊《与辛幼安》,《陆九渊集》,页71—73。
2 (明)黄宗羲:《明儒学案》,北京:中华书局,2008,页735。
3 (明)黄宗羲:《明儒学案》,页968。
4 参见赖锡三《道家型知识分子论——〈庄子〉的权力批判与文化更新》,台北:台湾大学出版中心,2013,页2—3。

修齐治平,修身可以治国,这种近乎常识性的通义,如果只是泛谈,则先秦诸子固然如此,宋明理者何尝不是如此?更扩大来讲,东亚儒者又岂能置身于外?当许多儒者都可以套进这个模式,这个命题似乎已毋庸再论,因为翻来覆去,似乎都是修身治国的陈腔滥调而已。可是,当古人预设了修身治国的理论,当他们有了经世的怀抱之后,值得我们再深思的是,修身究竟该如何治国?内心的修养,要怎么表现在经世行为上?例如朱熹谈修身治国与陆象山的谈法会一样吗?如果说两人对修身的思考本异,对治国的看法更难以完全契合,则两者间的关联为何?牟宗三曾说过二程朱陆等宋儒"功业就是义理的客观体现"[1],依此而论,若修身的立场不同、义理解释的不同,是否也连带影响了治国功业的政策与态度?这样谈经世,就有了独特性,不必千篇一律。许多儒者谈经世,也就因此产生了众声喧嚷、互评互观的现象。就本篇主旨而言,象山建构心学,影响固然深远,可是他谈心学,很多时候也是关联着经世济民来讲的,并非全是形而上的玄想,而心学如何运用到世务,更是他一直很关心的问题。也因为他有经世之志,所以对世务研究颇为透彻,如何施政以及当今政策有何良窳,甚至对当代以及前代的许多为政者,如文中提到的倪宽、王安石、朱熹等等,都有一番自己的见解与论点。此更可见他与朱熹对"皇极"的解释差异,便不只是哲学立场的问题而已,同时也是他们对经世的具体实践不同所致。

象山死前数日,曾对女儿谈到自己的兄长陆九龄,认为他"有志天下竟不得施以殁"[2]。看似说陆九龄,仔细深思,又何尝不是象山夫子之道?象山以心学的深厚修养,怀经世之志,对政治社会环境,多有深入研究,可惜只有晚年任荆门军的机会,即便只是小试身手,成就已然不俗,政绩已多称道,不过时不我与,未有为帝王师、出将入相的际遇。象山虽以才自许,却不能有大用,有才未必有命,或怅然抱负难伸,或愕然惊对复杂之局面,"送君无杂言,当不负所学"[3],

---

[1] 牟宗三:《宋明儒学的问题与发展》,台北:联经出版事业公司,2003,页98。

[2] (宋)陆九渊:《年谱》,《陆九渊集》,页512。

[3] (宋)陆九渊:《送勾熙载赴浙西盐》,《陆九渊集》,页512。

是当年象山送友人赴浙西的诗句，而经世的情怀，随滚滚江河流逝，几经世态冲刷，经世之志或许未消，不过理想在生命中受挫，志业在人事中折冲，"当不负所学"的雄心壮志，又能剩下多少？机缘不至，时运不能配合，更难说是幸与不幸，可是世道如此，又能如何呢？就象山来讲，恐怕也是无可奈何的。

陈亮经学述义

一、学者眼中的陈亮

陈亮学术思想特征为何？概观学界对陈亮的研究，或从史学立场出发，指出陈亮重历史，讲时变，究天人之际，通古今之辨以达时措之宜，正是其历史意识的重心；[1] 又或是认为陈亮乃所谓"功利主义""事功主义"或"英雄主义"的代表，不尚浮辞，突出事功实际，乃至于重英雄重才气。田浩就说在更广、更严密的意义上，陈亮可以说是功利主义者。在汉语中，功利主义首先强调两个相关目标：达到具体的结果、后果（功），增大政府提供给社会的利益好处（利），陈亮的思想与此颇为相符。[2] 萧公权与劳思光同样是以这种角度来看陈亮，或曰功利思想，或云事功学派，所言或有不同，但就讲究事功实效这点而言，并无二致。[3] 又如牟宗三以朱陈王霸之辨的角度切入，陈亮所论者为英雄生命才气之震动，

---

1 参见董平、刘宏章《陈亮评传》，南京：南京大学出版社，2006，页137—183。卢敦基：《人龙文虎——陈亮传》，杭州：浙江人民出版社，2006，页82—91。
2 关于陈亮功利主义研究文献的回顾，可参 [美] 田浩《功利主义儒家——陈亮对朱熹的挑战》，姜长苏译，南京：江苏人民出版社，1997，页5—11。
3 参见萧公权《中国政治思想史》上册，台北：联经出版事业公司，1982，页493—496。劳思光，《中国哲学史》第三册上，台北：三民书局，2001，页335—346。

相较于正以诚意为主的理学家，或相较于朱子纯以主观道德论英雄，以致不能正视生命之独特处，忽视汉唐功业，陈亮则是企图绾合义利王霸为一路，其底子仍为英雄主义，故凡是英雄皆有价值，且偏重生命强度的实然状态，对于理性不能有积极的正视。[1] 除此之外，也有学者指出陈亮虽讲事功，亦不废内心之学，因此陈亮才屡言"人心之正""心者治之原"，毕竟锻炼内心，正是为了以修身扩充于外在政事，修身治国平天下，人心正而天下正。[2]

相比于上述的路数，目前学界对陈亮经学的研究，虽不能说没有，也确实较少。诸如何俊就以陈亮借由解经批判理学家的角度，来探讨其儒学建构。[3] 董平、刘宏章则是以史学的视野涵摄经学，指出陈亮把经视为史的一种，将《六经》与诸史合为一同，陈亮的用意在于"记述天人之际的基础上充分体现圣人'相时宜以立民极'的根本精神。正是这种参稽事势之变而因时制度的精神，才是真正的圣人之道，才是《六经》之权威性所在，堪为万世法程"[4]。由此可知，不论是以经学批判论敌，还是以经学讲时变、经史同归，这些研究都指出了陈亮经学的重要性。那么，值得再追问的是，陈亮看重经学，是否只能就"参稽事势之变而因时制度"而观？经学在陈亮的学术思想中，与史学的关系又是什么？若将经学与上述所言的正心、事功，乃至朱陈王霸之变联结，又该如何解释彼此间的关系？以经学来看这些观点，能看出什么的意义？本文的研究，即是以上述疑问为出发点，指出经学实为陈亮学术思想的重心之一，由经通史，借由经史而求变，

---

[1] 参见牟宗三《政道与治道》，台北：台湾学生书局，1991，页225—250。

[2] 参见董平、刘宏章《陈亮评传》，页210—219。陈立骧：《朱子与陈亮的历史评论——以"汉唐之争"为中心的探讨》，收于卢敦基、陈永革编《陈亮研究——永康学派与浙江精神》，上海：上海古籍出版社，2005，页91—98。就文学来讲，目前学界对陈亮词学亦多有关注，论述不少，只是因为并非本文要处理的部分，故不便于放在正文中。陈亮词学研究，可参龚鹏程《词史上的陈亮》、吴蓓《陈亮词论》、胡ession平《格高调自逸，品正情亦醇——论陈亮"人格精神"及其在诗词中的表现》，三文皆收于卢敦基、陈永革编《陈亮研究——永康学派与浙江精神》。苏淑芬：《陈亮政论词研究》，《国文学志》第4期，2000年12月，页165—192。董平、刘宏章：《陈亮评传》，页351—379。

[3] 参见何俊《陈亮解经、系谱与南宋儒学的建构》，收入卢敦基、陈永革编《陈亮研究——永康学派与浙江精神》，页52—59。

[4] 董平、刘宏章：《陈亮评传》，页150—151。

不过变又不能浮泛无依,而是必须权归于正,所以陈亮才看重正心,心正则权正,只是心又该从何"正"起?正心的标准又在哪里?这就有赖于理解经中所含之道,以道修心正心,再由正心来点化调整权变,如此种种,环环相扣,缺一不可。因此以经学出发,论证其间过程,并重探朱陈王霸之辨,即本文主旨所在。

二、以经通史,因史求变——上溯王通之学

陈亮曾著《六经发题》,其中《易》一文已阙。而在其他经书中,陈亮一再表示经书的重要性,如他说《书》是:"昔者圣人以道揆古今之变,取其概于道者百篇,而垂万世之训,其文理密察,本末具举,盖有待于后之君子"[1];《诗》:"圣人之于《诗》,固将使天下复性情之正,而得其平施于日用之间者"[2];《春秋》:"是以尽事物之情,达时措之宜,正以等之,恕以通之,直而行之,曲而畅之"[3];《周礼》虽经秦火,已非其全,但尚可考证内容真伪,大体来讲则是"《周礼》一书,先王之遗制具在"[4];至于《礼记》一书,虽杂出汉儒之手,但就《礼记·曲礼》诸篇而观,所载亦不过日用饮食、洒扫应对之常,"然读之使人心惬意满,虽欲以意增减而辄不合",是以"夫礼者,学之实地也"[5]。在陈亮观念里,《六经》是切合于人世,是具体可用,是学之实地。因此就古今来看,不但是垂万世之训,也是先王遗制所在;就人事来讲,则可使天下复性情之正,又或是适用于日用饮食、洒扫应对,这就指出了经典具有联系当下(平施于日用之间)与过去(先王遗制具在)的功能,还能有放诸未来的延续性(有待于后之君子)。若是如此,古代圣人遗意,如何展现在经典当中,为时人所用?关键就在于明时知变。意即不但要明当世之时,事物之理,还要懂得古代先王立政之意,因循革

---

[1] (宋)陈亮:《六经发题》,《陈亮集》,石家庄:河北教育出版社,2003,页82。
[2] (宋)陈亮:《六经发题》,《陈亮集》,页83。
[3] (宋)陈亮:《六经发题》,《陈亮集》,页85。
[4] (宋)陈亮:《六经发题》,《陈亮集》,页83。
[5] (宋)陈亮:《六经发题》,《陈亮集》,页84。

益而变通,陈亮说:

> 古之帝王独明于事物之故,发言立政,顺民之心,因时之宜,处其常而不惰,遇其变而天下安之。今载之《书》者皆是也。

> 始夫子之言曰:"其或继周者,虽百世可知也。"盖以为后之王者必因周而损益焉,自是变通,至于百世而不穷,而岂知其至此极也!(《周礼》)[1]

或说经乃先王明事物之故,因时之宜而作,又或是引孔子继周之语,以言因革损益,这些都说明经书不只是训诂章句的注疏学问而已,它也是讲究实用的:"乃区区于章句、训诂之末,岂圣人之心也哉!"[2]"而经生分篇析句之学,其何足以知此哉!"[3]《六经》实乃万世法典,当然万世法并非僵化固定不变,刚好相反,《六经》之旨就是讲求变通的,是因时因势、革益求新的,曾是活生生的历史世界,并非只是经生分篇析句的章句、训诂之学。《六经发题》里虽未言《易》,但陈亮在《告先圣文》就一再提及包括《易》在内的《六经》,他说天下之理具于《易》,治道之本末著之《洪范》,其他诸如"《诗》之喜怒哀乐,盖学者所以用功于平时""帝王继世之用,《书》载之明矣""而《春秋》所以备四王之制,百世以俟圣人而不惑者也"[4]。《六经》特性各有不同,如《诗》是讲喜怒哀乐,《春秋》是备四王之制,但不管如何,就其同者而观之,《六经》之重要性在于达时知事、经世致用。经是实学,所记载乃是先王之制,也是人伦日用之事,陈亮推崇《六经》,其因在此。

上述《六经发题》引《尚书》一语,事实上就举出了一个重要信息:"昔者圣人以道揆古今之变,取其概于道者百篇……"以道观古今之变,又将道记述

---

1 (宋)陈亮:《六经发题》,《陈亮集》,页82、83。
2 (宋)陈亮:《告先圣文》,《陈亮集》,页83。
3 (宋)陈亮:《告先圣文》,《陈亮集》,页82。
4 (宋)陈亮:《告先圣文》,《陈亮集》,页318。

在《书》中，是以《书》乃载道之书，不只《书》如此，其余诸经都是如此。例如陈亮在《丙午复朱元晦秘书书》就说"道之在天下，至公而已矣"，接着便引《易》《礼》为证；[1] 又例如他讲《诗》是"道之在天下，平施于日用之间"[2]，《春秋》则是"天道之全"[3]，这些都说明陈亮视《六经》为载道之书，并且把道放在天地事物人伦日用之中。道在经中的展现，一方面，"是以尽事物之情，达时措之宜，正以等之，恕以通之，直而行之，曲而畅之"，以此得天下大公的"天道之全"[4]（《春秋》）；另一方面，也是"固将使天下复性情之正，而得其平施于日用之间者"[5]（《诗》）。由此可知，道会随着或异或同的事物不断延续，却没有超越的性质，道是因应不同事物时空，或在古人言行洒扫应对之中，或在帝王继世之制里，变动不居，时现时隐，因此道在事中，都是度时观变的结果。

除此之外，陈亮讲经学，事实上是承继着隋末王通而来，他在《类次文中子引》《书类次文中子后》就说得很清楚。陈亮一再表明自己对于王通的仰慕：

> 故夫功用之浅深，三才之去就，变故之相生，理数之相乘，其事有不可不载，其变有不可不备者，往往汩于记注之书。天地之经，纷纷然不可以复正，文中子始正之，续经之作，孔氏之志也，世胡足以知之哉！[6]

王通《续六经》至唐末便已亡佚，今只存《中说》一书。《中说》乃依《论语》

1　参见（宋）陈亮《丙午复朱元晦秘书书》，《陈亮集》，页281。
2　（宋）陈亮：《六经发题》，《陈亮集》，页82。
3　（宋）陈亮：《六经发题》，《陈亮集》，页85。
4　参见（宋）陈亮《六经发题》，《陈亮集》，页85。
5　（宋）陈亮：《六经发题》，《陈亮集》，页82。
6　（宋）陈亮：《类次文中子引》，《陈亮集》，页200。值得注意的是，《类次文中子引》文后提到写作时间为"淳熙乙巳十一月既望，永康陈亮书"，淳熙乙巳即淳熙十二年（1185），文章又附有吕祖谦答书，乃吕祖谦与陈亮商榷讨论。但吕祖谦死于淳熙八年（1181），不可能在淳熙十二年见到陈亮此文，经束景南的考证推测，包括《类次文中子引》《书类次文中子后》《书文中子附录后》在内文章可能作于乾道九年（1173），而在陈与朱熹论证结束之后的淳熙十二年，陈亮修改了《类次文中子引》，因此才有文后的"淳熙乙巳十一月既望，永康陈亮书"。可参束景南《朱子大传》，北京：商务印书馆，2003，页613—614。

体例，为弟子记其师王通平日行言而成。相较于《论语》多论学、论政、论礼乐，《中说》未免杂乱无章，缺乏次序，所以陈亮重新编订，取当时通行的阮氏本、龚氏本，"正其本文，以类相从，次为十六篇，其无条目可入与凡可略者，往往不录，以为王氏正书"[1]。但不管是《中说》也好，《续六经》也罢，都代表了王通观世变、察古今、论经史的特色。就陈亮看来，经本为载道明变之书，只是后儒不明于此，偏在章句训诂中钻研，以致"其事有不可不载，其变有不可不备者，往往汨于记注之书"，于是经书宗旨一去而不返，难以复正，王通有鉴于此，通时明变，审势度要，其续经之作，"孔氏之志也"。王通续经之作，正为孔子之志，陈亮又以此作为生命志业，继续王通的遗愿。由此可知，王通之续经，正如陈亮之讲经，都是把经书视为通变明道之书，而不是把经视为考证记注的技术展现。[2] 值得注意的是，陈亮上承王通之学，受其影响又再有发挥，所以他在与朱熹论王霸之辨时，语多凿枘，颇不相契。朱熹也看出陈亮此说源于王通，是以对王通亦多所非议，朱熹说："文中子《续经》，犹小儿竖瓦屋然。世儒既无高明广大之见，因遂尊崇其书。"[3] "世儒"谓谁，虽非明指，不过陈亮尊崇王通，更特别标明《续经》，朱熹虽不一定是针对陈亮个人批评，但将陈亮视为"世儒"的一员（请特别注意朱熹曾要求陈亮要当"醇儒"。"醇儒"与"世儒"相对，用意至为明显。"醇儒"之说，详见下节），是很有可能的。朱熹又说："问文中子之学。曰：'它有这个意思，以为尧舜三代，也只与后世一般，也只是偶然做得着。'曰：'它续《诗》续《书》，意只如此'……曰：'近日陈同父便是这般说话。'"[4] 同样也是将陈亮之学上溯王通。

---

[1] （宋）陈亮：《类次文中子引》，《陈亮集》，页199。

[2] 关于王通对陈亮的影响，目前学术界论述颇多，本文重在详人所略，略人所详，因此才只就经学一项来谈。二人学术思想的传承关系，可参董平、刘宏章《陈亮评传》，页381—405。龚鹏程：《唐代思潮》，宜兰：佛光人文社会学院，2001，页54—58。何俊：《陈亮解经、系谱与南宋儒学的建构》，收于卢敦基、陈永革编《陈亮研究——永康学派与浙江精神》，页56—59。[美]田浩《功利主义儒家——陈亮对朱熹的挑战》，页74—76。

[3] （宋）黎靖德编：《朱子语类》，北京：中华书局，2007，页3270。

[4] （宋）黎靖德编：《朱子语类》，页3269。

经既为载道明变，《六经》事实上又只是先秦政典，乃先王度其时势而成，有其时代背景。若是如此，从《六经》完成以后到当下（陈亮的时代）之间的千余百年，道又在何处？又如何展现？若就朱熹的看法来看，这些阶段，即便有汉武帝唐太宗等盛世，道却依旧不存，只是私欲横流而已。陈亮却非如此，他认为答案就在史中，史与道的关系，类似经与道的关系；经跟史，又是时间先后的次序问题，陈亮在此的论证颇为曲折。史之所以能见道，是因为史与经一样，都是道的通权达变。故史中所见，与《六经》之旨类似，皆是当时人揆古今之变，得道所行的结果。换句话说，经是道之变通，史当然也是。若由经而通史，再因史求变而明经，经史互辅互证，自然更能明道，因此论史、求经、明道，就成了一种连续性的、前后呼应的关系。

陈亮又另外指出道在事中，事之外无道：

夫道之在天下，何物非道！千涂万辙，因事作则……

天下岂有道外之事哉，而人心之危不可一息而不操也……夫道，非出于形气之表，而常行于事物之间者也。

何物非道，常行于事物之间，故道在事物之间，这也是本节一开头所引《六经》，如《诗》是平施于日用之间者，《春秋》是尽事物之情，达时措之宜，《周礼》是先王遗制，《礼记·曲礼》所载亦不过日用饮食洒扫应对之常，等等，即是《六经》主旨精义所在，只是学者偏重于以记注考证解经，忽略了这个大关节，导致经义不明。事实上经书宗旨正具体展现在后来的历史中，所以陈亮才有《三国纪年》之作，他在序中提到《易》《书》《周礼》《诗》之作：

昔者孔子适周观礼，晚而有述焉。上古之初，不可详已，著其变之大者，《易》所载十三卦圣人是也。至于《书》，断自唐虞，定其深切著明者为百篇。盖尝欲备三代损益之礼以待后圣，是故之杞之宋，而典礼无复存者，故孔子屡叹之。周封二王之后,使各修先代之礼物,庶几后世有考焉,夫岂知其至此极哉!于是始定《周礼》,又删取周家之《诗》以具其兴亡,而列国之风化系焉。[1]

经乃孔子删订编修,目的是为了达时观变,或具兴亡、列国之风,或知三代损益之礼以待后圣。其中《春秋》又明载当时史事,为孔子伤世变哀其世而著:"陈恒弑其君,告诸天子以及方伯而讨之,可以震动天下矣,鲁君不之听,孔子伤其变不可为也,举其意而寓之《春秋》",所以"《春秋》,事几之衡石,世变之砥柱也"[2]。《春秋》既载史事,亦有寓意,是孔子观世变而成,而陈亮又说《易》是孔子"著其变之大者",前引《告先圣文》也说天下之理具于《易》,于是《易》与《春秋》就变成一种相即相明的关系,《易》因《春秋》而显,《春秋》与《易》之理相通:"故《春秋》,《易》之著者也,百王于是取则焉。"[3]

可是,不论是《春秋》《易》互通也好,又或是《诗》《书》《礼》也罢,基本上《六经》都是明变载道的,因为《六经》涵括了当时的事,道便在这些事里(如前引道在事中,事之外无道),后人若依此原则而作,自得达其通变以明道。因此《六经》以后的历史,照理来讲也应该有其"事",自然也能有道。只是即便道在事中,却取决于后人著史的心态,见道与否,在于后人能否明了先王开物成务、孔子编修《六经》的精神。如前所言,一来学者偏重考据解经,是以经义不彰;二来后人写史,却不明经义史法,以致后来的史著不能尽情地发挥类似经的功能:

> 汉兴九十余载,司马迁世为史官,定论述之体,为司马氏《史记》,其所存高矣,出意任情,不可法也,史氏之失其源流,自迁始焉。故自麟止以来,上下千五六百年,其变何可胜道,散诸天地之间,学者自为纷纷矣。夫善可为法,恶可

---

1 (宋)陈亮:《三国纪年序》,《陈亮集》,页139。
2 (宋)陈亮:《三国纪年序》,《陈亮集》,页140。
3 (宋)陈亮:《三国纪年序》,《陈亮集》,页140。

为戒，文足以发其君子小人疑似之情，治乱兴衰之迹，使来者有稽焉，愈于无史矣，岂可谓史法具此哉！[1]

就陈亮看来，司马迁著《史记》，定论述之体，所存虽高，事实上却失去了孔子删修《六经》以展"世变之砥柱""具其兴亡""深切著明"的寓意。这种寓意其实就是观变知时，就是明道，所以他才说司马迁"出意任情，不可为法。史氏之失其源流，自迁始焉"。"麟止"，指孔子《春秋》鲁哀公十四年获麟绝笔，到陈亮的年代约已一千五六百年，其间纷变多矣，而学者纷纷著史，皆不可谓史法："岂可谓史法具于此哉！"有鉴于此，陈亮才著有《三国纪年》，写史论史，欲观世变，明其统续，正如他在《类次文中子引》所言："天地之经，纷纷然不可以复正，文中子始正之，续经之作，孔氏之志也。"陈亮之著史，正是为了续孔子之经，以史续经。[2]他在自序中特别标举《春秋》，亦是沿承孔子著史观世的做法，《三国纪年》又合汉魏吴以正天下："呜呼！汉之有魏，魏之有晋，晋之有五胡，读吾书者可知之矣！"正仿若"孔子伤其变不可为也，举其意而寓之《春秋》"的意义。

孔子伤其变而成经，陈亮同样也是观世变而论史，正如他在《汉论七制》中，先以王通之说发问："或问曰：'文中子称七制之主有大功，而不言其德者，何也？'（陈亮）曰：'考论人物，要当循其世变而观之，不可以一律例也'。"[3]七制之说起于王通，据朱子所言，即汉高祖、文帝、武帝、宣帝、光武、明帝、章帝等七人所订定的典章制度。[4]陈亮以七制为例，说明论史当循世变而观，不可一概而论。类似的看法，也在《汉论·章帝》中可见，陈亮先说三代之治，忠而质，质而文，

---

[1] （宋）陈亮：《三国纪年序》，《陈亮集》，页140。
[2] 田浩指出，陈亮意识到在历史变迁中"道"并非固定不变的，例如孔子著《春秋》，因应时势背景之故，即对三代之道或增或损。而包括孟子与王通在内的后来学者，同样也沿用了这种思维，是以陈亮认同王通续经之意，即是继承孔子事业。本文要进一步指出的是，陈亮论史，同样也承继了这种思维，换言之，论史／续经／明道，是一种彼此相呼应的关系。[美]田浩《功利主义儒家——陈亮对朱熹的挑战》，页76。
[3] （宋）陈亮：《汉论·七制》，《陈亮集》，页151。
[4] 参见（宋）黎靖德编《朱子语类》，页3256。

并非故意相反,而是"变焉而迭相救也,是以变而之善,周之法悉矣"[1];其后汉高祖惩秦人烦苛之政,变之以宽仁;孝宣惩武帝虚伪之弊,变之以总核;光武惩韩彭之弊,变之以不任功臣,"此皆其善变焉者也"。以变观史,从史而得世情,此乃陈亮论史宗旨,这与孔子作经之意正同,是以陈亮跟他理解的王通类似,都是企图上承孔子,论史正是为了续经,从经到史,则道已在其中矣。

由此可知,以史续经而观世变,正是陈亮一向的主张。反过来讲,就是经通于史。就历程上的序列而言,经与史,经在前,史在后,孔子编经著经在前,陈亮论史写史在后,陈亮发明孔子之意,是以续经,论史是为了明白《六经》之旨,这是一个时间前后的关系。陈亮论经史间的关系,其中颇有辨证,不能简单地将经等同史(经史不同,正如陈亮对朱熹说两者虽合于道,可是经中之三代做得尽,是金;诸史之汉唐帝王做得不尽,是银,金银虽然都不是铁,都有道存焉,但两者当然也不对等,详见下节)。

为方便表述,不妨以图示说明:

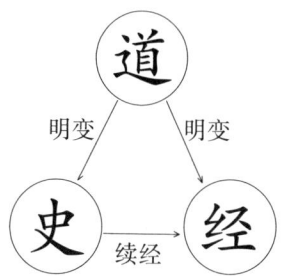

不论是经或史,陈亮都是以通变的眼光将之贯穿。其中,"道"并不是永恒不变的事物,而是因时应势,变动不居的,这由反映在经中所载之道便可得见,而道因明变体现在经,道同样也借由明变而展现于史,道通于经,亦可通于史。

至于史与经的关系,陈亮受到王通的启发,论史是为了续经,都是为了明世变、通权衡,最后得观古往今来,上下经史以得道。换句话说,就"道－经"来讲,

---

1 (宋)陈亮:《汉论·章帝》,《陈亮集》,页161。

经是古人通时达变之后展现道的载体,故经是载道之书,经中之事,因不同情况而有不同的呈现方式,《六经》之所以各有特色,其因在此;就"道-史"来看,正如经里有当时之事,经可见道,史亦各有其事,当然也可见道。《六经》的时代,道的体现是经,《六经》以后的时代,道的体现则是史,但这种体现并非僵固不变,同样也是审时度势的结果。[1]同理,每阶段的史也是不同的,是以陈亮论王霸,认为曹操与汉唐不同,也是由于这个缘故。

此外,论史续经,得经之精神,故经史必须互相参照才能知"道",陈亮在《钱叔因墓碣铭》就说:

> 洪荒之初,圣贤继作,道统日以修明,虽时有治乱,而道无一日不在天下也。而战国、秦、汉以来,千五百年之间,此道安在?……《六经》、诸史,反复推究,以见天运人事流行参错之处,而识观象之妙,时措之宜,如长江大河,浑浑浩浩,尽收众流而万古不能尽也。[2]

道既已在《六经》中,成于战国以前,那么战国秦汉以后,道又何在?再者,

---

[1] 陈亮论史说经,很容易会让人联想到章学诚"六经皆史"之说,董平、刘宏章合著的《陈亮评传》便说:"在陈亮那里,确乎已有'六经皆史'的观念,尽管这一命题直至清代的章学诚才被明确提了出来。"陈亮与章学诚对经史看法的异同,或许是一个值得探究,饶富趣味的学术史、思想史问题,但我们也必须注意几点:一、章学诚提出"六经皆史",是否有受陈亮的影响?他对陈亮著作的熟悉度如何?又或者只是观点上的雷同巧合?二、两者面临的学术环境不同。章学诚是针对考证风气而发,清代汉学家认为道在六经中,必须借考证技术以明道;陈亮则无此困扰,他针对的是理学家式的问题,这反而不是当时章学诚所关注的。况且,陈亮特地标出道在事中、事之外无道,章学诚之论,是否也曾措意于此?三、关于"六经皆史"的解释,目前学界看法仍有差异,若依汪荣祖之说,则章学诚所谓的"道",仍是指不变的道体。六经与史一样,都只是载道之器,经与史不能直接等于道,无论是今史还是古史(六经便是古史之一),史都是载道之器,经与史根本不可分,也不必分,故章学诚并非如余英时等人所说,乃以史代经或以史抗经,六经皆史,绝无抑经、抗经之意。若是如此,则章学诚与陈亮之说,差异更大。以上这些问题,都有待进一步梳理。本文的主旨,当然不在于探究这些问题,可是有闻阙疑,在此亦不妨提出,有待日后进行更多讨论。上述观点可参董平、刘宏章《陈亮评传》,页96—101。余英时:《论戴震与章学诚——清代中期学术思想研究》,台北:东大图书公司,1996,页53—66。汪荣祖:《章学诚六经皆史说再议》,收入氏著《史学九章》,台北:麦田出版公司,2002,页311—329。林时民:《中国传统史学的批评主义——刘知几与章学诚》,台北:台湾学生书局,2002,页66—69。

[2] (宋)陈亮:《钱叔因墓碣铭》,《陈亮集》,页382。

《六经》是先王因应当时而作,而自战国以后,时势不同,又该如何?答案就在于要从战国以后的历史(诸史)中,与《六经》反复推究,以史推求经义,由经通史,以见天运人事流行参错,以见时措之宜观象之妙。

在这样的原则之上,陈亮与朱熹开展的王霸之辨,二人论述多有不合,各持己见,正起因于陈亮对道、经、史的看法与朱熹不同。其中陈亮将经学视为道与史之间的关键,实与朱熹差异甚大。更有甚者,在陈亮的论述中,"经"与"道"失去了价值的永恒性与超越性,这也是朱熹不能赞同的。

三、权归于正,正起于心——重探朱陈之辨

朱熹与陈亮交往始于淳熙九年(1182),其后书信往返,对于王霸之辨的深入讨论,则起自淳熙十一年(1184),结束于淳熙十三年(1186)。[1] 许多研究者皆已指出当时二人社会地位相距甚大,朱熹为理学领袖,陈亮不过是一个书生,无官无职[2],加上他狂豪之气太露,不守法度,又因唐仲友一事与朱熹产生嫌隙。[3] 淳熙十一年陈亮入狱,身心受创,怎料出狱后又遇强盗,根据他后来的追述:"自棘寺归,闭门不与人交往,以妻弟之故,一出数日,便为凶徒聚数十人而欲杀之,一命存亡仅丝发许,而告之州县,漠然不应,不知今年是甚运数!"[4] 不但差点死在强盗手上,官府也未缉捕凶手,陈亮惊魂未定之余,感慨自己运势不好。朱熹收到陈亮近况告知,深感讶异,安慰数句之后,话锋一转,开始教训起陈亮的个性与行事风格,他说:

> 然观老兄平时自处于法度之外,不乐闻儒生礼法之论,虽朋友之贤如伯恭者,

---

1 参见(清)王懋竑《朱子年谱》,台北:世界书局,1959,页111、133。
2 参见[美]田浩《朱熹的思维世界》,页168—169。
3 参见董平、刘宏章《陈亮评传》,页96—101。
4 参见(宋)陈亮《又乙巳春书之一》,《陈亮集》,页271。亦可见《又甲辰秋书》,《陈亮集》,页271。关于陈亮第一次入狱经过与出狱后遇盗的经过,可参董平、刘宏章《陈亮评传》,页110—119。

亦以法度之外相处，不敢进其逆耳之论，每有规讽，必宛转回互，巧为之说，然后敢发。平日狂妄，深窃疑之，以为爱老兄者似不当如此。[1]

由此可见，朱熹对陈亮言行多所不满，以至于称其不遵法度，不乐闻儒生礼法。朱熹又说这些话本打算当面告知，不料陈亮遭逢厄运，祸竟数至，可是仔细深思，事因或其来有自，也可能跟陈亮性格易招祸有关："今兹之故，虽不知所由，或未必有以召之，然平日之所积，似亦不为无以集众尤而信逸口者矣。老兄高明刚决，非吝于改过者，愿以愚言思之，绌去义利双行，王霸并用之说，而从事惩忿窒欲，迁善改过之事，粹然以醇儒之道自律……"[2] 陈亮接到朱回信，先解释自己之所以让人产生"自处于法度之外"形象的原因，他说自己二十岁时与吕祖谦同试漕台，不过数年，吕祖谦已高高在上，为一世师表，自己却落落寡合，名位不显。吕祖谦不以为意，依旧善待他亲近他，视他为友，可是旁人却不如此："旁观者皆为之嘻笑，已而叹骇，已而怒骂。虽其徒甚亲近者，亦皆睨视不平，或以为兼爱太泛，或以为招合异类……而亮又戏笑玩侮于其间，谤议沸腾，讥刺百出，亮又为之扬扬焉以资一笑。凡今海内之所以云云者，大略皆出于此耳。"[3] 辩解之意，极为明显。因此，他不同意朱熹的建议，他认为自己与所谓醇儒本就不同，毕竟研究义理，辨析古今，涵养为正，他或许对此道有亏；若就堂堂正正，推倒一世之智勇，开拓万古之心胸，"风雨云雷交发而并至，龙蛇虎豹变见而出没"[4]，则陈亮自言差可胜焉，不逊于人，朱熹不了解他，就不应该提出不适合他的建议。至于朱熹所谓"义利双行王霸并用"之说，更是有所误会。书信往返至此，开始正式进入两人王霸之辨的核心。陈亮的答复指出，从先秦孟荀论义利王霸开始，汉唐诸儒皆未能深察，至于本朝伊洛诸公以降，以天理人欲辨析，此说方才大

---

[1] （宋）朱熹：《与陈同甫四》，收入陈俊民校编《朱子文集》，台北：德富文教基金会，2000，页1455。

[2] （宋）朱熹：《与陈同甫四》，《朱子文集》，页1455。

[3] （宋）陈亮：《又甲辰秋书》，《陈亮集》，页268。

[4] （宋）陈亮：《又甲辰秋书》，《陈亮集》，页268。

明，但仍有未达，例如说三代以道德行治天下，汉唐则以智力把持天下，已不公允；又说三代专行天理，汉唐只行人欲，则更是不妥。陈亮认为汉唐亦有与天理暗合者，是以政权能维持长久，否则的话，"千五百年之间，天地亦是架漏过时，而人心亦是牵补度日，万物何以阜蕃，而道何以常存乎？"[1]因此所谓的王霸，就陈亮看来，朱熹等人的批评用来讲曹操等人还可以，若是汉唐也是如此，就不够公正合理："诸儒之人，为曹孟德以下诸人设可也，以断汉唐，岂不冤哉！"[2]因为陈亮认为汉唐之君皆是发于英雄之心，故能以其国与天地并立，只是时有转移，其间不无渗漏，无法如三代做得如此完善而已，不能因为做得不尽，就完全否定有天理、道在其中的可能。[3]

朱熹显然仍不同意陈亮的解释，说他只是以成败论英雄，看到汉唐建立功业就以为有道在焉。朱熹指出汉唐皇帝仍是出于人欲，假仁义以行其私，所以不能以结果论王霸。因此若说汉唐得道，当非朱熹所能认同："千五百年之间，正坐如此，所以只是架漏牵补过了时日，其间虽或不无小康，而尧、舜、三王、周公、孔子所传之道，未尝一日得行于天地之间也"，"汉唐所谓贤君，何尝有一分气力扶补得他耶！"[4]就此来看，朱熹认为的"道"，具有永恒的客观价值，不因人为有所增损，不会随着时移世易而擅自更改[5]，这就跟陈亮认为是因时应势、随权变易有所不同。

关于王霸之说，陈亮早在太学里写的《问皇帝王霸之道》一文里，已说之甚

---

[1] （宋）陈亮：《又甲辰秋书》，《陈亮集》，页269。
[2] （宋）陈亮：《又甲辰秋书》，《陈亮集》，页270。
[3] （宋）陈亮：《又甲辰秋书》，《陈亮集》，页268—269。
[4] （宋）朱熹：《与陈同甫四》，《朱子文集》，页1457—1458。
[5] 朱熹讲王霸之辨，其实也是顺着他的义利之辨来讲。基本上朱熹视"道"为人、物的性命根源，天地因之运行不已，"道"可作为人类德性价值的形上依据，至于"义"则为天理天道的呈现，是不可掺杂其他成分、不可变易的价值标准。所以朱熹才严格区别"义、利""王、霸"之分，强调自我德性之修养与坚持、由己身心心出发的道德动机，为义或为利，正是"王"与"霸"的重要判准。可参傅玲玲《从朱熹与陈亮之辩论论朱熹之价值观》，收入《哲学与文化》第32卷第7期，2005年7月，页59—78。张永儁：《朱熹"义理之辨"之伦理价值观探源》，收入《哲学与文化》第28卷第1期，2001年1月，页1—10。

明。他认黄帝、尧、舜为帝道,禹汤文武因时应变用之则为王道,王道衰,五霸迭出,则是霸道,彼此各有其道,分门多歧,"无怪乎诸子百家之为是纷纷也"[1]。而孔子叙《书》,作《春秋》,上述皇帝,下贬霸道,取法乎中,以王道用之,汉唐制度皆源于经,而汉唐制度又由史可见,汉唐立国之宏规出于经,后人又从史中得见汉唐盛世,史与经的连续性关系,此说甚明。但因汉唐趋近事功,又不废霸道,而是王霸杂之。宋朝用儒以治天下,王道之说大倡,"然而德泽有余而事功不足"。因此他主张王道与霸道结合,皆不偏废,"王霸之杂,事功之会,有可以裨王道之阙而出乎富强之外者,愿与诸君通古今而论之,以待上之采择"[2]。乍看之下,似乎正符合朱熹所批评的"义利双行,王霸并用"。但前已言之,陈亮不同意朱熹的看法,他认为朱子讲王霸,是直上直下,霸道是补王道之阙,王道又是扶正霸道,更何况杂霸又出于王道,"谓之杂霸者,其道固本于王也"[3]。王霸并非完全不相融的两端,是可以相辅相成的,是以陈亮论王霸,有自身理论依循,并非如朱子所言,是一味只重成败结果。

　　陈亮对王霸的看法,正源于他的经学。在前面一节已经提过,经是通于史的,可是历史现象复杂纷纭,道一旦投射其中,往往呈现不同的面貌。论史者自当在多变的史事中求其宗旨,以通大道,所以就要观势审时度变,不能一概抹杀后代历史,认为今不如古,史不如经。毕竟道在事中,事之外无道:"夫道,非出于形气之表,而常行于事物之间者也"[4],《六经》记载了《六经》当时的事,《六经》之后的史,自然也记载之后的事,并不会因为没有了《六经》,事就不存在。也就是说,汉唐之制虽不纯于王道,却是可以辅佐王道的,王道就是三代之法,三代之法就存于《六经》里,所以陈亮才说:"《皇坟》《帝典》,吾不得而识矣,不以三代之法统天下,终危邦也。如不得已,其两汉之制乎!不以两汉之制辅天

---

[1] (宋)陈亮:《问皇帝王霸之道》,《陈亮集》,页136。
[2] (宋)陈亮:《问皇帝王霸之道》,《陈亮集》,页136。
[3] (宋)陈亮:《又甲辰秋书》,《陈亮集》,页270。
[4] (宋)陈亮:《勉强行道大有功》,《陈亮集》,页79。

下者，诚乱也已。"¹ 先于《六经》，却早已亡佚（或者根本只是后世学者想象）的《皇坟》《帝典》既不得而见，则三代之道自然只能在《六经》中求，而且不以三代之法统治天下，终究不正，仍属危邦。至于两汉之制（杂霸辅佐王道、王霸之杂）虽属不得已，但若不能用两汉之制辅天下，依旧会衰乱。此外，前引《问皇帝王霸之道》亦说孔子知时变而作《书》《春秋》，以彰明王道，但后代汉唐君王同样也要通权达变，从《六经》中求得大道。只是与孔子时代不同的是，汉唐君王因应不同时势背景之故，不但要用王道，也要以霸道补阙，这就是明变，就是因时制宜，因此宋朝正应取法于此。更进一步来讲，宋朝之所取法者，正是从汉唐历史中而得知，而这些事，事实上与《六经》类同，皆有道存焉。

以霸道辅王道，杂霸又本于王道，就王道来讲，霸道其实就是一种"权"。陈亮论史，是非常重权的，因为史事人物百端多变，不可能只用一种标准去衡量。历史人物行为处世，更是要讲究通权达变，不能拘泥、食古不化："英雄之士，能为智者之所不能为，则其未及为者，盖不可以常理论矣。"² 三代汉唐之王霸，正该由此来观，陈亮在给朱熹的回信中一再指出："某大概以为三代做得尽者也，汉唐做不到尽者也。"³ 三代为正道、王道，即后来孔子《六经》所言之道，故做得尽，但后代历史沿革变化，不可能同等于三代，所以史不可能同于经。汉唐君王通权明变，以霸道辅王道，相较于三代虽做不到尽，却也不该完全抹杀，所以陈亮又以九转丹砂、点铁成金为喻，窥得史变，得知汉唐颇有暗合三代之处，是点铁成金。反过来讲，不能因为识得三代尽善尽美，就说汉唐无丝毫可取，"不应学力到后反以银为铁也"⁴。三代是金，汉唐是银，银虽不如金，仍不可将银作铁。而道在三代展现，是做得尽，是金，三代之道，俱在经中；道在汉唐展现，做得不尽，是银，这在汉唐诸史中可见，故不能说汉唐无道。所以陈亮才又说："亮

1　（宋）陈亮：《又乙巳春书之二》，《陈亮集》，页276。
2　（宋）陈亮：《酌古论·孔明上》，《陈亮集》，页47。
3　（宋）陈亮：《又乙巳春书之二》，《陈亮集》，页276。
4　（宋）陈亮：《又乙巳春书之二》，《陈亮集》，页277。

大意以为本领宏阔,功夫至到,便做得三代;有本领无功夫,只做得汉唐。"[1]至于汉唐诸史则是三代之道的权变,"做得不尽"也是"做得尽"之权变,是故经虽通于史,仍应审时度势,不可一味地固执死守,而应知道明达时变,经史通权的道理,"本末感应,只是一理"[2]。陈亮说:

> 一生辛勤于尧舜相传之心法,不能点铁成金而不免以银为铁,使千五百年之间成一大空阙,人道泯息而不害天地之常运,而我独卓然而有见,无乃甚高而孤乎!宜亮之不能心服也。[3]

"使千五百年之间成一大空阙",在于一味地以纯然道体标举三代之治,而不能以权变的眼光来看汉唐历史,以至于以银为铁。可是陈亮并非随意地讲时通权变,毕竟通变或是行权,是从不同情境来讲的,事实上权变仍须归于正,不能流于诡谲狡诈:"孔氏之家法,儒者世守之,得其粗而遗其精,则流而为度数刑名;圣人之妙用,英豪窃闻之,徇其流而忘其源,则变而为权谲纵横"[4],"故君子行权于正,用智以理,若庖丁之解牛"[5],得粗而遗精,徇流而忘源,当非陈亮所赞同。反过来讲,权正与否,则归于心,心正则权亦正:"夫人心之正,万世之常法也,苟其不役于喜怒哀乐爱恶之私,则曲折万变而周道常如砥也"[6]。人心之正为万世之法,如此一来,即便是曲折万变亦不能离其宗,故曰"而周道常如砥也"。

若是如此,人心又该如何得正?这就要回到《六经》来求,经是治心之根据,陈亮之所以论史必归源于经,其因在此。陈亮说《礼记》三百三千之仪,"无非吾心之所流通也,心不至焉,而礼亦去之。尽吾之心,则动容周旋无往而不中

---

1 （宋）陈亮:《又乙巳秋书》,《陈亮集》,页279。
2 （宋）陈亮:《又乙巳春书之二》,《陈亮集》,页276。
3 （宋）陈亮:《又乙巳春书之二》,《陈亮集》,页277。
4 （宋）陈亮:《祭吕东莱文》,《陈亮集》,页337。
5 （宋）陈亮:《谋臣传序》,《陈亮集》,页190。
6 （宋）陈亮:《问答下》,《陈亮集》,页37。

矣";又说《春秋》是"文、武、周公之政所以曲当乎人心者也";顺民之心,因时之宜,则是《书》;《诗》故此天下复性情之正,则是圣人之心所在。[7]上述所言,以经治心,或言动容周旋无往而不中,又或是复性情之正,讲究正心,于是可见。

陈亮论王霸之辨,至此已明。因为就他看来,三代王道是《六经》宗旨,但后来千五百年的历史,时势不同,所以不太可能出现做得尽的三代王道。可是王道不纯,不代表汉唐就是无道,事实上汉唐是有道的,这个道则是霸道辅王道之道,王霸杂之,是出于汉唐君王权变得来的成果。与三代相比,虽做得不尽,就某种程度上来讲,也算是暗合三代,因此不可谓汉唐只有人欲而无天理,只是霸道而无王道。在这点上,陈亮很明白与朱熹的差异处,他说"而秘书必谓汉唐并无些子本领,只是头出头没,偶有暗合,其实则是利欲场中走"[8],在某种程度上就颇为切合朱熹的意思。[9]因此他才要朱熹理解他的观点,毕竟事实就是汉唐盛世之所以存在,正在于掌握了某些道,即便这些道是借由权变而来,可是道就是道,三代之道与汉唐之道、王道与王霸杂之,或有程度的高低,却同样都是道的一种呈现。这也是他认为自己的说法并非反对朱熹,而是弥补朱熹的观点,使其更为完善的原因:"亮所以为缕缕者,不欲更添一条路,所以开拓大中,张皇幽眇,而助秘书之正学也,岂好为异说而求出于秘书之外乎!"[10]

另一方面,朱熹大致上也明白陈亮所言,如他说:"而其所以为说者,则不过以为古今异宜,圣贤之事不可尽以为法,但有救时之志,除乱之功,则其所为虽不

7　参见(宋)陈亮《六经发题》,《陈亮集》,页81—85。

8　(宋)陈亮:《又乙巳秋书》,《陈亮集》,页279。

9　所谓的"某种程度",是指陈亮理解朱熹"偶有暗合""利欲场中走"的意思。但朱熹并未全部否定霸道功业,李明辉早已指出,朱熹对霸者亦多有肯定,只是这种不自觉的"暗合"并不可取,毕竟就客观功业而论,汉唐或可视为道的不自觉实现,因为道之运行未必皆出于人之自觉。是以就王、霸的严格区别而言,非出于存心自觉者,就不能是王道。李明辉:《孟子重探》,台北:联经出版事业公司,2001,页54—58。

10　(宋)陈亮:《丙午复朱元晦秘书书》,《陈亮集》,页281。

尽合义理，亦自不妨为一世英雄"[1]，就对陈亮之说颇为中契。[2]只是朱熹并不认可陈亮说的权变，讲权变毕竟变数太大，即便是权近于正，正的标准为何，恐怕也是言人人殊，因此权变很容易流于私欲者的借口，甚至合理化自己的行为，自以为是行正，做一套说一套："然世间事，思之非不烂熟，只恐做时不似说时，人心不似我心"[3]，"窃恐后生传闻，轻相染习，使义利之别不明，舜跖之涂不判，眩流俗之观听，坏学者之心术"[4]。又或是贪图权变，不愿意踏实做功夫："一时英雄豪杰之士，或以资质之美、计虑之精，一言一行偶合于道者亦盖有之，而其所以为田地根本者，则未免乎利欲之私也。而世之学者，稍有才气，便不肯低心下意做儒家事业、圣学功夫。"[5]影响所及，容易变成只看结果，不问手段，以为由此入手便可见效，不须再有省察静心功夫，这是朱熹所担忧的："江西之学只是禅，浙学却专是功利。禅学后来学者摸索一上，无可摸索，自会转去。若功利，则学者习之，必可见效，此意甚可忧！"[6]学者习之，必可见效，但若习得却是诡谲辩诈，还自以为是识时通权，岂不堪忧？所以朱熹才主张取法乎上，毕竟"夫人只是这个人，道只是这个道，岂有三代汉唐之别？"[7]正因如此，朱熹就要以最高标准来讲：

> 但古之圣贤，从本根上便有惟精惟一功夫，所以能执其中，彻头彻尾无不尽善。后来所谓英雄，则未尝有此功夫，但在利欲场中头出头没，其资美者乃能有所暗合，而随其分数之多少以有所立，然其或中或否，不能尽善，则一而已。[8]

1　（宋）朱熹：《答陈同甫八》，《朱子文集》，页1461。
2　此处说陈亮与朱熹二人对彼此论点颇为了然，但不代表二人就没有误解。况且除了观点之外，两人攻击对方人身性格之处，亦复不少，像是朱熹认为陈亮缺乏道德修养，陈亮也说朱子眼界过于狭隘，缺乏知人之明："秘书不教以成人之道，而教以醇儒自律，岂揣其分量则止于此乎？"可参[美]田浩《功利主义儒家——陈亮对朱熹的挑战》，页82—93。
3　（宋）朱熹：《答陈同甫二》，《朱子文集》，页1455。
4　（宋）朱熹：《答陈同甫八》，《朱子文集》，页1465。
5　（宋）朱熹：《答陈同甫八》，《朱子文集》，页1462。
6　（宋）黎靖德编：《朱子语类》，页2976。
7　（宋）朱熹：《答陈同甫八》，《朱子文集》，页1464。
8　（宋）朱熹：《答陈同甫九》，《朱子文集》，页1466。

有鉴于权变之流弊，所以朱熹才要以尽善、以惟精惟一功夫来要求。关于此点，我们可以从朱熹批评伊川"权只是经""反归于经"之说再来探讨。朱熹反对程颐将经与权视为同性质的概念，他认为应该严格区分二者："权与经，不可谓是一件事物。毕竟权自是权，经自是经。"[1]权是权，经是经，两者不是同一事物，当然朱熹也不否定权，他认为"权，则是那常理行不得处，不得已而有所通变底道理"，权，是常理所行不得，是不得已而用的。但他接下来又说"权得其中，固是与经不异，毕竟权可暂而不可常"[2]，一方面说权经不异，一方面又说权只可暂，其中所透露之权与经的关系，根据林维杰的分析，朱熹认为经本来就可运用在现实处境上，可谓之常，并不是都需要权宜通变，经之所以为经，其特质便在于此。不过在某些特殊情况，便有变通的可能，如"嫂溺援之于手"之类，面对这种不得已的情境，当有权宜之举，这也是符合经的要求，所以朱熹才说："权者，乃是到这地头，道理合当恁地做，故虽异于经，而实亦经也。"[3]经本身便存在着变通的可能性，这样的经才是真正合于道的经，不得已之权早已包含于经，故曰："权得其中，固是与经不异。"[4]朱熹认为汉唐非王道，也是因为他们的"权"，并不符合"经"，更非"不得已之权"。如前所言，汉唐皇帝所作所为是出于人欲，他们所谓"仁义"，都只是包裹着自私自利之心的外衣而已，所以陈亮把汉唐视作通权达变，亦有道存焉，甚至于将史视为经的延续，就很难为朱熹所同意。[5]

---

[1] （宋）黎靖德编：《朱子语类》，页987。

[2] （宋）黎靖德编：《朱子语类》，页990。

[3] （宋）黎靖德编：《朱子语类》，页988。

[4] 林维杰：《知行与经权——朱熹哲学的诠释学模式分析》，《中国文哲研究集刊》第27期，2005年9月，页205—208。

[5] 在朱熹与弟子的对话中，也可以见到类似的意思，他说："今未曾理会得正心、修身，便先要治国、平天下，未曾理会自己上事业，便先要'开物成务'，都倒了。孔子曰：'可与立，未可与权'，亦是甚不得已，方说此话。然须是圣人，方可与权。若以颜子之贤，恐也不敢议此'磨而不磷，涅而不缁'，而今人才磨便磷，才涅便缁，如何更说权变功利？"（宋）黎靖德编：《朱子语类》，页1848。朱熹的看法，与二程类同，《河南程氏粹言》记："世之学者，未尝知权之义，于理所不可，则曰'姑从权'，是以权为变诈之术而已也。夫临事之际，称轻重而处之以合于义，是之谓权，岂拂经之道哉？"（宋）程颢、程颐：《二程集》，北京：中华书局，1981，页1176。

朱熹不同于陈亮之处，不止于此，还在于他不赞同陈亮"道—经—史"之说。他认为道确实存于《经》，是尧舜禹汤文武相传，是以道在三代，正为天理所行[1]，所以人应该切实下功夫，体认贯通于天道[2]，若要从史求道，则未免迂曲难行："圣贤以《六经》垂训，炳若丹青，无非仁义道德之说，今求义理不于《六经》，而反取疏略浅陋之子长，亦惑之甚矣"[3]，"《六经》是三代以上之书，曾经圣人手，全是天理"[4]，"今看来汉唐下诸儒说道理见在史策者，便直是说梦"[5]。就他看来，陈亮的问题，是论史太多，贪多务得[6]，以至于不合于六经大道，"陈同父一生被史坏了"[7]。当然朱熹并不反对史书，他也说："经书正须要读，如史书要见事变之血脉，不可不熟。"[8]朱熹都看重经书、史书，并不完全贬低偏废某方，只是两相比较，经书重要性远大于史书[9]，是以经与史，自不该同等而论："看经书与看史书不同，史是皮外物事，没紧要，可以札记问人。若是经书有疑，这个是切己病痛，如人负痛在身，欲斯须忘去而不可得。岂可比之看史，遇有疑则记之纸邪！"[10]经是切己事，相较之下，史不过是皮外物事而已，一内一外，经胜于史，此即朱熹、陈亮不同之处，也是他们争论王霸的重要因素。[11]

---

1 （宋）朱熹：《答陈同甫八》，《朱子文集》，页1464。

2 傅玲玲指出人们体证天道有"至"与"不至"的差别，后者即是"人道息"，"人道息"即天道在人之不行也，故种种人事功业（诸如汉唐皇帝）不过就是架漏度日、牵补时用而已。傅玲玲：《从朱熹与陈亮之辩论——论朱熹的价值观》，《哲学与文化》，页63。

3 （宋）黎靖德编：《朱子语类》，页2952。

4 （宋）黎靖德编：《朱子语类》，页190。

5 （宋）黎靖德编：《朱子语类》，页2350。

6 朱熹批评陈亮这一类的人："向时有一截学者，贪多务得，要读《周礼》、诸史、本朝典故，一向尽要理会得许多没紧要底功夫，少刻身己都自恁地颠颠倒倒没顿放处。"（宋）黎靖德编：《朱子语类》，页190。

7 （宋）黎靖德编：《朱子语类》，页2966。

8 （宋）黎靖德编：《朱子语类》，页2866。

9 自宋以来，经与史相较，则认为经精而史粗，经正而史杂，这种陋史而荣经的说法屡见不鲜。到了清代乾嘉汉学，经史之争亦多所可见，可参余英时《中国文化史通释》，香港：牛津大学出版社，2010，页115—117。

10 （宋）黎靖德编：《朱子语类》，页189。

11 彭国翔研究朱熹的读书法，认为朱熹对于"经"的态度，不同于"史""子"。因为在朱熹的想法中，"经"具有"圣典""圣书"的性质，只要后人认真读经书，体贴圣人之意，从"文字间求之"，

四、结论

陈亮经学，一向为学界较少注意，其实《六经》甚为陈亮所尊崇。毕竟《六经》明变，乃当年孔子之志，因此他仿效王通，以论史来续经，承继孔子，于是"论史—续经—明道"就变成了环环相扣的连续效应，不可躐等。他与朱熹论王霸，即是秉此思路而来，至于汉唐诸史之所以暗合三代，正是陈亮在历史中看到他们通权度变以求经旨，诸如汉唐君主许多施政行为是符合义理的，这是他们本于英雄之质，上窥三代之道（三代之道存于《六经》），然后在适应于当代时势下的因权适宜。虽然无法做到如三代般尽善尽美，但不管如何，依然有道存在，因此自三代以后的一千五百年间，就不能如朱熹等人所说，都是人欲横流、天理不行。最明显的一个事实就是，若如朱熹之言，汉唐只有人欲而无天理在，为什么汉唐还能维持政权这么久？为什么人物还能赖以生息，天地还能依旧运行？仔细观看这段历史，又怎能说汉唐没有道存在？所以在汉唐几百年的历史中，没有道存在是不大可能的。

只是这样的汉唐之道，并非如理学家说的毫无利欲，也非《诗》《书》中那样洁净纯白。相较于三代之道，汉唐只能说是做得不尽，有本领无功夫。可以这么说，道在《六经》，尚可说是洁白无疵，也可说是做得尽，有本领亦有功夫，但当道落在千百年的具体历史之中，时移世易，事物变迁，难免要行权通变，因此就产生了落差。陈亮在《又乙巳秋书》里便一再反问朱熹：

> 秘书以为三代以前都无利欲，都无要富贵底人，今《诗》《书》载得如此洁净，只此是正大本子。亮以为才有人心便有许多不洁净，革道止于革面，亦有不尽概圣人之心者。圣贤建立于前，后嗣承庇于后，又经孔子一洗，故得如此洁净。秘书亦何忍见二千年间世界涂灰，而光明宝藏独数儒者自得之，更待其有时而若合符节乎？……点铁成金，正欲秘书诸人相与洗净二千年世界，使光明宝藏长长发见，

便会发现圣人之言"句句皆是"。彭国翔：《儒家传统的诠释与思辨——从先秦儒学、宋明理学到现代新儒学》，武汉：武汉大学出版社，2012，页102、91—93。

不是只靠"这些子"以幸其不绝，又诬其如缕也。[1]

　　朱熹取法乎上，识得最高标准，用意是避免行权的流弊，因此陈亮说像是孔子编修《六经》，是洗得如此洁净，朱熹等人标举此道，是可以理解的："正欲秘书诸人相与洗净二千年世界，使光明宝藏长长（按：应为"常常"）发见。"可是人心有许多不洁净也是事实，人有邪正，事有善恶，所以历史上才有许多形形色色的人物充斥其中，《六经》当时的历史又何尝不是如此？只是经过圣贤洗刷过后，才见得洁净精粹，后世诸史无此福缘，当然显得不够光明纯白。[2]可是人心依旧不洁不纯，并不因时代不同而有所改变，是故陈亮才主张正心、权行于正。况且就他看来，不会只有理学家见得三代之道，光明宝藏独于少数儒者得之，历史上的许多英雄豪杰同样也能见道，只是他们或通权应变，或审时度势，虽使得三代之道不能完全显现于当世，却颇有契合之处。不管如何，都不能无视他们所为，将其排除："亮以为：后世英雄豪杰之尤者，眼光如黑漆，有时闭眼胡做，遂为圣门之罪人；及其开眼运用，无往而非赫日之光明，天地赖以撑柱，人物赖以生育，今指其闭眼胡做时便以为盲，无一分眼光，指其开眼运用时只以为偶合，其实不离于盲。嗟乎，冤哉！"[3]开眼闭眼明显不同，岂可认为他们都是眼盲？当他们"开眼"之时，确实也造就了盛世，大开一世国运，汉唐就是最佳例证，岂可谓这些都是偶然合于道，不足为观？陈亮不肯心服，其因在此。

---

[1] （宋）陈亮：《又乙巳秋书》，《陈亮集》，页279—281。
[2] 这个说法，也解决了陈亮理路上可能出现的问题：史是权变的展现，其实经也是，为何同是通变，经之道却高于史之道？经是王道，史却是霸王道杂之？陈亮的回答是："圣贤建立于前，后嗣承庇于后，又经孔子一洗，故得如此洁净。"
[3] （宋）陈亮：《又乙巳秋书》，《陈亮集》，页279。

"真迂阔"的儒者
—— 叶适的事功之学

一、前言

叶适（1150—1223），字正则，南宋永嘉人。永嘉之学在南宋颇有名声，全祖望就指出："乾、淳（按：乾道和淳熙，南宋孝宗朝年号）诸老既殁，学术之会，总为朱、陆二派，而水心斳斳其间，遂称鼎足。"[1] 这位与朱陆之学并称并立的叶适（与其门人），《宋史·儒林传》说他"雅以经济自负"，而体国经野，用世济民，本为儒家通义，其实也为朱、陆二人所认同，只是思想的分歧，朱陆之争，固已多论，就连叶适自己对朱陆的评价，亦有褒贬，虽为鼎足，却有差异，故世人多以事功之学（或事功学派）称之。

现当代学者对叶适之学颇多论述，钱穆说陈亮、叶适虽皆与朱熹争论，但陈亮是争态度，叶适则重在思想，直从正统宋学义理立场与之分辨；[2] 萧公权以"两宋功利思想"为题，认为叶适重实用言功利，最大贡献，不在重申民本古义

---

1 （明）黄宗羲原著、（清）全祖望修订：《宋元学案》，台北：华世出版社，1987，页1735。
2 参见钱穆《宋明理学概述》，台北：兰台出版社，2001，页157—164。

于专制之世,而是对政治机构作精密切实之讨论;[1] 牟宗三则多有批判,指出叶适不满曾子、子思、孟子、《易传》等理学家所据之"性理",另开讲学大旨,成为"皇极一元论",只因叶适无道德践履之事功,无洞明之心胸,见到理学家"废而隐"便头昏眼花,频谓不通,盖因其以"性命"为渺茫冥惑之事也。[2] 这些说法,自有异同[3],但大体皆赞成叶适重视礼乐,讲求事功,故认为朱陆等理学的观察易流于虚浮空洞,不切实际,于是言多激切,往复辩难,极欲矫正。值得注意的是,如果说朱陆等理学(或道学)家[4]虽然思想内涵不同,但皆有经世济民之志,对儒学修齐治平、修己治身而开物成务,亦多有认同与实践,那叶适也仍归属于此传统理想。[5] 从这个角度来看,叶适的许多观点,其实都与朱陆等人相应,

---

[1] 参见萧公权《中国政治思想史(上)》,台北:联经出版事业公司,1982,页497—502。

[2] 参见牟宗三《心体与性体(一)》,台北:正中书局,1968,第一部第五章。

[3] 祝平次指出,学界对叶适的理解,大致上聚焦于四个焦点:一、叶适生平;二、事功学派的代表;三、强调反道学的倾向;四、对其思想的讨论与批评。祝平次:《从"治足以为经"到"统纪之学"——论叶适对儒家经典的看法》,《"中央研究院"历史语言研究所集刊》第七十六本第一分册,2005年3月,页118。除上述诸人之外,当代学者对叶适亦多有专书、专文讨论,如周梦江、曾春海、杨儒宾、何俊、杜保瑞、张义德、蒋伟胜、王宁、张雨乐、Winston Wan Lo、冈元司等人,亦多有研究,为免文繁,只在论述时随文注出。

[4] 余英时曾引叶适等人的言论,指出在淳熙十年(1183)以前,所谓"道学"大致指张栻、朱熹一派,与《宋史·道学传》说法相去不远。王淮执政时,陈贾奏"禁伪学",反而促使了士人的团结,形成了理学集团与官僚集团的分化,"道学"的指涉范围于是扩大。当然两种集团的区分,学界尚存争议。只是就历史事实上来看,"理学"与"道学"仍有差异,但以学术思想史来讲,当今学界主要着重于理学家的思想结构与内涵,乃至其与社会氛围文化之关系等等,并未强硬分判朱陆等人于理学、道学之门户宗主。可见余英时《朱熹的历史世界:宋代士大夫政治文化的研究(下)》,北京:生活·读书·新知三联书店,2004,页627—631。葛兆光:《思想史研究课堂讲录续编》,北京:生活·读书·新知三联书店,2012,页82—91。

[5] 以这样的观点出发,若不流于通论与泛谈,内外通贯地讲,修齐治平,内圣而外王,乃是许多儒者的基本心态,可是如何讲得通贯?修养功夫到底要怎么通于外在世务?学理思想怎么呈现在具体事情?个人的内心意念与经世关怀又该如何连接得当?在这种追问之下,上述儒者基本心态与学说道义,便有分殊的可能,儒者同谈经世,谈法各异,不至于千篇一律,过于肤浅与常识化。循此而观,这个看似较为陈旧的题目,或许就有了旧瓶装新酒的可能,而儒者以修齐治平的立场,怀抱经世济民的盼望,经世的内涵,自然也与其政经环境、生命历程、交游状况有关,这种角度,或许就能展现其独特性。本人依此角度,已完成数篇论文(包括硕士论文),分别是:《心学经世陆象山》《陈亮经学述义》《文章要有本领——方东树论汉宋之争》《理礼双彰——郑齐斗的经世之学》《归寂如何经世——聂豹论良知》,以上皆收入氏著《经世与安身:中国近世思想史论衡》,台北:万卷楼图书公司,2017,页111—128。刘芝庆:《修身与治国——从先秦诸子到西汉前期身体政治论的嬗变》,台北:花木兰文化出版社,2014。

颇多符合，但也在这个传统中出现了许多分歧，凸显了各家思想的特性。叶适之所以批评理学，原因在此；反过来说，他之所以认同理学，其因也在此。简言之，叶适并非反对理学家的性命之学，也不是要舍弃理学家用力极深、尽其所能的精微言论，其实他对于理学家对儒学之真诚、对世事之关注、救世之热情，都是极为敬佩的。只是性命之学究竟该如何理解？这些言论又该如何放在具体事务之中？修齐到底如何治平，克己又该如何复礼？理学家对此往往过度自信，将两者作太多"迂阔"（迂远而阔于事情）的联想结合，结果放言高论，不切实际，因此不管是朱熹的"支离事业"，还是陆九渊的"易简功夫"，就叶适看来，都不免有偏有缺。当然，这些批评，是否符合实情，仍大有讨论余地。叶适以自己的思考方式，提出"竞省以御物欲"与"弥纶以通事变"的主张，回归到儒家修身经世的理想中，即事达义，器明道，从而建构了他的事功之学。

本文的论述，即是以此出发，先由叶适对具体事务的观点谈起，追问他是以何种角度分析时政并提出解决方法；再由外而内，从"如何治国"到"如何修身"，进入他的修养层面，分析他到底怎么看待修身；最后内外交相成，修己以尽物，叶适称为"真迂阔"。相较于有些人把儒者视为过度理想性、不切实际，叶适则是反过来，将"迂阔"这个词语，重新赋予正面的评价，以此自命，并呈现他的事功之学。故本文拟在众多累积研究成果之上，善加援引，将重点放在叶适自己的思考言论，而非专注于叶适与朱陆等人的比较，冀能稍助学界对叶适之研究，加深对他的理解。

二、弥纶以通事变的事功之学

叶适对国政事务的关注，遍及许多方面，在《水心文集》《水心别集》[1]可见他对设官分职、财政民生、国防方针、教育政策等诸多分析，即便是他五十九

---

1 二书今尽收于北京中华书局出版的《叶适集》，1961年初版，2010年重印，。

岁开始撰述的《习学记言序目》[1]里,他也多以"事功"角度,评论儒家经典、历代正史、兵书韬略等书目。就国防来说,叶适希望进行兵制改革,指出四类兵种,即边兵、宿卫兵、大将屯兵、州郡屯兵因采募兵制,支出巨大,但这四种兵种又非骁勇善战,功能亦不彰;[2]而国家财政被兵制拖垮,士兵又没有稳定经济收入,因为钱粮早就被层层关卡剥削,官员们贪赃枉法。就以屯兵为例,叶适指出:"敢问四大兵者,知其为今日之深患乎?使知其为深患,岂有积五十年之久而不求所以处此者?"[3]当年张浚、吕祉、秦桧等人,识见不明,昧于时势,张浚收刘光世兵权,却驭制无策;吕祉调解王德与郦琼无方,结果被杀,导致淮西兵变;秦桧虑不及远,急于求和,更属下策,这些情况,导致军队统御无方,缺乏士气与战力。不只如此,秦桧更以南方财力养此四兵,军多财少,加上高层贪污,经济困窘,秦桧依然安于其位,老疾而死,继任者依循苟且,亦欠缺知时明势的眼光,冗兵耗财,更是难以解决:"故朝廷以四大兵为命而困民财,四都副统制因之而侵刻兵食,内臣贵幸因之而握制将权,蠹弊相乘,无甚于此。"[4]屯兵如此,宿卫兵亦然,同样也是冗兵问题严重。

兵员过剩,积习已久,自然牵涉到许多既得利益者,故阻挠不断,可是改革之难,恐怕仍在于当权者缺乏识见,不能看清现实情势:"而议者犹曰:'恃兵之固,制兵之善,可因而不可改,可增而不可损'……问其外御,则曰:'请和不暇',问其内备,则曰:'仓卒可虑'。统制、统领、总管路钤将兵之官,充满天下,坐縻厚禄,而兵未尝有一日之用。"[5]缺乏看透世事的眼界,既无远虑亦无深谋,只能照章行事,素餐尸位,守旧保守;既不能令,又不受命,所以改革也就遥遥无期。

除兵制外,叶适进而讨论到国家体制的问题,对于中央与地方、郡县与封建,主张保持平衡,不偏一边,他说唐虞三代行封建,秦汉魏晋隋唐行郡县,可

---

1 周梦江:《叶适年谱》,杭州:浙江古籍出版社,2006,页131。
2 参见(宋)叶适《水心别集·兵总论一》,《叶适集》,页779—780。
3 (宋)叶适:《水心别集·四屯驻大兵》,《叶适集》,页783。
4 (宋)叶适:《水心别集·四屯驻大兵》,《叶适集》,页784。
5 (宋)叶适:《水心别集·兵总论二》,《叶适集》,页782。

是封建也好，郡县也罢，贵在因时制宜，所以能适应不同时代的不同状况，更可以依体制之精神，创建相应的律令礼乐，这就是他所谓的"法度"："夫以封建为天下者，唐、虞、三代也；以郡县为天下者，秦、汉、魏、晋、隋、唐也。法度立于其间，所以维持上下之势也。唐、虞、三代，必能不害其为封建而后王道行；秦、汉、魏、晋、隋、唐，必能不害其为郡县而后伯政举"，"故制礼作乐，文书政朔，律度量衡，正名分，别嫌疑，尊贤举能，厚民美俗，唐、虞、三代之法度也……秉威明权，薄书期会，课计功效，核虚实，验勤惰，令行禁止，役省刑清，秦、汉、魏、晋、隋、唐之所谓法度也。"[6] 封建与郡县，孰优孰劣，自来论辩不绝，殊不知政体之立，往往需有相应之法度，才能为立国宏规，维持上下之势。毕竟重点不在专行何者，在于能否看清当下的政治现实，参酌古义，于是便可不废江河万古流，成为一代通典，叶适又称为"纪纲"。

纪纲与法度实为一事，只是法度为细，纪纲为大，例如自尧舜以来，外有岳、牧，内有九官，诸侯虽国异家殊，却都尽忠中央，此为三代之纪纲。秦虽破坏封建而为郡县，不旋踵而败，此为秦代纪纲之失。[7] 汉代有鉴于此，故采封建、郡县之精神，"边各自备，内郡专刑赏""极其所治，无不可者，有进而授官，无退而掣肘"[8]，两汉之治堪称为盛，也是由于两汉纪纲得正的缘故。此后三国迄于隋唐，直至唐末藩镇坐大，其间多能参用分权，可见国家纪纲不该过度集权，故郡县亦需封建，集权亦应分权。[9] 时至今日，分画无法，寄任不专，当年秦桧又认为国权不可外分，兵柄不可授人，只好和亲于金，于是"废诛诸将，窜逐名士，使兵一归

6　（宋）叶适：《水心别集·法度总论二》，《叶适集》，页787。

7　另外，叶适也认为纪纲之失，是因为人主恣意妄为，专权太甚，导致不堪命，官逼民反，所以才说这是"虽然，秦之纪纲则诚失也，然而以强为失而不以弱失，以大为失而不以小失，夫强大之势易为也。秦特不知为而已，亦未可以深罪秦也"。秦代君王过于蛮横集权，叶适说这是问题，却不是大问题，而叶适对君主权力（特别是宋代）高度集中却多有批判，两相比照，是否矛盾？其实叶适之所以批评君主过于独断，是因为这些君主缺乏诚心正意的功夫，修身不足，所以才恣意妄为，滥权独裁，其实秦始皇也好，宋代帝王也罢，只要能修身为己，摒除私欲，以公心行，自然就能免除"威柄最为不分""一朝之患，皆上所独当"的困境，进而妥善分权，观世变而设立最适恰的国家制度，此中缘由，详见下节。引文见（宋）叶适《水心别集·纪纲一》，《叶适集》，页811。

8　（宋）叶适：《水心别集·纪纲一》，《叶适集》，页811—812。

9　萧公权：《中国政治思想史（上）》，页501。

于御前,督府结局,收还便宜,使州郡复承平之常制"[1],秦桧洋洋得意,矜其攻伐,自以为功比赵普,却不知南宋偏安,已失祖宗之地大半,不思进取,只图安静于江左,实在大谬。而自孝宗登基以来,任用张浚守江、淮,虞允文、王炎为四川宣抚史,驻防汉中,可称得人,由此可见,分权于臣下,不过度集权于中央,是必须的。叶适话锋一转,认为分权固好,但必须得人,这就得识时因势,因为不明其地,便不可任其人,不任其人,则不可要其功,反之亦然,可见知人善任的重要。[2]

叶适关心民瘼,希望朝廷竭力抚循;关注国家,更愿国势由衰转强。他论及的具体世务,当然不止于兵制、政体与财政。[3] 以上所举,虽为荦荦大端,却也不是他关注的全部问题,其他诸如学校科举、荐举诠选、茶盐折帛、吏胥监司等等,叶适皆有陈说,因本文并非专门研讨叶适的时政设施,故不及详论,但由上述叶适诸多言论可见,他在实践经世,发掘并解决问题时,抱持的最大宗旨,在于他认为永嘉之学的最大特征之一即是"弥纶而通世变"。例如叶适对北伐的意见,并非执于和战,对于立国宏规,也不能执以为是,这当然不是说叶适主张调和论或采中立之道,而是他始终注重现况,正视当前实情。

这个道理,其来有自:

> 薛士隆(芝庆按:薛季宣)愤发昭旷,独究体统,兴王远大之制,叔末寡陋之术,不随毁誉,必撼故实,如有用我,疗复之方安在!至陈君举(芝庆按:陈傅良)尤号精密,民病某政,国厌某法,铢称镒数,各到根穴,而后知古人之治可措于今人之治矣。故永嘉之学,必弥纶以通世变者,薛经其始而陈纬其终也。[4]

---

[1] (宋)叶适:《水心别集·纪纲四》,《叶适集》,页817。

[2] (宋)叶适:《水心别集·纪纲四》,《叶适集》,页817。

[3] 叶适的财政改革方案,其实也存在许多问题,例如冈元司就指出,叶适反对横征暴敛,主张减少赋税,用意固然良善,却仍忽略了南宋财政"渗漏"的现象。可见(日)冈元司《叶适の宋代财政观と财政改革案》,《史学研究》第197期,1992,页45—53。

[4] (宋)叶适:《水心文集·温州新修学记》,《叶适集》,页178。周梦江曾指出《温州新修学记》的重要性,只是他是从思想流派出发分析文献。本文则另辟方向,希望借此理解叶适的事功之学到底如何可与文章中的两大观点结合。周梦江:《叶适与永嘉学派》,杭州:浙江古籍出版社,1992,页26。

学界追溯永嘉事功学派的兴起，可从北宋王开祖起始，后经九学士传播，其中以传洛学、关学入永嘉并产生重大影响者为周行己，其私淑弟子郑伯熊则是承先启后的人物，又有薛季宣、陈傅良等人，到了叶适，更形成全祖望所说与朱陆二派"遂称鼎足"之势。[1] 郑伯英（郑伯熊之弟）曾感叹当世道丧文弊，以致问学事功歧而为二，不是"学不适用，用者无学"，所学难以实践用世，用世者又缺乏学问积蕴，就是"为己为人，在在乖错"，薛季宣则不然，学问事功兼具，做人与作人未分，"公之探讨，专用律身。推而放之，于以及人。……纵论今古，衮衮忘疲。旁及制度，援笔而图……治官训农，理财练兵。厥有成算，亶其可行"[2]。可见薛季宣的学问事功多为时人看重，可惜四十岁便已身故。陈傅良师从薛季宣，历任孝、光、宁三朝，仕途未遂，际遇崎岖，壮志难以完全施展，即便如此，仍不减其经世之志。全祖望就说陈傅良得之于师，后出转精，青出于蓝，更为平实笃厚。[3] 陈傅良的学友楼钥也说薛季宣考订千载，井田、王制、司马法、八阵图等等，名物度数，实事求是，考证精密，可见诸实用，陈傅良随其从游甚久，造诣自深，所以更能研精经史，贯通百氏，而又关怀天下事，以斯文为己任："综理当世之务，考核旧闻，于治道可以兴滞补敝，复古至道，条尽本末粲如也。"[4] 叶适对薛、陈二人，极为推崇，所以才说"故永嘉之学，必弥纶以通世变者，薛经其始而陈纬其终矣"。"弥纶以通世变"也成了叶适论治的最重要宗旨。

可是，"弥纶以通世变"，究竟是什么意思？就字面上来看，就是明于时势，因事制宜，《水心别集》里有《治势》三篇，开头就说："欲治天下而不见其势，天下不可治已"，即是指此。[5] 他在谈具体政经时，往往也着重在这个观点，大力发挥，如前述谈兵制，就说"美名不必慕，是各度其时之所能行者，可以言智矣；

---

[1] 何俊：《事与心：浙学的精神维度》，北京：北京大学出版社，2013，页3—17。
[2] 《祭薛季宣文》，《薛季宣集》，附录一。
[3] "永嘉诸子，皆在艮斋师友之间，其学从之出，而又各有不同。止斋最称醇恪，观其所得，似较艮斋更平实，占得地步也。"（明）黄宗羲原著，（清）全祖望修订：《宋元学案》，页1710。
[4] （宋）楼钥：《陈公神道碑》，《攻媿集》卷九十五。
[5] 参见（宋）叶适《水心别集·治势上》，《叶适集》，页637。

实患不能制,是又不知其时之所当变,此不可以言智也"¹。谈财政,也说数千年后学周公之法,世异时殊,明知不可行而行者,实不足以理财。²他批评昔日赵鼎、张浚用兵未详,重外而不重内,屡屡兵败,落求和派口实,基本上是他们看不清时势、不通世变所致³,赵鼎、张浚如此,韩侂胄的北伐亦如是。

可是,通世变,辨时势,本来就是用世者注重的道理,叶适所言,亦不出范围之外,又有何值得大书特书?问题就在于,各人皆有各人的看法,每个人也都可以说自己出于时势之考量,因应世变规划,于是言人人殊,一人一义,十人十义,百人则有百义,而人数滋众,纷拏不休,国家只会更乱。所以叶适指出"必弥纶以通世变"之外,才会又在同篇文章(《温州新修学记》)里讲"必兢省以御物欲"。"必"者,代表叶适对事功之学的信心,也代表了两者的重要性,后者为下节主题,此不赘述;前者,在通世变之前,叶适则加上了"弥纶",弥纶,即包罗周遍、顾及整全之意,叶适要弥纶什么呢?这也是叶适刻意强调薛季宣、陈傅良的原因,就是参酌古史,古为今用,既要知今,也要知古,更应该明白古代政制之势,古今相较,才能明白哪些古法可用,古人精神为何,哪些可以调整,哪些根本不该考虑。薛、陈二人的学问特性如此,叶适也不例外,他之所以称赞陈傅良"铢称镒数,各到根穴,而后知古人之治可措于今人之治矣",即应由此理解。所以他论政制,便从封建、郡县谈起,强调从三代到隋唐之变,时势使然;讲用兵,就以三国六朝为例,面对北方的侵逼,古人如何因应,其世变又为何;说田制,看出封建与井田的关系,所以他才认为当今欲抑兼并,当以正经界为首务,而不是执着在井田该如何恢复;谈士风士学,则自孔孟以来,更是代有升降,文有损益,不可强同,却也不能完全忽略其时代精神,后世儒者讲求致用,则应学习孔孟"真迂阔"的精神……其余诸如纪纲法度等等,更是要深切研读古代古事,对应到今日,才不会走偏,才不会妄为复古,或以今非古。叶适曾对孝宗、宁宗陈述当前言

---

1 (宋)叶适:《水心别集·兵总论一》,《叶适集》,页780。
2 参见(宋)叶适《水心别集·财计上》,《叶适集》,页659。
3 参见(宋)叶适《水心别集·终论五》,《叶适集》,页825—827。

论,说秦桧、汤之退等小人之论,自不足取,即便是士大夫之言,亦多有误:

> 虽然,此犹小人之论耳。至若为奇谋秘画者,则止于乘机待时;忠义决策者,则止于亲征迁都;深沉虑远者,则止于固本自治;高谈者远述性命,而以功业为可略;精论者妄推天意,而以夷夏为无辨。小人之论如彼,君之论如此。陛下欲询众谋,则流言成市,互为废兴,若断以独志,事难轻发。[1]

忠义决策者、奇谋密画者等等,用意不能说不善,但不能观古,又不能识今,对世变治势多有不明,毕竟天下大事复杂万端,若有耽误,救世反而害世,于国无益,更容易有弊。所以切莫以为通世变是容易之事,毕竟读了一些书,自以为谈论策略,擘画指点,但自己说说尚可,如何深入古今事理,各到根穴,然后融古为用,见诸实用,才是极难。叶适谈国体政经等具体事物,皆是由此而来,所以他才认为自己是:"诚先明治国之意,则臣今所论,特其目耳。源流汗漫,变故万端,非兼考古今,不能尽其理;非并知难易,不能通其变;非独悟良策,不能操其决;非豫睹成效,不能待其久也。"[2] 可见治世之难,亦可见叶适对"弥纶以通世变"的理解,并非单纯观时察势而已,而是强调洞悉历史发展与时势走向,导引至更完善的境地,以为人文化成、国治民安。"弥纶以通世变"便在于人能否因应并驾驭世局,发现潜能,往正面航行,这是成败关键。他在《治势》中说尧、舜、禹、汤、文、武、汉高祖、东汉光武帝、唐太宗等人,功德有厚有薄,治效有深有浅,但都能治理天下,亦称明君,都是"此其人皆能以一身为天下之势"的缘故,所以才能"则天下之事惟其所为而莫或制其后"[3]。

但是,通古今世变,明了时势,知古知今的前提是,仍必须保有一颗清明之心,审时度势,才不会因为一己私欲,又或是误判情况,错路行事。这也是叶适

---

[1] (宋)叶适:《水心别集·上殿札子》,《叶适集》,页832。
[2] (宋)叶适:《水心别集·应诏条奏六事》,《叶适集》,页842—843。
[3] (宋)叶适:《水心别集·治势上》,《叶适集》,页637。这也是叶适重视"势"的原因,叶适论势,可见黄俊杰《儒家思想与中国历史思维》,台北:台湾大学出版中心,2014,页40—41。

事功之学的另一个重点："兢省以御物欲。"但这点上，他与朱、陆等人也产生了许多分歧。

三、"兢省以御物欲"而经世致用

叶适在《温州新修学记》说：

> 昔周恭叔（芝庆按：周行己）首闻程（芝庆按：程颐）、吕（芝庆按：吕大临）氏微言，始放新经，黜旧疏，挈其侪伦，退而自求，视千载之已绝，俨然如醉忽醒，梦方觉也。颇益衰歇，而郑景望（芝庆按：郑伯熊）出，明见天理，神畅气怡，笃信固守，言与行应，而后知今人之心可即于古人之心矣。故永嘉之学，必兢省以御物欲者，周作于前而郑承于后也。[1]

前已提及郑伯熊师淑周行己，周行己曾学于吕大临，吕大临兄弟为张载门生，传关学，后又师从程颐，为程门弟子。周行己学于二者，对永嘉学派的建立与传承有极大影响，所以黄百家才说："伊洛之学，东南之士，龟山、定父之外，惟许景衡、周行己亲见伊川，得其传以归。景衡之后不振，行己以躬行之学，得郑伯熊为之弟子，其后叶适继兴，经术文章，质有其文，其徒甚盛。"全祖望也说："世知永嘉诸子之传洛学，不知其兼传关学。"[2] 也因为周行己早年游太学，适逢王安石新学最盛之时，他并未追寻风潮，跟着热门学术行情走，或是循着正确政治路线倒贴，而且后来又随吕大临与程颐学习经义，自然也对新学更缺乏好感。可是在元丰九学士（周行己即在其中）后，永嘉之学衰歇，南宋以来，新学没落，洛学正盛，复道之契机，则在道南与湖湘学派的努力。[3] 如果就叶适自己的追述

---

1 （宋）叶适：《水心文集·温州新修学记》，《叶适集》，页178。
2 （明）黄宗羲原著、（清）全祖望修订：《宋元学案》，页1130、1132。
3 参见何俊《南宋儒学建构》，上海：上海人民出版社，2013，第二章。

来看,在南宋绍兴、淳熙之间,其间经历秦桧当政,严禁洛学,但郑伯熊、薛季宣、吕祖谦、朱熹等人,"位虽屈,其道伸矣;身虽没,其言立矣。好恶同,出处偕,进退用舍,必能一其志者也。表直木于四达之逵,后生之所望而从也"[1]。其中郑伯熊不畏世风,依旧提倡洛学。而郑伯熊与薛季宣等永嘉学人列名其中,正如何俊所言,在南宋道学运动中永嘉学者可能是处于中心圈内的[2],所以全祖望才说:"故绍兴末,伊洛之学几息,九先生之绪言将衰歇。吴湛然、沈元简,其晨星也。先生兄弟(芝庆按:指郑伯熊、郑伯英)并起,推性命微眇,酌今古要会,师友警策,惟以统纪不接为惧,首雕程氏书于闽中,由是永嘉之学宗郑氏。"[3] 郑伯雄其人为学,时人已有相关论述,多指出其形象为"学问醇正,见于履践""于今为道德之望"[4]。朱熹也对他甚为推重,说他死前数月,虽已卧病,"启手足时,清明安定,执礼不懈如常日,是足以验其平生学力果能践斯言者……夫吕公之行高矣,其可师者不止此;郑侯亦无不学,顾岂舍其大,而规规于其细如此哉!诚以理无巨细,精粗之间大者既立,则虽毫发之间亦不欲其少有遗恨,以病夫道体之全也。"[5] 可见其修身功夫的严谨。

从周行己到郑伯熊,传程子性命之学,或推性命微眇,或执礼不懈如常,可见叶适早有自知,发现两位先生的特点正在于内在层面的道德问题,所以文中才说"永嘉之学,必兢省以御物欲者,周作于前而郑承于后也"。这显然正是叶适关注所在——可是,叶适既也谈道德,关注性命,去除物欲,又为何反对朱、陆等派的说法?又或者是说,对朱、陆等人,强调修身,立身持物,叶适想必是不会反对,甚至是极为敬佩的,那么叶适到底是怎么想的?他批评朱、陆,又是什

---

[1] (宋)叶适:《水心文集·著作正字二刘公墓志铭》,《叶适集》,页306。
[2] 参见何俊《事与心:浙学的精神维度》,页19。当然这也可能是叶适自我的正统建构。不过郑伯熊与薛季宣颇受时人推重,名气亦大,故叶适所言,亦有其理。况且在南宋道学运动的发展中,学界多归功于所谓"东南三贤",即朱熹、张栻、吕祖谦,中后期则归之以朱学、陆学、浙学。其实除了东南三贤,亦有"乾淳诸老",指陈人物较前者更为广泛,叶适所言之人物,即可列明其中。可见何俊《南宋儒学建构》,上海:上海人民出版社,2013,页106—123。
[3] (明)黄宗羲原著、(清)全祖望修订:《宋元学案》,页1153。
[4] 此为周必大与陈亮语,见周梦江《叶适与永嘉学派》。
[5] 《跋郑景望书吕正献公四事》,《朱子全书》第24册,页3854。

么地方？其实就叶适看来，他们的问题就在于过精过微，把原本自自然然、人伦日用的修身功夫讲得太虚玄奥妙（他认为这是曾子、孟子所导致的，详下）。其实叶适也跟朱、陆一样，认为在儒学传统中，"修己"绝对是最首要、最关键的，与"安人（或安百姓）"鼎足而立，缺一不可。先秦儒学，自孔子强调君子"修己以敬""修己以安人""修己以安百姓"[1]以来，修己自然为儒者成德的必要条件，却不止于此，因为许多人也重视"修身"的目的与效用，正如《论语》文中孔子接着指出修身的更深一层意义：原来"修己"始能"安人""安百姓"。"人"是与"己"相对，而"百姓"则是"人"的聚集称谓，从己到人再到百姓，可见修身非仅于自身而已，更必须建立在社会政治之中，以重建秩序为己任，这就指出了修身与经世的关系。当然修身的对象非只是儒者而已，由于为政者处于政治中心，因此更有修身必要，所以孔子才特别举尧、舜为证。[2]正如赖锡三所言，在理想层面上，一个士、君子应该将自身的存在意义，透过公共化、公开化的实践，把内在道德的情怀落实到公共的氛围与境地，以促进道德理想的实现。这种以自身意义公共化的理想性格，修身为己，经世济民，一向是许多儒者坚持的原则。[3]

叶适自然也重视修身的环节，才说"兢省以御物欲"，"兢省"就是怵惕敬畏、小心翼翼、战战兢兢、切己地反省，才能冷静清醒，才能抵挡诱惑，就像郑伯熊所说："爱人不亲反其仁，治人不治反其智，礼人不答反其敬。行有不得者，皆反求诸己，此帝王之家法也。自反而仁矣，自反而智且敬矣，而人未遽吾听焉，不遽责夫人也。曰：'是吾仁智且敬有所未尽，而姑勉焉尔。'此帝王之心术也。"[4]郑伯熊杂引《孟子》，说明反求诸己，与其责人不如内省，因孟子是针对统治者，所

---

[1] 全文为："子路问君子。子曰：'修己以敬。'曰：'如斯而已乎？'曰：'修己以安人。'曰：'如斯而已乎？'曰：'修己以安百姓。修己以安百姓，尧舜其犹病诸！'！"（宋）朱熹：《四书章句集注》，北京：中华书局，2003，页159。

[2] 参见余英时《史学与传统》，台北：联经出版事业公司，1988，页84—85。亦可参张灏《时代的探索》，台北："中央研究院"，联经出版事业公司，2004，页165—166。

[3] 赖锡三：《道家型知识分子论——〈庄子〉的权力批判与文化更新》，台北：台湾大学出版中心，2013，页2—3。

[4] （宋）郑伯熊：《敷文书说》，台北：艺文印书馆，1967，附录页1—2。

以郑伯熊才顺着孟子的话，认为这是帝王家法与心术。而从叶适看来，放在当前政治社会上，若要弥纶而通世变，何止是家法与心术而已。为政者最需关注的最大根本，即在于此，他以尧舜周公等人的统治为例："盖舜、禹克艰，伊尹一德，周公无逸，圣贤常道，怵惕敬畏……"[1] 见贤思齐易，见不贤而内自省，或许也不太难，可是自我检讨，真诚地面对自己的各种欲望，是非常不容易的，为政者治世之艰难之劳苦，正在于此。因为人心本就充斥着各种得失利害，我们总以为心地清明是正常的，殊不知各种声色犬马爱憎恶嫌，同样也存在心中："嗟夫！人常求所以悦是心者，未尝知所以病是心者，方将与利害得丧欲恶角力而并行，且竭立奉之以不暇焉。"[2] 所以毋自欺是重要的，故叶适作有《毋自欺室铭》[3]，闻善之意而疑己不明，有为高之心而畏己不能，只知求合流俗却不能殉道，都是自欺。自欺欺人，自然也不能冷静清明地看待人我世事，所以叶适才要讲克己复礼：

> 按孔子告颜子："一日克己复礼，天下归仁焉"，盖己不必是，人不必非，克己以尽物可也。若动容貌而远暴慢，正颜色而近信，出辞气而远鄙倍，则专以己为是，以人为非，而克与未克，归与未归，皆不可知，但以己形物而已。[4]

以己为是，以人为非，即便是举止适当、脸色平和、用辞不俗，依旧未能克己复礼，只是以己形物而已；反之，己不必是，人不必非，才是克己以尽物。故君子通物，而非被物役心，圣贤便是如此："圣贤之所为过乎人者，不恃其力之足以致物，而忧其心之未能通物。"[5] 就叶适看来，礼是通达人情事理的，与外在人事

---

1 （宋）叶适：《习学记言序目》，北京：中华书局，1997，页198。叶适此言是批评孟子将君格君心之非。其实叶适并非反对孟子格心功夫，只是认为孟子说得太简单（但后世朱、陆等人又说得太难）。至于孟子，当然也非如叶适所言，只以格心为重，认为君王只要心向仁义便足。可见杜保瑞《叶水心事功进路的儒学建构之批判》，《鹅湖学志》第37期，2006年12月，页58—59。
2 （宋）叶适：《水心文集·太府少卿福建运判直宝谟阁李公墓志铭》，《叶适集》，页365。
3 （宋）叶适：《水心文集·毋自欺室铭》，《叶适集》，页528—529。
4 （宋）叶适：《习学记言序目》，页188。
5 （宋）叶适：《水心别集·傅说》，《叶适集》，页734。

的互动，克己之心才有具体的呈现，才不会落空。程颐说敬是礼，叶适批评敬只限于内心，显然不够，应该要反过来，礼通于敬才对，人只有在礼的架构中，才能成完整的人，成就自己也理解他人，最终体会并把握住道。[1]

可是道不可见，散在事物，所以才要即事以达义。当然道在物中，欲也在物中，所以保持清明之心与自省能力是很重要的。唯有如此，才可能禁物欲、通事变，从复性命之际到穷事物之理，上窥三代古意，以己心见古人之心，并用之天下。他说：

> 是故今世之学，以心起之，推而至于穷事物之理，反而至于复性命之际，然后因孔氏之经以求唐、虞、三代之道，无不得其所同然者，而皇极、《中庸》《大学》之意始可以复见而无疑。呜呼！发之而使明，操之而使存，扩之而使广，养之而使全，久之而使化，是心之用，何以异于唐、虞、三代之圣人哉！[2]

不料今人误读经典，一味在性命上求，至精至微，至细至密，以为可上求唐、虞、三代之道，真是盲目又可笑。可是世人虽谈性命，但叶适因此就不谈了吗？叶适并非不谈性命之学，他就说尧、舜、禹、皋陶、汤、伊尹等圣王圣贤："于道德性命之交，君臣民庶均有之矣！"[3] 因此，性命之学与事功之学，是同样重要的。又或者可以这么讲，两者根本是同一事的两面，相辅相成，缺少哪样，都是为学为政之憾，都可能流于迂阔。所以他才上下古今，指出许多当政者心有所蔽，道德感不足，便不够诚心，不是过于独断、猜忌，缺乏信任与沟通，就是听信小人，自为蒙蔽。所以他说自秦汉以后，执权当位者常有一种操切裁制的心态，就连诸葛亮也不能免。[4] 他有《君德》一文，意在提醒当政者："所谓人主之实德者，何也？

---

[1] 参见杨儒宾《叶适与荻生徂徕》，收于张宝三、杨儒宾编《日本汉学研究初探》，台北：台湾大学出版中心，2004，页123。
[2] （宋）叶适：《水心别集·总述》，《叶适集》，页727。
[3] （宋）叶适：《习学记言序目》，页737。
[4] （宋）叶适：《习学记言序目》，页450—451。

岂不以其容受掩覆,大度不疑,有以深结其臣民之心欤?夫猜忌不信,持法必行,阴见天下之过,而戾戾焉有疾其臣民之心,使之胁息目语而不敢肆者。则夫容受掩覆,大度不疑,旷然而与天下为一,是宜以可以服天下也。"[1] 要有度量以及开阔的心胸,能容受不合己意的事,方能管理好天下,才不会"立法定制于重滞繁扰之中"[2]。

但是问题仍在于,诚心人人会说,高谈阔论者或许也可以讲得很漂亮,堂而皇之,而且古人之学也大,其守却愈微,所以谈性命道德,"未有超然遗物而独立者"[3]。今之则不然,许多儒者都在诚心正意上大用功夫,结果差之毫厘,谬之千里:

> 于是意诚而非其意,心正而非其心,以是而施之于天下国家也,几何其不以毫厘而谬尺寻也![4]

况且历代当权者也会粉饰其说,诚心往往流于套语,诚者非诚,意者非意,心自然不正,施政自然有差池。他提醒人们不要误信二程的说法,格物穷理,却忽略了意诚与正心的问题。他认为二程的问题,就出在这里:"程氏言:'格物者,穷理也。'……若穷尽物理,矩矱不逾,天下国家之道已自无复遗蕴,安得意未诚、心未正、知未至者而先能之?……疑程氏之言亦非也。若以为未能穷理而求穷理,则未正之心,未诚之意,未至之知,安能求之?又非也。"[5] 将格物说成是穷理是不对的,意未诚,心未正,知未至,如何能格物穷理?但是,若因此刻意避谈物,自以为诚心就自以为是,意诚而非其意,心正而非其心,当然也不行,所以要自省,去除私欲:"人之所甚患者,以其自为物而远于物。夫物之于我,几若

---

1 (宋)叶适:《水心别集·君德二》,《叶适集》,页635。
2 (宋)叶适:《水心别集·厢禁军弓手土兵》,《叶适集》,页786。
3 (宋)叶适:《水心别集·大学》,《叶适集》,页730。
4 (宋)叶适:《水心别集·大学》,《叶适集》,页731。
5 (宋)叶适:《习学记言序目》,页322。

是之相去也,是故古之君子,以物用而不以己用;喜为物喜,怒为物怒,哀为物哀,乐为物乐。其发为中,其既发为和,一息而物不至,则喜怒哀乐几若是而不自用也。自用则伤物,伤物则己病矣……"[1] 喜怒哀乐,当然不是受于外在情境,导致情感放纵之意,而是借由心清虚明,才能冷静,且较为客观地感物知物,避免私心自用,自用则伤物。自觉兢省到物欲所在,逐去自私,才有可能做到"则夫容受掩覆,大度不疑,旷然而与天下为一,是宜可以服天下也"。他之所要求君王要修身,要有君德、实德,"欲明大义,当求公心"[2],其因在此。在上节中,我们看到他批评张浚、吕祉、秦桧等人的兵略政策,他认为冗兵冗员等沉疴难起,都是因为当政者物欲私心太重,以致识见不明,难以有效解决,甚至提出错误的方案。所以正本清源,兢省以御物欲,以求公心,就成了他呼吁的重点。从这个角度来看,叶适所谓的公与私、实(君)德与物欲,是完全对立的,没有太多弹性与调和的空间。

叶适之所以对朱、陆等派颇有微词,正是在修身的角度上,他指出:"时诸儒以观心空寂名学,徒默视危拱,不能有论诘,猥曰:'道已存矣'。"[3]虽未明指朱、陆二人,但其实他在早年与朱熹书信交流时,就曾对朱熹提出过的批评与指责。[4]正如杨儒宾所言,他不能理解北宋周、张、二程等理学家,既反佛老,为何又要在佛老擅长的心性之学上,作极精极微的辨析?这种争辩,到底对儒学传统的回归有何帮助?[5] 对此情况,叶适推断是曾子、子思、孟子思想有偏所致,导致理学家上溯先秦儒学时,都戴了有色眼镜,只见心、性、理、气,不见其他。[6]首先,他

---

1 (宋)叶适:《水心别集·大学》,《叶适集》,页731。
2 (宋)叶适:《水心文集·奏札》,《叶适集》,页617。
3 (宋)叶适:《水心文集·宋廏父墓志铭》,《叶适集》,页490。
4 关于叶适的批评,可见何俊《事与心:浙学的精神维度》,北京:北京大学出版社,2013,页3—17。
5 参见杨儒宾《叶适与荻生徂徕》,收于张宝三、杨儒宾编《日本汉学研究初探》,页121。
6 叶适所言,自然未必有理,许多学者也有专文批判(如牟宗三、杜保瑞等人),不过本文重在理解叶适到底怎么想,希望借此可以更加深对他的理解。关于学界对叶适批判的辩驳,可见杜保瑞《叶水心事功进路的儒学建构之批判》,《鹅湖学志》第37期,2006年12月,页58—59。

认为孔子之学，并非曾子所独传，即便曾子能传孔子，也只是其中一个面向罢了。例如曾子说孔子"吾道一以贯之"，殊不知孔子之意，正是他跟颜渊所讲克己复礼，即摒除私欲，己不必是，人不必非，克己以尽物以复礼，不料曾子以忠恕解之，反而变得玄奥，导致"克与未克，归与未归，皆不可知，但以己形物而已"，故对大道多所遗略。[1] 而且（相传）曾子所著《大学》，导致后学将焦点放在正心诚意，忽略了治国平天下，况且格物致知与诚意正心根本难分，刻意区别，未免滞碍。[2]

至于《中庸》，更是近世言性命之总会，《中庸》道理自然玄远，也不乏深刻处，但如果与《尚书》对照，会发现《中庸》有很多问题。例如《中庸》"天命之谓性，率性之谓道"等句，他以《尚书》"惟皇上帝降衷于下民"互勘，认为言降衷可以，言天命就不行，因为万物与人同生天地之间，同谓之命。讲降衷的话，则人独得之；讲降命的话，因为万物亦有命，为何只有人可以率性，物就不行？其他诸如以"率性之谓道"与"若有恒性"（《尚书》）、"修道之谓教"与"克绥厥猷惟后"（《尚书》）的比较，以后者反驳前者，咬文嚼字，近乎斗口；[3] 又说中庸到底是庸德庸行，还是时不待中？且中庸究竟是可用还是不可用？是一还是二？而后人皆以己意私解，虽服膺拳拳，不敢或忘，可惜仍是"以义理为空言之患"[4]。

到了孟子，他说孟子确有识见，对后世影响甚大，只是影响是好坏都有的。孟子与滕文公论治，是书中最精彩处，可惜已无他书可互见，但是孟子以护翼孔子之学为己任，"虽千万人吾往矣"，当可与孔子并列，无逊孔孟并提。[5] 倒是孟子言井田，或有当时背景，时移世易，不料后者对此龃龉不休，徒讲经界井地，

---

[1] 参见（宋）叶适《习学记言序目》，页188—189。

[2] "古之圣人，其致知之道有至于高远而不可测者，而世遂以为神矣。而不知其格之者至，则物之所以赴之者速且果，是固当然也。夫如是，则意不其诚而诚，心不期正而正，而天下国家尚何足为焉！"（宋）叶适：《水心别集·大学》，《叶适集》，页731。

[3] 参见（宋）叶适《习学记言序目》，页107。

[4] （宋）叶适：《习学记言序目》，页112。

[5] （宋）叶适：《水心别集·士学上》，《叶适集》，页674。

不知何益于今？¹再者，孟子所言也有不尽不实，他以豪杰自命，不为权贵所屈，说大人，则藐之，其实他既非韦布藜藿之微，也非不求显达之志，自谓四十而不动心，又说守约以养浩然之气，都是有经济背景作支撑，理想主义往往建立在经济主义之上，不然又如何从容进退，始终生死，坚守善道，继尧舜而有余？²可惜"近世之学，以动心、养气为圣贤之难事，孟子之极功，诘论往反，析理精粗，有白首终老而不定者，何敢言四十乎！至其出处得丧，倒行错施，固无以庶几古人之一二矣"³，真是画虎不成反类犬了。

正因如此，他批评为学得自孟子的陆象山与其兄陆九龄⁴："余记陆氏兄弟从朱、吕氏于鹅湖寺，争此甚切。其诗云：'墟墓生哀宗庙钦，斯人千古最明心'（按：陆象山原句为'不磨心'）"，"大抵有基方作室，未闻无址可成岑"（芝庆按：此句为陆九龄所写），"噫！徇末以病本，而自谓知本，不明乎德而欲议德，误后生深矣！"⁵陆象山批评朱子支离，主张"学苟知本，六经皆我注脚"⁶，叶适却反过来批评他自谓知本，实徇末以病本，本欲求本，却离本愈远，叶适所言，是否确切，当可再论。⁷另外，朱熹有道统之说，以颜子、曾子传孔子之道，曾子之后又有子思、孟子，其间佛老大盛，道统不彰，斯文隐没，直至二程出世，才又接续统绪，传承流衍。道统中的曾子与子思，当然是相应《四书》中的《大学》与《中

1　（宋）叶适：《习学记言序目》，页201。

2　（宋）叶适：《习学记言序目》，页198。

3　（宋）叶适：《习学记言序目》，页198—199。

4　陆象山的学生詹阜民曾问："先生之学亦有所受乎？"答曰："因读《孟子》而自得之。"象山所学，固然有许多《孟子》以外的思想，不过大体而言，象山受《孟子》启发甚多，自也是事实。（宋）陆九渊：《陆九渊集》，北京：中华书局，2008，页471。

5　（宋）叶适：《习学记言序目》，页99。

6　（宋）陆九渊：《陆九渊集》，页395。

7　叶适对陆九渊的批评，夹杂许多偏见，其实陆象山虽讲本心，亦不废经世，虽尊德性，更不废事功，陆象山其人其学，固然强调先立其本心，但此心此理，须在涉事求学中磨练成长，培元本心，立其大者，得其位谋其政，明于世务，察于人伦，自然会有事业事功，前者为体，后者为用，虽有体用之分，两者必定是一致、不可分离。关于陆象山的经世思想，可见刘芝庆《心学经世陆象山》，收入本书。

庸》,故又有四子之说。[1] 叶适既反对当时理学家过度探求义理,认为他们剖析辨微,末流所及,往往玄虚空浮,所以他在《宝谟阁待制知隆兴府徐公墓志铭》里,就批评"天下虽争为性命之学,然而滞痼于语言,播流于偏末,多茫昧影响而已"[2]。至于朱熹推尊《四书》,提出道统,叶适则企图拆砖搬墙,对曾子、子思、孟子,皆有批评,自然是希望瓦解道统的圣域根据。另一方面,他虽认为朱熹等人用功深刻,为学沉潜,颇为精粹,可惜学源有缺,学问规模难免不足,但说到底,他还是很敬佩这些前辈的,他就曾追述朱熹:

> 今夫笺传衰歇,而士之聪明亦益以放恣,夷夏同指,科举冒没,浅识而深守,正说而伪受,交背于一室之内,而不以是心为残贼无几矣。余每见朱公极辨于毫厘之微,尤激切而殷勤,未尝不为之叹息也。夫学莫熟于好,道莫成于乐,颜、曾、孟子所以潜其心也;行莫如诚,止莫如善,《大学》《中庸》所以致其义也。夷佛,疾疢也;科举,痒疴也:公所甚惧也。[3]

《大学》《中庸》《孟子》,叶适虽多有批评,但不是要完全推翻,废书不观,经典本身或许有偏,朱熹却极辨于毫厘之微,为挽士风,常多激切,自己也用功甚勤,阐发精义甚多,功劳自然不可磨灭。何况朱熹不论是立身处事,还是对社会风气的关注(如批评科举与夷佛等等),亦为叶适所推重,当年林栗因为私怨弹劾朱熹,他就站出来为朱熹说话:"大臣畏林(按:林栗)之强,莫敢深论。太常博士叶适独上封事辩之,大略以为:'考栗之辞,始末参验,无一实者……盖自

---

[1] 据余英时的说法,宋以后所流行的道统论是由朱熹提出,在黄榦手上完成。余英时:《朱熹的历史世界:宋代士大夫政治文化的研究(上)》,北京:生活·读书·新知三联书店,2004,页15—17。另,陈逢源也指出,《四书》次第的安排,一是进学次第的安排,如《大学》《论语》《孟子》《中庸》,这是从立规模到尽精微的学习进程;另一则是按核道统之传,以《大学》《论语》《中庸》《孟子》的方式,暗示宋儒继之而起的历史地位。陈逢源:《朱熹与四书章句集注》,台北:里仁书局,2006,页137—186。

[2] (宋)叶适:《水心文集·宝谟阁待制知隆兴府徐公墓志铭》,《叶适集》,页405。

[3] (宋)叶适:《水心文集·同安县学朱先生祠堂记》,《叶适集》,页167。

昔小人残害善良，率有指名，或以为好名，或以为立异，或以为植党。近忽创为道学之目，郑丙唱之，陈贾和之，居要路者密相付授，见士大夫有稍务洁修，粗能操守，辄以道学之名归之，殆如吃菜事魔景迹犯败之类。……第恐自此游辞无实，谗口横生，善良受祸，无所不有！伏愿陛下正纪纲之所在，绝欺罔于既形，摧抑暴横以扶善类，奋发刚断以慰公言，国家之本，孰大于此。'"⁴希望孝宗明辨是非，心静水清，不要受到谗言迷惑，诬害善良才好。

最后，本文要再指出，叶适从"兢省以御物欲"讲起，再到"弥纶而通世变"，由内而外，基本上就是传统儒家修身治国的路子。⁵他在《温州新修学记》结尾处，讲得再明白不过了：

> 夫学不自身始而曰推之天下，可乎？虽曰推之天下而不足以反其身，可乎？然则妄相融会者零落而不存，外为驰骛者粗鄙而不近矣。虽然，未至于圣人，未有不滞于所先得而以偏受为患者。孔子进参与赐示之道，皆曰"吾一以贯之"，岂非无本末之辨，而欲舍合门人同异之趋哉！今观曾子最后之传，终以笾豆有司之事为可略，是则唯而不悟者自若也；子贡平日之愧，终以性与天道为不可得而闻，是则疑而未达者犹在也。且道无贵而苟欲忽其所贱，学无浅而方自病其不能深乎！⁶

---

4 （宋）李心传：《建炎以来朝野杂记（乙集）》，北京：中华书局，2006，页618。
5 这也正是叶适从永嘉之学中凝练出的两个重要概念，何俊也发现到这点，指出："然而，充满戏剧性的是，浙学的精神维度似乎从一开始就呈现出巨大的分裂，因为其指向分别是外在的活动与内在的精神：事与心。叶适在《温州新修学记》中对此表述得非常清楚，他追述永嘉之学的由来，将其精神关怀并列地概括为两个反向的维度，即内向的'必兢省以御物欲'与外向的'必弥纶以通世变'。但是，叶适在作出这样的梳理时，显然没有因为永嘉之学具有这样反向的精神维度而表现出丝毫的紧张，恰恰相反，他的阐述显得他完全视其为应然。这意味着，心与事反向的精神维度，其分裂只是表面的。在浙学的思想世界中，心与事精神维度的反向性实质上存在着内在的统一性，其表面的反向恰为之打开了极大的思想空间，构成了必要的思想张力。心与事的反向诉求没有构成精神的分裂，相反，彼此恰成为对方存在与生长的前提与动力。"洵为卓见，本文要再指出，两者究竟如何结合？他以这样的内外统一性，又如何看待朱陆等理学家？本文的出发点，即是希望厘清这些问题，只是并非比较式的研究，故着重点在于叶适，而非叶、朱、陆等差异。何俊：《事与心：浙学的精神维度》，页2。
6 （宋）叶适：《水心文集·温州新修学记》，《叶适集》，页179。

如前所言，叶适指出为曾子误解"一以贯之"，重内而不重外，不合于"复己克礼"；叶适也认为子贡说"夫子之文章，可得而闻也。夫子之言性与天道，不可得而闻也"，更是不要人终日高谈性命，滞痼于语言，因此只看某方偏于某方，都不是孔子之道，真正的儒家必定是内外相合的。所以他才大力呼吁："唐、虞、三代之制，内外无不合，故心不劳而道自存，推之父子而合，推之君臣而合，推之兄弟、朋友、夫妇而合，上合天明，下合地性。今之为道者，务出内以治外也……则道何以成？……则何以为行道之功？"[1] 可见内外相交相成，并不是轻松容易的事，用他自己的话说，就是"兢兢于道德之意而疊疊于事物之实"[2]。那么又该如何摒除私欲，以公心行政？仍要回到儒家修身的路子上，这也是叶适不赞成朱、陆等理学家的地方。这些人的修身方法，功夫或许笃实，为人亦称沉稳，用在他们自己身上或可称善法，但一人通未必他人可通，数人通更未必人人可通，皆因其说过于复杂曲折，以致玄奥难解，更不容易施行具体政策上，或许其说或善，其情可悯，但上通天地，下通性命，与天地万物合流，与上下宇宙和谐，徒具宏大之气势，仍不免迂远，难以深入并解决世事。所以还是要回到孔子身上，学习他的"真迂阔"，叶适指出三代崇义以养利，隆礼以致力，有迂阔之实，而未有迂阔之名，直至周衰，险诈攘夺，四夷交侵，日以益甚，所以有孔子出：

> 当是之时，孔子以匹夫之贱，起而忧之，其规营谋虑，无一身之智而有天下之义，无一时之利而为万世之计。卫灵公问阵，对曰："俎豆"；齐景公问政，对曰："君臣父子"；或者疑兵食不可去，则曰："自古皆有死。"其问答议论，凡皆若此，无一可施用于当世者……当世之时，莫能测其意，相与共笑侮之，甚者出力而困扼之，欲致之死地，虽其门人弟子，亦有以为迂者。[3]

---

[1] （宋）叶适：《水心别集·总述》，《叶适集》，页727。
[2] （宋）叶适：《水心文集·故宝谟阁待制知平江府赵公墓铭》，《叶适集》，页452。
[3] （宋）叶适：《水心别集·士学上》，《叶适集》，页674。

孔子如此，孟子又如何呢？叶适说孟子翻来覆去，就是讲仁义，只是孟子翼赞孔子，明知天下不可为而为之，精神实在可佩，可与孔子并列，称为"迂阔之最大"，"而后世所以有迂阔之论者，自孔、孟始也"[1]。看是难用，无补于世，吊诡却在于：殊不知后世君臣之道复立，礼义忠信之教复兴，永存于今世，承传无穷，岂不正是孔孟之功！当别人因物欲只重视眼前小益小害，该攻何国，该征何税，该征何兵，如何称霸天下、争地夺城、与民争利时，孔孟早已走得更远，讲礼乐、说仁义、论士风、去兵足食、兴学爱民。"所谓迂阔者，言利则必曰与民，言刑则必曰措刑，言兵则必曰寝兵，言当世则必曰唐、虞、三代，而薄书、狱讼不如礼乐，台、省、府、寺不如学校，其措于事，诚若漫然而不足效者"，反之，"虽然，疑其迂者自为行必疾，议其阔者自为涂必隘，左侵右逼，将无地以自容而不知也"，"君臣下上为目前便利之计，月不图岁，朝不计夕，自以为是，而后来者无所则仰也"[2]，两相对照，究竟哪个才是长远久安之计？哪个才是真正为民为国呢？所以他用反话来说："儒者以迂阔见非于是，所从来远矣！"[3] 孔孟所提出的，是长治久安之策，是安邦治国的大宗旨，只是君王们重视的只有当下成效，所以对孔孟等儒者，觉得不切实际，以为"迂阔"。殊不知孔孟并非不懂这个道理，只是他们认为这些短期做法，都是扬汤止沸、添薪救火，于事无补。可以这么说，叶适推崇"真迂阔"，就在于他们才是"弥纶以通世变"的真正实践者。而推源溯始，仍在于这些人有着"兢省以御物欲"的道德情操。因此，就叶适看来，"迂阔"是短视近利者的批评，但真诚的儒者、真正的儒者，弥纶通变，兢省御欲，往往都是眼光宏远、看清时势的"真迂阔"。

当然，并不是说现实不重要，上节早已言之，叶适是最考量现实状况的，只是他强调不能只看眼前，更必须规划未来，这就要有通达的眼光。也只有为政者看清弊病所在，以实德实政，因时制宜，才不会误认本末，叶适认为神宗与王

---

[1] （宋）叶适：《水心别集·士学上》，《叶适集》，页674。

[2] （宋）叶适：《水心别集·士学上》，《叶适集》，页674、675。

[3] （宋）叶适：《水心别集·士学上》，《叶适集》，页675。

安石之失，就在于不懂这些道理："不知改弱势为强势，而欲因弱势以为强势也。"[1]因此，通达时势的政策，"弥纶以通事变"的事功之学，除参酌古今，广纳建言之外，还必须建立在一个绝对的基础上，就是必须为公，不能是从私己私欲出发——"兢省以御物欲"。所以他在文章最后才说：

> 故臣之所甚患者，上以迂阔诮其下，而下亦苟讳其迂阔之名，自贬而求容于世，其小者学通世务，则钱谷、刑狱不足以深知而徒以纷乱，其大者取三代不可复行者，勉强牵合，以为可以酌古而御今，二者皆足以败事。而臣以为必得真迂阔而用之，天下其庶几乎！[2]

为苟合上意，只看到钱谷、刑狱等具体政策，却不能深察后头的施政精神与目的；又或是只以复古为说，取三代之法，却不能推古今之变，勉强牵合，终究只能败事。故兢省以御物欲，弥纶以通事变，相辅相成，如鸟之双翼、车之两轮，缺一不可。叶适便是一个自命"真迂阔"的儒者。

四、结论

当今学者论叶适，多从制度面着手，以别于朱陆的心性之学。杨儒宾就说叶适的性命之学，是建立在制度文化上的伦理学语汇；何俊也说叶适否定朱熹所排定的圣人系谱，是为了正当地以事功来解释义理。这些说法，持之有故，言之成理，点出叶适重视事功、强调外王的学问特性。本文则是要从另一个方面指出：叶适并非专讲制度，他也常有谈正心的时候。保持虚明反省之心，诉诸道德主体的践履，方有之后的应物接物可说，"毋自欺"本身就其伦理学上的意义，不必完全排除，不一定是为了事功制度层面才有的讲法，这也是他在《温州新修

---

1 （宋）叶适：《水心别集·纪纲三》，《叶适集》，页815。
2 （宋）叶适：《水心别集·士学上》，《叶适集》，页675。

学记》里特地点出"故永嘉之学,必兢省以御物欲者,周作于前而郑承于后也"[1]等说的原因。如前所言,推性命微眇,或执礼不懈如常,周行己、郑伯熊本身就以立身持谨、修身严密闻名于世,叶适既有自觉地承袭前人,当然对修身功夫有深切的认同与理解。更进一步来看,儒家强调修身治国,修己安人,本就是儒学通义,叶适自然也在这个传统之中,就他看来,修身可以为君子,可以尊德性,当然更可以经世治国,所以伦理道德合于名物度数,义理事物相通贯,内外交相成,自然也是叶适应有的主张。只是他更担忧若人人讲诚心,各说有理,又该如何判定孰优孰劣、谁是谁非?此时"兢省以御物欲"的功能便充分展现,有了兢省、毋自欺的功夫,才能不受物欲控制,不被物役,才能冷静看清天下事物,就如叶适所理解的《大学》之物:喜为物喜,怒为怒物,观物而了然于心,方可经世致用,弥纶而通世变。

有趣的是,内外相成,不可或离,也正是朱、陆一向秉持的观点,终生不渝。换言之,修己安人以治百姓,修身治国,为学经世,自然都是他们的共识[2],只是因为"修身"的做法不同,自然也影响了"治国"的种种看法,叶、朱、陆之所以各有立场,也是可以借此理解的角度之一。

只是,就像陆象山说的"儒者虽至于无声、无臭、无方、无体,皆主于经世"[3],不过多数儒者终究未有充分用世的机会,虽有经世之志,仍无太多经世之实政。那么,叶适自己又如何呢?他在见孝宗、宁宗陈述时事前,已撰有文稿,数年后重读,叶适似有所憾,年纪已老,世事似乎仍沉沦难解,而良友渐随千劫尽,本身所学,却又难以真正用世,他的感慨,情溢乎辞:

> 庆元己未,始得异疾,六年不自分生死,笔墨之道废。嘉泰甲子,若稍苏而未愈也,取而读之,恍然不啻如隔世事。嗟乎!余既沈痼且老,不胜先人之丧,惧即

---

1 (宋)叶适:《水心文集·温州新修学记》,《叶适集》,页178。
2 关于朱、陆二人的经世理想,可见余英时《朱熹的历史世界:宋代士大夫政治文化的研究(上册)》,《自序二》,页13—15。刘芝庆:《心学经世陆象山》,《经世与安身:中国近世思想史论衡》。
3 (宋)陆九渊:《陆九渊集》,页17。

殒灭,而此书虽与一世之论绝异。然其上考前世兴坏之变,接乎今日利害之实,未尝特立意见,创为新说也。惜其粗有益于治道,因稍此次而系以二疏于后。他日以授宷、宓焉。[1]

隐穷显达,恐怕都不是朱、陆、叶在乎的;经世致用,得君行道,一向是儒者的关怀所在,也是他们努力的目标。或许是才命常相妨,有经世之才,不一定有经世的际遇;有经世的机会,又未必有经世的才能,更何况无才自命为有才,无能自许为有能者,世间岂会少了?难登大雅之堂,却又一朝登台;有心上台,夙夜强学以待问,怀忠信以待举者,却是苦无机会,"建策须为万世虑,孤忠亦有一身全"[2],不得志于世,却深远影响后世,得失之间,实在难说。只是综观这些儒者,赍志而没,或许就连他们自己,也是不无身世寂寞之感的。

---

[1] 此文为《外稿自跋》,今附于《应诏条奏六事》之后。(宋)叶适:《水心别集》,《叶适集》,页843—844。二疏即《上殿札子》与《应诏条奏六事》;宷、宓即叶适之子:叶宷与叶宓。见周梦江《叶适年谱》,页116。
[2] (宋)叶适:《水心文集·安抚待制侍郎徐公挽词二首》,《叶适集》,页452。

见山又是山
——袁中郎的生死之学

一、肆情以快意气：不拘格套独抒性灵

袁宏道（1568—1610），字中郎，号石公，又号六休。中郎自幼聪颖，少年时期，中郎也开始关注生死问题，"每至月明之夜，相对清言，间及生死，泫然欲涕，慷慨欷歔，坐而达旦"[1]。根据小修（袁中道）的记载，伯修（袁宗道）启发中郎"初与闻性命之学"。伯修在京为官，时为万历十七年（1589），正是中郎参加会试的时候。不过中郎却未能得其门而入。[2] 小修说：

> （中郎）下第归，伯修亦以使事返里，相与朝夕商确。索之华梵诸典，转觉茫然。后乃于文字语言意识不行处，极力参究，时有所解，终不欲自安歧路，恃爝火微明，以为究竟。[3]

---

[1] （明）袁中道：《解脱集序》，《珂雪斋集》，上海：上海古籍出版社，1989，页451。

[2] 小修在《解脱集序》中讲得更明白，原来在伯修启发之前，中郎曾学神仙之道，也曾有异人传法示要，只是中郎勤行未久，不得要领，遂亦作罢："公车之后，乃学神仙。偶有异人传示要领，勤行未久，寻亦罢去。及我大兄休沐南归，始相启以无生之学。"（明）袁中道：《解脱集序》，《珂雪斋集》，页451。

[3] （明）袁中道：《吏部验封司郎中中郎先生行状》，《珂雪斋集》，页755。

中郎对性命之学，难以深入；对生死之道，转觉茫然。当然跟他的生命阅历有关，较诸日后转变，此时生命所得不够圆熟，自得之境仍浅，即便极力参究，遍翻佛典，不过时有所解而已。况且这时伯修自己亦未能参悟，仍待实悟实修，己未能悟，又如何能悟人？中郎后又与伯修、小修共参"物格""格物"之旨，若有所省。万历十八年、十九年、二十一年，三兄弟与友人拜访李贽，论学说道，共参性命，中郎与李贽极为契合，小修也说中郎见李贽之后，思想大受震撼：

> 先生（芝庆按：中郎）既见龙湖，始知一向掇拾陈言，株守俗见，死于古人语下，一段精光，不得披露。至是浩浩如鸿毛之遇顺风，巨鱼之纵大壑。能为心师，不师于心；能转古人，不为古转，发为语言，一一从胸襟流出……[1]

在此之前，中郎当然不是一个死守古人言，不知变通的傻书生。但与兄长伯修类似，中郎也经历过一段模效学习的历程。[2] 等见及李贽、焦竑等师友之后，得到许多启发，以往模模糊糊的想法，似乎都有了较明确、具体的成型。就中郎看来，能转古人，不为古转，能为心师，而非为心所缚。因此古人也好，古语也罢，都是一种筌筏，重在融古为用，重在性灵心明，最后目标在于完成主体的真我。曹淑娟就曾指出，不论是李贽的童心说，还是公安三袁的独抒性灵，甚至是江盈科、钟惺、汤显祖等人，他们都强调掌握内心性的本源，以此说明对人心主体的重新体认，对自由境界的向往追求。因此不论是童心、性灵、性情、情致、精神、精光、元神等不同用语，即便各人关注的角度时有不同，或综括才性与德性范畴，或辨别真假与奇正，或混同性与情以任至情，却都指涉了同个向度——一种自由主体的追寻与呈现。[3] 中郎此时的恍然大悟，乃至于随后任吴县令之时所提出的诸多文学主张，显都是这种生命态度的表现。

---

1 （明）袁中道：《吏部验封司郎中中郎先生行状》，《珂雪斋集》，页756。
2 参见周群《袁宏道评传》，南京：南京大学出版社，2007，页35—36。
3 参见曹淑娟《晚明性灵文论的心性基础》《从清言看晚明士人主体自由之追寻与呈显》，收于氏著《孤光自照——晚明文士的言说与实践》，页27—73、100—102。

此时中郎的生活感受,明显与伯修不同。伯修既温且真,既有所狂,亦有所畏[1],中郎却不如此。小修曾说二人虽同参性命之道,但于应世之迹,"微"有不同。伯修认为居人世间,当敛其锋芒,与世抑扬,此乃安身保身之道,毕竟"宦海多风涛,绝胜洪河浪"[2],杜机葆贞,不刻意耀才;中郎则反之,"淫僻畏仁义,行止羞罔两"[3],他说凤凰不与凡鸟共巢,大丈夫生于世,自当独来独往,不与俗俯仰。自舒其逸,当不可逐世盲目,听人鼻息。[4]两相比较,一则明哲保身,退藏于密,另一则却是特立独行,不随人逐,似是完全相反的态度,为何小修却说"而于应世之迹,微有不同"?此时我们必须注意小修整段的脉络,再抓紧"应世之迹"这一关键词,才能理解"微"字的用意与含义。原来小修所指,并非二人"应世"的能力真有什么绝大不同。关键在于伯修、中郎对"应世"的定义不同,"应世"能否自适,能否追求真我,能否独抒性灵,正是他们分歧所在。

万历二十二年(1594),中郎任吴县县令。吴县,旧名姑苏,为明代苏州府管辖七县之一,到万历中后期,人口可能有三十万左右,相当密集。在当时是商业活络、水陆交通发达之地,也是人文荟萃、文物鼎盛所在。因为人来人往,三教九流皆处其中,对于为官来讲,容易绑手绑脚,诸多限制,更何况明末吏胥之权,表面上低于县官,但实际上外派的地方官因不熟民情与环境,不得不屈于地方势力,配合吏胥行事。吴县号称"繁剧",之所以难治,实是其来有自。[5]年轻的中郎至此任官,就本身性格上来讲,他是颇为不适,时常感到痛苦的:"是在官一日,

---

1 参见刘芝庆《自适与修持——公安三袁的死生情切》,武汉:湖北人民出版社,2017,第二章。

2 (明)袁宗道:《过黄河》,《白苏斋类集》,上海:上海古籍出版社,1989,页1。

3 (明)袁宏道:《述怀》,《袁宏道集校笺》,上海:上海古籍出版社,2008,页37。

4 参见(明)袁中道《吏部验封司郎中中郎先生行状》,《珂雪斋集》,页756。

5 参见钟林斌《公安派研究》,页119。周质平:《公安派的文学批评及其发展——兼论袁宏道的生平及其风格》,台北:台湾商务印书馆,1986,页130—132。中郎日后回想起这段经历,仍觉困顿。他说县令实在难当,有太多不得已的苦衷:"今时外吏之难,至县令极矣。县令之责甚重,而权甚轻。责重,则一邑之一供一赋一饥一寒,皆倚辨于我;而权轻,则时有掣肘之患。民不尽良也,而上之人偏重在民,则民日益骄。为县令者,日降心抑志以事百姓,如严家之保母,栗栗然抱易啼之婴,若之何能罚而令行也?朝而谒于道,望尘而拜焉;暮而谒于邮,望檐而拜焉。小而一茶之供,一帏之设,皆长吏躬亲视之。小不如法,门者皆得而诃责之,其当意不足以为功;失意,令且惧叵测,将折腰谢过之无地也。"(明)袁宏道:《送榆次令张元汉考绩序》,《袁宏道集校笺》,页705—706。

一日活地狱也，人亦何为而乐地狱也哉？"[1]，"吴令繁冲，苦痛入骨，没奈何只得低头做去，终是措大无远志耳"[2]，"人至苦莫令若矣，当其奔走尘沙，不异牛马，何苦如之？"[3]，"人生作吏甚苦，而作令为尤苦，若作吴令则其苦万万倍，直牛马不若矣！"[4] 做官痛苦，难以忍受，却不代表他不能做官、不会做官。事实上中郎治县颇有成效，小修曾举数事说明：

> 吴赋甲于天下，猾胥朱紫其籍，莫可致诘，飞洒民间，溢于额。而不知先生一目了然，摘其隐射之条若干，呼猾胥曰："此何为者？"胥不敢欺，皆俯首曰弊。凡十余诘，皆不敢隐，皆俯首曰弊。先生俱置之法，而清额外之征凡巨万，吴民大悦。又不拆征收之封，惟苟兑者，许民告白之，而以其所赢代输者为倾泻费。上官闻而便之，以其例下诸邑，悉如吴县。
>
> 先生机神朗彻，遇一切物态，如镜取影，即巧幻莫如吴门，而终不得遁。故遁词恒片语而折，咄嗟狱具，吴人谓之"升米公事"。自非重情，无所罚赎，杖之示惩而已。以故署门酒家萧条，皆移去。
>
> 县胥隶之类，或三四为曹，共一役，不食县官，惟借公事渔猎里闾。先生拣其宜用者食之，无所差遣，终日兀坐，不能糊口，皆逃去归农。
>
> 有屡投匿名牍者，先生出见县前占星人，觉黠甚，念必此人也。呼来占星一纸，视手迹与匿名牍无二，讯之立伏。其妙于得情皆此类。先生为令清次骨，才敏捷甚，一县大治。宰相申公闻而叹曰："二百年来，无此令矣！"[5]

猾胥借征收之便，从中取利，但瞒不过中郎；县中有久不决断的诉讼，中郎眼明心细，一一判之，讼事速决不拖延，以至于官署前的酒家生意萧条；中郎又

---

1 （明）袁宏道：《罗隐南》，《袁宏道集校笺》，页227。
2 （明）袁宏道：《梅客生》，《袁宏道集校笺》，页230。
3 （明）袁宏道：《王以明》，《袁宏道集校笺》，页240。
4 （明）袁宏道：《沈广乘》，《袁宏道集校笺》，页242。
5 （明）袁中道：《吏部验封司郎中中郎先生行状》，《珂雪斋集》，页756—757。

巧妙地淘汰冗官，黜退闲散小吏……如此种种，小修就具体事例论说，或许不无溢美之处，但基本上符合《明史·袁宏道传》的记载："选吴县知县，听断敏决，公庭鲜事。与士大夫谈说诗文，以风雅自命。"可见中郎处世应世，并不如他自己所讲，是完全独来独往，不与世俯仰，且放任自我，不在乎他人看法与评论的。中郎会当官，也会做事，有进有退，该伸该屈，能明哲也能保身，他都是明白的。这些言行，若就伯修自己的话来讲，就是"畏事"，"畏事"并非贬意，而是应世涉世的一种方法，伯修与中郎曾有一段谈话：

中郎论人不宜太畏事，伯修曰："不畏事，必愤事。"[1]

畏事不是怕事，而是谨慎小心、杜机葆贞，是应世周详，处置得当。中郎当然也懂"畏事"，任吴县令极苦，却也治理得当。试想，若不能畏事，一味狂傲，焉能治县？但即便都懂"畏事"，都能"畏事"，小修仍明确指出伯修与中郎的"微有不同"：伯修将畏事视为自我本真的一种，能进能退，才能自适；中郎则非如此，他认为这些畏事是不得已，乃应事之不得不然，而非本真本我，更非自适的态度，他曾说官与人非二，却不得不二者，时也，"夫居今之时，处簿书会稽之间，而欲以重厚长者之道行之，必败"。中郎认为当官者必须注意三件事：以君子待之，而不信世间有小人，预设人人都是为公为民，毫无私心伎俩，是一不可；任书生肮脏脱略之习，而少脂韦妩媚之故，忽略应对进对与做人处世的形式外在，是二不可；我信其心，人疑其迹，我又不能暴其心而文饰其迹，做人处世不能一概而论，是三不可，由此可知，"然则人生涉世亦难矣哉！"[2] 相较于动辄得咎的人事、繁文缛节、奔逐世态[3]，袁宏道的自适，就是顺应自我性情，不勉强，不造作，不虚

---

[1]（明）袁中道编：《柞林纪谭》，收于李贽《李贽文集（第七卷）》，北京：社会科学文献出版社，2000，页339。

[2] 参见（明）袁宏道《题初簿罢官册》，《袁宏道集校笺》，页191。

[3] 对这种动辄得咎的情况，李贽有极为生动的描述，他称之为"被人管"，而且一出生就被人管，束缚于尘世的种种关系与规矩，李贽说："缘我平生不爱属人管。夫人生出世，此身便属人管了。幼时不必言；从训蒙师时又不必言；既长而入学，即属师父与提学宗师管矣；入官，即为官管矣。弃

伪,适性适意,他所谓"性之所安,殆不可强,率性而行,是谓真人"[1],"亦当率行胸怀,极人间之乐"[2],又或是耳目所极世间声色,身口所极世间之鲜之谭;堂前列鼎,堂后度曲,宾客满席,男女交舄;藏万卷书,书皆珍异,宅畔置一馆,约数十知己好友,上下古今,世说新语;千金买舟,舟置妓妾游闲数人,泛舟快活;最后钱财消尽,一身狼狈,朝不谋夕,托钵歌妓之院,分餐孤老之盘,往来乡亲,恬不知耻,此乃世间"五快活"。[3]因此中郎说他最欣赏向往的类型是:"独有适世一种,其人甚奇,然亦甚可恨。以为禅也,戒行不足;以为儒,口不道尧、舜、周、孔之学。身不行羞恶辞让之事,于业不擅一能,于世不堪一务,最天下不紧要人。虽于世无所忤违,而贤人君子则斥之惟恐不远矣。"[4]中郎最喜欢这类的人,认为这是自适之极,自适若此,不枉此生矣。当官,特别是担任吴县县令,是没有这些自由的,也没有这种"自适"。所以中郎才说任官苦,为县令尤苦。[5]

(一)自适与文学

重视心灵的自由,追求外在的洒脱,中郎既然如此定义自适,则率行胸怀,率性而行,便代表他理想的生活方式与生命态度。任情自适,随己之所安,然后能乐,他曾用"寄"来说明这个道理:"人情必有所寄,然后能乐。故有以弈为寄,有以色为寄,有以技为寄,有以文为寄。古之达人,高人一层,只是他情有所寄,不肯浮泛虚度光景。"[6]情有所寄,有寄便有乐,顺性合理,故能高人一层,

---

官为家,即属本府本县公祖父母管矣。来而迎,去而送;出分金,摆酒席;出轴金,贺寿旦。一毫不谨,失其欢心,则祸患立至。其为管束,至入木埋下土木已也,管束得更苦矣。"(明)李贽:《焚书·豫约》,《李贽文集(第一卷)》,页173。

1 (明)袁宏道:《识张幼于箴铭后》,《袁宏道集校笺》,页193。
2 (明)袁宏道:《管东溟》,《袁宏道集校笺》,页292。
3 参见(明)袁宏道《龚惟长先生》,《袁宏道集校笺》,页205—206。
4 (明)袁宏道:《徐汉明》,《袁宏道集校笺》,页218。
5 伯修与中郎,虽然应世之道、自适之法微有不同,可是用意却是类似的,都是刻意与世俗尘嚣保持拒离,区别自己与俗士俗人的不同,为了是维持自身的清醒,不至于甚沉沦其中,认不清自己,"忘了我是谁"。
6 (明)袁宏道:《李子髯》,《袁宏道集校笺》,页241。

寄情自适。表现在文学上，自然就形成了"独抒性灵，不拘格套"的主张，他作有《诸大家时文序》《叙小修诗》《叙陈正甫会心集》《丘长孺》等尺牍，反对复古，认为复古往往导致泥古，让"古"成为目的，千篇一律，失去诗文的真实与个性，"大抵物真则贵，真则我面不能同君面，而况古人之面乎？"[1]因此唐自有诗，不必非同《文选》；初盛中晚唐，亦自有诗，不必专以初盛为高。唐诗如此，宋诗宋文亦然。况且古人也非人人学古，秦汉之文大盛，秦汉人不曾字字学六经；盛唐之诗大盛，盛唐人也非字字学汉魏，秦汉若学六经，岂能有秦汉之文？盛唐学秦汉，又何能盛唐之诗？"唯夫代有升降，而法不相沿，各极其变，各穷其趣，所以可贵，原不可以优劣论也。"[2]就像人的个性差异一样，各时代各有特色，只要能明极其变，亦穷其趣，不为古所缚，不为法所偏，求变求异，任时穷趣，安于自适，就有可贵之处，正所谓"其调年变而月不同，手眼各出，机轴亦异"[3]。秦汉文如此，唐诗如此，今之时文也是如此，他说现今有些人以古为高，以今为卑，殊不知刚好相反，"大约愈古愈近，愈似愈赝，天地间真文渐灭殆尽"。"而卑今之士，反以为文不类古，至摈斥之，不见齿于词林。嗟乎！彼不知有时也，安知有文！"——说到底，正如中郎在《叙小修诗》所言，"大都独抒性灵，不拘格套，非从自己胸臆流出，不肯下笔"，因为独抒性灵[4]，所以才要不拘格套，不受古所束，不受法所缚。[5] 陆云龙说中郎"率真则性灵现，性灵现则趣

---

1 （明）袁宏道：《丘长孺》，《袁宏道集校笺》，页284。

2 （明）袁宏道：《叙小修诗》，《袁宏道集校笺》，页188。

3 （明）袁宏道：《诸大家时文序》，《袁宏道集校笺》，页188。

4 "性灵"之说，当然并非公安三袁独创，李贽、江盈科，甚至汤显祖、徐渭等人，都有类似的说法。性灵说的提出，也与当时阳明良知学、禅宗唯心等思潮有关。在中国文论传统中，类似性灵的说法主张强调真我，重视本心，以至于情与境会，下笔千言等观点，亦复不少，学界对此研究颇多。关于"性灵"的源流演变，以及明末相关的文学主张等等，因非本文主旨，故不多予讨论，关于晚明性灵文学的研究，可参曹淑娟《晚明性灵文论的心性基础》，收于氏著《孤光自照——晚明文士的言说与实践》，页27—73。吴兆路：《中国性灵文学思想研究》，导论、上编。赵伟：《晚明狂禅思潮与文学思想研究》，第八章。戴红贤：《袁宏道与晚明性灵文学思潮研究》，武汉：武汉大学出版社，2012，下编。

5 值得注意的是，此处之"格套"，当然是就文学的观点来讲的，与习古的含义类同。但若就中郎使用的惯性来看，格套也可泛指俗见道理，或是官场人际的送往迎来、应酬说话等俗事俗务。中郎解任吴县令之后，曾寄信给朱一龙，说自己逃脱官网，如游鳞纵壑，倦鸟还山，因为当官这两

生"¹,杨汝楫也说"时人谓其字句中,自有一段逸气挟之而行,一种灵心托之而出"²,二人之评,确为肯綮。不过中郎所针对的古,是指仿古泥古、尊古卑今的状况,当古成为阱障,自然要破古除古。但若就"古"本身来说,中郎倒非完全反对,反过来说,就因为代有升降,手眼各出,机轴亦异,于是古人如何各极其变,各穷其趣,就成了值得探究的问题。而今人如能善于学习此点,就成了另种层次的学古习古,前面讲到的盛唐不学秦汉,秦汉不学六经,又例如他说:"诗之奇之妙之工之无所不极,一代盛一代,故古有不尽之情,今无不写之景……"既然一代盛于一代,代代又各有不同,于是如何从中学习领会,得古之法,也成了独抒性灵、不拘格套的关键。此处的古,反而变成了"开新"的敲门砖。所谓古之法,并非专指某家某派,而是求变求趣的精神,"惟识时之士,为能堤其隤而通其所必变"³,重在眼明心细,深了时势,得窥其必变之处。⁴ 换言之,"独抒性灵,不拘格套"并不是一味求新求异求变而已,必须是与审时度势相结合,才算是真法:"善为诗者,师森罗万象,不师先辈。法李唐者,岂谓其机格与字句哉?法其不为汉,不为魏,不为六朝之心而已,是真法者也。"⁵ 所以以古为用,意在开新,借古返今,习古而开新,中郎认为"今之人徒见宋之不唐法,而不知宋因唐而有法者也"⁶,即可由此理解。江盈科曾说:"中郎为诗,最耻模拟,其

年,实在为官所苦,心力交瘁,"两年为格套所拘,不得少吐寸肠",格套之称,亦可此用。此正《叙陈正甫会心集》所说"迨夫年渐长,官渐高,品渐大,有身如梏,有心如棘,毛孔骨节俱为闻见知识所缚,入理愈深,然其去趣愈远矣"。(明)袁宏道:《朱司理》《叙陈正甫会心集》,《袁宏道集校笺》,页303、463—464。

1 陆云龙:《叙袁中郎先生小品》,(明)袁宏道《袁宏道集校笺》,页1721。
2 杨汝楫:《新刻袁中郎全集序》,(明)袁宏道《袁宏道集校笺》,页1720。
3 (明)袁宏道:《云涛阁集序》,《袁宏道集校笺》,页709。
4 这也是伯修在《刻文章辨体序》所说的:"兹集(芝庆按:即吴讷《文章辨体》)所编,言人人殊,莫不有古人不可湮灭之精神在,岂徒具体者。后之人有能绍明作者之意,修古人之体,而务自发其精神,勿离勿合,亦近亦远,庶几哉!深于文体,而亦雅不悖辑者本旨,是在来者矣,是在来者矣!"(明)袁宗道:《刻文章辨体序》,《白苏斋类集》,页82。
5 (明)袁宏道:《叙竹林集》,《袁宏道集校笺》,页700。
6 (明)袁宏道:《雪涛阁集序》,《袁宏道集校笺》,页710。

于长吉非必有心学之,第余观其突兀怪特之处,不可谓非今之长吉。"[1] 前者之学长吉,是就学古层次的泥古来讲的,所以江盈科才说中郎不屑模拟,不是刻意学李贺;后面又说到"不可谓非今之长吉",则就习古之精神来说,突兀怪特、不守古调、不泥古语的方式,则中郎与李贺显有类同。[2] 类似的话语,我们在钟惺身上也可见到,钟惺后来虽与小修互有微词,对中郎也有批评,但就习古之精神来讲,两者颇有呼应,引申触类之处,亦复不少。只是他在不泥古的原则之外,又另外有了"幽情单绪"和"孤行静寄"的内涵,钟惺说:"尝试论之,诗文气运,不能不代趋而下,而作诗者之意兴,虑无不代求其高。高者,取异于途径耳。夫途径者,不能不异者也,然其变有穷也。精神者,不能不同者也,然其变无穷也。操其有穷者以求变,而欲以其异与气运争,吾以为能为异而终不能为高,其究途径穷而异者与之俱穷,不亦愈劳而愈远乎? 此不求古人真诗之过也","(钟)惺与同邑谭子元春忧之。内省诸心,不敢先有所谓学古不学古者,而第求古人真诗所在。真诗者,精神所为也"。精神是真诗所在,精神又是可以变化无穷的途径,不论是学古或不学古者,这才是古人真诗的重要因素。最后又说:"察其幽情单绪,孤情静寄于喧杂之中,而乃以其虚怀定力,独往冥游于寥廓之外。"[3] 古人之真诗,正表现在古人的生命态度——在喧杂之中虚怀定力,幽情单绪,游于寥廓之外。[4]

---

[1] (明)江盈科:《解脱集引》,《江盈科集》,湖南:岳麓书社,2008,页278。

[2] 类似的例子,小修曾以王天根与中郎的故事为证。王天根取中郎诗中最似唐的部分,集为成册,示诸友人,要他们猜是何代诗人所作,友人或说盛唐、中唐,又或是晚唐,天根大笑曰:"此即袁中郎诗,诸公以为全不肖唐者也。公等草草一览,见有一二险易语,遂以为中郎病,而其实肖唐人之神骨者最多,遍读而深入之自见。"(明)袁中道:《王天根文序》,《珂雪斋集》,页480。

[3] (明)钟惺:《诗归序》,《隐秀轩集》,上海:上海古籍出版社,1992,页236。钟惺在给友人的书信中,也说花费数年编辑的《诗归》(刊行时间为万历四十五年,1617)是标举古人精神:"家居复与谭生元春深览古人,得其精神,选定古今诗曰《诗归》。稍有评注,发覆指迷。盖标古人精神日在人口耳之下,而千百年未见于世者,一标出之,亦快事也!"(明)钟惺:《与蔡敬夫》,《隐秀轩集》,页468。

[4] 值得注意的是,就学理上来看,公安派与竟陵派固有相同处,可是自《诗归》序出版后,小修对钟惺有许多批评,而且小修在《花雪赋引》里本将钟惺视为同道,说他"誓相与宗中郎之所长,而去其短……",不料这段文字在万历四十六年(1618)刻于新安的《珂雪斋前集》里却被删除。陈广宏推测是因为《诗归》的流行以及钟、谭等人的声势,自我张大门户,对小修重振公安,造成许多

（二）自适与禅学

这种心态，不只是文学观点而已，也表现在中郎对禅宗的参悟与理解。他参禅的目的，在于学道以脱离生死："欲识死生情切处"[1]，"以此知人世不可不急学道也"[2]，"至于性命之学，则真觉此念真切"[3]。他认为不论是究心仙佛或是修炼飞升坐化，甚至每当快意适心之时，心中却总有隐忧埋伏，不明所以，"浮生如石火，何物可长年？"[4]世间富贵功名都不能消此牢骚不平之气，于是托于文章，以求不朽，或纵欲肆情，极意声伎。这些言行，事实上都源于贪生畏死之心。生的眷恋，以及死的困惑，若能明此理此心，深信眼前有死，则学道可成，最怕的是"独庸夫俗子，耽心势利，不信眼前有死"，"而一种腐儒，为道理所锢，亦云：'死即死耳，何畏之有！'"[5]尽皆卑下之人之言，自为中郎所不取。正因为中郎贪生怕死，"且夫怕死者，为怕痛也。痛可怕，死独不可怕乎？又怕死后黑漫漫，无半个熟识也。今黑夜独坐尚可怕，何况不怕死后无半个熟识乎？弟于怕死怕阎罗，虽不敢预期，然怕痛怕黑夜独坐，则已甚矣"[6]。既怕痛，又怕黑夜独坐，便是怕死，而为了悟生死，于是中郎参禅念佛，以学道求道者自居。[7]

压力。陈广宏：《竟陵派研究》，上海：复旦大学出版社，2006，页248—250。由此可见，两派之争，文学主张的不同固是缘由，但人事上的纷歧，可能更是主因。不过仍要说明，公安与竟陵自有同处，当然也有差异，但更要留心的，是公安派的主张，末流之所及，确然造成许多不好的影响，小修也自承："诸文人学子泥旧习者，或毛举先生少年时二三游戏之语，执为定案，遂谓箋法自先生（芝庆按：即中郎）始"，"至于一二学语者流，粗知趋向，又取先生少时偶尔率易之语，效颦学步。其究为俚俗，为纤巧，为莽荡，譬之百花开，而棘刺之花亦开；泉水流，而粪壤之水亦流。乌焉三写，必至之弊耳，岂先生之本旨哉！"这正是竟陵诸人欲以矫正的。小修所谓的重振公安，也是在这种情势下而起。（明）袁中道：《中郎先生全集序》，《珂雪斋集》，页522、523。

1 （明）袁宏道：《入红螺崎道中纪事》，《袁宏道集校笺》，页670。
2 （明）袁宏道：《龚惟长先生》，《袁宏道集校笺》，页276。
3 （明）袁宏道：《徐崇白》，《袁宏道集校笺》，页496。
4 （明）袁宏道：《惜日》，《袁宏道集校笺》，页121。
5 （明）袁宏道：《兰亭记》，《袁宏道集校笺》，页444。
6 （明）袁宏道：《答陶石篑》，《袁宏道集校笺》，页736。
7 闻道是为了离生死，中郎在《为寒灰书册寄郧阳陈玄郎》就说："夫闻道而无益于死，则又不若不闻道者之直截也。"在文章里，他批评宋儒即便能闻道，却未能尽畅"朝闻夕死"之旨，到了王阳明等人之后，始能抉古圣精髓，可惜当世儒者，疑信半参，疑者固疑，即便是信者也只及皮貌而已。（明）袁宏道：《为寒灰书册寄郧阳陈玄郎》，《袁宏道集校笺》，页1225。

正如前所言，伯修虽曾启以性命之学，但中郎仍未找出适合的路数，摸索甚久。再加上本身心性不定，修行时或心猿意马，妄欲交争，于是转觉茫然，未得其门，"何如逃世网，髡发事空虚"[1]，"事佛心难定，学仙道不成"[2]，自家性命下落，该何去何求，更是不明所以。直至遇到无念、李贽等师友之后，才渐渐对禅法有深入的体会。既入此道，自然是积极参禅、努力参禅，他在给王穉登（字百谷）的信中便说："眼前事如牛毛，然今日牛毛，明日龟毛矣。唯有禅诵一事，近可以消遣时日，远可以乞果来生，不肖所以自励励足下者，唯此一事实"[3]，"社中诸法友，勉力事禅那"[4]。以参禅自励励人，以禅诵乞果来生。正如他以自适为首要条件的生命心态，中郎对参禅的态度，也是如此，毕竟禅者，重在悟，重在扫荡尘垢，重在摆脱外在阻碍，自证本心，破除世间价值的枷锁，"若以色见我，是人行邪道。饶他紫金身，只是泥与草。朝来自照面，三十二种好。终日忙波波，忘却自家宝"[5]。不以色见佛，则佛之金身，不过泥与草。佛身如此，人身、物身，乃至于世界万物，又何尝不是如此？"唯有虚空心，一片描不得"[6]，虚空本就难以言语描述，虚空本非物本无物，又何来外在色相？反过来说，本来无一物，可是因为世间种种计较，凡轻盈的都变沉重了，凡纯白的都变混浊了。中郎曾与人论仙，说"一切计较，皆缘见性未真"，例如道教教人成仙，以形神俱妙为首，可是却误以神识为性，又将神形、性命二分，以为形与神对、性与命对，所以才讲形神俱妙、性命双修……殊不知这些都是因偏差所致，"种种过计，皆始于此"。毕竟所谓真神真性，乃"天地之所不能载也，净秽之所不能遗也，万念之所不能缘也，智识之所不能入也……"[7]既然种种过计，皆始于此，如转深一层，就参禅来看，连"禅""法"本身都可能成为另种层面的"过计"。中郎认为禅有禅代不息之意，

---

1 （明）袁宏道：《病起》，《袁宏道集校笺》，页122。
2 （明）袁宏道：《偶成》，《袁宏道集校笺》，页54。
3 （明）袁宏道：《王百谷》，《袁宏道集校笺》，页499。
4 （明）袁宏道：《大人寿日戏作》，《袁宏道集校笺》，页499。
5 （明）袁宏道：《仲春十八日宿上天竺》，《袁宏道集校笺》，页350。
6 （明）袁宏道：《戏题飞来峰》，《袁宏道集校笺》，页350。
7 （明）袁宏道：《与仙人论性书》，《袁宏道集校笺》，页488—490。引文见页490。

变动不居,绝无可居,如春之禅为秋,昼之禅为夜,迁流不已,无常无止。所谓禅者,固然重在悟,但有时连悟的本身也只是方法,更何况法无定法,进退亦无定:"而学禅者,又安有定法可守哉?且夫禅固不必退也,然亦何必于进?固不必寂也,亦何必于闹?"[1]学禅者,安有定法可守?中郎以《华严经》的"理事无碍法界"[2]为说,人心不同,有如其面,所以道途辙迹,各有进退。进不碍退,退不碍进,两相不阻,是事事无碍;"夫进退事也,非进退理也,即进退,非进退",是事理无碍,进退者是事,非理,进退既不相碍(事),因此事理自然无碍。而即进即退,可谓行布不碍圆融;进者自进,退者自退,正是圆融不碍行布。[3]若依《华严经》本身来讲,菩萨之阶位,初后相即,即是圆融,初后次第,则是行布,行布门为教相施设种种差别之方便法门,圆融门则是理性德用所说的真实法。三乘诸教乃属行布门,圆教则为圆融门,两者不碍,无量与一,融通隐隐,"以行布是教相施设,圆融是理性德用。相是即性之相,故行布不碍圆融;性是即相之性,故圆融不碍行布,圆融不碍行布。故一为无量,行布不碍圆融,故无量为一。无量为一,故融通隐隐"[4]。中郎解释两者相融,圆融不碍行布,行布不碍圆融,一切归因于法本无法,前人随根说法,后人不必强分法的高下。再者,世间皆是事,然眼前与人作障者,却是理,良恶丛生,贞淫猥列,本来如此,有什么碍?但学者有惩刁止慝之说,而百姓始为碍;一块竹皮,两片夹棒,又有何碍?自学者有措刑止辟种种姑息之说,则刑罚始为碍也,"诸如此类,不可殚述,沉沦百劫,浮荡苦海,皆始于此"[5]。若真能两相无妨,理事无碍,又何来这些计较?因此参禅的目的,在于得其精神,自适适意,借由参禅以明生死。参禅只是权,开权显实,不是为了参禅

---

[1] (明)袁宏道:《曹鲁川》,《袁宏道集校笺》,页253。
[2] 《华严经》中"法界"的用例与意义,在作为法性的范围意义之内表示法的实相、真如状态,表达的内容相应于《般若经》中的"法性""实相""真如"等空义,只是《华严经》以较为积极肯定的角度,说明缘起观成立的一切法则在整体法界中种种差别的性质与关系。可参邓克铭《华严思想之心与法界》,页48—51。
[3] (明)袁宏道:《曹鲁川》,《袁宏道集校笺》,页253。
[4] (唐)澄观:《大方广佛华严经疏》,收入《大正藏》,台北:新文丰出版公司,1983—1988,第10册,页503C。
[5] (明)袁宏道:《陈志寰》,《袁宏道集校笺》,页266。

而参禅,毕竟世间哪有参得明白的禅?"世岂有参得明白的禅?若禅可参得明白,则现今目视耳听发竖眉横,皆可参得明白矣","须知发不以不参而不竖,眉不以不参而不横,则禅不以不参而不明,明矣"[1]。虽然如此,法无定法,可是禅毕竟不能离法,不能没有法,正如无相亦不能离声色之相,"当知佛所谓无相者,不舍声色之无相也"[2]。可是禅不离法,只是权说,不能因此就把禅法当作最终目的,参禅只是过程,不是结果。故所谓圆方之分,以为禅法圆教融用一切,应物而不纷,就不能成立,中郎在与管志道的书信中,批评耿定向以圆判见地,以方判教体,未免意圆语滞,"何也?若见定圆,则圆亦是方,此一个圆字,便是千劫万劫之系驴橛矣,可不慎与?"[3]以圆通为高,殊不知"圆通却成碍"[4]——"此一个圆字,便是千劫万劫之系驴橛矣"。"系驴橛",即路旁系驴马的木柱,意为理障、障碍,若不能灵活变通,得其精神,一味死守某些观点字句,又如何能求道?

圆通既不能当作全部,那么连"禅"本身,也只是了通生死的手段而已。如能自适,以此解悟,则禅亦可,非禅亦无不可;仙亦能,非仙亦无不能。龚鹏程就说中郎:"由于他的根本关切在于了脱生死,所以他不是就佛学来讲如何了生死,而是以其关怀为核心,儒释道各家,凡有助于解答这个问题的,都被运用吸取来,并不专守学术的客观分界与门户。"[5]正因如此,中郎才会说:"割尘网,升仙毂,出宦牢,生佛家,此是尘沙第一佳趣。"[6]升仙毂,生佛家,在于可割尘网,能出宦牢;又说自己近来听闻黄山有一异人,甚得无生之旨,中郎非常企慕,打算前往相寻。若对方真有此功,因病发药,以疗自己百劫纠缠之病,则中郎将跟随他,永作方外人,不愿回到俗世。他更明说若真能做到"任心到此","安得不适?"[7]不会参禅或为道,不论升仙或佛家,自适真我,任心任性,解脱生死,才是中郎始

---

[1] (明)袁宏道:《答陶石篑编修》,《袁宏道集校笺》,页733。

[2] (明)袁宏道:《金刚证果引》,《袁宏道集校笺》,页711。

[3] (明)袁宏道:《管东溟》,《袁宏道集校笺》,页235。

[4] (明)袁宏道:《云上人》,《袁宏道集校笺》,页382。

[5] 龚鹏程:《死生情切:袁中郎的佛教与文学》,收于氏著《晚明思潮》,页142—143。

[6] (明)袁宏道:《冯秀才其盛》,《袁宏道集校笺》,页480。

[7] (明)袁宏道:《朱司理》,《袁宏道集校笺》,页482。

与伯修一样,中郎也热切寻求共修道友,他曾抱怨:"天下奇人聚京师者,儿已得遍观。大约趋利者如沙,趋名者如砾,趋性者如夜光明月,千百人中,仅得一二人。一二人中,仅得一二分而已矣。"[1] 当中郎相继认识无念、李贽、焦竑、陶石篑、江盈科等学友之后,或谈诗论艺,或参究无生,中郎自是喜不自胜,参禅功夫,更益精进。据小修的讲法,李贽更以"然至于入微一路,则谆谆望之先生(芝庆按:中郎),盖谓其识力胆力,皆迥绝于世,真英灵男子,可以担荷此一事耳。"[2] 李贽之看重中郎,中郎天资之高,皆可得见。

只是中郎寻觅归寻觅,得修道友,固佳,但对这些求道友的求道方法,仍有些意见,他在寄给伯修的书函中,曾有如下的观察:

> 王衷白无疑可破,何必破疑?萧玄圃本无疑,何必求疑?为我拜上二公,只硬不疑便是佛。
>
> 近来诗学大进,诗集大饶,诗肠大宽,诗眼大阔。世人以诗为诗,未免为诗苦,弟以《打草竿》《劈破玉》为诗,故足乐也。石篑间一为诗,弟无日不诗;石篑无日不禅,弟间一禅。此是异同处。虞长孺兄弟是真高士,但其学问大有可商。每云悟后方可调心,神通出方是佛,大率为教典所误。僧孺颇有悟机,只为执定己见,不肯虚心参访,不曾遇着一个大力量宗师,所以执药成病,却却是吾辈益友。于陈正甫处,得圆觉解,是圆觉解老兄耳。正甫道心切甚,但无奈太爷高,道低;太爷大,道小;太爷聪明,道痴。以此对面不相识。[3]

依照上述的讨论,中郎的意思其实很清楚:以自适出发,或诗或禅,无一不适,就因为得以自适,他人不能,而中郎能,他人执药能病,中郎则是药到病除。

---

1 (明)袁宏道:《家报》,《袁宏道集校笺》,页203—204。
2 (明)袁中道:《吏部验封司郎中中郎先生行状》,《珂雪斋集》,页756。
3 (明)袁宏道:《伯修》,《袁宏道集校笺》,页233、492。

世人以诗为诗，不免为诗苦，中郎则随心所欲，无日不诗，以民间流行歌曲《打草竿》《劈破玉》为诗，更可乐也，这也是"石篑间一为诗，弟无日不诗"的差异。就禅来说，中郎曾批评陶石篑参禅过泥，太想把禅参得明白清楚，"世岂有参得明白的禅？"[1] 参禅在于自悟，不要太拘泥在参禅本身，而陶石篑未免太执了，太想参得明白，此正"石篑无日不禅，弟间一禅"之异同。除此之外，其余道友即便是真高士，是吾辈益友，是道心甚切，仍不免为教典所误，执定己见，执药成病；又如王衷白、萧玄圃二人，无疑可破，何必破疑？本无可疑，何必求疑？恐是见道未明，仍有惑见使然。即便被戏称"圆觉解老兄"的陈正甫，可解圆觉，本身却也不圆觉，与道仍有所隔，毕竟一高一低，一大一小，一聪明一痴妄，人与道两不相称，实不可谓圆，既不能圆，解又岂能？

中郎何出此言呢？因为就他自己看来，聪慧天才如他，自适既真，自得也就比别人多，对参禅、作诗等领悟自然也就最深，因此指出别人的不足，正是为了肯定自己，证明自己。他说自己于诗一道，"仆求自得而已，他则何敢知？"[2] 看似谦词，实乃傲语。他又接着讲自己于参禅一事，当今天下除李贽之外，几无敌手："仆自知诗文一字不通，唯禅宗一事，不敢多让。当今劲敌，唯李宏甫先生一人，其他精炼衲子，久参禅伯，败于中郎之手者，往往是。"[3] 虽然逊称对诗文不通，但若对照前引伯修书信，可知此处不过是套语，不必当真，不必见怪。倒是对参禅一道，中郎深具信心，自满自傲，当仁不让，不肯退步。周群认为中郎这么说，是因为与张献翼（字幼于）交恶，所以才有这封自解的书信。这封信写于万历二十五年（1597），在此之前，两人性格虽不完全相合，却颇能相濡以沫，互通来往。自万历二十五年之后，因观念不同，渐行渐远，交情不再。争吵的原因，据中郎的说法是，张献翼批评中郎诗似唐人，引起中郎不满，因此中郎才在信中解释；再加上前一年中郎曾赠诗给张献翼，诗中有"誉起为颠狂"，乃

---

[1] （明）袁宏道：《答陶石篑编修》，《袁宏道集校笺》，页733。

[2] （明）袁宏道：《张幼于》，《袁宏道集校笺》，页502。

[3] （明）袁宏道：《张幼于》，《袁宏道集校笺》，页503。

称赞之意,不料张献翼以为贬。[1]中郎又在给他人的书信中,提及吴中士人多不解语,不能谈禅,深感遗憾。中郎并未专指张献翼,但张献翼对号入座,认为自己包括其中,以致中郎干脆在彼此通信中明言,张献翼虽自负能谈名理,但对禅道一事,根本不通,紧接着便说出自己禅法高强,除败于李贽之外,无他人可与其对抗。[2]周群此说,有中郎本身的说法为证,自然持之有故;就人情之常而言,友朋交绝,在某些特殊时空下,不免多意气语,故周群这个说法也言之成理。可是不管中郎是否真的认为除李贽之外,天下已无敌手,从上引给伯修的书信中,的确可看到他对禅的领悟,深具信心,认为自适自得颇多,得意之语,情溢乎辞,于是不免批评他人功夫不到,眼界未明,这也是事实。更进一步来讲,就因为自信自明,所以他对禅道功夫,就自认可以随心所欲而不逾矩,再加上不好与人同的个性,于是他人以为"狂",他就以为"真";他人以为"病",他就以为"适"。

---

[1] 张献翼狂放,自负自信,几不逊于中郎,不近人情,似更胜之。《万历野获编》说原因起于科考,张献翼三兄弟共同考取,考官以为不妥,于是判为张献翼落榜,张献翼心生不满,自此好怪诞以消不平,也开始有许多狂放行为,像是改名、服饰、挂牌卖浆卖痴卖呆之类,难以令人理解:"吴中张幼于(献翼)奇士也,嘉靖甲子,与兄(凤翼)伯起、弟(燕翼)浮鸰,同举南畿试,主者以三人同列稍引嫌,为裁其一,则幼于也。归家愤愤,因而好怪诞以消不平。晚年弥甚,慕新安人之富而妒之,命所狎群小呼为太朝奉,至衣冠亦改易,身披采绘荷菊之衣,首戴绯巾,每出则儿童聚观以为乐。且改其名曰敉。予偶过伯起,因微讽之曰:'次公异言异服,谅非公所能谏止。独红帽乃俘因所顶,一献阙下,即就市曹,大非吉征,奈何?'伯起曰:'奚止是?其新改之名亦似杀字,吾方深虑之'。未几,而有蒋高私妓一事,幼于罹非命,同死者六七人,伯起挥泪对余叹狂言之验。先是幼于堂庑间挂十数牌,署曰'张幼于卖诗'或'卖文',以及'卖浆''卖痴''卖呆'之属。余甚怪之,以问伯起,曰:'此何意也?'伯起曰:'吾更虞其再出一牌,云'幼于卖兄',则吾危矣。'余曰:'果尔再出一牌,云'卖友',则吾辈将奈何?'相与抚掌大咍。"(明)沈德符:《万历野获编》,北京:中华书局,2004,页582。《列朝诗集小传》则说他"好游大人,狎声妓,以通隐自拟,筑室石湖坞中,祀何点兄弟以况焉。晚年与王百谷争名,不能胜,颓然自放。与所厚善者张生孝资,相与点检故籍,刺取古人越礼任诞之事,排日分类,仿而行之。或紫衣挟伎,或徒跣行乞,邀游于通邑大都,两人自为俦侣,或歌或哭,幼于赠之诗曰:'中年分义深,相见心莫逆。还往不送迎,抗手不相揖。荷锸随吾行,操瓢并吾乞。中路馈吾浆,携妓登吾席。蒿里声渐高,薤露歌甫毕。子无我少叹,我无君罕匹。'每念故人及亡妓,辄为位置酒,向空酬酢。孝资生日,乞生祭于幼于,孝资为尸,幼于率子弟衰麻环哭,上食设奠,孝资坐而飨之,翌日行卒哭礼,设妓乐,哭罢痛饮,谓之收泪。自是率以为常。万历甲辰,年七十余,携妓居荒圃中,盗逾垣杀之。"(清)钱谦益:《列朝诗集小传》,上海:上海古籍出版社,2008,页453。

[2] 周群:《袁宏道评传》,页155—156。

中郎说:"既不妨饮酒,又不妨好色,又不妨参禅。"¹ 又在给陶望龄的诗中说:"我好色,公多病。"² 好色好酒,却又不碍参禅,反过来说,若能自悟本心,色即是空,空即是色,又何必刻意避免这些俗事俗物?因此在万历二十五年见莲池大师(云栖袾宏)时,中郎对自己的言行更是沾沾自喜,认为云栖袾宏欣赏他们袁家兄弟,故多有包容:

> 僧之好净者,多强人吃斋,余不能斋,而莲公复不强我。凡锅甑瓶盘之类,为仆子所膻,亦无嗔怪……
> ……余弟最粗豪,莲公不厌;余性狂僻,多诳诗,贡高使气,目无诸佛,莲公不以为妄……³

中郎积极参禅,却又目无诸佛;身在佛殿,却又不吃斋。如果用中郎曾说过的话来讲,就是"一切计较,皆缘见性未真"。若见性见真,自然不必执着于好色与否、好酒与否、吃斋与否的问题——参禅的目的,是为了自证本心,了脱生死,不是为了吃斋戒色戒酒。

由此可知,文学上的独抒性灵也好,参禅上的无相无法也罢,关键在于不能有所拘泥,正如唐诗不必执,所以中郎批判复古;因为禅法不必定,所以反对圆通——中郎始终强调,真我自适,才是最重要的。值得注意的是,中郎又说自己屡有游戏语,"一切文字,皆戏笔耳"⁴。戏笔,游戏言之,不必当真,但也不全是假。有时不免逞口舌之快,为辩而辩;有时亦不免争胜好名之心,为求胜人。像是人说唐好,中郎就偏偏立论持据,证明唐诗不好:"世人喜唐,仆则曰唐无诗;世人喜秦汉,仆则曰秦汉无文;世人卑宋黜元,仆则曰诗文在宋元诸大家。"⁵ 要

---

1 (明)袁宏道:《梅客生》,《袁宏道集校笺》,页484。
2 (明)袁宏道:《别石篑》,《袁宏道集校笺》,页404。
3 (明)袁宏道:《记药师殿》,《袁宏道集校笺》,页465。
4 (明)袁宏道:《徐崇白》,《袁宏道集校笺》,页495。
5 (明)袁宏道:《张幼于》,《袁宏道集校笺》,页501。

说宋元有诗文大家,这是没问题的,但非要说唐无诗、秦汉无文,恐怕有文学史常识的人都不会同意。诸如此类的话语,都是中郎的戏笔与狂语,"除却袁中郎,天下尽儿戏"[1]。戏笔既以游戏为旨,就不能字字坐实,句句当真,重在理解背后的精神与用意。可是戏笔还是误导了不少后人,小修不无感慨地说:"诸文人学子泥旧习者,或毛举先生少年时二三游戏之语,执为定案,遂谓蔑法自先生始","至于一二学语者流,粗知趋向,又取先生少时偶尔率易之语,效颦学步。其究为俚俗,为纤巧,为莽荡,譬之百花开,而棘刺之花亦开;泉水流,而粪壤之水亦流。乌焉三写,必至之弊耳,岂先生之本旨哉!"[2] 小修虽刻意说明,中郎游戏语之流弊,实乃后人不善学又不能明白中郎用意所致;又说这是寻章摘句,不能遍读中郎全书所致。可是不管如何,中郎游戏语的确造成了效颦学步,"遂谓箴法自先生始",显然也是事实。

当然,游戏语未必全是妄言妄语、信口随说,江盈科说中郎"冥心旷怀,度越尘世,深于禅学,善谭名理","即戏谑之言,亦自有趣",戏谑之言,亦类似游戏语,看似玩笑,看似趣味,或有深意在焉。非深于禅理,善谈名言者不能致,所以江盈科才自承:"余极喜中郎谑谈,服其有理。"[3] 除此之外,中郎也曾说自己"语语似戏,字字逼真"[4],既然似戏,为何逼真?原来"游戏"只是形式外在的表象,重点在于里头所要传达的"真"。就跟参禅的法无定法,以及文学的不拘格套一样,游戏语的含义,不在游戏的本身,而是借由游戏语显脱而出的意义,仍在于自我自适的表现,这就是"真"。所以人人作诗以唐为重,中郎就说唐不足

---

1 (明)袁宏道:《别石篑》,《袁宏道集校笺》,页402。

2 (明)袁中道:《中郎先生全集序》,《珂雪斋集》,页522、523。

3 江盈科举了两个故事说明:伯修劝中郎节色欲,中郎却说好色乃应该,乃正事,不可戒亦不不断,因为"色亦难矣"。毕竟古以来,只有西施、杨贵妃等人以色名,好色之徒,正当此寻之,今人之好色,不择好恶,动有接构,实为好淫,并非好色;中郎曾对江盈科说:"人家一妻数妾,和美无间,却无好处,得他们小小炒(芝庆按:吵)闹,我从中解纷,乃有些好光景","人家做官,一中进士,径直做了尚书,却无好处,得遇迁谪,就中历些坎坷,坚其德性,炼其才品,乃有些好光景。"江盈科听罢,做了如下评语:"此二语者,若不近人情,然能觉此中有光景,则便有困处而亨之意。凡事推开皆若是也。彼戚戚于拂郁之地者,大都不就不好中索趣味耳。余极喜中郎谑谈,服其有理。"(明)江盈科:《袁中郎》,《江盈科集》,页594—595。

4 (明)袁宏道:《记药师殿》,《袁宏道集校笺》,页466。

为法；人人参禅都以圆通为高，中郎就说圆通亦足以为碍。这种说话言语的精神，看似与人斗口，你说某好，我就说某不好，其实在于既破且立、弃除世俗的迷思，这就是游戏语。小修就说中郎"先生诗文如《锦帆》《解脱》，意在破人之执缚，故时有游戏语"，"亦其才高胆大，无心于世之毁誉，聊以其抒意所欲言耳"[1]，即是此意。对此，我们可以说，是独抒性灵，又或参禅自悟，时有游戏语也可，都是中郎生命态度的表现，源自他对本心自我的追寻，出于他自适任真的性格，他说："吏道如网，世法如炭，形骸若牿，可以娱心意悦耳目者，唯有一唱一咏一歌一管而已矣。过此则有太上之至乐，穷天地之奥妙，发性命之玄机，究生死之根源……"[2] 世俗尘网，格套扰烦，若容娱心意悦，唯有一唱一咏一歌一管而已，则向上一机，就能发性命之玄机，究生死之根源。由此可见，自适不碍，任真不滞，正是中郎寻求生死之困的最大特色。

但是，这个自认参禅之道除李贽之外，天下已无劲敌的中郎，随着年纪渐长，阅历日深，心态竟然颇有转变。对李贽之说，开始出现反省的言论；对以前的狂傲言行，亦颇有忏悔之处；参禅一道，更重修持而非自悟，这些都影响他对生死的看法，于是他笔锋挪转，再生新义。而心境之变，由来者渐，转换之机，当然出于自身心境，此时约是万历二十七年（1599）左右，中郎已从吴县县令退下，游山玩水近年。经伯修催促，中郎始又入京为官，为顺天府教授。前一年才刚完成《广庄》，本年则写著《西方合论》，这两部作品，都代表了中郎思想的深刻转折。

二、再变而为苦寂：生命的收摄持谨

万历二十四年（1596），中郎二十九岁，他在给陶石篑的信中，谈到参禅的一些问题：

1　（明）袁中道：《中郎先生全集序》，《珂雪斋集》，页521。

2　（明）袁宏道：《徐渔浦》，《袁宏道集校笺》，页304。

僧来，读手书，知兄已是不疑，但不疑即悟，悟即了，今不疑又不了，此何说哉？[1]

陶石篑，即陶望龄（1562—1609），字周望，石篑为号。陶望龄与公安三袁交谊甚笃，本身对生死性命之道也是参究甚切，所以中郎在给伯修的信中说他"陶生死心切甚"[2]。根据杨正显的研究，陶望龄参论生死，走的是"以禅诠儒"的路数。在"良知可了生死"的目标下，提出华严禅与看话禅的宗旨和方法，又加入念佛的法门，既重修持，又重自悟；既要参得心源，又须念佛持戒。参禅不碍念佛，念佛不碍参禅，两相并重，相辅相行，方可得道。特别是陶望龄在过世前，极力赞同王时槐的见解，可视为陶望龄的最后定见："顾鄙劣尤有虑者，以人性虽善，而宿生垢染，谁则无之？且畏难乐径，亦常情然也，倘其间闻教不善领会，或未免掠虚为悟，动以准绳为桎梏。修证为下乘，此在高明之士乃有此失，甚至毁戒溃防，妄称妙用，即于世道不无可忧，不识老先生亦可以上乘兼修中下之说，预塞其流弊否？"人性虽善，可是后天环境熏染，难免宿生垢染，上乘者自悟自证，当是高明，但若中下乘者不勤加修持，则不免妄称妙见，掠虚为悟，流弊之大，不堪设想，所以修悟并重，正是"上乘兼修中下之说"[3]。

在万历二十四年左右，陶望龄正自承因受闻见所累，参究不明，上述中郎说他"不疑又不了"，同样也是类似的原因。疑情功夫，是一种反问自省的不断追索，可是此时陶望龄受闻见所限，既不能疑，又不能了，如邱敏捷所指出，借由疑情的昭昭灵灵，既推之不去，又荡之不散，自省自问，直至忽然醒觉，疑团粉碎，才能露出本地风光、清净本原，这才是不疑，才是了，才是悟。陶望龄的问题，却在于疑情难起。[4]中郎认为疑情难起，并不是因为受闻见所累，而是刚好相反，借由闻见亦能证悟，他说：

---

[1] （明）袁宏道：《陶石篑》，《袁宏道集校笺》，页263。
[2] （明）袁宏道：《伯修》，《袁宏道集校笺》，页279。
[3] 杨正显：《陶望龄与晚明思想》，页98—99。
[4] 参见邱敏捷《修持与参禅：晚明袁宏道的佛教思想》，页42。

前石篑兄弟见访，自言为闻见所累，弟谓灵云见桃，此亦见也；香严击竹，此亦闻也。闻见安能累人？[1]

不只如此，前面也曾引到，中郎认为陶望龄参禅，病在参得明白，可是"世岂有参得明白的禅？若禅可以参得明白，则现今目视耳听发竖眉横，皆可参得明白矣"，"须知发不以不参而不竖，眉不以不参而不横，则禅不以不参而不明，明矣"[2]。太想求得明白，正是陶望龄病征所在。另，"灵云见桃"，灵云即福州灵云山志勤禅师，后因睹桃花而悟道，曾有偈云："三十年来寻剑客，几回落叶又抽枝；自从一见桃华后，直至如今更不疑。""香严击竹"，香严，即唐代智闲禅师，曾依沩山灵祐。灵祐试探他，要他不问平生所学，也不管记得多少经典文句，只许他就"未出胞胎未辨东西时之本分事，诚道一句来"，智闲讲了几句，皆不能契旨，回去后检遍诸方语句，亦无可答，于是焚尽诸书，辞师而别。一日在山中芟除杂草，以瓦砾击竹作声。突然间，蓦然有省，最后遽归沐浴，烧香遥礼沩山。[3]陶望龄的意图，在于禅要参得明白，又不废修持，要摆脱闻见，不起妄念，这就不是当时中郎所能同意的路数，毕竟就中郎看来，"灵云见桃"与"香严击竹"的例子，正是从闻见中得悟，所以闻见亦能悟人，并非累人。因此能悟与否，端在于己，若能任我之本真，便能自证自悟。闻见不闻见，根本不是问题。

可是，万历二十七年，中郎想法却渐有转变，本来讲求净妙真心、自悟境界的他，竟然有了不同的看法，《答陶石篑》：

> 弟学道至此时，乃始得下落耳，非是退却初心也。此道甚大，今人略得路，便

---

[1] （明）袁宏道：《伯修》，《袁宏道集校笺》，页279。
[2] （明）袁宏道：《答陶石篑编修》，《袁宏道集校笺》，页733。
[3] 参见邱敏捷《修持与参禅：晚明袁宏道的佛教思想》，页43。

云了事，此实可笑矣。如村间百姓不曾见考童生考秀才，及入场屋得隽等事，但见扮演蔡中郎传，接唱一曲，便中状元，遂谓及第如此之易，辄生希冀，虽三尺童子亦笑之矣。[1]

中郎以科举为例，苦读数十年，一举成名，此中经历甘苦，如人饮水，冷暖自知。外人只见形相，未见其实，以为就像戏剧演戏，接唱一曲，便中状元，世事岂有如此容易？修道亦然，不过略识门路，就以为参悟以明，以误为悟，实是大错。中郎又说："妙喜与李参政书，初入门人不可不观。书中云：'往往士大夫悟得容易，便不肯修行，久久为魔所摄。'此是士大夫一道保命符子，经论中可证者甚多。"以修持功夫为士大夫的保命符子，中郎举《楞伽经》《大智度论》《大乘起信论》《万善同归集》《宗镜录》为例，说明这些佛书中，都可见到修持的重要。[2] 特别值得注意的是《宗镜录》，历史记载永明延寿为救宗门之弊，故著有《宗镜录》，我们也不会忘记中郎曾在几年前批评此书，认为永明见地未真，愈讲愈支离，就跟陶望龄参禅欲得明白一样，"弟谓永明一向只道此事是可以明得的，故著《宗镜》一书，极力讲解，而岂知愈讲愈支，愈明愈晦乎！"[3] 中郎还说陶望龄听了他的话之后，"亦豁然有深省处"，认为自己讲的没错。可是几年过去了，豁然有深省的，反而是中郎自己。

类似的观点，中郎反复陈说，可证者甚多。如《答陈正甫》："学道人得一疑情，如得一珍宝"，"古人云'行起解绝'，弟辈未免落入解坑，所以但知无声无臭之圆顿，而不知洒扫应对之皆圆顿也"，之前只知理悟，未能行悟，只知无声无臭，却不能于洒扫应对中参证，所以"弟近日颇学下下根行，一切烦碎等事，力

---

[1] （明）袁宏道：《答陶石篑》，《袁宏道集校笺》，页790。
[2] （明）袁宏道：《答陶石篑》，《袁宏道集校笺》，页790。
[3] （明）袁宏道：《伯修》，《袁宏道集校笺》，页279。中郎的批评，还引起蕅益智旭的反对，他说："（永明大师）……爱集三宗义学沙门于宗镜堂，广辨台贤性相旨趣。而衡以心宗，辑为《宗镜录》百卷，不异孔子之集大成也。未百年，法涌诸公，擅加增益，于是支离杂说，刺人眼目，致袁中郎辈反疑永明道眼未彻，亦可悲矣。"（明）蕅益智旭：《较定宗镜录跋四则》，《蕅益智旭大师全集》第18册，页11313。

可能者,断断行之"¹。之前见莲池大师(云栖袾宏),还以他不强迫自己吃斋为喜,现今自己也开始断肉吃斋,还要"并禁诸欲",断情断根。只是一时半刻,仍未能做到,所以忏悔自己贪恋太多,为血肉所使。²

就连中郎一向尊敬的李贽,中郎对其禅道,也开始有所反省。他在给李贽徒弟无念的信中,如此自悔:

> 所云意识行不得一着子,不知念禅如何受用?世间未有名闻利养心不除,烦恼火焰炽然,而可云意识行不得者也。夫贪嗔,识也,贪嗔不行,即是意识行不得也,莫错认也。生辈从前亦坐此病,望公剗却。
>
> ……若生与公,全不修行,我慢贡高,其为泥犁种子无疑,以时但当恸哭忏悔而已。公今影响禅门公案,作儿戏语,向谓公进,不知乃堕落此耶!³

伯修曾规劝友人不要再漫谈无根,失去自家性命:"博得学道之名,招得泥犁之实,则何益矣。"⁴浩谈漫说,却无深切认知,在外或许可能博得学道的名声,究其实里,则根基浮浅,体验不深,对自家性命实有大碍。中郎此处自承犯此毛病,全不修行,贡高我慢,自以为是;我执太重,本身名利烦恼习气未除,却以为悟道甚深,至今回想,只当恸哭忏悔而已。所以他寄信给李贽,自承"世人学道日进,而仆日退,近益学作下下根行","始知古德教人修行持戒,即是向上事。彼言性言心,言玄言妙者,皆虚见惑人,所谓驴橛马桩者也"。之前还以圆通为系驴橛,现在凡非修行持戒者,言性言心言玄言妙,都可能是"驴橛马桩"。他又

---

1 (明)袁宏道:《答陈正甫》,《袁宏道集校笺》,页775。
2 参见(明)袁宏道《答顾秀才绍芾》,《袁宏道集校笺》,页788。中郎戒欲的原因,也与自己的健康问题有关,非不为也,乃不能也。万历二十八年(1600)他曾说:"弟往时亦有青娥之癖,近年以来,稍稍勘破此机,畅快无量,始知学人不能寂寞,决不得彻底受用也。"六年后,他又说:"闻王先生益健饭,犹能与青娥生子,老勇可想。不肖未四十已衰,闻此甚羡。恐足下自有秘戏术,不则诳我也。"(王先生即王穉登。)(明)袁宏道:《李湘洲编修》《与王百谷》,《袁宏道集校笺》,页1231、1270—1271。
3 (明)袁宏道:《答无念》,《袁宏道集校笺》,页777—778。
4 (明)袁宗道:《答友人》,《白苏斋类集》,页227。

说李贽《净土诀》很受欢迎，他希望以李贽的地位，登高而呼"望翁以语言三昧，发明持戒因缘，仆当募刻流布，此救世之良药，利生之首事也"，文末又加一句："幸勿以仆为下劣而摈斥之"[1]。如果我们再仔细回想，前引中郎致张献翼的书信，中郎客套自己诗文不通，但参禅一事，唯李贽可较高下，虽或负于其手，却是败亦可喜。在这里我们看到中郎以胜败来论参禅，这种执着心、好胜心，肆情以快意气，显然正是参禅者极欲除之的习气。若不能弃之，反而欣然可乐，陷溺其中，又如何以参禅来透彻性命，入证生死？[2] 终于中郎也发现这样的问题，太多的言语、太强的自信，充其量不过是以诡辩曲折的形式，以聪颖慧黠的外在，一层层将空虚不实巧妙地包裹起来。对于性命深微处，对于生死彻透处，恐无益于事，他说言性言心，言玄言妙者，皆虚见惑人；又说自己以前未免落入解坑，自认了悟，反成执拗，都是就这层意思来讲的。

两相对照，中郎对李贽的说法、对参禅的看法，已有调整。就外在的原因来看，周群推测可能与中郎的乡举座师冯琦有关[3]，冯琦是中郎参加乡试时的主考官，李贽下狱之时，冯琦曾奏请烧毁李贽著作，以正惑世诬民之罪。冯琦是讲求经世致用、正心诚学的儒者，刚好与李贽这般的"异端"[4]，在理念与言行上颇不相合。而中郎对冯琦极为尊敬，中郎入京以后，冯琦正任礼部尚书，二人时相

---

1 （明）袁宏道：《李龙湖》，《袁宏道集校笺》，页792。
2 黄继立：《"身体"与"功夫"：明代儒学身体观类型研究》，页416。
3 "戊子（万历十六年，1588），举于乡，主试者为山东冯卓庵太史（芝庆按：冯琦），见其后场出入周秦间，急拔之"（明）袁中道：《吏部验封司郎中中郎先生行状》，《珂雪斋集》，页755。
4 李贽自为"异端"，倒非思想真的极度偏激、不合情理。他批判那些假道学、说一套做一套的虚伪儒者，认为那些人自居正统，实则贪图富贵功名，既不能明自家性命下落，又满口仁义道德，这些"正统"儒者，最为李贽所恶。可参刘芝庆《李贽的生死之学》，页119—121。沟口雄三也说李贽"对六经、《论语》《孟子》的拒受，是出自怎样在自家性命上体认圣人的吐心吐胆、苦口婆心，对自己进行深入探讨的决心；他绝不是要背叛圣贤而树立自己、突出自己，也不是以奔放不羁的态度对待圣贤的'思想的暴徒'（岛田虔次氏评语）"，"他宁可不退转地与圣人经典正面对峙，也要做一个不被假人渊薮埋没的无倚仗的真人，他要以此来验证圣经。"[日]沟口雄三：《中国前近代思想的屈折与展开》，龚颖译，北京：生活·读书·新知三联书店，2011，页286—287。

过从[1]，更何况冯琦同样也看重生死性命，故中郎曾说要"与师共穷生死之奥，不朽之旨"[2]，中郎因此对李贽的态度发生改变，也是有可能的。[3] 周群的说法，确可为一说。此外，类似这种重悟远重于修的做法，当时也引起不少同道批判，伯修就说大慧、中峰等人，唯恐后世以空解人，堕落魔事，强调修悟并重，绝非悟后不必再修，狂禅所言，实不足取；[4] 焦竑也认为这不过是一知半解，自谓透脱，实无可观；陶望龄更说生死大事，佛祖大机，却被那些人当作痴儿戏剧，未免可笑；[5] 小修也指出狂禅日盛，与其豁达，空以拨无因果，还不如老实修行，念佛持戒为妥当……[6] 况且重视戒律，也不仅仅是在家居士的想法而已，晚明佛教禅林没落，于是强调修行修持，正为改革的重要环节之一。在这样的改革风潮中，佛门对许多佛学史上的重要议题，诸如《物不迁论》，又如对"性空""性住""佛性"的镜别，也展开新的定义与讨论，佛教改革，发明戒律，早已酝酿多时，正方兴未艾。[7] 中郎等人重持戒，主张修行，正可呼应晚明禅林改革的风潮。

伯修等人批判狂禅之风，狂禅虽非李贽或中郎的主要创发，但他们参禅的特性，确与晚明狂禅之风颇有融合之处。[8] 中郎受这些学友影响，转而修正参禅门路，是有可能的。不过本文想从另外层面指出，中郎对李贽的观点有所调整，

---

[1] 值得注意的是，中郎进京之后，并未立即往见座师，而是大约一年之后才寄信给冯琦，信里说话，殊堪玩味："宏道疏节之罪，上通于天。入燕以来，忽忽一岁，无咫尺之刺通候师门，岂非门墙之大罪人哉？或者尊师矜其顽痴，置之不齿，宏庶可逭万一之罪。不然，虽尽三千之众，击雷门之鼓，至于革绽床毁，犹不足以忏罪之毫末也。"（明）袁宏道：《冯侍郎座主》，《袁宏道集校笺》，页769。

[2] （明）袁宏道：《冯琢庵师》，《袁宏道集校笺》，页283。

[3] 参见周群《袁宏道评传》，页62—63。

[4] 参见（明）袁宗道《杂说类》，《白苏斋类集》，页318。

[5] 详可见杨正显《陶望龄与晚明思想》，页95—96。

[6] "然近日狂禅炽盛，口谭现成，一切无碍者，项背相接。与其豁达，空以拨无因果，真不如老实修行，念佛持戒之为妥当也。"（明）袁中道：《创立黄柏庵田碑记》，《珂雪斋集》，页743—744。

[7] 参见江灿腾《晚明佛教丛林改革与佛学诤辩之研究——以憨山德清的改革生涯为中心》，台北：新文丰出版公司，1990，第三篇。

[8] 狂禅自非李贽所创，可是李贽的生命情调与言行，确实为狂禅之风起了推波助澜的重要作用。关于晚明狂禅现象的分析，可参毛文芳《晚明"狂禅"探论》，《汉学研究》第19卷第2期，2001年12月，页171—200。

并不必然代表因此交恶,也不能说中郎对李贽禅道已完全失去信心。[1]更重要的是,中郎对李贽或有批评,就真的是反对李贽吗?中郎从李贽处学得的,难道就只是类似狂禅的面相吗?小修不过说:"先生之学复稍稍变,觉龙湖等所见,尚欠稳实。以为悟修犹两毂也,向者所见,偏重悟理,而尽废修持,遗弃伦物,佪背绳墨,纵放习气,亦是膏肓之病。"[2]不过是就"稳实"的一面,对李贽之学有所调整而已,尚不到改弦易辙,一翻两瞪眼的地步。其实中郎开始重视修持,李贽自不当反对。因为中郎所讲的,本来就与李贽提倡的并无太大差异,真正的问题在于,中郎并未朝着李贽期许的方向前进而已。毕竟李贽本以向上一路盼望中郎精深入微,天机敏悟:"然至于入微以路,则谆谆望之先生,盖谓其识力胆力,皆迥绝于世,真英灵男子,可以担荷此一事耳。"要知道李贽这样说,正是"为上根人说法",中郎亦曾以此自傲自信,觉得以自己的资质聪颖,才性高敏,自可由此入道,省去一般烦琐功夫。[3]李贽之学,当然并非只有如此,他也看重修,为下下根人说法者,亦复不少:"我为下下人说,不为上上人说"[4]、"弟则真为下下人说,恐其沉溺而不能出"[5]。又说:"参禅事大,量非根器浅弱者所能担。今时人最高者唯有好名,无真实为生死苦恼怕欲求出脱也。"[6]他劝伯修要实悟实修,虽不一定就认为伯修是下下根人,但就"稳实"如伯修这类的人,确实不适合走中郎的路子。由此可见,李贽之所以看重中郎,当然是因为他认为中郎是少数的上根

---

1 中郎入京当官,两人通信较少,中郎对李贽提及不多。自李贽入狱之后,中郎在《陶周望祭酒》《书念公碑文后》《注两海像赞》《珊瑚林》中,亦有提及李贽。与前相比,二人很少通信赠诗,确实疏于联络。但这并不代表中郎就对李贽全盘反对,事实上他对李贽言行仍多表赞同,如《珊瑚林》便说:"龙湖曰:'世间好事甚多,安能一一尽为之?'此语绝妙。"(明)袁宏道:《珊瑚林》(明清响斋刻本),页37。

2 (明)袁中道:《吏部验封司郎中中郎先生行状》,《珂雪斋集》,页758。

3 江盈科就称赞中郎,说他是"君性超悟,深于名理;才敏妙,娴于辞赋"。(明)江盈科:《锦帆集序》,《江盈科集》,页277。

4 (明)李贽:《焚书·三大士像议》,《李贽文集(第一卷)》,页138。

5 (明)李贽:《焚书·复邓石阳》,《李贽文集(第一卷)》,页9。关于李贽为下下人的接引之道,可参袁光仪《李卓吾新论》,台北:台北大学出版社,2008,页55—58。

6 (明)李贽:《焚书·复澹然大士》,《李贽文集(第一卷)》,页73。

人,"若夫上上人,则举世绝少,非直少也,直绝无之矣"[1]。上根之人,几乎没有,何况就连现今时人之最高者,就李贽看来,不过好名而已。可是机缘适至,千盼万待,让他遇见了上根人袁中郎,李贽当然喜不自胜,自当以心传心,将向上之悟,以真实出脱生死之道,极欲教之告之。

不料当中郎走过这样的路之后,幡然改悟,悔昔之非,竟然说起"近益学作下下根行","弟近日颇学下下根行,一切烦碎等事,力可能者,断断行之"……如此的话,李贽当然感到不满,认为中郎大概是好名好官,舍不得放下,所以极欲盼他回头,李贽在给友人的信中说:

> 袁二若能终身此道,笑傲湖山。如今之为,则后来未必无扣门日子,若以次入京,旋来补缺,终不免作《进学解》以晓诸生,则此刻恐成大言矣。愿公勿羡之![2]

既不能笑傲江湖,则入朝为官,又难免为世俗奔波,如入牢笼里,难以返自由,所以李贽要友人不要羡慕。毕竟中郎重入官网,这个"扣门日子",恐怕是愈来愈远了。因此,中郎从李贽眼中举世绝少的"上根人",一变而为"世间惟下下人最多"的一分子。当然中郎并非承认自己不是上根,而是中下根器之人,他的用意,其实就像顿渐一样,上下之人,本无差异优劣,下根之人须修,上根之人也必须要修。修持与否,并不妨碍中郎是哪类人。只是就李贽看来,这种想法当然是退步,从上根"堕落"到下根;但就中郎来看,涉世之道,不能只有自视甚高,不能只是自适任意。何况这种生活态度,恐怕愈自适,反而离性命生死下落愈远。上根之人如他,若然涉世,在具体人事间折冲,在尘俗网罗中修道,了脱生死,就不能只是悟,更必须修;就不能只有参,还必须有具体功夫。若说从前中郎的自适之道,随情恣意,是为"进"(或是"放"),既是自信,也是狂傲;此时中郎

---

[1] (明)李贽:《焚书·复邓石阳》,《李贽文集(第一卷)》,页9。
[2] (明)李贽:《续焚书·复梅客生》,《李贽文集(第一卷)》,页38。

则反过来，重视"退"（或是"收"），重视"稳实"，视为省身要法：

> 甥近来于此道稍知退步，不论世情学问，烦恼欢喜，退得一步，即为稳实，多少受用。退之一字，实安乐法门也……能退，世法即道；不能退，道即世法。冷暖在心，一反观可知。此近日所得省身要法……³

中郎又说：

> 世情当出不当入，尘缘当解不当结，人我胜负之心当退不当进。若只同寻常人一般知见，一般度日，众人所趋者，我亦趋之，如蝇之逐膻，即此便是小人行径矣，何贵为丈夫哉？⁴

世情学问，不能只有"进"，而更必须知晓"退"，退得一步，即为稳实。中郎与伯修类似，都体会到自适与自制往往是一体两面，进退之际，收放之间，随心所欲而不逾矩。世情当出不当入，尘缘当解不当结，人我胜负之心当退不当进，显然才是自适的真义。既不逆世，也不阿世，则真我自在其中矣。而自家性命下落，生死之路，求道者正该由此观焉。万历三十四年（1606），中郎回首过往，说明这样的转变，"故再变而为苦寂"：

> 既做大官，又讨便宜，又断缘寡欲，便自说世情灰冷，无论他人信之，即自家亦说得过矣。而兄犹以为不了，何哉？然弟则谓不了之根，正在于此，此弟旧时受病处也。
>
> ……弟少时亦微见及此，然毕竟徇外之根，盘据已深，故再变而为苦寂。若非归山六年，反复研究，追寻真贼所在，至于今日，亦将为无忌惮之小人矣。夫弟

---

3 （明）袁宏道：《龚惟长先生》，《袁宏道集校笺》，页770—771。
4 （明）袁宏道：《答李元善》，《袁宏道集校笺》，页786。

所谓徇外者,岂真谓借此以欺世哉?源头不清,致知功夫未到,故入于自欺而不自觉,其心本为性命,而其学则为的然日亡。无他,执情太甚,路头错走也。[1]

若一味以自悟为高,自信愈深,就愈以为得证。殊不知末流之所及,一切自行自是,难免成为"无忌惮之小人""不了之根"。初始本意,本不欲欺世盗名,只为寻求安身立命,了脱生死。不料源头不清,执情太甚,功夫未到,流于自欺自负而不自觉。其心本为性命,其学却离此愈远,依循如此,更觉惭愧。所幸及早发现,再变而为苦寂。苦寂,若用小修的话来讲,就是"遂一矫而主修,自律甚严,自检甚密,以澹守之,以静凝之"[2]。不过苦寂仍非终的,是以中郎才有归山六年、反复研究一说。归山六年,即万历二十六年(1598)中郎入京为官,近三年后,万历二十八年九月,伯修突然病逝于北京[3],家人大为惊骇,中郎、小修极是悲痛,中郎更是因病辞官,回公安调养。隐居其间,又不断传来友朋病逝的消息,王穉登、刘东星、潘士藻等相继离世。六年后,也就是万历三十四年(1606),中郎才又入京,在吏部任职。[4]这段路程,经历生离死别,让中郎从断酒断欲的苦寂,走向更自然、更自适的平淡之路。中郎在万历二十六年著有《广庄》,来年写成《西方合论》,万历三十二年(1604)之后则有《德山麈谭》《珊瑚林》[5]。我们在这些文字中,看到中郎走了一圈,又重新回到自适任意的路子上。只是这条路不再是诗酒风流,逞才纵性,而是平淡见真,平常是道——中郎见山又是山,见水又是水了。

---

[1] (明)袁宏道:《答陶周望》,《袁宏道集校笺》,页1276、1277。
[2] (明)袁中道:《吏部验封司郎中中郎先生行状》,《珂雪斋集》,页758。
[3] 根据何宗美的观察,伯修因过分操劳,病后难愈,以致疲极而卒,主要因素当然是忙于工作事务,可是结社应酬也是缘由之一,因为聚会往往有饮宴等活动,参与过于频繁,难免伤身。他认为万历二十五年到万历二十八年是伯修公务最劳累,也是他参与文人结社最活跃的时期。何宗美:《公安派结社考论》,重庆:重庆出版社,2005,页44—45。
[4] 参见钟林斌《公安派研究》,页128—137。
[5] 论及中郎者,对《珊瑚林》的引用与解读,实在不多,本文认为这是论中郎思想者,不可忽略之书。关于《珊瑚林》的内涵,详见后文。

三、求生西方净土：既重悟，也重修

（一）《广庄》：生命的难处

如第一节结尾处所言，中郎这时期的转变，也深刻地表现在他的著作中，要明白中郎的思想历程，就必须分析他的《广庄》与《西方合论》。

中郎第一次赴京为官前，刚到北京，八岁的儿子袁开美就在扬州病逝。家人担心对他打击太大，一时间尚未见说。后来经江盈科转告，他知道了以后，非常伤心，曾有诗作："说着旁人也痛酸，余今宁有铁肠肝。十年送却六男女，已作寻常离别看。"[1] 在袁开美之前，伯修二子一女已先过世，小修也失去爱子虎儿，连同伯修亡妻，共"六男女"。[2] 可是，亲人（亲友）死别，真的可以"已作寻常离别看"吗？中郎这句诗的潜台词，或有埋怨命运难测、世事难料的意思。他对生死性命的看法，想必也因此更加切己与真实。不管如何，中郎这年遍读老庄、佛经，并著有《广庄》，透露出他思想转变的契机。学界已注意到中郎的庄子学，罗宗强就认为中郎解庄，特别是《逍遥游》等篇，与郭象多有传承。这与《人间世》《应帝王》之论着重于世间道理颇有不同，而《大宗师》则专于生死之道，与佛学相涉，并认为西晋与晚明有许多相似的地方，故中郎注庄，与郭象可互相发明。[3] 罗宗强此文是以思想史的角度，作异代比较参照，本文则不取这样的方式，而采中郎的生命历程的体悟来讲。中郎首先指出，人间许多是非，都是以自身情量出发。经验可及者，便信，反之则否。于是大于我者，即谓之大，故言大山大海则信，若言鸟大于山、鱼大于海，则不信；倒过来说，小于我者，如蝼蚁则信，若言蚁有国，国有君臣少长争让之事，则不信。[4] 但这些不过是人以自身去衡量一切罢了，毕竟人物鸟兽圣贤仙佛，都只是天地间的一分子，不可谓大，亦不可谓小。可是"拘儒小士，乃欲以所常见常闻，辟天地之未曾见未曾闻者，以定法缚己，又以定

1　（明）袁宏道：《儿开美殇，江进之书来始知》，《袁宏道集校笺》，页 605。
2　参见钟林斌《公安派研究》，页 124。
3　参见罗宗强《袁宏道〈广庄〉与郭象〈庄子注〉之关系》，《当代名家学术思想文库·罗宗强卷》，北京：万卷出版公司，2010。
4　参见（明）袁宏道《广庄》，《袁宏道集校笺》，页 795。

法缚天下后世之人。勒而为书,文而成理,天下后世沉魅于五尺之中。炎炎寒寒,略无半罅可出头处"[1]。正因为如此,导致天下人身处执见网罗中,以定法缚己缚人,不可自拔,汲汲营营,"人间多少热忙人"[2]。若然如此,中郎的观察是,执见不能去,则天地之间,便会永远存在是非,导致人人热忙,人人争让不休,几无宁日:

> 天地之间,无一物无是非者。天者,是非之城也。身心,是非之舍也。智愚贤不肖,是非之果也。古往今来,是非之战场墟垒也。天下之人,头出头没,于是是非非之中,倚枯附朽,如大末虫之见物则缘,而狂犬之闻声则吠。[3]

人陷落于常见常闻之中,于是天地身心古往今来,都成了是非之地。是以势之所在,利即相随,多缘此事为波澜;亦又流于虚情客套,真假难分,生命不可承受之烦。既不逍遥,也不齐物,德也不充,生也不养,如此种种,就像中郎在任吴县令时曾说过的话:"过客直消一副笑嘴脸,簿书直消一副强精神,钱谷直消一副狠心肠,苦则苦矣,而不难。唯有一段没证见的是非,无形影的风波,青岑可浪,碧海可尘,往往令人趋避不及,逃遁无地,难矣。难矣。"[4] 烦琐的行政工作,虽苦,尚且不难,倒是那些风波是非,趋避无从,逃遁不及,才是真难。

若然如此,不就是"不齐"吗?就正面来讲,物无非彼,物无非是,不齐而齐,齐物而逍遥,适性而率性[5],忘生死而达大道。这种齐物,当然是庄子(或郭

---

1 (明)袁宏道:《广庄》,《袁宏道集校笺》,页796。
2 (明)袁宏道:《芜湖舟中同范长白、念公看月》,《袁宏道集校笺》,页868。
3 (明)袁宏道:《广庄》,《袁宏道集校笺》,页798。
4 (明)袁宏道:《沈广乘》,《袁宏道集校笺》,页242。
5 中郎这样的说法,正如罗宗强所言,既有庄子本身的文脉原意,也上承郭象注庄的适性逍遥说。适性逍遥,就郭象看来,宇宙之内,只要物任其性,则各物之间,快然自足,并无高下之分,皆可自尽其逍遥之乐:"夫小大虽殊,而放于自得之场,则物任其性,事称其能,各当其分,逍遥一也,岂容胜负于其间哉?"这种适性之说,当然与中郎看重的自适、逃离官场的心态,极为合拍。

象注庄)最向往的境界。[1]可是齐物也者,逍遥也者,都是建立在不齐之上的,中郎颇能体会这些不齐,他在乎现实的困踬、生命的难处,他对生死的困惑,正是关乎此理——原来"齐物"的背后,充满了形形色色的不齐,所以有凡夫之是非,有文士之是非,有法家墨家儒家道家释氏之是非,各家各派各人各见,非其所非,是其所是,人嗔则嗔,人喜则喜:"我怜彼,彼亦怜我;我讪彼,彼亦讪我。是非之质,恶从而辨之!"[2]

可是,这些困境,这些难处,这些是非,本来就存在吗?当然不是,就如开头所讲,实由于人以自身情量所见,自以为是,有以致之。这些东西,本来就不是天经地义的:"空中之花,可以道无,亦可以道有,故圣人不见天地高下,亦不言天卑地高。波中之像,可以言我,亦可以言彼,故圣人不见万物非我,亦不言万物是我。物本自齐,非吾能齐,若有可齐,终非齐物。圣如可悟,不离是非,愚如

---

[1] 庄子认为天下事物各有其本质自然,任物之自畸而不更动,是为齐物。若强人同己,损灭自然,庄子则称为"以人灭天",《应帝王》浑沌死于倏忽之凿,《至乐》海鸟死于鲁侯之养,皆属此类。所以人实在不该以己意而强求改变自然,是故"凫胫虽短,续之则忧;鹤胫虽长,断之则悲"。这还只是初步认知,除此之外,齐物有更深义蕴存焉,庄子齐物逍遥的理想境界,是因万物皆种,通乎一气,皆由气化而生,却以不同形相禅,如庄周梦蝶、又如匠石梦栎,"不知周之梦为胡(蝴)蝶与,胡(蝴)蝶之梦为周与?","且也若与予皆物也,奈何哉其相物也?"此当非身形产生异变,像是人变蝴蝶之类,而是心灵的超越提升,《齐物论》南郭子綦说颜成子游所见不过地籁、人籁,殊不知大块噫气是名为风,风作则万窍怒号,其中地籁不过众窍而成,人籁亦只是比竹之声,欲有所进悟,吹万不同,而使其自己,此即天籁。天地人籁固然同出一源(风),但心灵层次不同,所观所思之视野亦有不同。劳思光的分析极为深入,他认为"形躯"是万物之一,只是对象,只是物,并不是作为主体性的"我",当误认"形躯"为"自我"时,即不免受困于形躯感受之中。反之,若能体认此点,则无处而不逍遥,处处齐物。换句话说,当内心修养到了某个境界,不再执着于"形躯我",连带地形体也将转化,与化为人,合通天地:"与造物者为人,而游乎天地之一气",或是平时各自独立的感官,此时只是混然一气,彼此流通,以至于"忘其肝胆,遗其耳目,芒然彷徨乎尘垢之外,逍遥乎无事之业",忘身忘我,以听天籁,得通天地之大道,如"堕肢体,黜聪明,离形去知,同于大通,此谓坐忘","汝徒处无为,而物自化。堕尔形体,吐尔聪明,伦与物忘;大同乎涬溟,解心释神,莫然无魂"之类,此时已可谓处于"物我难分""物我可齐""是非可泯"的境界。这就是庄子最重视的"心斋"与"坐忘"的功夫。(清)郭庆藩:《庄子集释》,页112、170—172、663、284、390。劳思光:《新编中国哲学史(一)》,台北:三民书局,2001,页246。刘芝庆:《修身与治国——从先秦诸子到西汉前期身体政治论的嬗变》,台北:台湾大学历史学系研究所硕士论文,2009,页114—117。另外,赖锡三也认为,庄子看透世界种种殊相,毕竟天地万物,材不材,无用之用,各有其长处,不必强人所难,这是齐物的境界,齐是万物呈现吹万的丰盈多元,所以齐物便是在万物中体证丰盈的流行。赖锡三:《庄子灵光的当代诠释》,新竹:清大出版社,2008,页25—26。

[2] (明)袁宏道:《广庄》,《袁宏道集校笺》,页799。

可及,是非是实。"[1] 既不是有,也不是无,本无所谓高下优卑;可言彼,亦可言我,我既是万物也非万物。况且本来无一物,物本自齐,何处惹尘埃,又何必强以为齐? 又必因固执导致不齐? 由此可知,中郎借由陟落一切俗见的方式,不落两边,非此非彼,抛弃闻见执意,用来说明齐物逍遥的境界。这与第一节所讲,中郎以《华严经》理事无碍法门来论证开悟,又或是以他的参禅之道说明自悟,颇为类似。换句话说,从本心自悟开始,唯有抛弃俗见,才能任真,唯有见真,才能自适,"而不以一己之情量与大小争,斯无往而不逍遥矣!"[2] 不以一己之情量争夺较量不休,于是才可以学无生之道,明无生之旨。得脱生死,正该由此入手,因为人一出生,就已经是逐步面向死亡,"堕地之时,死案已立",中郎这句极富深蕴又近乎废话的言语,其诉说心态,颇值得我们注意。只是,中郎所谓怕死怕阎罗,怕死后漫漫,无半个熟识,又如何而来? 中郎从怕死的角度探求生死的意义,这又是什么样的心态呢? 我们不妨再以海德格尔为例,海德格尔曾说人是一种"朝向死亡的存在"[3](向死的存在,das Sein zum Tode),正如许多研究者指出,海德格尔的死亡哲学,并不是将死亡作为状态(existenziell),而是将死亡看成一种生存论(existenzial)上的问题——什么样的生存呢? 海德格尔认为人是"缘在"[4](dasein)的,原始性的"我",是与世界不可分割,不是独立于外的东西。故缘在的本身,即意谓着生存境遇,用海德格尔自己的话来讲,就是"我们自己总是的那样一种是者或存在者"。因为人的本性问题,人的本身就是一个存在论的问题("是"者)。因为人这个存在者本身,在他的存在之中就会牵涉到存在本身,缘在就是"它的存在者身份上的特长在于:这个存在者在他的存在中是为了(um)这个存在本身而存在"。缘在与存在是互相牵引互相构成的,缘在已

---

[1] (明)袁宏道:《广庄》,《袁宏道集校笺》,页799。

[2] (明)袁宏道:《广庄》,《袁宏道集校笺》,页796。

[3] [德]海德格尔(Martin Heidegger):《存在与时间》,陈嘉映、王庆节译,北京:生活·读书·新知三联书店,2012,页277、288。

[4] 此为张祥龙译法,张祥龙将"dasein"译为"缘在"(一般多译为"此在"的原因,可见张祥龙《"Dasein"的含义与译名("缘在")——理解海德格尔〈存在与时间〉的线索》,《普门学报》,台北:佛光山文教基金会,第7期,2002年1月,页1—15。

"在它的存在之中",却又"牵涉到这个存在本身",在这个意义上,缘在可以是"一个整体",就表现在向死的存在之中。顺着这个观点,人从出生到死亡,缘在的死亡似乎提供的只是时间上的结束或终极(ende),但如果缘在到达死亡,不过就是一个尸体的存在者而已。这是医学家、人类学家等关心的对象,哲学要处理的不是这个问题,而是缘在经历死亡(悬欠着的整体)的解释,这就是海德格尔所谓的"向死的存在"。缘在并非到了尽头才是死亡,而是从生存于世的那一刻起,就活在死亡这个不可避免、不能闪躲的必然之中。[1]只是死亡的来临是确切的,死亡的具体日期却不可预知,故人是抛掷于世,来到这个世界中,缘在正是走向死亡的存在。死亡的意义,也只能在向死的可能性之存在中才能开显,因此可以说死亡是从生命的负向处来策应人生,死亡是活着的豁显。[2]否则的话,就如 Hurbert Drefus 所说,不能体认向死存在的缘在是无力、无能而且不安的,因为这是人被抛至世间,并缺乏自我规划的情感状态,在这种境遇中,对于未来人将无法创造任何切身的可能性。[3]况且人往往因为某些因素,有意或无意间,对这种可能性视而不见。就自己而言,死亡尽管是可以确知的,但死亡总是别人的死亡,是他人的事,而非自己"亲自"经历,正是这个缘故,反而掩盖了自身的向死存在,以为自己与死亡无关。死亡的可能性,可能就此闪逝在我们的视域中,我们失去了对于死的理解与认识,正如雅斯贝尔斯所讲:"人人皆面临死亡,不过既然我们不知何时会死,也就这样活下去了,仿佛死亡根本不会到来一样。作为有生之物,我们本不相信死,尽管死亡对于我们来说是千真万确的事。"[4]唯有正面直视死亡,将死亡纳入自身,了解缘在的存有状态,才会发现,原来死亡

---

[1] 参见张祥龙《海德格尔思想与中国天道:终极视域的开启与交融》,北京:中国人民大学出版社,2011,页 82、102—106。

[2] 陈俊辉:《海德格论存有与死亡》,台北:学生书局,1994,页 25、49—50、77—78。

[3] Havi Carel, *Life and death in Freud and Heidegger*, Amsterdam; New York: Rodopi, 2006), pp.79-80.

[4] [德]贝克勒(Franz Boekle)编:《向死而生》,张念东等译,北京:生活·读书·新知三联书店,1995,页 153。

是无所不在的——人的活着,就是一种"向死的存在"。[1] 更进一步来讲,如果只是将死亡作为一种现象,而死亡就意谓着呼吸停止,瞳孔对光反射消失,心脏不再跳动等等,但若将死亡视为生存的一环,则死亡固然无所不在,而活着的我们怎么看待死亡,就成了生命的大问题。傅伟勋说:"我们也可以说,'人人生而平等'是死亡学的事实起点,'人人必能超克死亡'就成为死亡学的理想终点。问题是在:我们面对'人人必死'的铁定事实,如何去超克死亡,获致安身立命之道呢?"[2] 类似的生命问题,显然正是中郎要解决的困惑。当死亡作为一种现象、生理的状态,两腿一伸,双眼一闭,这个人的生命现象就此消失,是可确定的,但当死亡作为人生境界的理解,作为精神的解脱飞跃,那么超克死亡,获致安身立命之道,重点就在于我们如何"知证"死亡,"体认"死亡。这就是中郎说的无生,又或是天命,"夫天命者,不生不死之本体也"[3]。此处以天命为例,倒不是认为唯有认识天命,才能解脱生死,而是他认为庄子去孔未远,故内篇七篇之中,半引孔语,语语破生死之,"天人导师,非孔谁归?倘谓蒙庄不实,则《中庸》亦伪书也"[4]。以孔子的宗师立场来肯定庄子,用意在于说明孔子(儒家)也好,庄子(道家)也罢,甚至佛教也算进来,即中郎所指出的古代善于养生的三家学说,他们不论是讲立命、无生,还是外其身而身存,都是就超克死亡这点来谈的,而任天之行,顺生之自然,以善养之法来养生,才可能脱离死亡的紧箍咒:"养生之道,与生偕来,不待知而知者也。圣人之于生也,无安排,无取必,无侥幸,任天而行,修身以俟,顺生之自然,而不与造化者忤,是故其下无伤生损性之事,而

---

[1] 参见毛兴贵《死亡、此在与存在——论死亡问题对海德格尔哲学的意义》,《湖北大学学报(哲学社会科学版)》第34卷第5期,2007年9月,页23—27。值得注意的是,海德格尔是以"Gewissen"(或译为"良知""天良")为揭示向死存在的可能性,"Gewissen"是一种呼唤(Ruf),"Gewissen"打开遮蔽的状态,让缘在向世界更充分的开放,也将自身投入切身的能在状态,让我们生存其间,保有自我,面临向死的存在,免于在世上沦为非本真。张祥龙:《海德格尔思想与中国天道:终极视域的开启与交融》,页106—110。
[2] 傅伟勋:《死亡的尊严与生命的尊严——从临终精神医学到现代生死学》,北京:北京大学出版社,2006,页3。
[3] (明)袁宏道:《广庄》,《袁宏道集校笺》,页810。
[4] (明)袁宏道:《广庄》,《袁宏道集校笺》,页810。

其上不肯为益生葆命之行。古之善养者有三家，释曰无生，儒曰立命，道曰外其身而身存。既曰无生，即非养之所能生也。既非养之所能生，则不以不养而不生明矣。立命者，顺受其正。顺受故不欣长生，不悲夭折。何也？命不待寿而立，寿何益？命不因夭而不立，夭何恶？夭不足恶，寿不则欣，故养生以益寿，皆妄之妄者也。外其身者可以存身，则内其身亦可以亡身。"[1] 古代养生三家，就是针对刻意养生之言，以顺受其正、外其身而身存等方式来养生送死。

可是世人不明所以，不能超脱，只好沦于网罗，"一切众生，不深惟身心之所以，百计爱惜。以爱惜故，牵缠纠缚，促局如茧中之虫，煎唧如在釜之蟹，畜盗自劫，家赀日销。至于宝尽囊空，犹爱盗不止，可不大哀！"[2]，"种种趋避，皆属生死，迫道愈急，去道愈远"[3]。只知形躯外在，不明身心深处，百般爱惜，以致牵缠纠缚，离道愈远，就更不能了生死。愈养生，也愈不能安身。中郎理想中的无生状态正是：

> 夫惟圣人，即生无生，即生故不舍生，无生故不趋生。毕竟寂灭，而未尝破坏有为；常处一室，而普见十方空见；示与一切同行，而不与一切同报。尚无生死可了，又焉有生死可趋避哉？
>
> 圣人之于生也，无安排，无取必，无侥幸，任天而行，修身以俟，顺生之自然，而不与造化者忤，是故其下无伤生损性之事，而其上不肯为益生葆命之行。[4]

中郎《广庄》，并非客观依循庄子原文，反而多佛语，却又以孔子为天人导师，三教会通的现象，既反映时代思潮[5]，也表现出中郎个人的生命感受。江盈科

---

1 （明）袁宏道：《广庄》，《袁宏道集校笺》，页801。
2 （明）袁宏道：《广庄》，《袁宏道集校笺》，页808。
3 （明）袁宏道：《广庄》，《袁宏道集校笺》，页811。
4 （明）袁宏道：《广庄》，《袁宏道集校笺》，页811、801。
5 关于公安三袁，特别是以小修的角度来解释三教会通的情况，徐圣心所论最明。可参徐圣心《青天无处不同霞：明末清初三教会通管窥》，页221—255。

就说李贽的《孙子参同》、中郎的《广庄》,"均皆先得其心,后形诸笔,谓之注彼可也,谓之自注亦可也"[1]。我们再回到《广庄》,就中郎看来,生既不舍生,故能无生,无生又不是趋生。无生死可了,既无生死,两边无住,又何必贪生?既不能贪生,则由贪生趋生所成的养生,就更不必要:"嗟乎!养生之说,起于贪生,知生之不必贪,则养生之说荒已!"[2]生不必贪,因为都是自然造化,即生无生,所以常保无生,从无生处得获安身立命之道,抖落对死亡的畏惧焦虑,深达生死之理,才是最好的"养生":"呜呼!不知生之如戏,故养生之说行,不知生之本不待养,故伤生之类众。非深达生死之理者,恶能养生哉?恶能养生哉?"[3]

关于这样的道理,中郎的好友江盈科也有类似的想法,我们不妨参照其说,互辅互证。《敕赐重建狮子林圣恩寺记》:

> 余惟造化之理,自无适有,自有适无,如环无端。要之有成有毁,有废有兴;而又成也,而又毁也;而又废也,而又兴也。当其成毁兴废,或令人欣然以喜,凄然以悲;及观于世后,总一陈迹,而向之喜也悲也,皆属触境生情,乃吾真性如如,亦复无成无毁,无兴无废,无悲无喜。盖有无相递如环,而有之适无,与无之适有,则势所必至,理所必然。知其必至必然,则成毁兴废相寻于前,如昼夜寒暑之变,而于此中真性,不啻雾之在天,云之过月,有聚有散,乃天也月也,曾何毫发加损耶?西方之教所以贵无,所以一死生,齐得丧,大较若此。[4]

外在的兴废成毁,从无到有,再从有到无,不过是过眼烟云、风花雪月。有兴就有废,有成就会毁。世情如此,总是无常,并非恒久不变。人生存其间,处在大化流行中,或歌哭无端,或流连忘返,这些荣辱悲欣,不过是触境生情。殊不

---

[1] (明)江盈科:《相地经序》,《江盈科集》,页294。对于注解本身,钟惺也有类似的观察,他说:"凡注之为言,依于其所注者也。故离乎其所注者,而不能为书。离乎其所注者而犹能为书,盖注者之精神,有能自立于所注者之中,而又游乎其外者也。"(明)钟惺:《三注钞序》,《隐秀轩集》,页237。

[2] (明)袁宏道:《广庄》,《袁宏道集校笺》,页802。

[3] (明)袁宏道:《广庄》,《袁宏道集校笺》,页803。

[4] (明)江盈科:《敕赐重建狮子林圣恩寺记》,《江盈科集》,页264。

知就真性真如而言，一切变易更替，都只是无相所生，最后存有的，只是无。贵无，所以能无生；贵无，所以能一死生，齐得丧。因此正如中郎所讲，死生两边不住，得失两边不居；又或如江盈科所讲，无成无毁，无兴无废，无悲无喜，一从庄子出发，一从佛理出发，彼此又相互融合，最后所要表达的，仍是指向共同的境地：消除限制，脱缚除伪，解去形躯或世间的桎梏，返回最初最原始的本体——"无生"（或是"无"）。即便外在花开花落，昼夜寒暑，缘起缘灭，在无生的境地中，穿透了有无相递的表相，深入本原，如如真性，生死恐惧才可能除，无染无住，不惹一丝风尘。[1]

中郎著《广庄》，正是他从悟转修，进而修悟并重的阶段。此时中郎显然仍将重心放在"悟"之上，用他自己的语言来讲，《广庄》虽解生死，但仍多上根人语，对修持功夫、下下根行着墨实不甚多。真正能反映他修悟兼具的，还是在《西方合论》里。

（二）鼓吹净土的修持

中郎著《西方合论》，或许可说是以禅归净的转向，但鼓吹净土，往生西方[2]，

---

[1] （明）袁宏道：《广庄》，《袁宏道集校笺》，页803。附带一提的，中郎《广庄》论生死，虽多融合庄释。但就晚明佛教界而言，生死之道，自认与老庄大有不同。永觉元贤就认为庄子安时处顺，视生死为一，不过能齐生死，却未能忘生死；佛教则否，释氏一真恒寂，生而无生，体妙常存，故死而无死，无生无死，自然忘生忘死，此当非道家老庄所能及："庄生安时处顺，视生死为一条，能齐生死而已，未能忘生死也。未能忘生死，又安能无生死哉？其言曰：'父母于子，东西南北，唯命之从。阴阳于人，不啻父母，彼近吾死，而我不听，我则悍矣，彼何罪焉！'是知其不可逆而安之也，其能忘生死乎？若吾释之学则不然，一真恒寂，生而无生也；妙体常存，死而无死也。生乃幻生，生即不生也；死亦幻死，死即不死也。夫如是直谓之无生死可也，岂但曰人之不能胜天也，而安之哉？"除此之外，永觉元贤也认为《庄子·齐物论》未能竟其旨，因为不齐之物，不论是物者本身，还是见物之人，都是妄形（或妄情）。其实，根本不必执着于物，应该要离妄归真才是，他说："昔惠子造指物论，强辩以齐万物，庄子非之，乃作《齐物论》。其旨在舍己而因物，则物自参差，我自齐平矣。此庄子近道之论也，然惜未能竟其旨，夫物之不齐者，妄形也；见物之不齐者，妄情也。以理破情，则无不齐之见，以性夺形，则无不齐之形。譬如陶家取土作种种器，迷者执器之形，则万状乃分。智者达器之质，则实唯一土耳。今徒欲舍己，而己之情未破，徒欲因物，而物之形未虚，安得为究竟之论哉？"（明）永觉元贤撰、（清）为霖道霈重编：《永觉元贤禅师广录》，收入《卍续藏经》，第72册，页565a。

[2] 龚鹏程就曾以"鼓吹西方弥勒净土"为题，其实应为"西方弥陀净土"。见龚鹏程《死生情切：袁中郎的佛教与文学》，收于氏著《晚明思潮》，页158。

得脱生死，亦不废禅，并主以华严为本，判摄他教，曾得到蕅益智旭很高的评价。蕅益智旭认为中郎《西方合论》是从真实悟门流出，禅机透彻，颇能融贯李通玄与澄观的思想，实为明代居士论净土的重要著作。[1]《西方合论》，以华严的境量与架构，分为十章（门），分别是《刹土门》《缘起门》《部类门》《教相门》《理谛门》《称性门》《往生门》《见网门》《修持门》《释异门》，每章（门）尽可能地标出十目，以符合十十无尽之意。此外，中郎又吸收了唐代李通玄《华严经疏》《新华严经论》等十种净土，只是顺序正好相反，在中郎《第一刹土门》中，他是从毗卢遮那净土开始讲起[2]，这是李通玄最后一种净土。[3] 两相比对，中郎所列十种净土中的一至七种，与李通玄所列四至十种，互相对应。第三种恒真净土，即灵山会上所指净土，即李通玄之灵山净土；[4] 第四种变现净土，"如《法华经》，三变净土，移诸人天，置于他方"，即李通玄之《法华经》之三变净土；第五种寄报净土，"如摩醯首罗天，如来于彼成等正觉，此为实报净土"[5]，相当于摩醯首罗天净土；第六种分身净土，中郎以为涅槃经说，又可谓涅槃经净土；第七种依他净土，中郎则引梵网经，正为李通玄梵网经净土；第八种诸方净土，如东方药师佛，南方日月灯佛，上方香积佛，佛佛各有净土，诸经所述，不可具载；[6] 第九种一心四种净土，即凡圣同居、方便有余、实报无障碍、常寂光土之意；[7] 第十种摄受十方一切有情不可思议净土，"即阿弥陀佛西方净土，其中所有大功德海，大悲智海，大愿力海，若具说者，假使尽十方世界诸佛菩萨声闻辟支天人鬼畜，下至蜎飞蠕动，及一

---

1 参见圣严法师《明末中国佛教之研究》，释会靖译，页169。
2 刹土门的十种净土分别是：一、毗卢遮那净土。二、唯心净土。三、恒真净土。四、变现净土。五、寄报净土。六、分身净土。七、依他净土。八、诸方净土。九、一心四种净土。十、摄受十方一切有情不可思议净土。
3 李通玄十种净土分别是：一、阿弥陀净土。二、无量寿经净土。三、维摩经净土。四、梵网经净土。五、摩醯首罗天净土。六、涅槃经净土。七、法华经之三变净土。八、灵山净土。九、唯心净土。十、毗卢遮那净土。
4 参见(明)袁宏道《西方合论》，(明)蕅益智旭选编《净土十要(下)》，高雄：佛光出版社，1980，页472。
5 (明)袁宏道：《西方合论》，(明)蕅益智旭选编《净土十要(下)》，页473。
6 参见(明)袁宏道《西方合论》，(明)蕅益智旭选编《净土十要(下)》，页474。
7 参见(明)袁宏道《西方合论》，(明)蕅益智旭选编《净土十要(下)》，页475—476。

切无情草木瓦砾邻虚微尘之类,一一具无量口,口中一一具无量舌,舌中一一出无量音声"[1]。中郎虽采用李通玄部分架构,但是以华严说净土,与李通玄就有差异,他说:"圆实堕者,谓华藏世界,一刹一尘,具含无量国土,本无净秽,焉有往来,故长者(芝庆按:即李通玄)言,西方净土,是权非实,以情存取舍,非法界如如之体故。"李通玄认为西方净土非法界真如,故是权而非实,可是就中郎的理解,净土本身已融摄一切,既无权实之分,也不必取舍。另外在《西方合论》里,许多观点也与《华严经》思想有关,中郎就说:"诸佛化现亦异,或权或实,或偏或圆,或暂或常,或渐或顿。一月千江,波波具涵净月,万灯一室,光光各显全灯,理即一谛,相有千差。"[2]一月表现在千江中,江水浪浪皆可见月,正如万灯一室。光光各显全灯,理是一谛,表现为相,则有千种差异,中郎用来说明诸佛化现的不同,所以他又说:"一一华藏世界,皆满虚空,互相彻入,净秽总含,重重无尽,如法而论,一草一木,一毛一尘,各各皆具此无尽法界。佛及众生,无二无别。"[3]既是互相彻入,又是重重无尽,这些显然都是由《华严经》一多本末、事事无碍、理事无碍等说推衍而来。荒木见悟在分析《华严经》的特色时,指出《华严经》常常被认定为圆教,是"一乘教",为顺应千变万化的殊相,体现为事物的无尽无限的多样性。事物在所处之特定范例中,尽己本分,又与其他事物联络,互相彻入(荒木见悟称之为"个体相互的自位满足")[4],而非是事物各自泯灭,为求大同而失去差异。换言之,不断发掘各自存在的同,也承认包容彼此的同与异,这种自在互涉的存在方式,就是一乘教的最大特征。[5]中郎说"一月千江""万灯一室""理即一谛相有千差",又或是说"各各皆具此无尽法界"等等,都是这种观点的延伸。

对于《西方合论》,圣严许为明末净土诸书中,最具气魄的一种。只是对实际修行的指点与方法上的改革,未见新貌,徒见外在形式的雄伟,使净土产生气

---

1 (明)袁宏道:《西方合论》,(明)蕅益智旭选编《净土十要(下)》,页476。
2 (明)袁宏道:《西方合论》,(明)蕅益智旭选编《净土十要(下)》,页469。
3 (明)袁宏道:《西方合论》,(明)蕅益智旭选编《净土十要(下)》,页470。
4 [日]荒木见悟:《佛教と儒教:中国思想を形成するもの》,东京:平乐寺,1966,页26。
5 [日]荒木见悟:《佛教と儒教:中国思想を形成するもの》,页21—24。

象万千之姿,却有些不切实际的铺张。[1]关于圣严的说法,已有许多学者提出调整。中郎的净土论,邱敏捷归纳为三点特色:一、禅净调和;二、唯心净土与他力净土的融合;三、净土与华严思想的融通。[2]周群将重点放在:一、摄禅归净;二、以《华严经》为构架。[3]龚鹏程则认为中郎论净土,之所以不同一般论净土者,就在强调修戒,对时人偏于悟而修证不足,颇有自觉。宗趣如此,又何必指点实际修行生活与改革方法?专意指出修戒的重要、念佛往生的价值,证明净土为圆极之教,才是他重点所在。至于中郎以华严判摄,更是与当时以天台讲净土者不同,别具新意。[4]陈永革也指出,中郎将自身的佛学旨趣,具体落实到以华严教判疏释净土,既回应当时佛教丛林忽视修行的风气,也打算在自力与他力往生中,找寻平衡,弥除唯心净土与西方净土的思想冲突。[5]

在明末佛教中,以为参禅为悟,适合上根人;以净土偏重修,念佛往生,适合中下根人。这种认知,所在多有,前引李贽"参禅事大,量非根器浅弱者所能担"[6],即是一证。当中郎以"上根人"之资,习"下根人"行之后,对于这种上下之分,已感不满,他主将禅净皆重,只是世人多重禅而轻净土,修净土者又往往忽视禅宗:"《西方合论》一书,乃借净土以发明宗乘,因谈宗者不屑净土,修净者不务禅宗,故合而论之。"[7]因谈宗者不屑净土,修净者不务禅宗,两相比较,其

---

[1] 参见圣严法师《明末佛教之研究》,页107。

[2] 参见邱敏捷《修持与参禅:晚明袁宏道的佛教思想》,页72—83。

[3] 参见周群《论袁宏道的佛学思想》,《中华佛学研究》,2002年第六期,页401—407。

[4] 参见龚鹏程《死生情切:袁中郎的佛教与文学》,收于氏著《晚明思潮》,页159—160。以天台说净土者,如无尽传灯,就是以性具圆理诠释净土法门,李贽也自述:"卓吾和尚曰:'天台智者决疑十论,可谓往生净土之津梁矣。后学又何疑于?有宋杨无为居士之序。盖赞念佛者,必定往生,是亦一决疑也。温陵法师复为发明一心三观之旨。盖赞念佛者,必定见佛,是又一决疑也。合而观之,而后知天台净土止观之理,无非发明此一大乘。使学者知起念便生净土,开口便见佛,不待往生之劳矣。又何往生之疑,而不一念南无阿弥陀佛乎?'"(明)李卓吾:《净土决》,收入《卍续藏经》,第61册,台北:中国佛教会影印卍续藏经委员会,1968,页492。陈永革:《晚明佛教思想研究》,页106—112。

[5] 参见陈永革《晚明佛教思想研究》,页235—236。

[6] (明)李贽:《焚书·复澹然大士》,《李贽文集(第一卷)》,页73。

[7] (明)袁宏道:《珊瑚林》,页11。

实又以前者为多,于是他在《西方合论》才多就净土来讲,而少说及参禅的方法与宗旨。中郎认为了生去死,既然是参修者的重要目的,则重在功夫法门的有效性,有益于己即可,又何必再分上下?悟与修,参禅与净土,又何能偏废?况且古往今来,以净土往生,了脱生死的古德先师,所在多有,他在《第二缘起门》举天衣怀禅师、圆照本禅师、慈受深禅师、南岳思禅师、法照禅师、净霭禅师、净慈大通禅师、天台怀玉禅师等数十位,称赞这些人是"坚忍力者","是故当知禅宗密修,不离净土"[1],以此驳斥禅门对净土的质疑(无法得道、解悟生死根本)。

此外,中郎认为参禅者的问题在于:"今世禅人,皆云一超直入,不落功勋,尚不求佛,何况往生?"以为一超直入,殊不知往往以悟为高,反流入肆意恣情,名为自悟,乃实大误:"言业本空,则恣情作业;言行无体,即肆意冥行","宗乘狂解,妄谈顿悟,轻视戒律之处,当远故"[2],"一念妄证,遂沉黑狱。而今禅人得少为足,荡心逸轨,其恶报又不知当如何也。古人云不生净土,何土可生?三祇途远,入余门者,多有退堕,是以古今圣流,皆主张此一门"[3]。因此"禅宗密修,不离净土"。况且净土也必须自悟,并不只是念佛修行而已:"直下自证,当体无心,即是净土。"[4] 反过来说,即便是悟,也不能废修,必须如法了悟,实参实究才好:"行者欲生实净土,当真实参究,如法了悟","悟者常须觉观,迷人勤加折伏,其或爱锁贪枷,亦当恸年惜月"[5]。正因如此,中郎以《楞伽经》传自达摩为例,称他是悟修并重,又以清规创始者百丈为说,誉其为乘戒兼行。[6] 更对自己的修道历程,诚心反省:

> 余十年学道,堕此狂病,后因触机,薄有省发。遂简尘劳,归心净土,礼诵之暇,取龙树、天台长者、永明等论,细心披读,忽尔疑豁。既深信净土,复悟诸大菩萨差别之行。如贫儿得伏藏中金,喜不自释。……余乃述古德要语,附以己见,

---

1 (明)袁宏道:《西方合论》,(明)蕅益智旭选编《净土十要(下)》,页484—489,引文见页489。
2 (明)袁宏道:《西方合论》,(明)蕅益智旭选编《净土十要(下)》,页569。
3 (明)袁宏道:《西方合论》,(明)蕅益智旭选编《净土十要(下)》,页531—532。
4 (明)袁宏道:《西方合论》,(明)蕅益智旭选编《净土十要(下)》,页471。
5 (明)袁宏道:《西方合论》,(明)蕅益智旭选编《净土十要(下)》,页559。
6 (明)袁宏道:《西方合论》,(明)蕅益智旭选编《净土十要(下)》,页468。

勒成一书,命曰《西方合论》。[1]

伯修替中郎作序,也说:

> 石头居士少念志参禅,根性猛利,十年之内,洞有所入。痛念见境生心,触途成滞,浮解实情,未能相胜。始约其偏空之见,涉入普贤之海,又思行门端的莫如念佛,而权引中下之疑,未之尽破。又后博观经论,始知此门原摄一乘,悟与未悟,皆宜修习。[2]

中郎说自己"堕此狂病",伯修说中郎"痛念见境生心,触途成滞,浮解实情,未能相胜",正如前所言,是指过往中郎重悟不免废修,是以归心净土,悟与未悟,皆宜修习。他在万历三十一年(1603)闲居公安时,曾有信寄陶望龄,也说他往见狂禅之滥,偶有所排,显是指此。关于狂禅,中郎认为:"禅有二种,有一种狂禅于本体偶有所入,便一切讨现成去……往往利根上智者得之不费力,遂生容易心,便不修行,多被目前境界夺将去,作主宰不得,日久月深,迷而不返。"狂禅者,容易自以为是,偶有悟入,便说入道,得之不甚费力,遂以为容易,误认光景,迷途不返。[3] 但近来他发现有甚于狂禅之病者,他称为"小根魔子",小根之弊,百倍于狂禅。什么是小根魔子呢?就是悟修虽重,但不过都是浮泛掠过,并无深切体验,却又满心得意的人:"近有小根魔子,日间挨得两餐饥,夜间打得一回坐,便自高心肆意……"[4] 小根魔子,虽有修行,似有所悟,但不得其法又未得其理,误人之甚,比狂禅更糟。中郎此时,不但经历过偏悟与偏修的反省,而且对于悟修并重者,亦有所观察,其功夫深浅,正是"小根"与否的关键。但

---

1 (明)袁宏道:《西方合论》,(明)蕅益智旭选编《净土十要(下)》,页469。

2 (明)袁宗道:《杂说》,《白苏斋类集》,页320。

3 (明)无念:《黄檗无念禅师复问》,卷5,袁宏道"论禅"条,收入《中华大藏经》,第2辑第40册,台北:修订中华藏经会,1968,总页32585上。

4 (明)袁宏道:《答陶周望》,《袁宏道集校笺》,页1253。

是，为什么日间挨得两餐饥，夜间打得一回坐，这些实际而又具体的做法，不能算是功夫呢？原因在于，这时中郎正经历他自谓"归山六年、反复研究"的阶段，他渐渐地从"再变而为苦寂"的中郎，转变为小修所说"其学亦日趋平淡"的境界。挨得两餐饥，打得一回坐，可能只是外表做个样子，徒有形式，未有深刻体认。更重要的是，打坐也好，参禅也罢，若只偏一方，看轻他者，又或是两者涉入未深，都不足以言道，更难以入道："从法师门中来者，见参禅之无色鼻，无滋味，必信不及；从戒律门中来者，见悟明之人，洒洒落落，收放自由，必信不及，二者均难入道。"[1] 因此学道的境界，则重在笃实，平常自然，落尽浮华，尽见真淳，才是修道的最上乘。在中郎的认知里，"小根魔子"显然离此功夫尚远。

在《西方合论》里，中郎多谈净土，到了《德山麈谭》与《珊瑚林》[2]，中郎则以参禅为论，周群认为"宏道之崇尚净土，主要表现在《西方合论》之中，而《宗镜摄录》《珊瑚林》都作于《西方合论》之后，延寿的《宗镜录》是一部广延天台、贤首、慈恩教义以证明禅理深妙的著作，宏道作《宗镜摄录》也可见其在《西方合论》之后，又有一个向禅学复归的过程，对此，《珊瑚林》中有这样一段明白无误的记述"，"不难看出，宏道在作《西方合论》，'寻别路'而推信净土之后，又生'见未稳'的悔悟，'往年修净'即含有当下复归禅学的潜台词。在《西方合论》之后所作的《珊瑚林》中，我们几乎看不到他谈论净土的内容，而一以谈禅为务……"[3] 周群讨论中郎佛学思想，注重中郎思想历程的变化，与本文的出发

1　（明）袁宏道：《德山麈谭》，《袁宏道集校笺》，页1291。
2　中郎在《德山麈谭》并引说："甲辰秋（万历三十二年 [1604]），余偕僧寒灰、雪照、冷云，诸生张明教，入桃花源。余暑尚炽，遂憩德山之塔院。院后岭有古樟树，婆娑偃盖，梁山青色，与水光相荡，苍翠茂密，骄焰如洗。栉沐未毕，则诸公已先坐其下。既绝糅杂，阒号呶，闲言冷语，皆归第一。明教因次而编之，既还，以示余。余曰：'此风痕水文也，公乃为之谱邪？然公胸中有活水者，不作印板文也。'遂拣其近醇者一卷，付之梓。甲辰冬日，石公宏道识。"所谓"近醇者一卷"即《德山麈谭》。小修则说："予出山久矣，戊申暮春自渔阳归。半载，始复上先人丘墓。从三桥登舟，维于孟溪，即长安里也。登岸缓步，过珊瑚林。往中郎梦与予至此地，破一山壁而入，见峰峦皆若珊瑚。后于此建小兰若，以'珊瑚'名，志所梦，且欲老来兄弟聚首，办清泰业也。"《珊瑚林》之名的由来，或与此有关。（明）袁宏道：《德山麈谭》，《袁宏道集校笺》，页1283。亦可见荒木见悟的考证，（明）袁中郎著，[日] 荒木见悟监修：《珊瑚林：中国文人的禅问答集》，东京都：ぺりかん社，2001，页3。
3　周群：《论袁宏道的佛学思想》，《中华佛学研究》，2002 第6期，页391。

点,可谓同辙,而且特地标出向来被研究所忽视的《珊瑚林》,更是值得我们重视,虽然他并没有真的大量引用《珊瑚林》之资料,不过也确实提醒了历来研究的不足。他认为中郎在《西方合论》里推崇净土,是因为参禅者所见未稳,故有寻别路之举动,周群引《珊瑚林》:"问:'先生往年修净土是何见?'答:'大凡参禅而寻别路者,皆系见未稳故。'"[1] 主张这是"一个向禅学复归的过程",说中郎从净土复归于禅学,由著作时间次序上来讲,就《西方合论》到《德山麈谭》《珊瑚林》观之,确实如此。不过我们也必须明白,为了悟生死,解脱死亡的疑怖,中郎以上根人修中下根行,可是中郎从不怀疑自己的上根资质,故参禅本来就是中郎宗旨所在,刻意强调净土,以禅归净,不过是如伯修所言:"而权引中下之疑",以证明"悟与未悟,皆宜修习"而已。中郎就算批判过禅学的流弊,反省自己以悟为高,也斥责参禅不重净土,但他从来没离开过禅学,《西方合论》虽推扬净土,但另一方面也是借由批判参禅的不足,来完善禅学。因此说中郎的立场是净土,固可,说他是禅学,也不能算错,既然如此,又何来复归之有?[2] 所以从《德山麈谭》与《珊瑚林》,乃至于《宗镜摄录》,不过是他再次强调参禅的正确、合理的心态与姿态而已,中郎说:"参禅须是利根人,钝根人人不得。盖聪明过人者,少有所得,不能满他聪明的分量,则愈前进;若智量小的,稍稍有悟,便自足了。如大慧众同参,诸人皆同时颖悟,大慧自以为未得,又参三十余年,方大彻大悟。始知诸人皆少为足者,正为大慧聪明过人,前所得底,不能满其分量故。"[3] 中郎对参禅的改变,与其说是由净复归禅,不如说是"聪明的分量",从年少的"稍稍有悟""少为足者"反省检讨,自觉"前所得底,不能满其分量"罢了。[4]

---

[1] (明)袁宏道:《珊瑚林》,页32。

[2] 中郎说自己"《西方合论》一书,乃借净土以发明宗乘,因谈宗者不屑净土,修净者不务禅宗,故合而论之",即是此意。(明)袁宏道:《珊瑚林》,页11。

[3] (明)袁宏道:《珊瑚林》,页31。

[4] 陈永革说"对于袁宏道等晚明佛教居士摄教归净的净土思想……",就有待更精确的定义。严格说来,摄教归净只能是写《西方合论》时期的中郎,到了《宗镜摄录》《珊瑚林》这些著作里,我们很难依旧将其归属为摄教归净。陈永革:《论禅教归净与晚明佛教的普世性》,收于氏著《近世中国佛教思想史论》,北京:宗教文化出版社,2012,页75。

况且禅学与净土本来就不可分,分析两者特性,说谁也不重于谁,两者应该兼具等等,只是一种论述策略,中郎之所以说"大凡参禅而寻别路者,皆系见未稳故",意思仍是指尚未证道的参禅者,仍不免有净土、禅学二分,参禅者若一味说悟,全不修行,故有寻别路的可能,这才是所见未稳。反过来讲,若已是"悟与未悟,皆宜修习",又何必再分?既不必分,则所见自然就"稳"得很了,他又引《华严经》为例,说明学道了生死,参求宗门两不相碍的道理:"凡学道者,走别样路,则要易其职业,易其念虑,唯参求宗门一着,则不唯不必转业,亦不必转念,观《华严经》可见矣。"[1]再者,看话头与疑情功夫,以及参究念佛,乃晚明净土与禅宗的共通法门,中郎对此便非常注重:

问:"参话头起疑不来,当如之何?"
答:"疑情岂易起的?到疑情起时,去悟不远矣,必过信关,然后真正起得疑。若未过关而有意起疑者,非真疑也,惟过了关,自有放不下处……"

问:"举话时,妄念乘间,窃发当若之何?"
答:"举话头时外,又生出念来,此人心之常,不甚害事,亦不必除他。只是你才举话头时,情识已先起,此正生死根本。"

参禅将彻时,唯守定一个话头,便是真功夫。若舍话头而别求路,必难透脱矣。常见久参者多谓我参禅到此,分际如何?尚不得力,尚不得受用,我谓此人必未曾学道者,试观日用,问安往有不得力时,安往有不受用处?《华严经》云起精进心,是妄非精进,若能心不妄,精进无有涯。[2]

以上三则,分别就参话头、疑情不起、妄念交杂的问题提出解决办法,以及

---

[1] (明)袁宏道:《珊瑚林》,页31。
[2] (明)袁宏道:《珊瑚林》,页23、22、30。

说明参话头的重要性。疑情功夫，又当以审问念佛者为系，乃念佛与参禅合一的表现。故当疑情起时，已去悟不远，只是疑情不易轻起，又禁止有意起疑，则参话头起疑不来，不免感觉无力。这是因为求明之心仍未忘，便有此病，"问：'已前提话头，觉可用力。近日并提话头，亦觉无力矣。'答：'此是你情明心未忘，还要走明的一路，故觉话头无力，辟之飞蛾惟向灯烛处飞，不知明处是他丧身之所，缘人从最初一念之动，只为求明，此病已深，最难除拔……'"[1] 情明心未忘，却又走明的一路，又想求明，此病颇难除拔，就像飞蛾扑火一样，正是丧命之所。从上得见，中郎禅净双修，两者并重，是再明显不过的事了。

四、小结：平淡是真，平实是道

曹淑娟于《袁宏道的园亭观及其柳浪体验》一文里，分析中郎在柳浪六年的经营（万历二十八年到三十四年，即1600—1606），柳浪为郊区水泽之地，中郎以规划水景为务，主要工作是筑堤与植栽，在地势高处建台造室。柳浪馆修成后，中郎既在月中馆前泛舟，作舟中诗，如《柳浪馆月中泛舟》[2]《新买得画舫，今以为庵，因作舟居诗》[3]，也借隐居柳浪，回顾自己的过往，抒情发感，如《柳》："牵愁带绪弱烟中""少年容易起悲酸，每为春条惹肺肝。而今心老烟灰灭，只作遮离映水看"之类。[4] 曹淑娟将在柳浪生活六年的中郎称为"过客与归人"，她认为："一方面是对于国事纷纭、世道险侧的不安不满，让他急于从政治场域出离，归返于家乡公安；另一方面则是对于昔日我慢贡高、全不修行的忏悔，更让他起念避离家事田宅、妻子儿女的牵绊，返回公安后，避居柳浪馆。于是袁宏道在公安有了两处可称为'家'的地方，一为妻子儿女所居处，一为柳浪馆。前者是俗世

---

1 （明）袁宏道：《珊瑚林》，页23。
2 （明）袁宏道：《柳浪馆月中泛舟》，《袁宏道集校笺》，页852。
3 组诗共十首。（明）袁宏道：《新买得画舫，今以为庵，因作舟居诗》，《袁宏道集校笺》，页909—912。
4 《柳》为绝句，共三首。（明）袁宏道：《柳》，《袁宏道集校笺》，页844。

生活的家,后者才是宏道此段时期所构筑的意义中心,就其存有感后而言,柳浪才更近于安居的家。"[1] 这六年,正是我们前文所说伯修噩耗突然,中郎因病辞官,回公安调养,隐居其间的阶段,曹淑娟以空间的人文意涵,对中郎这六年的心境作出整理,新见迭出。其实相较于前阶段的"再变为苦寂",又或是更之前的我慢贡高、全不修行,中郎已渐走向平静与平实,万历三十六(1608)、三十七年(1609)时,中郎为方宏静作序,讲道:

> 物之传者必以质,文之不传,非曰不工,质不至也。树之不实,非无花叶也;人之不泽,非无肤发也,文章亦尔。行世者必真,悦俗者必媚,真久必见,媚久必厌,自然之理也。故今之人所刻画而求肖者,古人皆厌离而思去之。古之为文者,刊华而求质,敝精神而学之,唯恐真之不极也。博学而详说,吾已大其蓄矣,然犹未能会诸心也。久而胸中涣然,若有所释焉,如醉之忽醒,而涨水之思决也。[2]

这个讲法,不只是"文如其人"这么简单。中郎认为,有质才会有文,"质"好,文章才会好,这个质当然可以指文质的质,不过文来自人,因此更重要的是人的"质"——我们不妨称之为生命质量。[3] 他指出古人作文,刊华而求质,敝精神而学之,就是真。真,来自生命质量的提高、精神内涵的完满,落尽繁华,醇厚方见。他之所以讲自己自入德山之后学问稳妥,强调这个境界是平实笃厚,并非造作刻意,原因即是如此。[4] 后来他更在《陕西乡试录序》里,说古人以学为文,今人则反之,以文为学,是拾余唾于他人,架空言于纸上,就像穷人借衣、丑人化妆,简直是悲剧,惨不忍睹。那么以学为文又是如何?中郎认为是自身已有所解,有所积蕴,于是厚积薄发,如云族而雨注,泉涌而川浩,于是行云流水,不假做

---

1 曹淑娟:《袁宏道的园亭观及其柳浪体验》,收于氏著《孤光自照——晚明文士的言说与实践》,页192—245,引文见页242。
2 (明)袁宏道:《行素园存稿引》,《袁宏道集校笺》,页1570。
3 "生命质量",是龚鹏程的用法。事实上中郎也用"品"来说明士人之生命学问(说明详后)。龚鹏程:《死生情切:袁中郎的佛教与文学》,收于氏著《晚明思潮》,页173。
4 (明)袁宏道:《与黄平倩》,《袁宏道集校笺》,页1601。

作，自然而然。文之有学，正在于此。他勉励后生士人：

> 勉矣多士，慎毋以未纯之质，而轻于试焰也。夫士之有品，犹文之有质，赝售之刺，深于黜落，易操之辱，逾于贫贱。[1]

未纯之质、士之有品等等，都是就人的生命质量来讲的，唯有如此，才可能成就他认定的学问之道："故学问到透彻处，其言语都近情，不执定道理以律人。"[2] 而学问到透彻处，发之于文，就是诗文的淡之本色、文章的真性灵："凡物酿之得甘，炙之得苦，唯淡也不可造；不可造，是文之真性灵也。浓者不复薄，甘者不复辛，唯淡也无不可造；无不可造，是文之真变态也。"[3] 诗文之道，固然是中郎此处的着眼点，不过人的生命质量才是重心。有了这种生命体认，求道学道，修行参悟，才可能在生死根本处，调适而上遂，极高明而道中庸。他在给陶望龄的信中，就说明了这个道理："精猛是热闹，任运是冷淡，人情走热闹则易，走冷淡则难，此道之所以愈求愈远也。"[4] 以前的中郎，他大可会说，冷淡可得道，热闹亦可得道，道之得否，根本不在于热闹还是冷淡。但现今他却说走冷淡者为难，修道者走易路，反而离道愈远。这段近乎夫子自道的话，正可以看出中郎的明显转变。[5] 但淡又不是苦寂，而是平实、深刻，参禅到平实，便是最上乘，这才是中郎最后的自适之道。他在给黄辉的书函中，比较自己与小修的不同：

> 小修学问，以自在为主；弟之学问，以暗然日章为主。盖惟暗然则自在，故曰

---

1 （明）袁宏道：《陕西乡试录序》，《袁宏道集校笺》，页1531。
2 （明）袁宏道：《德山麈谭》，《袁宏道集校笺》，页1285。
3 （明）袁宏道：《叙呙氏家绳集》，《袁宏道集校笺》，页1103。
4 （明）袁宏道：《答陶周望》，《袁宏道集校笺》，页1244。
5 学界研究早已出，中郎晚期的文学作品，诸如《乙巳初度口占》《途中口占》等，多有一种闲静淡远的意致。由于相关研究已多，为免焦点分散，本文不再赘述。可参周质平《公安派的文学批评及其发展——兼论袁宏道的生平及其风格》，页130—132。范嘉晨、段慧冬：《晚明公安派性灵文学思想研究》，页165—170。

君子之所不可及，唯人之所不见。但本体实一见，则此等葛藤，俱用不着矣。[1]

稍早以前，他也跟黄辉谈到自己现时的心境：

  近造想益卓，参禅到平实，便是最上乘。弟自入德山后，学问乃稳妥，不复往来胸臆间也。此境甚平实，亦不是造到的。[2]

两封信作于同年（万历三十五年[1607]）。中郎说自己"暗然日章"，出自《中庸》："故君子之道，暗然而日章；小人之道，的然而日亡。"郑玄注："言君子深远难知，小人浅近易知。"孔颖达疏："言君子以其道德深远谦退，初视未见，故曰暗然，其后明著，故曰日章明。"[3] 君子小人道德的差异，不是中郎要表达的重点，中郎要说的是平淡中见真，平实中见不凡，学问稳妥，退藏于密，暗然之所以日彰，"平常心远处，即是最高峰"[4]，此境之所以平实，在暗然中见光明，在平常心处，得望高峰，原因在此。这也是自适自在，也才能证大自在、大智慧，了生脱死。他在《德山麈谭》里，不断说明"中庸""时中"的道理："顷刻不停之谓时，前后不相到之谓中，《金刚经》'应无住而生其心'，亦此义"，"君子之中庸，只一'时'字"，"小人而无忌惮，只为他不能时中。圣凡之分，正在于此"，"此人形迹虽好看，然执着太甚，心则死矣"[5]。时中也好，中庸也好，乃圣凡的重要分际。说到底，就在于透视"时"，言行而有所"中"，像是孔子可以仕则仕，可以处则处，可以久则久，可以速则速，随心所欲而不逾越规范，就是"时中"中的最佳代表[6]——探究其实，仍在于任真任时，不执不滞，所以中郎也引了《金刚经》

---

1 （明）袁宏道：《与黄平倩》，《袁宏道集校笺》，页1611—1612。
2 （明）袁宏道：《与黄平倩》，《袁宏道集校笺》，页1601。
3 《礼记·中庸》，《重刊宋本十三经注疏》，台北：艺文印书馆，1965，页902-1。
4 （明）袁宏道：《次峰字韵》，《袁宏道集校笺》，页972。
5 （明）袁宏道：《德山麈谭》，《袁宏道集校笺》，页1283、1284。
6 （明）袁宏道：《德山麈谭》，《袁宏道集校笺》，页1283。

"应无所住而生其心"为证,又说:"故学问到透彻处,其言语都近情,不执定道理以律人。"[1]"人惟执着道理,东也有碍,西也有碍,便不能出脱矣。"[2] 不再有碍,学问到透彻处,得脱生死,不正是中郎之前重悟的主张吗?现在又再度强调,岂不矛盾?可是如果我们将中郎讲究平淡平实的言论,与不执的说法结合起来,最后则归因于自适之道,则豁然可通。即便是同样的主张,只是中郎经历早与当时不同,昔年以上根人自居,言不惊人死不休,多游戏语;如今学问稳妥,暗然日章,造境平实,于是反省过往,见山又是山,中郎又见中郎矣。[3]

换言之,中郎前后对自适的重视,并没有差异,内涵却变了。因为以平淡自适,从平实参禅,所以才能自然圆融,境随心变,转法华而非法华转,他说:

> 古人进退,多是水到渠成,愿兄亦勿置此念胸中。居朝市而念山林,与居山林而念朝市者,两等心肠,一般牵缠,一般俗气也,愿兄勿作分别想也。[4]

居山林则想朝市,反之亦然。这等人情之常,看似相反,实则一般牵缠,中郎也说过自己"寂寞之时,既思热闹;喧嚣之场,亦思闲静,人情大抵皆此",这样的人情,都是学问未稳妥的表现,都是名利心作祟。因此自适的首要条件,便是水到渠成,是自然,是平淡,是真实不假,是随心所欲而不逾矩:"凡事只平常去,不必惊群动众,才有丝毫奇特心,便是名根,便是无忌惮之小人,反不若好名利人,真实稳安,无遮拦,无委曲,于名利场中作大自在人也。"[5] 只平常去,无奇特心,弃去名根,则不论在朝在野,皆可成大自在心。自适适世,以此出发,则悟生死根本,了然生死,自是可能。可是名声财利,逼人而来,迷眩心志,又岂是容易

---

[1] (明)袁宏道:《德山麈谭》,《袁宏道集校笺》,页1285。

[2] (明)袁宏道:《德山麈谭》,《袁宏道集校笺》,页1293。

[3] 上引中郎与小修的比较,认为两人都重自在,不过中郎自己却是酝藉、是暗然、是退止。可是若单就所悟之境来讲,不执不滞不碍不扰的道理,则并无二致,所以他才说:"但本体实一见,则此等葛藤,俱用不着矣。"

[4] (明)袁宏道:《答吴本如仪部》,《袁宏道集校笺》,页1263。

[5] (明)袁宏道:《黄平倩》,《袁宏道集校笺》,页1259。

对付的？为生死性命计，中郎还是认为富贵场中，容易让人迷失、把持不住，还是少接触为妙；又或是自己必须有高度警觉，以免自以为是，错认光景，忘了我是谁："富贵场中，易汩没人，眼前任运自在的，是乌纱，是下人取奉，是生死未到眼前，信口大话，似有滋味。终日洒洒落落，都是借他光景，莫错认作学问也。"[1]下面人的取悦奉承，乌纱帽所代表的名利，都可能让人将自身贪名贪利贪图声色以至于无所不为的心志"合理化"。自以为是洒落，自以为任运自在，名利双收，心境高人，不染不住，殊不知不过是空口说大话而已。有鉴于此，更要时时省思，追求自适，而这种自适心态，反映在生活起居上，就是要控制情欲，不为情性所役，中郎在死前就不断强调要远离声色，要甘于平淡，认为这才是养生大事："四十以后，甘澹泊，屏声色，便是长生消息。四十以后，谋置粉黛，求繁华，便是夭促消息。我亲见前辈早夭人，个个以粉骷髅送死"，"现行无明，种种具在，道力不胜业力，只是口头三昧，临终宁有得力处？四十以后，决宜料理养生事，起居饮食，皆有节度，乃为摄生之道"[2]。他甚至打算在清溪紫盖间隐居，结室以老，认为"生死事大，四十年以前作今生事，四十年以后作来生事可也"[3]。甘澹泊，屏声色，重养生，饮食有节，乃至于作来生事等等，都是源于这种平淡自适的心态。[4]

最后，谭元春的评论，尤其有意思，值得我们征引。谭元春虽针对中郎诗文而发，可是如前所言，中郎诗文主张，与其生命姿态、生活体悟息息相关，实不可割裂，故正可为此章结尾：

予因思古今真文人，何处不自信，亦何尝不自悔。当众波同泻、万家一习之时，

---

1 （明）袁宏道：《苏潜夫》，《袁宏道集校笺》，页1273。
2 （明）袁中道：《游居柿录》，《珂雪斋集》，页1208。
3 （明）袁中道：《游居柿录》，《珂雪斋集》，页1207。
4 这就是已弃人与我的差别，中郎说未悟之前，仍有人我之分，固有所执；已悟之后，既无人我之别，所以能处之淡然，触处皆真："未悟时，触处皆妄，如与人争竞，固人我相，即退让亦人我相，以我与人争，我能让人，总之人我也。既悟时，触处皆真，如待人平易，固无人我相，即与人争竞，亦非人我相。永嘉云：'不是山僧逞人我，修行恐落断常坑。'是也。"（明）袁宏道：《德山麈谭》，《袁宏道集校笺》，页1296。

而我独有所见，虽雄裁辩口摇之，不能夺其所信，至于众为我转，我更觉进。举世方竞写喧传，而真文人灵机自检，已遁之悔中矣。此不可与钝根浮器人言也。[1]

中郎怕死，又怕死后黑漫漫，无半个熟识。所以他参禅学道，念佛修身，企图拨开"向死存在"的神秘面纱。面纱里头，既不是荒谬，也不是虚无，而是实实在在的人生感受，充满了生命的厚度。这历段程，他最早从悟入手，以为以自己的上根资质，独抒性灵，当可默契于心，直会于道，胜物而不伤，于是当众波同泻、万家一习之时，而中郎独有所见，虽众人雄裁辩口，亦不能夺其所信。后来颇感不安，深觉不妥，检点己身，他自悔过去言行，调笑玩慢，不可一世："当余少年盛气时，意不可一世士，见乡里之铢持寸守者，意殊轻之，调笑玩慢，见于眉睫。""中年以来，饱经世故，追思曩日所怀，可愧非一"[2]，对自己过去轻狂自傲的言行心态，感到惭愧，并遁入悔中。其实正如谭元春所言"予因思古今真文人，何处不自信，亦何尝不自悔"，从自信到自悔，对生命的真诚坦白，也是中郎的"自适"，曹淑娟说得好："唯有真诚的悔忏，才有可能看到真诚的自己，而且也唯有诚恳地面对真实的自己，才有可能在忏悔的沉静中重新开始。"[3] 中郎于是转向修持，"再变为苦寂"。所谓的苦寂，就是自律甚严，自省甚密。断酒断肉断色断欲[4]，都是中郎的具体实践。

1　（明）谭元春：《袁中郎先生续集序》，《谭元春集》，页 599。

2　（明）袁宏道：《寿刘起凡先生五十序》，《袁宏道集笺校》，页 1537。中郎也曾以陆游为例，反省自己的年少气豪，念昔之狂，痛自悔责，更后悔当时不尊重老成长辈："陆放翁跋妙喜《蒙泉铭》曰：往昔尝过郑博士，坐有僧焉。余年少气豪，直据上座，索酒径醉。博士与余曰：'此妙喜也。'余亦不辞谢，方说诗谈兵，旁若无人。其后数年，余老于忧患，志气摧落，念昔之狂，痛自悔责。余读至此，因念乡僧度门说法京师时，余时方高谈一乘，玩侮讲席，其意气豪俊，殆出放翁上。今再入都，法筵灰冷，求如度门者与语，遂不可得。'虽无老成人，尚有典型'，岂谓凋落至此！予之狂尚可悔，而老成不可再至矣。"（明）袁宏道：《募修瑞云寺小引》，《袁宏道集笺校》，页 1560—1561。

3　曹淑娟：《袁宏道的园亭观及其柳浪体验》，收于氏著《孤光自照——晚明文士的言说与实践》，页 237。

4　中郎吃斋，亦与伯修之死有关。伯修死于任上，中郎为此曾绝荤茹素，长达数年。周群：《袁宏道评传》，页 58。至于戒欲戒酒，当然也有健康上的考虑。可见（明）袁宏道：《与王百谷》，《袁宏道集校笺》，页 1270—1271。中郎后来断戒，开始吃肉，事实上是与父亲（担心影响健康）要求有关的。详参（明）袁中道《游居杮录》，《珂雪斋集》，页 1319。

后来回乡六年,师友凋零,友朋分飞,让中郎的心境转进一层,与境发相,因机相推,灵机自检,于是刊落浮华,真淳尽见:"常情如此,佛法亦只如此,平平淡淡,无大奇特也。"[1] 往昔以寄为乐,洋洋得意:"人情必有所寄,然后能乐。故有以弈为寄,有以色为寄,有以技为寄,有以文为寄。古之达人,高人一层,只是他情有所寄,不肯浮泛虚度光景。"[2] 人必有寄,不肯虚度光景,故以色以技以文以弈,不免过放而不能收,今日却连"寄"都否定,"回思往日孟浪之语最多,以寄为乐,不知寄之不可常"[3],于是意地清凉,得离声色,返璞归真,看似寻常,才能"无大奇特也"。其实就像吕坤所言:"任是千变万化、千奇万异,毕竟落在平常处歇。"[4] 千变万化、千奇万异,或许炫耀,但是在平常之处,才是真实且又蕴孕深厚的境界,前者终将于后者处歇息,而平平淡淡,修行之境,却是更为信实。终于,平凡见真,禅净并行,便成了中郎最后的体悟,所谓安身立命,在自家性命下落之处,在"自适"的为学数变中,找到他的归宿。山水依旧,而中郎自己,收放更见自如,转折更见多姿,见山又是山,见水又是水了。[5]

---

1 (明)袁中道:《石头庵碑记》,《珂雪斋集》,页745。
2 (明)袁宏道:《李子髯》,《袁宏道集校笺》,页241。
3 (明)袁宏道:《李湘洲编修》,《袁宏道集校笺》,页1233。
4 (明)吕坤:《呻吟语》,页74。
5 "见山是山,见水是水"其实为中郎晚年常用语,他曾用来解释"知见立知"与"知见无见",两词出自《楞严经》:"知见立知,即无明本;知见无见,斯即涅槃。"知见立知为无明根本,知见无见,无有执意,可证涅槃。《珊瑚林》:"问曰:'何是知见立知?'答:'山是山,水是水,此知见立知。''如何是知见无见?'答:'山不是山,水不是水,此知见无见。'数日,又问:'如何是知见立知?'答:'山不是山,水不是水,此知见立知'。'如何是知见无见?'答:'山是山,水是水,此知见无见也。'"第一次问题的"知见立知"与"知见无见",属相对性,见与知是同性质的,所见得所知,故山是山,水是水,知见无见则是对这种知见作出翻转,所以要见山不是山,水不是水。当有此理解后,又不执着于"山不是山,水不是水"的层次,若执于此,则"知见立知"与"知见无见"又无差异,因此中郎数日后才又说"山不是山,水不是水,此知见立知。"因此更要转深一层,连"知"跟"见"都不可拘泥,破除道道关卡、层层执拗之后,自然就是"山是山,水是水,此知见无见也"。知见无见,换个方式来讲,就是"真知不昧",知得彻骨彻髓,任千境万境,展转不昧,故谓真知,所以中郎才又说:"知幻即离,人人晓得,而略当些小境缘,即昧而不知,若真知现前,岂逐境去?故须知得彻骨彻髓,任他千境万境,展转不昧,始谓之知可见。此知不在分别,而在不昧。问:'何谓真知不昧?'答:'如遇物来触眼,眼即自闭,何曾分别来的是甚物?又何曾思惟?我要闭眼,然却不觉不知自然眼闭了,如是方名真知,方能通乎昼夜'。"(明)袁宏道:《珊瑚林》(明清响斋刻本),页7、8。

理礼双彰
——郑齐斗的经世之学

一、前言

郑齐斗(号霞谷,1649—1736)为韩国重要的阳明学者,阳明学究竟何时传入韩国,言人人殊。[1] 不过几乎所有学者皆一致肯定郑齐斗的重要地位,郑仁在便指出,郑齐斗之前并非没有阳明学者,自郑齐斗开始,才对阳明学有了系统式的理解,并开启所谓的"霞谷学派",故郑齐斗可谓韩国阳明学的代表人物。[2] 特别是在朝鲜(李氏)王朝五百多年的统治历史上,朱子学始终是官方正统思想,阳明学实难与之抗衡,朝鲜王朝中期以后,党派纷争愈显激烈,倭寇与后金又相继入侵,以致有壬辰倭乱与丙子胡乱的发生。二乱之后,国力日衰,为了解决王朝危机,诸人各有见解,也互相指责,原有的东、西朋党之争,更为恶化,前者又分裂为南

---

[1] 阳明学究竟是何时何人传入韩国,学者异见仍多,有人认为是李瑶开始,因朝鲜宣祖曾向李瑶问阳明学之故;也有学者认为早在阳明在世时,《传习录》已东传朝鲜。归纳综说,目前约有四种观点,一是以李滉所著《传习录论辩》为依据,认为阳明学是在朝鲜中宗时代东传;二是以柳成龙所著《西厓集》为证,指出传入时间为明宗十三年(1558);三是如洪仁佑《耻斋日记》所言,为明宗八年(1553);四是吴钟逸提出的中宗十六年(1521)以前。可见[韩]金容载《韩国阳明学研究现况与新探索》,收入[韩]郑仁在、黄俊杰编《韩国江华阳明学研究论集》,台北:台湾大学出版中心,2005年,页489。钱明:《朝鲜阳明学派的形成与东亚三国阳明学的定位》,《浙江大学学报》(人文社会科学版)第36卷第3期,2006年5月,页139。

[2] [韩]郑仁在:《导论》,收入郑仁在、黄俊杰编《韩国江华阳明学研究论集》,页2。

人党、北人党,后者则是老论派与少论派。[1] 阳明学的研究与流传,便处于这种倾轧竞争之中,执政者如"南人"与"老论"派,以朱学为正统,压抑在野的阳明学。[2]

就外在环境来看,郑齐斗之可贵,不仅是在这种政治氛围中作出对阳明学的理解与贡献,更能不畏人情,独自探索。例如他的师友辈如尹拯与朴世采,虽属少论派成员,但事实上也不赞成阳明学说,对其多有批判,只是郑齐斗不为所动,仍以"学问源头"的立场,始终坚持研究阳明学。[3]

作为韩国阳明学的重要人物,目前中文学界对郑齐斗的研究仍属少量,焦点也多放在郑齐斗的哲学思想,或探讨他与阳明学思想的继承与异同[4],或以当时有关阳明学的论辩为题,看待其争论之学术意义;[5] 又或是着重他对于儒家重要经典的阐释,并从比较哲学的角度,分析他与中国哲人的思想特征。[6] 但是,郑

---

1 [韩]金吉焕:《韩国阳明学研究》,汉城:一志社,1981,页24—25。
2 值得注意的是,阳明学并非一传入就受打压,而是传入初期得到许多学者的认可,学者们也颇能在自由的氛围中论述其学。但从李滉对其进行严厉批判之后,风气逆转,直至朝鲜末期,阳明学都被视为异端,受正统朱学所排斥。[韩]宋锡准:《韩国阳明学的形成和霞谷郑齐斗》,收入郑仁在、黄俊杰编《韩国江华阳明学研究论集》,页4—5。另外,就因朱子学始终被视为正统,所以在许多出使清朝的朝鲜使者眼中,清朝官方虽也尊朱,始终不如朝鲜般纯正、正宗。葛兆光:《想象异域:读李朝朝鲜汉文燕行文献札记》,北京:中华书局,2014,页47—53。
3 郑齐斗并非一开始便对阳明学情有独钟,作为士大夫家族的后裔,其实他是准备应考科举的。二十余岁时,他放弃性理学,原因是因为弟弟登科,家里已无后顾之忧,而在接触阳明学之前,他也曾有过一段广采百家,博学诸艺的过程:"今齐泰(霞谷之弟)足以登科,兄弟俱事利禄不可。某请从此废举业许之。遂杜门谢外事,眈思坟籍,精研六经,恒有不得不措之意。性聪明强记,上自姚姒下讫于今,数千载间理乱得失,无不骤括于中,旁逮百家众流之书,阴阳星历之数,兵农医药之论,堪舆卜筮之术,以至稗官小说子集典故,凡载籍所记,一过眼便终身不忘,涵涵停畜,有叩辄应,而毕竟归宿不出于诗书六艺之内……"其后专研阳明学,历十余年,正式表明自己作为阳明学者的立场。《年谱》,收入[韩]郑齐斗《霞谷集》,《韩国文集丛刊》第160辑,首尔:景仁文化社,1995,页269。
4 如[韩]崔在穆《东亚阳明学的展开》,钱明译,台北:台湾大学出版中心,2011,第二部分与第三部分皆有关于郑齐斗哲学之论述;[韩]郑次根:《阳明思想对朝鲜政治思想之影响》,台北:政治大学政治研究所博士论文,1988。亦可见郑仁在、黄俊杰编《韩国江华阳明学研究论集》所收之论文。
5 [韩]秦章泰:《十七世纪末朴世采和郑齐斗的阳明学论辩》,收入黄俊杰编《朝鲜儒者对儒家传统的解释》,台北:台湾大学出版中心,2012。
6 黄俊杰:《从东亚儒学视域中论郑齐斗对孟子"知言养气"说的解释》,收入氏著《东亚儒学:经典与诠释的辩证》,台北:台湾大学出版中心,2007。

齐斗一生大部分时间虽为隐居，却非对世事漠不关心，也曾有短暂出仕的机会，弟子沈鋿（1685—1753）所写的《行状》，就说他的老师"自幼聪明强记，于书无所不读，皇王帝伯治乱得失之辨，既已了然若指掌，而必折中于诗书六艺。名物数度、百家众技之说，靡不洞究其精奥，而尤郑重于国朝典章，体用具备，品条详密，要可以发于施为，措诸事业，而先生顾无意焉。非先生果于忘世也，与其身显而道不用，无宁素履而往，兹乃先生所处之义，而若其乐行忧违之雅志，则未尝不同于古之人也"[1]。由此可见，郑齐斗多次婉拒朝廷征召，不能用世，并非他不看重经世之道，相反，皇帝王霸之学、国朝典章制度等，本为他熟悉，并下过功夫研究，用意仍是要"发于施为，措诸事业"的，他在《祭崔艮斋〔奎瑞〕文》就感慨："呜呼！世常以寿考为福，轩冕为贵，而至其时移数去，与物同尽，则其百年朝暮也。惟其若有扶世教泽斯民，系国家之安危，关时运之盛衰者，其流风遗韵，可以典刑当世，兴起后人，则是盖不随形而逝尽，参造化而悠久者也。"扶世教、泽斯民、系国家、关时运，可见其志。因此就其《霞谷集》来看，他对具体的政治社会事务，常多有观察与指陈，针对政治社会秩序的规划，其实是有他自己的看法，他常常将其称之为"礼"。这些经世的主张，则又跟他的"心即理"有关。他的立场，便是以"理"与"礼"的双重视域，修齐而治平，经世以致用，两者如鸟之双翼、车之两轮，密切相关。用中国传统思想的术语来讲，他既有注重"修身"的一面，也不忽视"治国"的理想，他在解释《孟子》时，就说："君子之守，修其身〔止〕，所以自任者轻，此言所守者在我，而所施者及天下，此笃恭而天下平也。"[2] 在《经学集录》里，他也引用《中庸》里的好学近乎知、知耻近乎勇、力行近乎仁三点："知斯三者，则知所以修身，知所以修身则知所以治人，知所以治人则知所以治天下国家矣。"[3] 总归来讲，修身治人治天下国家，修身与治国，在

1　[韩]沈鋿：《行状》，《霞谷集》，页286。郑齐斗：《祭崔艮〔奎瑞〕斋文》，《霞谷集》，页181。

2　《孟子说》，《霞谷集》，页428。

3　此为郑齐斗节录《中庸》之原文，《经学集录》上编，《霞谷集》，页450。《中庸》文句，可见（宋）朱熹《四书章句集注》，高雄：复文图书出版社，1985，页29。

他的角度来看,是一种连续性的关系,是密切不可分的。只是综观目前研究,虽已有一些学者注意到这个问题,可惜所论不多,仍属于概括性的通论,并未真正就郑齐斗的"心即理"与经世关系作出详细的论证。[1] 本文的研究,意在探询:"心即理"究竟该怎么经世?该如何强调两者间的连续性?由于目前学界尚未对此多加申明,本文希望能加强这方面的梳理,冀能对理解郑齐斗的思想有所裨益。

二、"心即理"的良知与生理

"心即理"说,是郑齐斗继承而又变化阳明学的重要标志,在郑齐斗的哲学思想中具有重要地位。就他看来,心与理的关系是体用不二、两者为一的。如果以论述上的方便与存在的作用来讲,或许可说心说理,但说心说理,却不能单独偏于某方,或以某方从属某方。因为就整体内涵而言,不能硬分为两橛,心与理是如此,性与气也是如此,他说:

> 心理也性亦理也,不可以心性歧贰矣。横渠曰由太虚有天之名,由气化有道之名,合虚与气有性之名,合性与知觉有心之名,今当为说曰:由虚之禀有性之名,由性之知觉有心之名矣,以正焉。虽然性者心之本体〔道德〕,心者,性之主宰〔神明〕,皆理耳,不可以心言气性言虚以分理气也。

---

[1] 宋锡准很敏锐地指出:"霞谷学派以渊源于阳明学的实心为基础,坚持救济现实的学问的立场。因其出发点和问题意识相同,所以实学和阳明学相互产生影响。亦即,霞谷学派把立足于实心实行作为学问的要点;在解决现实问题的过程中,考证学、历史学、声韵学等和实学有关联;站在实学的立场上,在现实改革的方面和阳明学的改革理论有同感,肯定实心实学的理念。"虽言如此,但只就大脉络陈述,并未深论,且宋锡准意指"霞谷学派",亦非专论郑齐斗一人;龚鹏程注意到这个问题,认为郑齐斗是非常注重经世实践的,可是龚鹏程并未就郑齐斗"心即理"与经世关系探究,因此"心即理"究竟如何经世,依然不明,尚待之覆,仍有许多议题可作。[韩]宋锡准:《韩国阳明学的形成和霞谷郑齐斗》,收入郑仁在、黄俊杰编《韩国江华阳明学研究论集》,页12—13。龚鹏程:《韩国阳明学者郑齐斗的经世思想》,收入氏著《儒学反思录二集》,台北:台湾学生书局,2013,页12—13。

又以心有主理而言者,有主气而言者,其言亦似明而实非,心只是理也,亦只是气也,不可以分贰也,故只可以言理也,至失其体而流于恶也,方可谓之气已,然亦只是理之失其体〔动于气〕而已。[1]

心、性、理、气,对郑齐斗而言,名辞虽异,内涵则一,可谓异名同指。在整体式的纷纶俱呈、彼此不离不杂的情况中,心是理,性也是理,不必分歧为二,所以他对张载(1020—1077)《正蒙》里"由太虚,有天之名;由气化,有道之名;合虚与气,有性之名;合性与知觉,有心之名"[2] 的说法,提出调整,认为以心言气,以性言虚,不免理气二分,所以他将后两句的"合",修正为"由",延续前二句文意,再将容易分化的"与",改为"之",并以"虚之禀"更替"虚与气"。因为从性来看,可说是心之本体;以心来论,可谓性之主宰,都可以说是理的表现,这是从前述整体下的互观而言,所以不可以将心性理气区分,也不能主于某方(例如主气、主理),毕竟"心只是理也,亦只是气也,不可以分贰也"[3],只有当理失其体而流于恶,才可以只说气不说理。因此就他看来,即心以言理、言性、言气,心、性、理、气俱为浑一之呈现,而主气或主理,都不过似是而非。

郑齐斗提及心、性、理、气,重点过于分散,概念间又不断牵涉,所涉头绪繁复,故论述不免夹杂,例如他在《存言下》又说:"心者性之器〔气显〕;性者心之道〔理征〕,语其全体则曰心,言其本然则曰性,言心性在焉;言性心本焉","性者天降之衷明德也,自有之良也,有是生之德,为物之则者也,故曰明德,故曰降衷,故曰良知良能,故曰秉彝,自有之中,故曰天地之中,生生一理,于穆流行者,性之源也,赋予具全,同流无间者,性之命也","一理虚明,性之体也,贯通无间,

---

1 [韩]郑齐斗:《存言中》,《霞谷集》,页249。
2 (宋)张载:《张载集》,北京:中华书局,1978,页9。
3 郑齐斗认为理因气动,气质人欲遮蔽了理,失体而流于恶,照理讲他应该会同意"气质之性"的看法,事实上他却是反对此说的。他认为气质之性只适用于人与物,而非人与人:"人物之各异者生之性,一同者天之性。在物之异形则可以生之性言,难以天之性体通,以其器偏也,在人之同体则一是天之性,其生性之有别,不消言,以其器全也〔孟子以生之谓性,言犬牛则可,程张以气质之质,言于人性,所以不可〕。"《存言下》,《霞谷集》,页263。

性之用也〔性之本虚,性之体静,至善其德也,不可以有无言也,贯通其用也,不可以动发言〕,曰德曰诚,性之实也,惟道惟理,性之目也……"[1] 此处性之气显为心,与前述所言主宰略有不同,心之道又为性,性既可谓良知良能(但他又说良知是生理,详下),又是物之则……这些概念,除了因郑齐斗是袭自中国思想传统术语,也是因为他在论述中,往往着重点指涉不同,如言性,则以性为主轴论述,重点在于突出性的内涵,故其论性与心、性与良知、性与理等等,都是就性与这些概念的整体呈现,以及性与这些概念交涉时的作用与特征来论述(如性之用、性之目、性之实等),导致当这些概念共同出现时,论述焦点反而因此过于松散,缺乏明确重心。若过度拘泥,常常会觉得矛盾,不免因小失大,故有时只能就主轴大体言之,如前述所引心、性、理、气,便是如此。更进一步来说,若不能掌握郑齐斗"即"意,往往难以梳理概念间的关系[2],况且千言万语,概念庞杂,事实上郑齐斗仍有一主线贯穿其中,就是心与理。他以阳明心学为例:

> 以阳明以为尽于吾心而包罗焉森列焉云,阳明未尝有此意。试取阳明书观之,阳明无此说矣。此正阳明所深辟以为心理为二之病者也,阳明只以心体明则万理明,万理皆由此出而无不足、无穷尽云耳,非谓万理预先罗列也,阳明本曰心即理耳,谓其理之发于心,而心之条理,即所谓理也,非以心与理为两物,而相合之可以为一之谓也。今此之说,以理为各有所在,乃以其一心理者,为合两物而一之,本与心为二,而要合以一之之谓焉,此则阳明所病心理之二,知行之分,千言万辨,无非为此故也。未知今何所考而得此,以为阳明之病耶?非其人之说而攻其人,何与乎其人?[3]

---

1 [韩]郑齐斗:《存言下》,《霞谷集》,页259。

2 更重要的是,郑齐斗使用这些哲学语言,重点仍在于实践与体验,就本文的立场来讲,经世正是其中一环,详第三节。关于东亚儒者以"体验"为解经的立场,可参黄俊杰《论东亚儒者理解经典的途径及其方法论问题》,收入氏著《东亚文化交流中的儒家经典与理念:互动、转化与融合》,台北:台湾大学出版中心,2010,页100—110。

3 [韩]郑齐斗:《与闵彦晖论辨言正术书》,《霞谷集》,页21。

若主于心,以理从属于心,以心来包罗理,正是心理为二,自为阳明所深辟,所不取。"心即理","即"者,为取两用合,是整体呈现、彼此互存之意。依常理看来,"即"与"不即"是两种不同的表述模式,字面上的解释,"等于"(即)与"不等于"(不即)的差异,也甚为明显,可是心即理的"即",却不能这样来定义。"即",其实是超越地保存了心与理,辩证式地将看似矛盾的两者统一,既不落于"心"的一边,也不只看重"理"的一方。用理学家的话来讲,可谓不离不杂。不离,即心与理不可分,离了心则理无挂搭处,没了理,心亦不免落单偏僻;不杂,正因心与理从自存的角度来看,理是发之于心,而心之条理,即是所谓的理,两者既不能偏执,也没有主从之分。[1] 郑齐斗强调,就因为心即理,所以王阳明才要人恢复本心,"阳明只以心体明则万理明,万理皆由此出而无不足、无穷尽云耳",理是发之于心,心之条理为理,彼此当下即是,整体呈现,故正如杨祖汉所言,心是活动,则此心之活动处表现之理,就非静态之理,而是活泼泼的,此理亦随心之活动,发用流行,无穷无尽。[2]

为什么心即理可以无不足、无穷尽?这便是郑齐斗生理与良知说的内涵。关于生理之说,郑齐斗言:

> 窃谓大气元神,活泼生全,充满无穷,神妙不测。而其流动变化生生不已者,是天之体也,为命之源〔主〕者〔是气也,形而后有局,其未有形之时,是为元气。元气者,无所局。其未有形之时,所谓元气,本一理体而已,及其有形而后,始谓之气,谓之器,有形而后局,则虽天地亦然矣〕,元精者,真阴之体,元神者,真阳之灵〔是先天之元,太极之灵者。是既生阴阳心肾,而乃有精神之藏,魂魄之生〕。录曰婴儿在母腹,只是纯气,有何知识?是一点纯气,只是生理〔是其为精神真

---

[1] 杨儒宾就指出,依中国体验形上学的特性,"A 即 B"之类的表达模式,"即"字不能单纯地作"同一"解,而只能是"等于"与"不等于"的矛盾统一,两者乃诡谲的同一。杨儒宾:《异议的意义:近世东亚的反理学思潮》,台北:台湾大学出版中心,2012,页149—150。

[2] 杨祖汉:《郑齐斗对王阳明哲学的理解》,收入郑仁在、黄俊杰编《韩国江华阳明学研究论集》,页213。

气〕,是理之体,神之主也。医经曰:心主脉,脉舍神〔脉者,血气之先〕,又曰一息不运则机缄穷,一毫不续则穹壤判〔是先天一气,先天之灵。人之脉者,是血气之妙,神之主也,是理之形体也〕。生理之体,本谓此尔。虽然又其一个活泼生理全体生生者,即必有真实之理〔体〕、无极之极,而于穆冲漠,至纯至一之体焉者,是乃其为理之真体也是〔是所谓道者也、命者也〕。人心之神,一个活体生理,全体恻怛者,是必有其真诚恻怛纯粹至善,而至微至静至一之体焉者,是乃其为性之本体也〔就其中本体有如是者,自然本如是,是正所谓性者也、道者也,圣人惟是而已〕。[1]

天地宇宙是流变无穷的,皆有真实之理在焉,人处其中,人心之神,也因为恻怛之心,所以能感受全体,感通世界,人与世界是当下相即不离的。其中关键便在于生理,生理是活泼无穷,神妙不测,却又流通变化,生生不已,生理是天地之本体,也是天命之本源。就人的存在来讲,这种至纯至善的人心之神,便是活体之"生理",圣人教人,就是要人掌握"生理"的圆善之境。另外李庆龙曾指出,郑齐斗解释生理,有许多论述是在与好友闵以升论辩中对彼此的问题与疑惑所作出的解答,带有一种随机式的"权答",故内容有所偏至,侧重点也不同。[2]所以他又会说:"一团生气之元,一点灵昭之精,其一个生理〔精神生气为一身之生理〕者,宅窍于方寸,团圆于中极,其植根在肾,开华在面,而其充即满于一身,弥乎天地,其灵通不测,妙用不穷,可以主宰万理,真所谓周流六虚,变动不居也。其为体也,实有粹然本有之衷,莫不各有所则,此即为其生身命根,所谓性也。"[3]郑齐斗此处言生理,是以人为模型,利用方寸、肾、面等身体器官与部位,扩而充之,渐及天地万物,与万物相即相感,所以才能由"一团生气之元""一点灵昭之精"起始,于一身,弥乎天地。

---

[1] [韩]郑齐斗:《存言中》,《霞谷集》,页249。
[2] [韩]李庆龙:《十七世纪后阳明学时期和霞谷学的定位》,收入郑仁在、黄俊杰编《韩国江华阳明学研究论集》,页41。
[3] [韩]郑齐斗:《存言上》,《霞谷集》,页234。

郑齐斗把生理解释成活体，又说生理是至善纯粹、于穆冲漠，如此定义"生理"的状态与境界义，其实也就是在说良知。在他的思想里，生理与良知是同义复词，相同内涵的不同表述，就像郑齐斗自己所说的："人之言语，各因其所指，虽有不得已而异名者，岂可从而拘执而彼此之若是也。"[1] 其实良知与生理同义同旨，用意都在说明作为修身功夫的"心即理"具有极为关键的地位。他认为：

> 阳明之说曰良知是心之本体；又曰良知之诚爱恻隐处便是仁。其言良知者，盖以其心体之能有知〔人之生理〕者之全体名之耳，非只以念虑察识之一端言之也，盖人之生理，能有所明觉，自能周流通达而不昧者，乃能恻隐、能羞恶、能辞让、是非，无所不能者，是其固有之德。而所谓良知者也，亦即所谓仁者也，如程子所谓满腔子是恻隐之心者，正是其体也，若无此良知，顽然如木石无知，则其谁能恻隐者乎〔所可论正在此段〕，今也以其良知，不过为循其恻隐而寻绎察识者之一端，而不察乎其恻隐之心即良知也，心体之知即生理也，则宜乎其所论者之为燕越也。[2]

心体之知即良知，也即生理，郑齐斗此处是用生理"有所明觉，自能周流通达而不昧者，乃能恻隐、能羞恶、能辞让、是非"之义，即前述所谓全体恻怛、周流六虚、灵通不测之义。以生理的活泼跃动来解释良知，说明了良知流行发用的生生不息，既是周流通达，也是充满无穷、神妙不测，用意都在说明由生理（或良知）发用，人与人、人与万物皆得以彼此关怀、感通的可能性。[3]

值得注意的是，郑齐斗不论是讲生理，还是论良知，都注重"恻隐"（恻怛）的面向。就他看来，这就是"仁"的感受，以孟子四端中的"恻隐"来切入良知生理说，强调对人对己，甚至是对万事万物的感同身受、同情理解的不忍之心："恻

---

[1] ［韩］郑齐斗：《与闵彦晖论辨言正术书》，《霞谷集》，页21。

[2] ［韩］郑齐斗：《与闵彦晖论辨言正术书》，《霞谷集》，页20。

[3] 吴震：《郑齐斗思想绪论》，收入郑仁在、黄俊杰编《韩国江华阳明学研究论集》，页97。

隐之心，人之生道也，良知即亦生道者也，良知即是恻隐之心之体，惟其能恻隐，故谓之良知耳。夫既知其心本有知能痛痒能恻隐，而恻隐痛痒，即无非是知者，则其曰有待于知而后然云者，可知其非阳明之说也，非其人之说而责其人不可也。夫以其全体之德谓之仁，以其本体之明谓之良知，其所指而名者，虽如此，然其全体亦何尝非本体也，本体亦岂外于全体也，惟一物故也。"[1] 郑齐斗以痛痒为喻，用意在表达这种切己的感受，便是恻隐之心，就是良知的当下即是，就是生理的本然发现，也就是仁理。[2] 良知之知，应从此处理解，不必再另外求知，另生一义来寻绎、察识痛痒恻隐的心情，故曰："不过为循其恻隐而寻绎察识之一端，不察乎其恻隐之心即良知也"，"则其曰有待于知而后然云者，可知其非阳明之说也"[3]。

明显地，这种恻隐（良知、生理）仁理式的心即理，并不是空洞的德性德目，而是具体充满的人文厚度与内涵，是一种生命的学问，就像我们感觉到痛，感觉到痒，这是在人伦日用之中，剀切深微，是非常亲密的感受。就因为感同身受，我们才可能明白心与理的不假外求，对己来说，恻隐之仁散布到全身的每个地方，正如前面引文所提到的方寸、肾、面等身体内外，"如程子所谓满腔子是恻隐之心者"；对人而言，正因为"心体明则万理明，万理皆由此出而无不足、无穷尽云耳"，渐次扩展，周流不殆，所以可以遍及万事万物。这一切都是自然而然，是心感应于物的，他以《孟子》所提到的"吾弟、秦人之爱"为例，就说："吾弟秦人之爱，非谓无吾弟秦人之身异也，其可爱不可爱之理由其中，感触而发，昭昭然不昧，故其爱之或以出或以不出，心之本然，自有不得者，与恻隐羞恶一般，喜怒哀乐之发而中节亦如此，岂商度其合爱与不合爱而后出其爱之之心不爱之之心欤？若于吾弟秦人之上，讨求其理，以为其当爱而爱之，以为其不当爱而不爱，

1　[韩]郑齐斗：《与闵彦晖论辨言正术书》，《霞谷集》，页20—21。
2　"人身之能痛能痒者，即是良知良能也。无良知，是谁能痛能痒耶？惟其心体之知，自能痛能痒焉，既能痛能痒，斯能知其疾嚼之发焉，是一知而已，非有二也，此所谓仁理也。"郑齐斗：《与闵彦晖论辨言正术书》，《霞谷集》，页20。
3　郑齐斗以此切入良知，也正是其良知学的特色。可见杨祖汉《郑齐斗对王阳明哲学的理解》，收入郑仁在、黄俊杰编《韩国江华阳明学研究论集》，页225—230。

则道体已分,便有外内之异作伪之端矣。如明鉴烛物,妍媸黑白,岂不是其物也?其随妍媸黑白而出于鉴者,一出于其明体,无一毫假之于外矣。此真物各付物,各有其则者也〔虽然无妍媸黑白之物烛之,亦何所形焉?非吾弟秦人之身,此理亦何所见乎?此又物理吾心不可分二处,而格物即致知者也,然其根之一出于心则不得小有夹杂,非果于物上有可求而明者也,以至于如目之色口之味之类,无不如此,外口而言味,外目而言色,天下无之〕。"[1] 爱亲敬兄等行为,是出于孝悌之心,是自然流露,不假外求,并非先是探究孝悌之理才有孝行,因为此理即是此心。所以心即理,重在由己渐次推衍到万事万物,但要明理却不能在事物上求,须从心上下功夫,就因为良知与生理是活泼的活体,如果本末倒置,弃于此而求于彼,反而在事物上追究,就是枝叶了。郑齐斗曾重制闵诚斋(1649—1698)的《良知图》[2],其中有言:"故就心而言良知,以为其性情功夫之主宰耳,且其纵横颠倒,皆说心说良知者,为其事物感应之理,皆出于心,而不在于物故也。"事物感应之理,出于心,而不是在物本身,便是标明此意。

这样讲良知,突出良知的恻怛隐切处,就与王阳明之说,有了不同的着重点。在王阳明(1472—1529)看来,良知是人的内在道德判断与评价的体系,作为意识结构中的重要部分,具有引导、监督、判断与省思的功能,他说是非与好恶,"良知只是个是非之心,是非只是个好恶,只好恶就尽了是非,只是非就尽了万事万变"[3],是非之心,重在道德的理性原则。不过良知有道德的情感层面,也有着恻隐辞让的真诚怛恻之义,王阳明就讲:"孩提之童无不知爱其亲,无不知敬其兄,只是这个灵能不为私欲遮隔,充拓得尽,便完。"[4] 爱其亲,敬其兄,充而拓之,正可见良知天理流行,处处洋溢着生机与幸福感;王阳明又云"见孺子入井自然知

---

1 [韩]郑齐斗:《答闵彦晖书》,《霞谷集》,页25。
2 郑齐斗与闵诚斋论辩良知,闵诚斋曾绘《良知图》,郑齐斗认为非阳明本义,于是自己重绘了《良知体用图》二张。见崔在穆《郑齐斗阳明学在东亚学术中的意义》,收入郑仁在、黄俊杰编《韩国江华阳明学研究论集》,页345—353。
3 (明)王守仁:《王阳明全集》,上海:上海古籍出版社,2006,页111。
4 (明)王守仁:《王阳明全集》,页34。

恻隐，此便是良知不假外求"[1]，引用孟子孺子入井之说。所以王阳明论良知，其实包含了孟子四端（恻隐、羞恶、辞让、是非之心）。[2] 郑齐斗从恻怛进入良知，虽与王阳明融摄四端的说法略有差异，但仍可视为阳明良知学的合理引申。

郑齐斗以良知与生理作为心即理的内涵，事实上也是出于他将理与礼视为同构一体的原因，相对来说，心之条理为理，理对应到具体的事态，即是礼，礼在人伦日用之中，是维系人文秩序的关键。从"心即理"再到"理即礼"，郑齐斗的经世思想，即是建构在这样论证中，环环相扣。只是究竟该如何证成？什么又是"礼"？理礼双彰的经世思想，又该如何确定其正当性与合理性？我们将在下节陆续处理这些问题。

三、"理者，即礼也"——郑齐斗的经世思想

郑齐斗在《存言下》就直言："理者，即礼也，即此心之本体莫不有条理者也；义即又此心本体之条理，于事无不得其宜者也。"[3] 心之条理，是理，于事得宜者，就可以说是礼。郑齐斗有时也会说礼是理的节文："礼者节文之理，理之节文也。"[4] 就他看来，"心即理"的自然流露，表现在伦常性情与制度规矩的事物中，其实就是礼了，故理者，即礼也。所以又接着说：

> 物者心之感应也；事者良知之用也〔物由于心，心在于物，不可分缺〕，皆意之所著也，而非理之所出也。理者心之体而知之能也，理字只作礼字看，盖心之有礼文于事物也，即如天之正性命于物也，吾之各尽礼义，即天之各正性命也，天

---

[1] （明）王守仁：《王阳明全集》，页6。
[2] 杨祖汉：《郑齐斗对王阳明哲学的理解》，收入郑仁在、黄俊杰编《韩国江华阳明学研究论集》，页234—237。陈来：《有无之境：王阳明哲学的精神》，北京：北京大学出版社，2006，页154—165。
[3] [韩]郑齐斗：《存言下》，《霞谷集》，页260。
[4] [韩]郑齐斗：《存言中》，《霞谷集》，页252。

命造化,与吾心天理,只是一事一理。[1]

理与礼,相较来说,前者属心即理的良知层次,后者则是人伦日用名物度数。但如前节所言,"即"字促成了两者的不离不杂,理即礼,都是心感应于物、良知用于事的表现,是"文于事物",如天赋性命于万物,吾人各尽礼义,正如天之各正性命。礼,就在人伦彝常的实践之中,既是内化于人心,也能表现于外在事物。郑齐斗重礼,其实也就是前述"心即理"的发挥,而他讲的礼,既能是个人言动视听,也能是宗族乡民、典章制度等层次,所以他的礼学,正是他的经世之学。

例如郑齐斗在《经仪》里,就取法郑玄当年的做法,掇取中国经典文献,分成通言、容貌、视、坐、立、步趋、拜揖、言语、衣服、饮食、授受、相见、升车、居处、少者仪、从宜、杂记、追辑等条目,分类论述相关礼仪之道,诸如外表容貌、与人对谈时之眼神、走路速度的快慢、与人相见的拜揖方式、言语的态度辞气、衣服饮食登车与家居的种种规范等等,都是他所看重的。这些礼节,他以引用古人古语的方式来说明为何是适宜正当的,例如在《坐》中,他引了李退溪(李滉,1501—1570)的话,盘坐虽不若正襟危坐般严肃,却也不害义理:"退溪先生曰:盘坐虽不如危坐之严肃,似不害于义理,可以通谓之正坐端坐。"[2] 不只如此,身为阳明学者的郑齐斗,在论礼制时,也不避讳引用朱熹的许多看法,如《步趋》:"朱子曰:常人去近处,必徐行;远处则稍急。延平先生则不然,出近处如此,出远处亦只如此","朱子每徒行报谒,步速而意专,不左右顾,及无事领诸生游赏则徘徊顾瞻,缓步微吟"[3],对朱熹平日步趋践履之功,似多欣赏。《拜揖》里也说:"朱子曰:古人坐也是跪,故其拜容易。"[4] 整篇谈拜揖,如男拜尚左手,女拜尚右手,都是立基在朱子看法上来说的。其他诸如《言语》《相见》《升车》等等,也可见其引用朱熹。不过他赞同朱熹的说法,是就具体的行为上来讲,而朱

---

[1] [韩]郑齐斗:《存言下》,《霞谷集》,页260。
[2] [韩]郑齐斗:《经仪》,《霞谷集》,页484。
[3] [韩]郑齐斗:《经仪》,《霞谷集》,页485。
[4] [韩]郑齐斗:《经仪》,《霞谷集》,页485。

熹的问题仍在于行为背后的思想根源，这仍旧是因为郑齐斗"心即理"的立场所致，他在《答闵彦晖书》与《存言上》便说：

> 朱子谓象山以读书讲理为外而废之，此告子义外也，是以其外而废之者为外也，陆氏谓朱子以物理为在外而讲求，此即义外也，是以其外而合之者为外也。朱子以理为在物而求之，其意固将以合之矣，然其为体则已为二途矣。然其所言心即理者，正是由内达外，自本而末云耳，惟其本于心而明其天，则以达乎天地万物之用，则岂非所谓集义者，而孟子所以辨内外于告子者耶？夫阳明之谓心即理，心在物为理，无内外一而已者，只是此耳。[1]

> 朱子以其所有条通者谓之理，虽可以谓之该通于事物，然而是即不过在物之虚条空道耳。茫荡然无可以为本领宗主者也。[2]

郑齐斗指出，朱熹（1130—1200）认为理在物中，心要求理，就得在物中求（格物致知），用意虽在于将心与理合一，事实上已将心与理二分，郑齐斗认为这是错的，理不能在事物上求，而须从心上下功夫。心即理，是心在物为理，是一而非二，亦无内外之分。以上述礼仪来说，《步趋》《拜揖》《升车》所引朱子语，虽为郑齐斗所同意，可是这是朱熹在事物中所求之理，仍不免于心有隔。毕竟就他看来，朱熹事先求礼仪之理，再依理而行，这就落于"义外"之下乘，不过是"在物之虚条空道耳"，就像上节引文所说的"若于吾弟、秦人之上，讨求其理，以为其当爱而爱之，以为其不当爱而不爱，则道体已分，便有外内之异、作伪之端矣"。敬爱辞爱就在心中，并不是外在空悬的孝悌之理，朱熹不能见此，故当"义外"已成，有内外之分时，就可能会有作伪的流弊，徒使礼成为虚文，欠缺

---

[1] ［韩］郑齐斗：《答闵彦晖书》，《霞谷集》，页29。
[2] ［韩］郑齐斗：《存言上》，《霞谷集》，页235。

礼意,这也是郑齐斗屡屡强调"天理之正""诚心务实"的原因。[1]

就因为礼是心即理的表现,"知礼在于心理"[2],礼就不是徒具外在形式的规则仪式,而是内外兼得。换言之,"心即理"的自然流露,表现在礼中,可说是仁心恻隐的体现实践,运用到社会国家上,便得以整齐风俗,化成人文。他指出这正是阳明之学的精义:"王氏所谓物者非外于吾心也,乃吾心之日用可见之地,而吾知之所在者也"[3],"皆一理也,故尽乎己则能尽乎人,尽乎人则能尽乎物,此所以阳明合一之说,阳明之说如此者,正惟阳明之学如此故耳"[4]。阳明之学是否真是如此,或可再论,其实郑齐斗之所以指出王阳明学问的特性,是为了建构他理想中的修身与经世,于是从己到人到物,就成了所谓的礼法礼制:

> 乡之有礼,厥惟古矣,自家塾而进,其兴也在乡,自邦国而降,其风也在乡,是以自古圣人制礼,迨我国家有兴,莫不以是为大,其于作人之方,化民之道,顾不重欤!无论三代礼经,国朝五礼仪之作,州县饮财之礼,在嘉礼中,特为表著,节目灿然,于休盛哉![5]

此处郑齐斗借由言乡饮酒礼,来说明礼对于移风化民的重要。关于其他礼学的具体性做法,他在与他人书信中,亦有提及:"献酬之礼,诣尊所,实酒于注,执事二人,执注执盏诸主人左右,斟酒于盏者,家礼也,主人跪香案前,执事斟酒,奉盏跪进主人者,国礼五礼仪也。此为我国士大夫通行之礼,遵行国礼,先王之制故也。"[6]献酒之礼,并不是将酒倒进酒杯便成,而是有各种细节的规范

---

1 这是郑齐斗对朱熹的理解,自然有其立场使然。朱熹说格物,当然不会没有道德性命的感受与需求,相关论述甚多,兹不具引,主要可见钱穆《朱子新学案》第2册,北京:九州出版社,2011,页621—668。
2 [韩]郑齐斗:《论语说》,《霞谷集》,页390。
3 [韩]郑齐斗:《学辩》,《霞谷集》,页227。
4 [韩]郑齐斗:《与闵彦晖论辨言正术书》,《霞谷集》,页21。
5 [韩]郑齐斗:《府学行乡饮酒礼序》,《霞谷集》,页213。
6 [韩]郑齐斗:《答李栢龄别纸》,《霞谷集》,页90。

与步骤。又例如他认为士大夫家族举行寿礼以前,依照家族的长幼辈分,也应该有一番严谨的进退顺序与仪式:"礼之拘于王法者,虽不得擅立,义之伸于敬宗者,自可以尽道。今此祭会之礼、尊宗之义,正可表著。是所谓大一统者,与三达尊之道,并立而通行。今者叙拜一节,宗子当主阼阶之位南面之寿,而诸祖之长则不得主南面之位也,拜叙今拟其仪,若曰:主人于阼阶下揖,请诸祖父升,诸祖父由西阶升,共为一列,立于西序,东向北上,主人升阼阶西向,诸祖之次长者以下,转向就两楹之间,西向北上,再拜最长者一人。长者揖之,诸祖以下还就西序初位,主人遂西向再拜诸祖讫。诸祖遂权就北壁坐,南向东上〔地狭故如此,若无祖行则无权就北壁〕。主人复降揖,请诸父升,诸父升北面再拜诸祖讫,退立于西序,主人西向再拜诸父。诸父皆坐,主人复降揖,升诸兄,诸兄升东上,北向再拜诸祖,又西向再拜诸父讫。诸兄进立于两楹之间少西东向,主人再拜诸兄,诸兄揖之讫。诸兄趋就东序,立于主人之右少退北上,然后诸弟升,共为一列,拜诸祖拜诸父,又拜东序宗子位讫。退坐于东序诸兄之下,主人之左少退,诸子诸孙又以次升,拜如前讫,退立于南行西上北向。庶孽云云,于是诸祖先出,诸父次之,诸兄又次之,退避室中,遂行上寿礼。"[1] 此段虽是纯粹叙述进退顺序之仪式,但如前所言,礼之仪态规矩,并非只是外在规范形式而已,否则就落入他所批判的"义外""在物之虚条空道耳"。换句话说,合理而立礼,因此礼理相用互为表里,爱亲敬兄、宗族老辈是本身情意的流露,孝悌之心,自然而然,有此仁爱慈善的情意,所以才有尊卑长幼之序,故祭会之礼的制定,诸如升堂登揭入坐等序次,便是顺应着这些情感来制定,以表现人文风俗之美,可谓"化民之道"。除此之外,郑齐斗亦论及服制、昏礼、丧礼、祭礼、论先祖庙迁等等,也多有自己的见解。这些礼,事实上也就是理,就是他在《存言下》所说的:"圣人之道无他,惟是彝伦名教礼法之事也,故学问之事无他,亦惟在于日用人情事物之间而已,惟常于父子兄弟夫妇长幼亲戚朋友之际,君臣上下邦国民物之中,作止语嘿视听云为日用饮食之间,察其公私义利之辨,致其本心天理之体,尽其仁

---

[1] [韩]郑齐斗:《答郑景由别纸》,《霞谷集》,页66—67。

义礼智之性而已。"[1] 郑齐斗所提及的献酢之礼、祭会之礼、服制、昏礼等等，皆可见于日用饮食之间、彝伦名教礼法之事、君臣上下邦国民物之中、亲友辈分伦理之际[2]，而为学之道，便在于良知之教，故本心尽理，修已以安人，经世而致用，便是郑齐斗一贯的想法。

扩大来讲，礼既有体国经野、开物成务的宏阔，自然也能有设官分职、因弊立法的细腻，这就是郑齐斗所谓的王道，他在与朴世采的问答中，便说："审王道云云，曰王道则上下十二篇，无不包括在中，当为一篇大纲，不独为目而已，若曰审道术而论辨王伯贵贱之义，要以定其取舍，明其准的，以为当世立极，而为今日第一义，如何？"[3] 这个第一义，不止是罢内司、用宽猛、破朋党、抑侥幸、责己、乡党经界、水利、军制、选器械、行营、水战、学校等十二项，毕竟这只是郑齐斗说的纲目而已，每项之下他又多有论说。如论宽猛，重点在于辨公私而以诚实为本；水利部分，则指出水车多无效，应该就水源处筑堤储水以作灌溉之用，不过这些地方常常被占用，以致废坏难行；讲军制，他认为别队以下，诸色军各自为政，极为害事；选器械，弊病在滥费过多，选购军器本为增强国力，但贪污舞弊，以致效果不彰……另外在《札录》中，也多体现他对于治国的构想，诸如下诏集一国之群策，征访人材，罢私人内寺，出内府私财，官司屯田，罢公贱，焚军籍，定朝仪，改官制久任，立里长，整籍户口，绝僧徒，收户市，定士民业，定农民作编伍，恤五穷，正量田，限民田，正民赋税，收杂税，定山泽，废畜牧马政，农民可自造农

---

[1] 郑齐斗也是在这个角度上批判佛老，说他们："佛氏亦有明心之法，然徒守其明明昭昭之灵觉不昧者，而遏绝其天理之全体，则是虽有其心体之空寂，而亡于性道之统体。老氏亦有养神之功，然徒事玄玄默默之恬澹虚无，而遗废其天理之大全，则是虽有其气之清虚，而离乎义理之主帅。"两者都不能明天理之全，自然也都无益于世。《存言下》，《霞谷集》，页261。

[2] 稍晚于郑齐斗的中国清代经学家凌廷堪等人，提倡"以礼代理"之说。凌廷堪认为，宋明理学讲求的理，过于形而上，流于空泛，相较之下，"礼"才是实学所在，性情表达必须借由礼，修身克己亦端赖于礼，故礼是端正内心的原则，是沟通人我互动的方式，也是伦常礼制的实践，更是国家典章制度的展现。这就与郑齐斗所言有异有同，郑齐斗虽然也认同礼的实践性质，但他始终是以心即理的角度来讲礼，礼与理是双彰双显，并无以谁取代谁之意。关于"以礼代理"，可见张寿安《以礼代理——凌廷堪与清中叶儒学思想之转变》，台北："中央研究院"近代史研究所，1994，页261。

[3] [韩] 郑齐斗：《答朴南溪疏草问目》，《霞谷集》，页15。

器,亦可自由买卖,移定贡物,分县社,罢科举等等,几乎包括国家各种层面的制度。以田制来讲,他主张要正量田,并认为由里长来处理这项工作最是恰当,因为若依照户籍以及该地广狭,则里长(五里立一里长)最为了解,如有奸诈等情事,处理不公,自然也该惩处,而民田也不可太多,以免造成土地兼并的问题,若买卖或分后世子孙者,也该于官府处登记,作帖牌以为信。至于在田赋部分,除主税与官税之外,还要置立社仓,按时缴纳,以备天灾等不时之需。[1]

可是这些制度、这些礼要切于实际,不能虚浮无根,要针对社会弊病,改善民生,淳化民风,就必须因时应变,不能拘泥于古制,当然也不能一味迁就现世的权力,为某些既得利益者服务。郑齐斗论礼,之所以常有"因时造化"[2]、"为礼观之,礼亦有变矣"[3]、"故惟一时救弊之政者,亦惟在随时以议制,任人以应变,要不失为救时之方而已"[4],即是本于此意。

可是,依时应世,也可能流于权谋与劣行,他之所以批评朱熹物中求理会变成"外内之异、作伪之端",便是出于这层顾虑,因为理在物中,我们就容易因为事物的轻重缓急、牵涉纠葛,而改变自己的立场,因而粉饰涂抹,以至于合理化自己的言行。不只朱子学如此,他也认为阳明良知之说甚精,以天地为一体,以天下为一家,若能掌握良知,天下欲不治,亦不可得,但致良知之弊,也有任情纵欲的可能,都可能让"礼"失去初衷。[5]若然如此,又该如何判断礼的正当性?他的回答是:"礼乐刑政,无预于作圣之功,苟合于理当于心,则虽非古圣,可以作为,只以诚心务实。"[6]诚心务实,合理于心,则可以去伪,因此郑齐斗也以"天理之正"来判断:

---

1 [韩]郑齐斗:《札录》,《霞谷集》,页552、554。
2 [韩]郑齐斗:《答朴南溪疏草问目》,《霞谷集》,页15。
3 [韩]郑齐斗:《闵汝猷书》,《霞谷集》,页87。
4 [韩]郑齐斗:《答崔汝和书》,《霞谷集》,页49。
5 [韩]郑齐斗:《存言中》,《霞谷集》,页264。
6 [韩]郑齐斗:《存言中》,《霞谷集》,页264。

牛可耕，马可驰，鸡司晨，犬司吠，固所谓物理，然亦有理与非理而已矣。谓牛可耕而耕之于不当耕，谓马可驰而驰之于不当驰，攘邻人之鸡，玩西旅之獒者，尚可谓之理乎？牛有时乎有骑者，马有时乎有载者，鸡有时而烹，犬有时而皮，马牛之适有归放，鸡豚之或有不察，独不可谓之理乎？凡于此等，必察真至之义，极夫天理之正而后，方可谓之理也。夫所谓真至之义，天理之正，果在乎马牛鸡犬而可求者邪？故天地万物，凡可与于人事者，其理元未尝有一切之定在物上，人可得以学之也，其逐件条制，随时命物，实惟在于吾之一心，岂有外于心而佗求之理哉？若徒见可耕可驰之在牛在马，就而求之则实亦茫荡无归，正涉逐物之病，某恐圣贤所为性理之学，不在是也。告子谓彼长而我长之，非有长于我也〔正是牛耕马驰之意也〕，孟子引长马之长长人之长，出于心之区别者喻之，且曰长者义乎？长之者义乎？此所谓天理也，其义之分明已如此，则何故必以为外在也？先儒云羁靮之生，由于马。斯固至论〔此明其非出于人之私智之谓〕，然因此而谓羁靮之理，不在于心不可。何则知马之可以羁靮而羁靮之者谁邪？夫羁靮而制马则心之理得也，如或有不中不明，妄羁靮而御牛者矣，是果有系于马牛而然乎？[1]

牛可耕，马可驰，鸡司晨，犬司吠，这是我们所熟悉的物理。可是既然有理，往往也就有非理，理与非理，理如前者所述，后者诸如牛可耕却不当耕，马可驰却不当驰，甚至偷窃邻人之鸡、玩物丧志等等，可以说是非理。可是世事并非如此黑白分明，牛有时不耕而是拿来骑乘，马有时也拿来载重，鸡甚至也常用来烹煮，这些不也是理吗？若是理，则牛可耕，马可驰之类，是否也是理？两者的理，是否矛盾？或可共存？言人人殊，理又该如何判定？郑齐斗认为，我们因接触物而求理是没问题的，只是天下事物无穷无尽，不可能逐物逐条而求，这是不切实际的，就如徒见牛可耕马可驰，就以为这是理，殊不知此乃"求之则实亦茫荡无归"。况且理如果莫衷一是，对道德实践也会有妨碍，所以他主张"必察真至之义，极夫

---

[1] [韩]郑齐斗：《与闵彦晖论辨言正术书》，《霞谷集》，页18—19。

天理之正",才能称为理,就因为理不该在物上求,理在心中,所以当我们面对天下事物时,就要返求于心,逐件条制,随时命物。理会因为外在世态的不同而保有弹性,可是这种弹性空间又不能流于偏邪,而是必须符合天理之正、真至之义的,他说"义"是"于事无不得其宜者也"[1],即该由此理解。他又引用告子的话:"彼长而我长之,非有长于我也。"[2]告子是以外在的理(彼长而长之)来判断,这就像郑齐斗所说的牛耕马驰之意,徒见一理而未见其他,孟子则反是,所以孟子才以长人之长与长马之长回应,目的在于说明"义内"——义是出于自己的凭证与判断,如此才能于事于物皆得其宜。明白此理,理应该从心求,心能即理,才可以依道而行,得事物之义,不至于颠倒是非、指鹿为马,把套在马上的络头与缰绳,误用在牛身上:"羁靮而制马,则心之理得也,如或有不中不明,妄羁靮而御牛者矣,是果有系于马牛而然乎?"我们见微知著,表现在具体的事务政策上,心即理,理即礼,这种礼仪之理,才能合情合理,才不会"迂远而阔于事情"。

郑齐斗又曾引朱熹所谓"枉尺直寻""胶柱鼓瑟"来说明这样的道理:"朱子断之曰义理事物,其轻重固有大分。然于其中又各有轻重之别,圣贤于此斟酌,固不肯枉尺而直寻(从利而废义),亦未尝胶柱而调瑟(执一而无权),断之一视之当然而已(朱子说止此)。盖以此为处事之权衡,实义理至要处也。凡天下道理,若只有个不肯枉尺而已,则又安用更说未尝胶柱邪?……若只知有经而莫知有权,则可不谓之胶柱乎?虽然世或有揣摩事宜,斟酌经权者,则又必疑之为枉尺,何哉?"[3]就他看来,"枉尺直寻""胶柱鼓瑟"常常是冲突的,有时过于权变,常导致从利而废义,若只有经而没有权,则又不免胶柱鼓瑟。从这样的角度出

---

1 [韩]郑齐斗:《存言下》,《霞谷集》,页260。
2 (宋)朱熹:《四书章句集注》,页326。
3 [韩]郑齐斗:《上朴南溪书》,《霞谷集》,页10。朱熹原文为:"此章言义理事物,其轻重固有大分,然于其中,又各自有轻重之别。圣贤于此,错综斟酌,毫发不差,固不肯枉尺而直寻,亦未尝胶柱而调瑟,所以断之,一视于理之当然而已矣。"是根据《孟子》"礼与食孰重"所作的疏义。(宋)朱熹:《四书章句集注》,页338—339。当然朱熹论经权,并不如此简单,他之所以不同意陈亮的王霸论,正也是因为经权的问题。可见刘芝庆《陈亮经学述义》,《东华汉学》第17期,2013年6月,页93—105,收入本书。

发，两者的动态平衡便有赖于"心即理"的实践，郑齐斗说："夫治天下固大，治事物固小，然其以此心制之则一也。治天下只是此心，治事物只是此心，不以其小事而有余，不以其大事而不足。无他，此心之外无天下，此心之外无事物也。"[1] 这番言论便是他经世思想的高度浓缩，文句中不断重复的"心"，当然不是独断独行的绝对心灵专制，而是必须经由自我反省与节制[2]、涉世历练、读书学习[3]等磨炼熏陶之后，心之有条理，理之成礼，又能切合实际，察真至之义，极天理之正，所得来的结论，治天下如此，治事物亦如是。

四　结论

郑齐斗以心即理为基始，以良知之生理的内涵圆善其说，又借由理礼双彰，来完成他的经世之学。从外部来看，礼固然是具体事务，只是如果缺乏真实诚挚的内涵，没有体贴亲切的感受，不免只是虚文，甚至可能是迂阔、不切实际的。反过来讲，若通过恻隐恻怛的感受，回溯到"心即理"的流露与实践，则礼就是实学，是充满人文意蕴，切合于世间彝伦的规范原则。礼之表现为具体制度，自然可以因权、因"天理之正""真至之义"斟酌损益而与时俱进、与民变革，不必拘泥。只是以"心即理"发露的真实感，其良知与生理的圆善完满来说，从德性的觉醒再到制礼作乐、治平天下，修身而治国，经世而致用，则礼由内而外，从心理修养到体国经野就成为密不可分的关系，这是亘古之常道，也正是郑齐斗一贯的想法，正像他所说："名物度数，律历象数，必学而后知，圣人亦未必能之。

---

[1] [韩]郑齐斗：《杂著》，《霞谷集》，页216。

[2] "读书存心，时时省察自治，不独以世俗忧患自处而已也。"[韩]郑齐斗：《答从子书》，《霞谷集》，页108。

[3] 郑齐斗读书广博，由博反约而养心，文中已多有所论。他也认为读书人要多经历险阻，有更多的生命体会，才可以让自己更贴近圣贤境界，他以孟子"天将降大任于斯人也"为例："年少时经历险阻，亦未为无补，古训以动心忍性，增益其所不能，为圣贤之所从事，况汝辈末学，其可以不勉乎！"《答从子书》，《霞谷集》，页108。

礼乐刑政，必学而后知，其本则中和之德仁义之心，实为礼乐也。"[1] 相较之下，名物度数、律历象数等知识，必须经由学习而得之，郑齐斗当然也不会忽略其重要性。礼乐刑政，自然也有知识的部分，可是若从恻隐的情境来看，仁义之心实为礼乐，是仁心同理的感受，亦必学而后知者。此处所谓的学，正是"心即理"，郑齐斗经世之学的出发点，即在于此。

不过，郑齐斗虽身负经世之志，对政治社会等问题多有擘画设想，最终却未见用于世，这显然是郑齐斗自觉的选择，就他自己的说法，是世间难行其道："逮乎末年，见党论溃裂，私意横流，则不复有所论说，每称如今时弊，虽有美法良制，将安所施措也？"[2] 党论严重，争夺不已，确实让有心人难以施展抱负，他也不禁感叹："世之为士，常患有才无命，有文不遇，德有诎而贤无禄，不可胜究。所谓命者不可必而理者不可晰也，吾于圣谐，尤不能不以是而重惜。"[3] 李圣谐为郑齐斗从弟，此篇虽为祭从弟文，只是有才无命，有文不遇，观人亦观己，"世之为士，常患有才无命"，又何尝不是自伤？当然他也不是没有机会，淮阳水旱便曾是他大有表现的时期："当是时，淮阳荐离水旱，流亡相随，属先生（按：郑齐斗）便宜振之，政无申令，棰不及人，不出而化教洽于境，治三月，扶携还业千余人，皆曰父子相保，妻孥不相离，伊谁之赐？及归壶榼者数十里不绝，既又铸铜铁为碑以颂。"[4] 略施身手，政绩已然不俗，有人就形容他是"通儒全才"，"夫穷经致用，经世佐王，自是儒者之本分，俗儒于此，大抵阙如，惟先正则不然"，"先辈知德之论，咸以经世佐王之姿归之"[5]，如此美辞，皆事出有因，恐非虚语谰言。只是如前所言，以当时大环境来说，在党论溃裂，私意横流，学术观点亦不容于世的当下，依照《年谱》所记，郑齐斗晚年虽有许多出仕为官的机会，却仍坚辞不出。毕竟，外在氛围不允许，难以兼善天下，知我者谓我心忧，也只好独善其身，

1　[韩] 郑齐斗：《存言中》，《霞谷集》，页256。
2　[韩] 沈錥：《行状》，《霞谷集》，页286。
3　[韩] 郑齐斗：《祭内从弟李君圣谐文》，《霞谷集》，页180。
4　[韩] 郑齐斗：《纪郑先生淮阳治事》，《霞谷集》，页300。
5　[韩] 郑齐斗：《请设书院儒疏》《再疏》，《霞谷集》，页303、304。

潜心著书讲学,将胸中经世筹设化为文字。[1] 或许无可奈何,也叹有才无命,又感"虽有美法良制,将安所施措也?"即便如此,我们咀嚼文义而文果在心,仍可发现他学问中浓厚的经世倾向与特质——虽然,他还是自觉难以用世,并且赍志以殁的。

---

[1] [韩]郑齐斗屡推辞屡受荐,宦海沉浮,究其原因,学术上的压力,自然是主因之一。详参张崑将《东亚阳明学者对〈知言养气〉章的解释之比较》,收入氏著《阳明学在东亚:诠释、交流与行动》,台北:台湾大学出版中心,2011,页57—59。

"情不能不因时尔"
——王夫之情论诠义

一、以情为生：研究的一个起点

明末清初的重要思想家王夫之，字而农，号姜斋，又号夕堂，或署一瓢道人、双髻外史，自署船山病叟、南岳遗民。晚年时，不复出山，隐居于石船山麓，世又称船山先生，学界多以王船山称之。著作繁多，牵涉范围亦广，其生平与思想，广受学界重视。就哲学史或是思想史的进路来看，分析王夫之的人性论、史观、儒学或佛学思想等等，如林安梧成书于20世纪的《王船山人性史哲学之研究》，便是其中的代表著作之一。[1] 以文学史或学术史的视野来讲，分析王夫之的诗论，更是蔚为大宗，或是以抒情传统的角度，重构诗学；[2] 又或是以"圣道与诗心"的立场，论及王夫之的生命情调与诗美型态。[3] 这些成果，为数众多，开启的路径

---

[1] 关于王夫之佛学的研究，当然也很多，但如果就方法学的意义上，邱伟云提出"转化性诠释思维"，并主张由"反虚究实""反固主变"的角度，所见颇善，值得多加注意。邱伟云：《试论船山转化性诠释之思维模式：以船山思想与佛学思想转化为例》，《新世纪宗教研究》第9卷第4期，2011年6月。

[2] 相关的文献回顾，可见曾守仁《王夫之诗学理论重构》，台北：台湾大学出版中心，2011，导论。

[3] 例如萧驰就曾借此处理过王夫之诗学中相当多的问题。萧驰：《圣道与诗心》，台北：联经出版事业公司，2012。

与观点,多元且深远,陈陈相因,较少新意者,当然也存在,但推陈出新,出新解于陈编者,更不在少数。[1]

本文的研究,即是在上述研究成果的积累之上指出:王夫之的诗作中,存在不少的艳词与情诗,哀情孽意,凄婉动人者有之;超脱入俗,繁华落尽见真淳者,亦复不少,这些词语,是否只能单纯以文学作品视之?在王夫之的思想世界中,它们究竟占有什么样的地位?又该如何与王夫之的生命意义、对人生世界的体悟联结?王夫之到底是以什么样的立场与观点创作这些作品?本文的研究,即是在上述这些问题意识的基础上,试图解释其中缘由。而在《读四书大全说》里,王夫之就用了大量的笔墨处理这些疑问。众所皆知,从六经到四书,是儒学史发展的关键与重要转折,借此也产生了许多特殊的议题。[2] 王夫之之所以大花篇幅,除建构自己的理论体系之外,在某种程度上,当然是要回应某些问题,四书是儒家重要经典,以彼之道还施彼身,以儒家回应儒家。故本文的资料使用,便以《读四书大全说》为主,当然也牵涉其他许多著作。从这样的角度出发,分析王夫之的情论与情诗,希望能增进学界对王夫之的理解与观察。

二、情之所钟:王夫之的情诗艳词

王夫之的诗歌作品,一直是学界颇为关心的领域。其实王夫之自己,极好

---

[1] 龚鹏程从儒学心性之学与性学的角度,讨论过王夫之的哲学与文学的关系,但因篇幅所限,寥寥数页,只能点到为止,王夫之也非其专论重点,故论证有缺,本文受其启发,希望能更完善并调整、反思其论点。龚鹏程:《儒家的性学与心性之学》,《儒学反思录》,台北:学生书局,2001。
[2] 这些问题,研究颇多,杨儒宾的《从五经到新五经》则是集大成,又是具有新意的代表作,包括性命之学、道统说、孔颜乐处、理学的仁说等等,皆属其内。至于该如何处理情欲的问题,克己复礼、化情成伪,虽不在杨儒宾所论之列,也非理学兴起之后的新问题,但确实也是儒学者相当关心的重要问题。理学家如此,王夫之当然也不例外。杨儒宾:《从五经到新五经》,台北:台湾大学出版中心,2013。

此道,包括唱和诗在内,就拥有为数众多的创作[1],此外又有《姜斋诗话》[2]《诗广传》《楚辞通释》等著作,或点评诗歌,或疏解经意。如果用当今学术的语言来讲,可以说王夫之对文学史或文学批评史多有见解与卓识,例如他对于世论曹植诗优于曹丕颇不以为然,企图翻案,就说:"建立门庭,自建安始。曹子建铺排整饰,立阶级以赚人升堂,用此致诸趋赴之客,容易成名,伸纸挥毫,雷同一律。子桓精思逸韵,以绝人攀跻,故人不乐从,反为所掩。子建以是压倒阿兄,夺其名誉,实则子桓天才骏发,岂子建所能压倒?"[3]曹植诗铺排整饰,只是容易学,曹丕则否,精思逸韵,不易模仿,故学者不多。其时论学思、讲天才,弟弟哪比得上哥哥呢?例如王夫之谈练字造句,主张作诗要先识字,平仄差距,音别义异,若粘与押韵,殊不可取,又认为作诗之法,固然有理,却不可拘泥,无法固然不可,但言法者,亦皆非法等等[4],都可见此公评述之好恶与深浅。

值得注意的是,在王夫之的作品中,存在着一定数量的艳词与情诗,有些凄美动人,缠绵细致,有些抿泪讴吟,自盼自怜,有些则随类赋形,曲折尽情。此处的艳词与情诗,就广义的意思来看,不完全属于狭义的男女情诗,毕竟,忧生失路,对广大浩瀚的宇宙世界寄予无限同情,习气苦恼,抒情言志,辗转其中,可解或不可解。这些诗词,不论是广义或狭义,都属本论文的主题范围。只是究竟该如何厘清?王夫之又使用什么样的理路,缝合弥补,调适而上遂?这些都是我们要讨论的课题。

首先,王夫之诗歌言情,《水龙吟·莲子》是颇具代表性的一首,序说:

---

[1] 萧条异代不同时,王夫之对于前人的理解,也可以是研究的重心,例如黄莘瑜就从王夫之对陈献章的唱和诗出发,参考抒情论述的途径,并以王夫之对陈献章诗学的创造性诠释为问题基点,呈现"心性"书写与"格调"主张交错的视野。黄莘瑜:《以风韵写天真——从陈献章到王夫之》,《汉学研究》第35卷第2期,2017年6月。

[2] 王夫之作有《诗经稗疏》,末附《诗释》一卷,清代王启源与《夕堂永日绪论》内编一卷,合辑纳入《谈艺珠丛》,丁福保改题为《姜斋诗话》。

[3] (清)王夫之著、舒芜校点:《姜斋诗话》,北京:人民文学出版社,1998,页156。

[4] 参见(清)王夫之著、舒芜校点《姜斋诗话》,页152、153。

余既作《莲子》词二阕，梦有投素札者，披览之云："公不弃予小子，补为酬词，良厚。乃我本无愁，而以公之愁为我愁，屈左徒之偷东皇、云中不尔也。且公所咏者，荻絮蓼花，金风玉露，皆余少年事。假以公弱冠时文酒轻狂，今日为公道，公岂能不觍见于色乎？败荷秋藕，吾已去之如箨，自别有风味在。公虽苦吟，非吾情也。世人皆以我为朴质，公当为艳语破之，幸甚！"晓起，因更赋此。不复以艳为讳。[1]

荻絮蓼花，金风玉露，歌酒轻狂，固然为少年之事，但年岁渐长，情随事迁，感物势殊，阅历渐丰，竟然不以艳为讳，而是故作反语，世人皆以我为朴质，反者道之动，则当为艳语破之，故词中云："兰汤初浴，绛罗轻解，鸡头剥乳。腻粉肌丰，苞香乍破，芳心暗吐"，"曾倩绿窗深护，全不教香泥微污。莫愁秋老，侬家自有，杏金丹驻……"[2] 香艳美好，绛罗轻解，鸡头剥乳，香泥微污，莫愁秋老，词中涉及感官之处，色声味俱全，很难想象是一位被视为"朴质"的学者所写。

踔厉风发，年少风流，回想这段岁月，入情网，涉江湖，经人世，自然是难忘的深刻往事。回忆的声音，历历在目，《摸鱼儿·自述》："当年事也随风起，片帆一晌轻挂。云间江树霏微处，早爱青山如画。停桡也。又却有蘋花菰米香低亚。难消良夜。且月载金枢，波分素练，饱看银河泻。入佳境，茹蘖居然啖蔗。千金难酬春价。娟娟蛱蝶花间戏，不怕黄莺絮骂。谁真假。已早似光风霁月连床话。千蹊万岔。则堪信堪疑，欲歌欲泣，狂谱从人打。"[3] 欲歌若泣，艳词情诗，尽诉衷肠，龙榆生说船山词，伤心人别有抱负，怀怆故国，字字骚心，入凄音，乃屈原《离骚》之流衍[4]，议论精辟，洵为卓识，可见王夫之词论中的自我形象。只是其说尚在国破家亡的社会性层次[5]，不及艳词，未见王夫之情感缱绻、难舍难离的一面。

---

1 （清）王夫之：《水龙吟·莲子》，《王船山诗文集》，北京：中华书局，2006，页553。
2 （清）王夫之：《水龙吟·莲子》，《王船山诗文集》，页554。
3 （清）王夫之：《摸鱼儿（病后作）》，《王船山诗文集》，页560。
4 参见龙榆生《近三百年名家词选》，上海：上海古籍出版社，1979，页23—24。
5 相关的研究，为数已多，不可能全部列举。基本的观点，可见刘硕伟《字字楚骚心，分明点点深——王夫之词中的自我形象》，《船山学刊》第6期，2007年7月。

温婉细致,缠绵悱恻,固然是词体本色,当然也因为这种文学载体特别容易抒发此种心境。[1]当然王夫之也是相当擅长此风格的,"拈一片落英欲揉韶光碎"绮语多生,饰言频起,不过也不限于词体,他的《望梅(忆旧)》,就说:"如今风味,在东风微劣,片红初坠。早已知疏柳垂丝,绾不住春光,斜阳烟际。漫倩游丝,邀取定巢燕子。更空梁泥落,竹影梢空,才栖还起。阑干带愁重倚,又蛱蝶粘衣,粉痕深渍。拨不开也似难忘,奈暝色催人,孤灯结蕊。梦锁寒帷,数尽题愁锦字。当年酝就万斛,送春残泪。"[2]以梅为咏题,名为观物,实为借景抒情,以怀旧为念。这种拟人拟物的描写,更可见他仿女子口吻责骂情郎,或诉或恨,似泣非泣,既嗔又怨,一半推辞一半肯,《薄幸》:"当年是你,兜揽下个侬来此。更不与分明道止,竟如何安置。但随流荡漾云痕,归鸿水底成人字。便俐齿嚼空,金睛出火,都则不关渠事。但惜取刹那顷,忍不得秋瓜藤坠。逗杀人,为霜禁冷,为风禁泪,镇柳丝轻摆摇春水。到历头垂杪,半酣不采难驱使。无端薄幸,付与乌鸢蝼蚁。"[3]对男子的愤慨,不是那种强烈式的批判,而是阴柔式的埋怨,不解中带着不满,不满中固有悔恨,却又期望男子改变,回心转意,套句当代电影《我的少女时代》的流行语,就是:"很久很久以后,我们才知道,当一个女孩说她再也不理你,不是真的讨厌你,而是她很在乎你,非常非常在乎你。"王夫之的诗作,在乎不在乎之间,讨厌或喜欢之别,异符同指,相当细腻且精准地表达了这种女性的怨慕感。

　　男欢女爱,巫山云雨,纤缛纷敷,繁饰累巧,在王夫之的作品中,屡屡可见:"美人去我遥,思之若晨暮。莞簟有余清,肃肃警宵寤","涉雒想宓妃,游楚梦

---

[1] 张炎就说:"词与诗不同,词之句语,有二字、三字、四字,至六字、七八字者,若堆叠实字,读且不通,况付之雪儿乎?合用虚字呼唤,单字如正、但、任、甚之类;两字如莫是、还又、那堪之类;三字如更能消、最无端、又却是之类,此等虚字,却要用之得其所。若使尽用虚字,句语又俗,虽不质实,恐不无掩卷之诮。""簸弄风月,陶写性情,词婉于诗,盖声出莺院燕舌间,稍近乎情可也。"(宋)张炎:《虚字》《赋情》,《词源》,台北:艺文印书馆,1968,页615。

[2] (清)王夫之,《望梅(忆旧)》,《王船山诗文集》,页615。

[3] (清)王夫之,《薄幸(午睡觉问渠)》,《王船山诗文集》,页615。

高唐……芸堂是燕寝，兰阁有芳香。归来欢日夕，至乐方未央"[1]，"系臂蛛丝缠，当钗粉絮镶。蝶双愁易失，燕冷怯归忙。匀汗乾珠琲，回襟漾水光。停凝怜瀲浪，端重笑垂杨"[2]。正如龚鹏程所指出，男女爱情，如《感遇十一首（甲辰）》就用了房中术大师容成的典故，更可见王夫之的许多诗词中含有性意象，有些更可能是过去与女子们情投意合的往事。[3]

王夫之的作品，当然不是只有自诉式的情怀，较多的是寄情咏物，属采附声，写气图貌，窥情风景之上，钻貌草木之中，吟咏发志，体物为妙，故有《正落花诗》《序落花诗》《广落花诗》《寄咏落花》《落花诨体》《补落花诗》，洋洋洒洒，近百首诗。但咏物之诗，又岂是落花而已？王夫之在中国咏物的博学传统[4]中广泛使用各种题材，几乎是随手拈来，表绮情，启哀思，道挚意，所咏之物，如霜降、四季、节庆、花草嫩柳、虫萤鸟兽、风雨日月、今古奇人异事等等，皆可见王夫之诗情，深具风致，不是只有男女异性的爱情。

更进一步来看，诗中之情，很多时候也是超出温香暖玉之外。毕竟，古今多少事，不论改朝换代，人事变迁，眼看他起高楼，眼看他楼塌了，又或是沧海桑田，"美人黄土灯船散，金粉原来易寂寥"[5]，如梦如烟，一时迸散。这种由推移的悲哀而产生的人生实感，触途成滞，抚事多情，几乎无时无刻地表现在王夫之的诗作中："不愁云步滑，慊慊故慵来。多病霜风路，余生隔岁回。风梢残染泪，蛛网誓封苔。旧是销魂地，重寻有劫灰"[6]，"莲唱歌年少，江南一梦中"，"兴亡凭一泪，去住恨双违"[7]，"长相思，永别离，愁眉镜觉心谁知。蛛网闲窗密，鹅笙

1　（清）王夫之：《感遇十一首（甲辰）》，《王船山诗文集》，页142。
2　（清）王夫之：《咏风戏作艳体》，《王船山诗文集》，页258。
3　参见龚鹏程《儒家的性学与心性之学》，《儒学反思录》，页188。
4　关于中国文学中的咏物传统，可见刘芝庆《观物之极，游物之表——苏轼的格物之学》，四川大学古籍整理研究所、四川大学宋代文化研究中心编，《宋代文化研究》，第24辑，收入本书。
5　此为蒋士铨诗，见（清）蒋士铨《秦淮书酒家壁》，《忠雅堂集校笺》，上海：上海古籍出版社，2018，页203。
6　（清）王夫之：《即事》，《王船山诗文集》，页156。
7　（清）王夫之：《迎秋八首》，《王船山诗文集》，页158。

隔院吹。年华讵足惜，肠断受恩时","长相思，永离别，地坼天乖清泪竭。油卜罢春灯，寒砧谢秋节。宝带裂同心，他生就君结"[1],"生亦不可期，死亦不可悲。鸡鸣月落杉桥路，且与须臾哭别离"[2]。相思却又离别，回故地，寻旧梦，兴亡一泪，只剩寂寥，生死之间，不过"重寻有劫灰"罢了。

这些感受，当然与王夫之的生平遭遇密不可分。王夫之25岁时，张献忠攻衡州，以王夫之父亲为人质，欲招为己用，王夫之不从，为救父亲，引刀自刺；33岁，清兵克桂林，多人殉难，王夫之决意归隐，不问世事，自此不复出。他又曾举兵衡山，弹劾王化澄。一生中遍历诸难，尝尽艰苦，他说自己曾绝食，准备等死："庚寅冬，余作《桂山哀雨》四诗，其时幽困永福水砦，不得南奔。卧而绝食者四日，亡室乃与予谋间道归楚。顾自桂城溃陷，淫雨六十日，不能取道。已旦夕作同死计矣。因苦吟以将南枝之恋，诵示亡室，破涕相勉。今兹病中搜读旧稿，又值秋杪寒雨无极，益增感悼，重赋四章。余之所为悼亡者，十九以此，子荆、奉倩之悲，余不任为，亡者亦不任受也。"[3] 孙楚，字子荆，荀粲，字奉倩，都因妻子逝世，情深义重，痛悼不已。虽然王夫之说自己并非如此，但也不可能没有亡妻之感。更重要的是，王夫之之悼，也全非具体的某事某物某人某地，而是生命中的困境，生命里的难处，那种难以言状的悲愁，存在的本质，凄凉、寂寞与横逆。

对于过往，王夫之不可能没有感触，这种生活的学问，影响了他的哲学思考，当然也表现在他的文学创作中，钱穆曾称赞王夫之："船山则理趣甚深，持论甚卓，不徒近三百年所未有，即列之宋明诸儒，其博大闳括，幽微精警，盖无多让。"[4] 由此见之，洵非虚言。

但是，王夫之不同于其他文人，就在于诗歌虽然是他抒情表意的方式，但其艳词情诗，并非让人沦于情欲，与世浮沉，矛盾冲突而不可解，更不是要借此排遣无奈，任性使气，宣泄纵放才情。刚好相反的是，这些诗作，都是他所建构

---

[1] （清）王夫之：《长相思两首》，《王船山诗文集》，页183。
[2] （清）王夫之：《哭内弟郑忝生（庚子）》，《王船山诗文集》，页186。
[3] （清）王夫之：《续哀雨诗四首（辛丑）》，《王船山诗文集》，页168。
[4] 钱穆：《中国近三百年学术史》，北京：商务印书馆，2015，页206。

的理路中,调适而上遂的设想结果,所以他才说:"含情而能达,会景而生心,体物而得神,则自有灵通之句,参化工之妙。若但于句求巧,则性情先为外荡,生意索然矣。"[1] 就他看来,有情世界,无穷无尽,可感可观者,实在太多了,感动人心,可引人向上超越,优入圣域者,就是"情"。情之所钟,辐射宇宙,联系物我,沟通天人,由点而线通面,布满了整个人文空间,正是促成世界美善和谐的关键。

情固然是因境而起,若把持不定,缺乏功夫,则物色之动,心亦摇焉,弊障便生,则情不免流于卑劣,有所遮蔽,陷入执障,成为邪恶;却也可反之,情成为境界向上一跃的助因。王夫之在《姜斋六十自定稿》中,就自承:"境识生则患不得,熟则患失之,与其失之也宁不得,此予所之而自惧者也。"[2] 既然患失患得,自惧自省,王夫之又怎么处理这个问题呢?他其实是借由这种反思,由艳词情诗而回归其身,王夫之之所以刻意厘清并调整"情",视其所以,观其所由,察其所安,皆是有以致之。正如王夫之夫子自道,"情不能因时尔":

> 诗言志。又曰:诗以道性情。赋,亦诗之一也。人苟有志,死生以之,性亦自定,情不能因时尔。[3]

再用王夫之自己的话,这就是"因情生文"。那么,又该如何因时而发情,理情,抒情呢?这就与王夫之的人性论、功夫论有关了。

三、有情世界:情欲的回归与转化

前已言之,情不是固定的,更非铁板一块,可向上提升,调适而上遂,自然也

---

[1] (清)王夫之著、舒芜校点:《姜斋诗话》,页155。
[2] (清)王夫之:《姜斋六十自定稿·自序》,《王船山诗文集》,页168。
[3] (清)王夫之:《姜斋六十自定稿·自序》,《王船山诗文集》,页168。

可能向下沉沦,不知伊于胡底。众所皆知,唐宋时期,有"文以载道"之说,也有"作文害道""作诗妨道"之论[1],就程颐等人看来,文应该是载道的,文章是经国大业,文章是教化的重要媒介,但是,多数人沉湎其中,流弊所及,圣人之道与圣人之文,真的能够完全相符结合吗?当"文心"表现在"雕龙","雕龙"会不会反过来操控"文心"?借用蒋士铨的诗,就是"多情为痼疾,不幸作诗人"[2],诗人留恋光景,放荡才华,而过度注重文章结构编排、文字琢磨锻炼等技术,不免使心偏执,奔驰竞技,反而容易造成心的流荡不安……不过,虽说作文作诗害道妨道,程颐等理学家其实也擅此艺,只是他们自认来路正,功夫深,去路明,层次高度自然不同。就以程颐看来,作诗作文,尽有涉猎,并不是完全不作诗作文,但因主敬自静,格物穷理,诗文自然醇真纯粹,充满人文厚度之美;文人则不然,放肆轻浮,驰于外物,任性使情,修养不端,以致玩物丧志:

> 问:"作文害道者否?"曰:"害也。凡为文,不专意则不工,若专意则志局于此,又安能与天地同其大也?书曰:'玩物丧志',为文亦玩物也。吕与叔有诗云:'学如元凯方成癖,文似相如始类俳;独立孔门无一事,只输颜氏得心斋。'此诗甚好。古之学者,惟务养情性,其他则不学。今为文者,专务章句,悦人耳目。既务悦人,非俳优而何?"[3]

认为今人为文,专务章句,注重辞彩,悦人耳目,故其人其文,不过俳优之类,

---

[1] 参见萧驰《圣道与诗心》,页4。值得注意的是,虽然文与道的关系,并非截然对反,但韩愈与朱熹又明显不同。就朱熹看来,文是道的自然流出,所以朱熹的看法是:"才卿问:'韩文《李汉序》头一句甚好。'曰:'公道好,某看来有病。'陈曰:'文章,贯道之器',且如六经是文,其中所道皆是这道理,如何有病?'曰:'不然。这文皆是从道中流出,岂有文反能贯道之理!文是文,道是道,文只如吃饭时下饭耳,若以文贯道,却是把本为末。以末为本,可乎?'"(宋)黎靖德编:《朱子语类》,北京:中华书局,2007年,页3305。其中差异,可参刘芝庆《"文章要有本领"——方东树论汉宋之争》,《经世与安身:中国近世思想史论衡》,台北:万卷楼图书公司,2017。

[2] (清)蒋士铨,《喜晤李衣山孝廉(翊)》,《忠雅堂集校笺》,上海:上海古籍出版社,2012,页544。

[3] 王孝鱼点校:《二程集》,北京:中华书局,1981,第239页。

作文如此，作诗亦如是。程颐就说自己不常作诗，偶一有作，也是为了提点醒悟之用："既学时，须是用功，方合诗人格。既用功，甚妨事。古人诗云：'吟成五个字，用破一生心。'又谓：'可惜一生心，用在五字上。'此言甚当……王子真曾寄药来，某无以答他，某素不作诗，亦非是禁止不作，但不欲为此闲言语。且如今言能诗无如杜甫，如云'穿花蛱蝶深深见，点水蜻蜓款款飞'，如此闲言语，道出做甚？某所以不常作诗。今寄谢王子真诗云：'至诚通化药通神，远寄衰翁济病身。我亦有丹君信否？用时还解寿斯民。'子真所学，只是独善，虽至诚洁行，然大抵只是为长生久视之术，止济一身，因有是句。"[1]作诗要劳心费神，于道无补，故程颐素不作诗，但言必有中，作诗是为了觉民经世，如引中赠诗给王子真，即是此举。

上述提及的文道问题，当然是宋明理学家极为关注的部分。本文认为，王夫之所以强调"情"，自然是有意要绾合创作与修身之间，可能产生的矛盾，王夫之的做法，可说是对上述程颐等人的批判与质疑，给予自己的理解与解答。

另一方面，也是对当时重视情论的反省。情这个概念，早在先秦已有，而中晚明以来，人们看重欲望，正视情欲。屠隆就认为男女之欲出自天性，强加克制情欲，只是不当压抑，反而不利人们的正常生活，其实孔子也说"吾未见好德如好色者也"，就连孔子亦不能免，"其辞亦痛切足悲哉！根之所在，难去若此，即圣人不能离欲，亦澹之而已"[2]。不只如此，屠隆认为好名也跟好色一样，都是根性所在，实乃正常人欲，难断难离。况且名也非坏事，他以韩康为例，韩康采药卖于长安市中，口不二价者三十余年，后入霸陵山中，博士公车连征不至。屠隆就说韩康是逃名，但并非不修名，他的言行仍代表他是在乎名的，毕竟名跟情，都是人类正常欲望的表现。[3]汤显祖更说应以情治理天下，以情为田，以礼为稻，

---

[1] 王孝鱼点校：《二程集》，第239页。关于程颐之论，可参刘芝庆《观物之极，游物之表——苏轼的格物之学》，《宋代文化研究》第24辑。

[2] （明）屠隆：《与李观察》，《白瑜集》，台北：伟文图书出版有限公司，1977，页512。

[3] 参见（明）屠隆《与李观察》，《白瑜集》，页514。

以义为种，而在人情物理之内，就应该肯定人性欲望的正当性。[1]廖肇亨也以"情禅不二"的几度，指出冯梦龙有"情教"说，尤侗则有"情禅"说，二说皆广为时人所重，情教、情禅者，都是认为情之一物，为巨大无穷的能量。[2]其余诸如李贽、王思任等人，众人说法或各有不同，但就主情任情，重新认识人欲这方面来讲，并无太大差异。"世间万物皆有所欲，其欲亦是天理人情"[3]，这些说法，就正面意义来看，当然不是刻意提倡纵乐纵欲，而是说明欲望的普遍性、自然性。[4]王夫之的观点，正是借由这样的普遍性，回归儒家经典，来规范欲望，将欲望导向正常适度的方向，成为"享乐"。[5]他自然也是为了矫正情论的流弊，避免为情所误所缚，但也并非要人止情灭欲，刚好相反，王夫之就是要人正视情，人的存在，就是情的存在，将情导向正面，意味着人可借此入道，提升境界。

---

[1] 参见左东岭《阳明心学与汤显祖的言情说》，《文艺研究》（2000年5月），页98—105。

[2] 参见廖肇亨《中边·诗禅·梦戏：明末清初佛教文化论述的呈现与开展》，台北：允晨文化出版公司，2008，页424—426。

[3] （明）吕坤：《呻吟语》，页266。

[4] 参见赵伟《晚明狂禅思潮与文学思想研究》，成都：巴蜀书社，2007，页309—315。值得注意的是，中晚明情观显题化的推手之一，便是出自资本主义萌芽的相关讨论。黄莘瑜认为，"情"所以成为中晚明的文化焦点，不仅与文化内部的历史事实有关，也牵涉研究者所处的学术风尚。意即与马克思（Karl Marx）的唯物史观，以及对性别、情欲等"近代（现代）"（modern）或"现代性"（modernity）课题的关注，两者遥相呼应的结果，促使明中期以降的情欲主轴，在研究者的眼中，愈益浮现。于是，在众多类似研究的"建构"下，中晚明以来，与"理"相抗之"情"，便常常被视作市民意识、进步思想来解释。更进一步来讲，资本主义萌芽的论述，虽然也挖掘了相当程度的史料，反映某些社会现象，却也同时掩盖或渲染"情"本身的内涵，以致"尊情"或"主情"成为笼统的时代标志。相较于其他领域的研究，诸如中晚明地域经济、城市风尚、士商关系、出版事业等研究，益见突破，"情"的论述，似仍停留在表面印象之中，徒以社会变动为框架，不能真正深入其中内涵。况且戏曲、小说中饱含情欲的作品固然蔚为盛观，然而它们和所谓"左派王学"、诗文评述中的情感论等等，是否雷同？若只是片面取证，以相同名词处理不同问题，恐怕又只是在诸多说法上，继续叠床架屋。黄莘瑜：《论中晚明情观于社会经济视野下的所见与局限》，《清华学报》第38卷第2期，新竹：清华大学，2008，页175—207。为避免发生论述过于模糊、笼统，徒增纷论，本文所谓的情欲、欲望，意指欲望的普遍性、自然性这一层面，并不牵涉其他。

[5] 周志文就认为，享乐与纵乐不同。享乐基本上是以轻松的心态欣赏人生世间百态，享乐经验是多元的，也是知性的，是鼓励面对神秘、未经发现的趣味，是一种崭新的知识与经验。周志文：《散文的解放与生活的解脱——论晚明小品的自由精神》，《晚明学术与知识分子论丛》，台北：大安出版社，1999，页229、234—235。中晚明以来的情论，固然有纵欲的一面，但也有调适节制的主张，王夫之的路子，正是后者。关于晚明情论的收与放问题，以及引起的弊端讨论，可参刘芝庆《自适与修持——公安三袁的死生情切》，武汉：湖北人民出版社，2017，第四章。

而王夫之在《读四书大全说》中就不断地在处理这个问题。《读四书大全说》应为王夫之中年时期的作品,他在书中对"情"的定义与运用,涉及诸如"气""性""理"等概念,并借此所下的功夫,反映到他的生活世界中,寝馈研练,黾勉不已,心手合一,也难怪虽到老年,随心所欲,艳词淫诗非但未减,更不以为讳。

对于王夫之来说,情当然不会只是一个符号,或是哲学概念,而是生活中实实在在的真实体验,就像喜怒哀乐的发生,当然是因为有事有物,因而可喜可怒可哀可乐,这就是诚,好好色,恶恶臭,乃诚之本体[1],"诚者,诚于理,亦诚于欲也"[2]。因此他解释"喜怒哀乐之未发为中",就认为"未发"并非不喜不怒之类,而是活语。中者,是相对的,诚者,固然实有而不妄,但表现在时之中,则是外在之形,所以有必喜必怒必哀之理,这是天道之常,而为情所生。[3]所以发情抒情,不自欺,就是必然之事,就是诚,不是虚伪,是功夫所至,而非灭情息欲:"诚其意而毋自欺,以至其用意如恶恶臭、好好色,乃是功夫至到,本体透露"[4],"而喜怒哀乐之本乎性、见乎情者,可以通天地万物之理。"[5]

有情有欲,本属天理,自然不必以为非,"圣人有欲,其欲即天之理。天无欲,其理即人之欲。学者有理有欲,理尽则合人之欲,欲推即合天之理。于此可见:人欲之各得,即天理之大同;天理之大同,无人欲之或异"[6]。更不要刻意压制,违逆人情:"圣学则不然。虽以奉当然之理压住欲恶、按捺不发者为未至,却不恃欲恶之情轻,走那高明透脱一路。到底只奉此当然之理以为依,而但由浅向

---

[1] 参见(清)王夫之《读四书大全说》,北京:中华书局,2009,页20。

[2] (清)王夫之:《读四书大全说》,页246。

[3] 参见(清)王夫之《读四书大全说》,页79—81。王夫之说中,就不断强调其内外未发已发相对之别:"盖中外原无定名,固不可执一而论。自一事之发而言,则心未发,意将发,心静为内,意动为外。"(清)王夫之:《读四书大全说》,页24。

[4] (清)王夫之:《读四书大全说》,页20。

[5] (清)王夫之:《读四书大全说》,页61。

[6] (清)王夫之:《读四书大全说》,页248。王夫之有时也用"才"说"欲",相较之下,王夫之说"才"时,重在所具之能,说"欲"时比较强调"能"发动之"几"。林安梧:《王船山人性史哲学之研究》,台北:东大图书公司,1991,页110。

深,由偏向全,由生向熟,由有事之择执向无事之精一上做去。"¹ 就王夫之看来,这就是克己复礼,渐进而超脱,由执而不执,不可一蹴可几。

当然,上述所言,都是情的理想状态,需要功夫沉淀,修身养性,而过与不及都不好,一般人只以为情过滥,肆情纵意,应该节制,殊不知王夫之甚至注意到情的不足也是缺憾,也是问题。所以情可以为善,当然也可能是不善。²

王夫之对张载颇为认同,再三致意,又著有《张子正蒙注》,对气论非常熟悉。天地化生,阴阳交感,"天地问只是理与气"³,阴阳变化多端,人身处其中,耳目闻见,当然也容易受影响。相较之下,程朱论气,虽然不离不杂,但仍有所偏重。根据刘沧龙的研究,若是就王夫之而言,气贯通形而上下,往上接于超越的天理,往下呈现在具体构成之理,气依超越之理流行施化,便出现在个物的内在之理。换句话说,气是实体实事,理则是象状之谓语,理是用来说明,气以合乎善的方式,周形运转。⁴ "盖闻无情者不可使有气","无气者不可使有情"⁵,有气就有情,要妥善适当地发情使情,就必须要功夫,克己复礼,只有守大体的君子,而非执小体的沉沦物欲,才能见天地之情。如果用孟子的话来讲,这就是"践形",但王夫之也说了,大体小体,也非截然二分,更不是对立的,真正的君子,发乎情,止乎理,就是因为"大体固行乎小体之中"⁶。

气化的世界,天地氤氲,万物化淳,自强建动。当生命开始,我们就应该在人世中,自强不息,择之守之,修身养性:

---

1 (清)王夫之,《读四书大全说》,页238。
2 参见(清)王夫之《读四书大全说》,页63、82。王夫之在别处也说"若夫情之下游,于非其所攸当者而亦发焉,则固危殆不安,大段不得自在。亦缘他未发时,无喜、怒、哀、乐之理,所以随物意移,或过或不及,而不能如其量。迨其后,有如耽乐酒色者,向后生出许多怒、哀之情来。故有乐极悲生之类者,唯无根故,则终始异致,而情亦非其情也",都类似此理。同引书,页83。
3 (清)王夫之:《读四书大全说》,页158。
4 参见刘沧龙《气的跨文化思考:王船山气学与尼采哲学的对话》,台北:五南图书出版有限公司,2016,第二章。
5 (清)王夫之,《连珠有赠》,《王船山诗文集》,页15。
6 "则大体固行乎小体之中,而小体不足以为大体之累。特从小体者失其大而成乎小,则所从小而有害于大耳。小大异而体有合,从之者异,而小大则元一致也。"(清)王夫之:《读四书大全说》,页742。

> 天命之谓性，命日受则性日生矣。目日生视，耳日生听，心日生思，形受以为器，气受以为充，理受以为德。取之多，用之宏而壮，取之纯，用之粹而善，取之驳，用之杂而恶，不知共所自生而生，是以君子自强不息，日乾夕惕而择之守之，以养性也。[1]

人的心目耳形等等，虽是天生，但也非全然被动的接受，而是主动取用天地的，是宏壮纯善，还是驳杂劣恶，关键当然在于自己。正如钱穆所说，王夫之论性，远迈前人，其性论在于日新之化，而非专主初生，故重在其日成，这也是本文所引"命日受则性日生"之意。[2] 性既然日成，人物在创生过程中才被赋予了性，所以往正面的方面去走，转化不完美[3]，因此性与情的关系，相辅相成，互倚而立："惟性生情，情以显性，故人心原以资道心之用。"[4] 可是性是彻始彻终，如孟子所说四端，是性之四德，王夫之用孟子性善义，区分心、性、情，并诠解调整张载"心统性情"之说：

> 要此四者之心，是性上发生有力底，乃以与情相近，故介乎情而发。（恻隐近哀，辞让近喜，羞恶、是非近怒）。性本于天而无为，心位于人而有权，是以谓之心而不谓之性。若以情言，则为情之贞而作喜怒哀乐之节（四端是情上半截，为性之尾。喜怒哀乐是情下半截，情纯用事）者也。情又从此心上发生，而或与之为终始，或与之为扩充（扩充则情皆中节）。或背而他出以淫滥无节者有之矣。故不得

---

[1] （清）王夫之：《尚书引义》，《船山全书》，长沙：岳麓书社，2011，页301。

[2] 王夫之对性的界定，相当具有特色，只是钱穆归于天演，当是受时代风气影响，可参钱穆《中国近三百年学术史》，页109—110。钱穆另有一文，远较深入，可参《王船山孟子性善义阐释》，《中国学术思想史论丛》，合肥：安徽教育出版社，2004。近人关于王夫之对性的研究，陈政阳所论甚精，见陈政阳《"本然之性"外，是否别有"气质之性"？——论船山〈正蒙注〉对张载人性论的承继与新诠》，《台大文史哲学报》第82期，2015年5月。

[3] 清初儒者对于性的主张与辨析，虽然各有特殊之处，但就普遍来讲，大多肯定两者：一、人物在创生过程中才被赋予本性；二、万物品类区别，各具特性。王夫之显然也是如此。可见吕妙芬《成圣与家庭人伦：宗教对话脉络下的明清之际儒学》，台北：联经出版事业公司，2017，页304—307。

[4] （清）王夫之，《读四书大全说》，页83。

竟谓之情,必云情上之道心,斯以义协而无毫发之差尔。"[1]

情可以为善,可以为不善,可以为善,非即善也,喜怒哀乐又是人情之常,但不能是善,有所中节,有所扩充,才可以是善。反之,淫滥无节,则是情之不善。性则本于天,乃无为,由心来发用行权,所以才说四者之心,是性上发生。因此学者识心,重在调节情欲,不可流于过与不及,此心当然也不因喜怒哀乐而始有,而是"位于人而有权"。心、性、情,可统而言之,也可分门独立。整合来看与单独而论,乍看之下,似乎互有矛盾,实则不然,只是角度不同罢了,所以王夫之才以这个角度重新诠释张载之说:"若张子所谓心统性情者,则又概言心而非可用释此心字。此所言心,乃自性情相介之几上说。《集注》引此,则以明心统性情,故性之于情上见者,亦得谓之心也。心统性情,自其函受而言也。此于性之发见,乘情而出者言心,则谓性在心,而性为体、心为用也。(仁义礼智体,四端用)。"[2] 性之于情上见者,可以称为心,但性的发现,又是乘情而出,见诸仁义礼智等四端,这也是性,性日化生,性亦自定[3],彻始彻终,君子自强不息,日乾夕惕而择之守之,养性化情的结果。

这种对情的处理方式,当然也涉及其他概念,但就王夫之看来,又不是单纯的哲学符号、智力游戏,而是他存在的意义、生活世界的信仰。用更直接的话来讲,包括创作诗文在内的各种欲望活动,都借由他的功夫论与心性论,融合消化。王夫之的生命呈现,其实就是在各种"情遇"中开显,用前引文的话来讲,就是"性亦自定,情不能因时尔",情不能不因时,可在动中见,也可在未发之理见:"动则欲见,圣人之所不能无也。只未发之理,诚实满足,包括下者动中之情在内,不别于动上省其情,斯言忠而恕已具矣。若于喜、怒、哀、乐之发,情欲

---

[1] (清)王夫之:《读四书大全说》,页555。
[2] (清)王夫之:《读四书大全说》,页554。
[3] 王夫之论性,其实颇有苏轼《赤壁赋》里这几句话的味道:"盖将自其变者而观之,则天地曾不能以一瞬。自其不变者而观之,则物与我皆无尽也。"但王夫之的语境似乎更高,他直接说这些变与不变,日生与自定,都是"本于天而无为"。

见端处，却寻上去，则欲外有理，理外有欲，必须尽己、推己并行合用矣。倘以尽己之理压伏其欲，则于天下多有所不通。若只推其所欲，不尽乎理，则人己利害，势相扞格，而有不能推……"¹ 动则欲见，是圣人都会有的，若是未发之理，动中之情，那只要尽己。王夫之用《论语》的脉络来解析，并省思朱熹"忠是一，恕是贯""尽己之谓忠，推己之谓恕"之说，他认为这就是忠恕之道的忠。但若是情欲见处，已发之后，有理有欲，就应该以忠恕的功夫一以贯之，尽己之道，推己及人。²

四、从文学到思想：情的创作与功夫

本文的研究，从王夫之的艳词情诗出发，来看王夫之如何从"情"的角度，不以艳词为讳，并解释这些作品的发生缘由。

借由这些论述，我们发现王夫之的情，不是单指饮食男女之类，而是包括了功名利禄、声色闻见等诸多欲望。正如前面所提到的，生命的实感，哀愁、恐怖、忧愤、颠狂、贪嗔痴、喜怒哀惧爱恶欲等等，或许是因境而起，由事而生，但具体的事物会变，情依然而生，容易过与不及，因此如何适当地抒情理情，不能过与不及，就成了王夫之非常在意，也相当切己的问题。就王夫之看来，情的可贵，不在某事某物，而是根本就是他自己，是直面生命之诚，有理有欲，有善有不善。毕竟，生命既然不可能完整，当人被抛掷世间，就得想办法完善，自强不息，日乾夕惕而择之守之。情之所钟，正在我辈，王夫之由情而入，因情超脱，情多处处，固然有悲有欢，却也见生命之真诚可贵，既入其内，又出其外，"无情还作有情痴"³，然后见山是山，见水是水。"阅变递纷扰，损悲任流逝"⁴，若能如此，纵浪大化中，不以物喜，不以己悲，倒也不是说再也没有情绪的波动，而是真

---

1 （清）王夫之：《读四书大全说》，页249。
2 参见（清）王夫之《读四书大全说》，页245。
3 （清）王夫之：《沁园春（浑天毯）》，《王船山诗文集》，页600。
4 （清）王夫之：《始夏（戊辰）》，《王船山诗文集》，页244。

的可以超脱,不为物惑,收放自如,随心所欲而不逾矩,他之所以强调"喜怒哀乐之未发为中"之意,其因也在此。

从情的功夫,再到情的文学,反之亦然,"沉酣而入,洗涤而出,诗之道殆尽于此乎!"[1]顺理成章,势所必至,理所当是。因此诗文就不会害道妨道,而是与道相生;因此情论就不该是社会的劣端,而是人生的助力。中晚明以来的流弊,在王夫之的理论中,有了相对妥善的处理。情诗艳词,心统性情,既是文学的,也是伦理的,既是道德的,当然也可以是抒情的。学界研究王夫之的文学,多可以从文学反思其修身功夫,但王夫之的心性论、情论、功夫论,本身就具有美学意义、诗性精神,这也是我们值得注意的方向。

从功夫到文学,从文学到功夫,诗教所至,功夫随之,功夫所现,诗文呈貌。我们不妨以王夫之的话来结尾,以王夫之证明王夫之,以为本文的附证。他在《诗广传》说得好:

> 呜呼!能知幽明之际,大乐盈而《诗》教显者,鲜矣,况其能效者乎?效之于幽明之际,入幽而不惭,出明而不叛,幽其明而明不倚器,明其幽而幽不栖鬼,此诗与乐之无尽藏者也,而孰能知之?[2]

---

1 (清)王夫之:《明诗评选》,《船山全书》,页1619。
2 (清)王夫之:《诗广传》,《船山全书》,页485。

文人论经
——袁枚经说抉隐

一、前言

袁枚（1716—1797），字子才，号简斋，别号随园老人，时称随园先生，浙江钱塘县（今浙江杭州）人。年少中进士，中年后辞官，但经营财富有道，经济优渥，在文坛上享有大名，声势高涨，谤亦随之，各种关于文格、人品、私生活、处世应对的批评与流言蜚语，亦复不少。

因袁枚在当时文坛，极具地位与盛名，故研究者多关注袁枚的生平、文学创作、文学思想着墨，日本学者如铃木虎雄、青木正儿、松下忠等等，就对袁枚的性灵说颇有研究。此外，又有从文学群体、人际交流、人生哲学而论，这方面的研究者，有陈文新、李孝悌、毛文芳、黄仪冠等等。上述这些角度，当然是袁枚的重要特色与突出的侧面，值得深入探索。但另一方面，袁枚年少任官，曾任溧水、江浦、沭阳、江宁等地知县，雍正心腹鄂尔泰就对人说："公等但知渠文学，余决其必任事也。"[1] 治效卓著，颇受爱戴，他的行政能力表现，并非纸上谈兵，"修身齐家治国平天下，为生民请命为万世开太平"，说起来头头是道，做起来却一塌糊涂，为人浅而不识物情的书生可比。其实他深知民瘼，既懂世间疾苦，又知道

---

[1] （清）李调元著，詹杭伦、沈时蓉校：《雨村诗话校正》，成都：巴蜀书社，2007，页31。

行政问题,相关言论,在他的《与从弟某论释服作乐书》《上两江制府请停资送流民书》《上陈抚军辨保甲状》《覆两江制府策公问兴革事宜书》《与吴令某论罚锾书》《答门生王礼圻问作令书》等篇,皆能观之。上述文章,捕蝗虫、治河渠、论赏罚、谈保甲、平物价、述为令之道,可见袁枚心中,实有一套治国牧民之道;对于官场拍马、送往迎来、阳奉阴违的弊端,更是冷眼旁观,直指其病。就以捕蝗为例:"今捕蝗之处分太重,督捕之官太多。一虫甫生,众官麻集。车马之所跆藉,兵役之所辎轹,委员武弁之所驿骚,上官过往之所供应,无知之蝗,食禾而已;有知之蝗,先于食官,而终于食民。"¹一虫甫生,众官麻集,官员多以捕蝗为名,捞钱为实,供应补给,比蝗虫还过分,此皆可见袁枚的行政熟练与人事阅历。

　　除仕宦经验之外,袁枚对当时的学术表现,特别是经学,也有自己的深刻见解,本文的主旨,即是聚焦于此。众所皆知,以广泛的概念来讲,乾嘉考证(据)学,又或是清代汉学,是当时学术界的主旋律。²袁枚身处其中,自居文人,不被这些汉学家认同,心有未甘,深觉不公,他提出一系列质疑:考证学的标准是谁定的?何谓考据?考证的功能效用又在哪里?圣人之道,真的只能由考据取得?为何考证学是通往圣域的唯一通道?袁枚年幼便浸淫儒书,执经治学,自信功力不逊于当世汉学家,但他却只能被视为文人,而非考据家,世俗既不以学者视之,当时的学界也不当一回事。因此他不论是跟友人论学,或是向考证学者宣战,都坚持他自己文以道传的主张,并批判汉学。此中所论,自然也有过分、不近情理、缺乏论证之处,但究竟该如何看待袁枚的经学世界,他到底怎么说,怎么想,知其然亦需知其所以然,即是本文要处理的部分。关于袁枚经学的研究,目前学

1　(清)袁枚著、周本淳标校:《覆两江制府策公问兴革事宜书》,《小仓山房诗文集》,上海:上海古籍出版社,2009,页1467。

2　根据学者的研究,汉学之兴,可由内外缘之因来探究,论者甚多。近代自章太炎、梁启超以来,多从政治等外部因素而论,余英时则提出内在理路之说,美国学者艾尔曼则是从科举制度与学术群体来解释。本文意不在此,不拟详细讨论,相关论述可见葛兆光《中国思想史(第二卷):七世纪至十九世纪中国的知识、思想与信仰》,上海:复旦大学出版社,2013,第三编、第三、四节。另外,葛兆光并未提及的,则是张丽珠从"气"的角度论析明清学术的转型,相关论述散见其"清代新义理学三书"。张丽珠:《清代的义理学转型》《清代义理学新貌》,台北:里仁书局,1999;《清代的新义理学——传统与现代的交会》,台北:里仁书局,2003。

界讨论还不太多,论文寥寥无几,专论仅仅数篇,本文将在以下的讨论,依文随注讨论、引用这些研究成果,冀能增进学界对袁枚经论的一些理解与探讨。

二、以文为宗,评判汉宋

前已言之,袁枚以文人自居,又或者是说,他根本是以文人自喜的,古人所谓"一为文人,便无足观"之类的话语,袁枚是绝对不会同意的。但是,切莫以为文人是很容易当的,就他看来,要成为文人,比当汉学家还难,书必须读得更多,学问广度要更大,重要的是,还要有才气灵气,这点若无,此生成为文人的机会,难如登天。

关于文人的定义与能力,下节详论。袁枚之所以提高文人的地位,除当时文人本受社会看重之外,他更要与汉学家争地盘,一决胜负,并从文人在历史上的发展上,扭转学术界视文人为小道、不入流的看法。因此他是以文人的立场,以文的角度,来评论考据学,指点汉学家,不只如此,他也论析宋学,认为汉宋学各有其弊,因本身视野的盲点与局限,导致汉宋学遮蔽了圣道,误解圣人之意。

袁枚曾作诗嘲讽汉学家:"东逢一儒谈考据,西逢一儒谈考据,不图此学始东京,一丘之貉于今聚。"[1] 就他看来,"一丘之貉于今聚"的原因,恐怕还不是学问上的,而是利益上的,功名利禄,代代相承,层层关照。汉学通经,任官为士,互通声气,结交人际,资源利益,各有所取,彼此索需彼此供给,共存共生,恐怕才是考据学的真相之一。他指出:

> 而所以取士者,又宽而易售。读四子书,习一经,皆曰士。其四子书与一经,又不必甚通也,稍涉焉,亦皆曰士。既曰士,皆可以为公卿大夫。十室之邑,儒衣冠者数千,在学者亦数百。惟有幸而进者,既进之以为公卿大夫矣,公卿大夫皆任取

---

[1] (清)袁枚:《考据之学莫盛于宋以后而近今为尤余厌之戏仿太白嘲鲁儒一首》,《小仓山房诗文集》,页848—849。

士之责者也。以彼其才,取彼其类,夫然后幸幸相承,而贤乃愈遗。[1]

自古已然,于今为烈,当今学者以经学自筑城墙,画地自限,建构了一层又一层的权限,不能符合这些规范,不被他们所认可,打不进他们的圈子,仿佛就被学术界放逐,拒于门外,驱之别院:"嗟呼!今学者略识偏旁,解韵语,便筑坚城而自囿者,比比也。"[2]因此他讽刺,只要功成名就,学问深厚,足以传世,自然会有这些腐儒来做注,钩沉索隐:"陈迹何妨大略观,雄词必须自己铸。待至大业传千秋,自有腐儒替我注。"[3]但是,这些城墙、那些标准,是谁决定的?是孔子吗?是古代圣贤吗?恐怕都不是,而是那些登上庠、执教鞭、拥有学术话语权的人,他从自古取士之道,看到了这层道理,天下士人愈多,反而视士愈轻,因为士人品质每况愈下,五谷不分,四体不勤,还妄想当公卿大夫,当上了,久而久之,官大学问大,居之不疑。当不上的,则转生妒忌,朋党诽谤,还自以为怀才不遇,千里马常有,伯乐却少。[4]

不过,古人推崇经世致用,他是赞同的,但通经是否真的足以致用,他却是怀疑的。他不是否认经,而是从根本上质疑,这些读经的方法是否真的错了,以至于读经愈深,离官位愈近,却离世务愈远。因此真正的通经之通,就是广博,更重要的是掌握经之文。这本是文人所长,可惜文人往往恃逸气,放情任性,汉学家又不能通文,自以为是,以致文道相睽,终究二分:

> 大抵文人恃其逸气,不喜说经。而其说经者又曰:吾以明道云尔,文则吾何屑焉?自是而文与道离矣。不知《六经》以道传,实以文传。[5]

---

1 (清)袁枚:《原士》,《小仓山房诗文集》,页1166。
2 (清)袁枚:《龚旭开诗序》,《小仓山房》,页1391。
3 (清)袁枚:《考据之学莫盛于宋以后而近今为尤余厌之戏仿太白嘲鲁儒一首》,《小仓山房诗文集》,页848—849。
4 参见(清)袁枚《原士》,《小仓山房诗文集》,页1166。
5 (清)袁枚:《虞东先生文集序》,《小仓山房诗文集》,页1380。

六经以道传，所借之传者，文也。所以相较之下，文人或许可以不说经，但说经不能为文，则千万不可，但我们又岂能说圣人溺于辞章？[1] 因此他批评范晔《后汉书》把儒林、文苑分开，强为区分，或有不得已之处，但不该仍旧依循，他推崇顾震，说他既能文又通经，儒林、文苑本分，至他而合：

> 先生为海内经师，著《诗解》若干，《三礼札记》若干。余初疑先生之未必屑为文也，乃记、序、论、议、骈体、歌行，靡不典丽可诵，方知先生不以说经自画者，然犹不敢自是……盖实见夫修词之道非止于至善不可，丽泽之义，非朋友讲习不可。观先生之深于文也，愈叹先生之深于经也。[2]

愈深于文，更见经学功底，"观先生之深于文也，愈叹先生之深于经也"。前述说文人可以不通经，但这显然是谦辞，又或是指一般文人。但真正的文人经师，当然是通经又能为文，"以经师名天下"[3] 的顾震如此，袁枚自己又何尝不是？事实上，他对经学之道，是极为自负的，他在与惠栋的书信中表露无遗：

> 仆龀齿未落，即受诸经。贾、孔注疏，亦俱涉猎。所以不敢如足下之念兹在兹者，以为《六经》之于文章，如山之昆仑、河之星宿也。善游者必因其胚胎滥觞之所以，周巡夫五岳之崔巍，江海之交汇，而后足以尽山水之奇。若矜矜然孤居独处于昆仑、星宿间，而自以为至足，则亦未免为塞外之乡人而已矣。试问今之世，周、孔复生，其将抱《六经》而自足乎？抑不能不将汉后二千年来之前言往行而多

---

[1] 关于道与文的问题，历来争论不休，批评文过甚者，往往指出，当论述对象事物，蓦然兀立于心，受其牵引，不免心神激荡，目眩神迷，过度执着与迷恋在世间的各种物色对象，深陷其间，如入泥淖，不能自拔，更难以见道，程颐批评这些文人"作文害道""作诗害道"，也是这个缘故。其间关系，颇为复杂，更具有特殊的时代因素，详可参刘芝庆《人文化成的文学图像——当"文心"遇上"雕龙"》，收入氏著《从指南山到汤逊湖：中国的知识、思想与宗教研究》，台北：万卷楼图书公司，2019；刘芝庆：《观物之极，游物之表——苏轼的格物之学》，收入本书。

[2] （清）袁枚：《虞东先生文集序》，《小仓山房诗文集》，页1380—1381。

[3] （清）袁枚：《虞东先生墓志铭》，《小仓山房诗文集》，页1255。

闻多见之乎？夫人各有能不能，而性亦有近有不近。孔子不强颜、闵以文学，而足下乃强仆以说经。倘仆不能知己知彼，而亦为以有易无之请，吾子其能舍所学而相从否？[1]

袁枚虽说人各有能，性各有近，但非指不能论经，只是他更好文而已。因为他自幼以来，龀齿未落，便已开始读经，从时间来看，不会逊于汉学家；再从功力来讲，他探究"经"的本义、跟李绂争论三礼，特别是《周礼》是否为周公所传，使用的方法，以经证经，以经疑经，都是考证学的基础功夫。[2] 好友门生说他擅经学，明训诂，"著文亦以训诂济"[3]，杭世骏为书作序，指出袁枚"扫群弊而空之"[4]。难免有溢美之嫌，但袁枚其实是好此道的，除本论文所引用之外，像是《答金震方先生问律例书》《答蒋信夫论丧娶书》《与清河宋观察论继嗣正名书》《与从弟某论释服作乐书》等，皆可见得经学根柢。

正因如此，他更要推崇文，因为文是道之所传，例如他认为骈体是修辞之上者，是六经的延续，体现以文明道的宗旨：

> 古圣人以文明道，而不讳修词。骈体者，修词之尤工者也。《六经》滥觞，汉、魏延其绪，六朝畅其流。论者先散行后骈体，似亦尊乾卑坤之义。然散行可蹈空，而骈文必征典。骈文废，则悦学者少，为文者多，文乃日敝。[5]

骈文精义如此，只是后来也逐渐衰微，格愈降，调愈卑，仅存其外，虽骈其

---

1 （清）袁枚：《答惠定宇书》，《小仓山房诗文集》，页1530。
2 参见（清）袁枚《答李穆堂先生问三礼书》，《小仓山房诗文集》，页1452—1458。
3 （清）万应馨：《题辞》，《小仓山房诗文集》，页1942。
4 （清）杭世骏：《序》，《小仓山房诗文集》，页1147。
5 （清）袁枚：《胡稚威骈体文序》，《小仓山房诗文集》，页1452—1458。其实，许多汉学家也讲究文章技艺，更是骈文能手，例如颜建华就指出惠栋的文章，渊雅古朴，丽而不浮，学术与文章兼而擅之，自成一家言。颜建华：《清代乾嘉骈文研究》，北京：光明日报出版社，2011，页179、185—191。

辞，但无甚内涵，敷衍文章，华丽词藻而已。但是，这些为文之道，征典、结构、布局、章法、体例，可是经世之道，是具体的，跟真正的考证学一样[1]，是有用于世的，既可安身，又可致用。他以著书与治兵互通这点来讲："从来著书之道，与治兵通。治兵者，号令，其发凡也；队伍，其体例也；行止，其章法也；鱼丽鹅鹳，左盂右盂，其目录也。大而至于鸟蛇龙虎之变，细而至于梁丽、渠答、钩梯、井灶之微，分而省之，合而参之，必使部居别白，而后可以克敌取胜。"[2]

所以穷经是好事，其志可嘉，但问题是过度偏食，就是自茧自缚。他对惠栋说："来书恳恳以穷经为勖，虑仆好文章，舍本而逐末者。然比来见足下穷经太专，正思有所献替……"[3] 又引用王充、柳冕这些人的话，文儒胜于世儒，君子儒优于小人儒，世儒传经，文儒著作，相较之下，文儒为优，君子儒为上。[4] 所以穷经还不如好文，好文才是正法，才是王道，套句好友蒋士铨的诗，就是："文章千古学。"[5] 他还讽刺这些汉学家，不能文，就说文不重要，还随波逐流，舍本逐末，以穷经为能事，关在自己的象牙塔，自得其乐，挂一漏万："男儿堂堂六尺躯，大笔如椽天所付"，"鲸吞鳌掷杜甫诗，高文典册相如赋"[6]。

---

1 郑吉雄早已指出，当今汉学家并非没有"求道"的企盼，也非不讲义理，他们的考证学，不只是追求语源或语义，而是在此基础上更进一步发挥"古训"（经典中的教训）的教义，圣人既在经典中透过文句来说明义理，那么解释文字，才能进而体察作者的意旨。换言之，文献的知识，可以借由考证从文句联系到生命与思想、义理的实践。郑吉雄：《戴东原经典诠释的思想史探索》，页248—254。林启屏也指出，对乾嘉学者的自我认同而言，他们并没有"义理"层面的认同困扰，因为他们虽不喜言"超越面向"，却努力追求"具体实践"，并以实学的精神，将价值意识具体化。林启屏：《儒家思想中的具体性思维》，页149—161、200。

2 （清）袁枚：《萧十洲西征录序》，《小仓山房诗文集》，页1399。

3 （清）袁枚：《答惠定宇书》，《小仓山房诗文集》，页1528。

4 汉王充曰："著作者为文儒，传经者为世儒。著作者以业自显，传经者因人以显。是文儒为优。"宋刘彦和曰："传圣道者莫如经。然郑、马诸儒，宏之已足，就有阐宣，无足行远。"唐柳冕曰："明《六经》之义，合先王之道，君子之儒也；明《六经》之注，与《六经》之疏，小人之儒也。今先小人之儒，而后君子之儒，以之求才，不亦难乎？"此三君子之言，仆更为足下诵之。（清）袁枚：《答惠定宇书第二书》，《小仓山房诗文集》，页1531。

5 （清）蒋士铨著，梅海清校、李梦生笺：《临颍马融读书处》，《忠雅堂集校笺》，上海：上海古籍出版社，1993，页12。

6 （清）袁枚：《考据之学莫盛于宋以后而近今为尤余厌之戏仿太白嘲鲁儒一首》，《小仓山房诗文集》，页848—849。

袁枚对当时汉学深感不满,对宋学同样也不太满意,他认为宋儒的"道统"之说,过于抽象,自己的话多,圣人的话少。而道乃空虚无形之物,又何来谁传统?谁受统?"道统之名,始于南宋。……而道者乃空虚无形之物,曰某传统,某受统,谁见其荷于肩而担于背欤?尧、舜、禹、皋并时而生,是一时有四统也。统不太密欤?孔、孟后直接程、朱,是千年无一统也。统不太疏欤?甚有绘旁行斜上之谱,以序道统之宗支者。倘有隐居求志之人,遁世不见知而不悔者,何以处之?或曰:以有所著述者为统也。倘有躬行君子,不肯托诸空言者,又何以处之?毋亦废正统之说而后作史之义明,废道统之说而后圣人之教大欤!"正统道统之说,既然都靠不着,自然不需要再深论。对于宋代理学家,如朱熹所说,道在三代,汉唐不存,他是不赞同的[1],道本在,根本未绝,只要合乎道,人人可得之,反之亦然,若无汉唐经说注疏,又安能有程朱即大成?所以不可抹杀前人贡献,"昔者秦烧《诗》《书》,汉谈黄、老,非有施雠、伏生、申公、瑕丘之徒负经而藏,则经不传;非有郑玄、赵岐、杜子春之属琐琐笺释,则经虽传不甚明。千百年后,虽有程、朱奚能为?程、朱生宋代,赖诸儒说经都有成迹,才能参己见成集解。安得一切抹杀,而谓孔、孟之道直接程、朱也?"[2]而宋学的特色,见世行佛老之说,圣人之旨未明,于是出入二氏,入室操戈,进虎穴,得虎子,心性之学由此而出。其后元以精义取士,以程朱为式,明祖开国,"明祖开国,又首聘婺之四先生,劝颁《朱注》以取士,而宋学从此大昌"[3]。不过,宋学,固然是孔门儒家源流,堂堂溪水,却也未必只流过宋朝之河,毕竟汉唐儒学,亦不可略,不要厚此薄彼,将历代儒学应分高下优劣,其实根本不存在判教之分:"尊宋儒可,尊宋儒而薄汉、唐之儒则不可;不尊宋儒可,毁宋儒则不可。又何也?曰:孔子之道若大海然,万壑之所朝宗也。汉、晋、唐、宋诸儒,皆观海赴海者也。其注疏家,海中之舟楫桅篷也;其文章家,海中之云烟草树也;其讲学家,赴海者之邮驿路程也。"[4]

---

[1] 关于朱熹与陈亮论王霸问题,可见刘芝庆《陈亮经学发微》,收入本书。
[2] (清)袁枚:《代潘学士答雷翠庭祭酒书》,《小仓山房诗文集》,页1517—1518。
[3] (清)袁枚:《宋儒论》,《小仓山房诗文集》,页1606。
[4] (清)袁枚:《宋儒论》,《小仓山房诗文集》,页1607。

所以他劝人不要为汉学所骗，也不要被宋学所误，像他自己，年幼读书，虽已受经，但墨守宋学，拘泥过甚，反而闻见愈窄，就是一个最好的教训，希望大家引以为戒："仆幼时墨守宋学，闻讲义略有异同，辄掩耳而走。及长，读书渐多，入理渐深，方悔为古人所囿。足下亦宜早自省，毋硜抱宋儒作狭见谫闻之迂士，并毋若仆闻道太晚，致索解人不得。"¹ 宋学固然有弊，汉学当然也有，近人批评宋儒凿空，可是汉儒凿空之处，难道又少了？郑玄臆说，后人早就多有指正。² 故汉宋之争，各分门户，本身都该自省，他对惠栋说："闻足下与吴门诸士，厌宋儒空虚，故倡汉学以矫之，意良是也。第不知宋学有弊，汉学更有弊。宋偏于形而上者，故心性之说近玄虚；汉偏于形而下者，故笺注之说多附会。"³ 宋学心性偏玄虚，但汉儒笺注，附会之说，谶纬妖异，难道又少了？何况虚或实，更不可一概而论，都只是相对性的说法，主要看自己的价值取向与论述立场。一个宗教感很强的人，反而会觉得考证都是虚伪的；反之，考证强调有凭有证，往往会觉得抽象心性都是玄妄的。⁴

袁枚以文人的立场，以文章之道的观点，来批判汉宋，在当时的汉宋之争的氛围下，他向汉学家的地盘进攻，以彼之道还施彼身；又站在宋儒的立场，反省理学的门户问题。就他看来，"圣人之道大而博，学者各以其学学圣人，要其至焉耳"⁵，汉宋既不可废，也不可偏，合则两美，分则两伤。因此，他以身为文人为荣，文人的立场与观点，就是他的价值取向。但他这样的文人，就他自己看来，事实上是以继承孔门为己任，以博学为胜的，"吾学无不窥"。⁶

1　（清）袁枚：《答尹似村书》，《小仓山房诗文集》，页 1560。
2　参见（清）袁枚《随园诗话》，南京：凤凰出版社，2000，页 80。
3　（清）袁枚：《答惠定宇书》，《小仓山房诗文集》，页 1529。
4　参见余英时《论戴震与章学诚——清代中期学术思想史研究》，台北：东大图书公司，1996，页 348。
5　（清）袁枚：《高守村先生传》，《小仓山房诗文集》，页 1304。
6　参见（清）袁枚《陶渊明有饮酒二十首余天性不饮故反之作不饮酒二十首》，《小仓山房诗文集》，页 34。

三、六经皆文，绍述孔子

袁枚为蒋坚写传，曾说过，后世子孙生一个显人，还不如生一个文人。原因为何？他认为显人不过当世而止，及身而绝，文人则不同了，名借文传，言之不文，行之不远，千秋万岁后，述世系，扬风烈，只有文人能堪重任，蒋坚之于蒋士铨，便是如此："今之为公卿者，生赫赫，死则序恩荣，数行便漓然尽。公布衣也，瑰意琦行，纷叠若是。虽公意踔绝，不以仁义让人，而士铨之腹存手集，罗缕毕贯，其才高，其志尤足悲也。"[1] 文人之可贵，尚不仅于此，博学，更是文人的必要条件，宗谷芳就说袁枚文章，兼理学、经济、辞章为一体。[2] 友朋后学称赞，可能为人情所误，未可全信。但其实袁枚自己，诗词歌赋、骈文、小品文，本就擅长，他的《随园诗话》《随园食单》《子不语》《续诗品》等等，论人记事，摘文敷藻，采跖征典，出幽入幻，说掌故、考声韵、谈女人、写交游、述鬼怪、抒性情，亦话亦诗，亦事亦论，炼自度句，勾勒微妙，诗中有话，话中有诗，皆可见博学通达的一面，他也借此勉励友朋："博学斯能文，多钱裁善贾。上可造圣门，一贯师尼父。"[3] 本文开头也曾提到他对社会问题的研究，对行政制度的理解，对官场习性的透视，亦多中肌理，分析中肯。当然，这样的博学并非袁枚所独有，实乃时代风气使然，例如友人程晋芳就是"君学无所不窥，经、史、子、集、天星、地志、虫鱼、考据，具宣究，而尤长于诗，古文醇洁，有欧、曾遗意"[4]。另外，根据学者的研究，也可视为清初"博学以文"的延续，但是顾炎武博学以文，不愿为文人，袁枚刚好相反，文人，更需博学以文——文人，根本就是他自信自傲、自重自乐的身份。[5]

所以他谈诗论文，说经疑经，便是以这个角度来分析的。他说古代有史无经，今日所谓的经，如春秋、尚书之类，都是古代之史，所以六经皆圣人文章，文

---

1 （清）袁枚：《赠编修蒋公适园传》，《小仓山房诗文集》，页1304。
2 参见（清）袁枚《后序》，《小仓山房诗文集》，页1940。
3 （清）袁枚：《鲍文石四十索诗》，《小仓山房诗文集》，页739。
4 （清）袁枚：《翰林院编修程君鱼门墓志铭》，《小仓山房诗文集》，页1714。
5 关于顾炎武的观点，可见陈平原《能文而不为文人：顾炎武的为人与为文》，《从文人之文到学者之文：明清散文研究》，北京：生活·读书·新知三联书店，2004。

章也始于六经。[1] 这不是"六经皆史",而是"六经皆文",正如杭世骏所言,"文莫古于经","文莫古于史,而史之考据家非古文也"[2]。故所谓经史,根本都是文,尚书、诗经,皆该如是观:"论者曰:说经人多不能诗。又曰:诗颂圣者难工。不知诗即经也,赓歌喜起,半颂圣也。果能说经,而何有于诗?果能颂圣,而何忧其不工?"[3] 掌握了六经皆文的道理,自可说经颂圣,皆能诗并能工了。[4]

博学于文,六经皆文,因为这些都是儒者所应为,当行本色,袁枚以儒者自诩,任重而道远,"问我归心向何处,三分周孔二分庄"[5],"未必两庑坐,果然圣人徒;未必两庑外,都与圣人殊"[6]。而对于道家,只喜庄子不喜老子:"英雄与文人,往往托佛老","吾学无不窥,惟憎二氏书","大道有周孔,奇兵出庄周"[7]。世论袁枚者,多讲他的性情,好情重色,以才闻名,再加上私生活交游,小妾众多,以及与女弟子的关系等等,往往只把他当成性灵文士,如王英志《文采风流:袁枚传》第四、五、六章,罗以民《子才子:袁枚传》第九、十、十三章,就专讲袁枚文学主张、风流韵事、男女关系等等。[8] 袁枚当时的社会形象,"一代高才有情者"[9],固然是有这样的情况,《清史稿》就说他"喜声色,其所作亦颇以滑易

---

1 (清)袁枚:《虞东先生文集序》《史学例议序》,《小仓山房诗文集》,页1380、1382。

2 (清)杭世骏:《序》,《小仓山房诗文集》,页1147。袁枚其实并未正式提出"六经皆文"的主张,这反而是当代学者龚鹏程所建立的学术术语,但以此说来论袁枚,亦颇适当。关于袁枚疑经的问题,可参龚鹏程《六经皆文——经学史/文学史》,台北:学生书局,2008,页352—362。袁枚"六经皆文"的特点,见黄爱平《袁枚经学观及其疑经思想探析》,《清史研究》第3期,2004年8月,页80。

3 (清)袁枚:《叶书山庶子日下草序》,《小仓山房诗文集》,页1304。

4 袁枚说经论史,也被当时一些学者看重,例如他与钱大昕论官制沿革,洋洋洒洒,甚多精辟之言,钱大昕就称赞他:"先生精研史学,于古今官制异同之故,烛照数计,洞见症结,而犹虚怀若谷,示以所疑,俾马勃牛溲,得备扁和之采, 其为荣幸,非敢所望,述其一二,惟先生详察。"(清)钱大昕:《答袁简斋书》,《潜研堂文集》,上海:上海古籍出版社,2009,页611。

5 (清)袁枚:《山居绝句》,《小仓山房诗文集》,页188。

6 (清)袁枚:《偶然作》,《小仓山房诗文集》,页285。

7 (清)袁枚:《陶渊明有饮酒二十首余天性不饮故反之作不饮酒二十首》,《小仓山房诗文集》,页34。

8 参见罗以民《子才子:袁枚传》,杭州:浙江人民出版社,2007;王英志:《文采风流:袁枚传》,北京:东方出版社,2012。

9 (清)蒋士铨著、梅海清校、李梦生笺:《同高东井(文藻)夜话因怀陈梅岑(熙)并柬袁子才先生》,《忠雅堂集校笺》,页1080。

获世讥",但也不可忽视他自命儒生的一面。又或者是说,具经世之才,文采斐然,其人其文皆足以动人,而情之所钟,议论古今,出经入史,踔厉风发,正在我辈,也是博学以文的特色,儒林文苑不分,儒者文人合一,袁枚就是以此自居。严寿澂称袁枚为"实用型儒家循吏之学"[1],看到袁枚儒学性格的一面,确为卓见,但也只是就治术行政而言。事实上,本文的论述,即是在说明,儒学本来就是袁枚一种生命形态,儒生可分为多种,他属于文人式的儒生,或是儒生式的文人,而且就他自己看来,这恐怕还是最好的一种。[2]

当然,并非人人都可以合文苑儒林,多数人,依其才性,恐怕只能择一而难以齐备的,但最忌厚此薄彼,分其高下。友人对他说,诗不如文,文又不如著书,此处"著书",是袁枚友人所言,专指考据,在袁枚的定义里,"著书"包括了考据,当然更包括辞章、文法、结构、义理。所以袁枚不以为然,论其大谬,毕竟诗文甘苦,如人饮水,冷暖自知,并不逊于经学,"仆疑足下于诗文之甘苦,尚未深历,故觉与我争名者,在在皆是。而独震于考订家琐屑斑驳,以为其传,较可必耶?又疑诗文之格调气韵,可一望而知,而著书之利病,非搜辑万卷,不能得其症结。故足下渺视乎其所已知者,而震惊乎其所未知者耶?"[3] 所以他劝人,入文苑,进儒林,宜早选择,从一深造,以免两失。

况且,就他看来,当世大儒,特别是善考证者,文章都不行。琐屑斑驳,下笔无文,对文法文章之道,所知甚少,所得甚浅,只能以校勘、训诂、音韵等炫世,误人子弟:"近见海内所推博雅大儒,作为文章,非序事噂沓,即用笔平衍,于剪裁、提挈、烹炼、顿挫诸法,大都懵然。是何故哉?盖其平素神气沾滞于丛杂琐碎中,翻撷多而思功少。譬如人足不良,终日循墙扶杖以行,一日失所依傍,便怅怅然卧地而蛇趋,亦势之不得不然者也。且胸多卷轴者,往往腹实而心不虚,藐

---

[1] 严寿澂:《近代实用型儒家循吏之学——袁简斋论治发微》,《近世中国学术思想抉隐》,上海:上海人民出版社,2006。
[2] 虽然袁枚也说"而颇自知天性所短",不过专指笺著等体例,并非说他只为文苑,不入儒林。本文屡有提及,袁枚对考证文史的兴趣,其实也是非常浓厚的,许多论述散见他的文章中。袁枚:《答友人某论文书》,《小仓山房诗文集》,页1545。
[3] (清)袁枚:《答友人某论文书》,《小仓山房诗文集》,页1546。

视词章,以为下过尔尔,无能深深而细味之。"[1] 但是当时考证学者又太多,既看不起文人,自然也瞧不上诗文,所以袁枚反过来,偏偏说他们的考据文章,只是劳力,专事依傍,他们的作品,核实而滞,最多只能称为"参考",当然比不上文人著作:

> 著作者熔书以就己,书多则杂;参考者劳己以徇书,书少则漏。著作者如大匠造屋,常精思于明堂奥区之结构,而木屑竹头非所计也;考据者如计吏持筹,必取证于质剂契约之纷繁,而圭撮毫厘所必争也。二者皆非易易也。
>
> 然而一主创,一主因;一凭虚而灵,一核实而滞;一耻言蹈袭,一尊事依傍;一类劳心,一类劳力。二者相较,著作胜矣。……而又苦本朝考据之才之太多也,盖以书之备参考者尽散之。[2]

四、结论

本文探究袁枚经说,是目前学界较少讨论的部分,我们发现袁枚并非一般印象中的文人,他在根本上企图为"文人"正名。一方面,他从历史上找寻同道,如王充、刘勰等人,提出文人的正面形象;另一方面,他也向当时考证学挑战,并旁涉宋学诸儒,指出这些学说,理有未达,不能上通文章之道,以致学问有缺,认知有误。

值得注意的是,袁枚所谓的汉学,是广义的概念,并非专指,而是泛指。与后来方东树等批判汉学家不同,张丽珠便认为方东树所反对的主要是批评程、朱的汉学家,像是戴震、阮元等人,这些人才是他真正的打击对象,至于循训诂

---

[1] (清)袁枚:《答程蕺园书》,《小仓山房诗文集》,页1801。

[2] (清)袁枚:《散书后记》,《小仓山房诗文集》,页1777。

形声以求的纯粹汉学家与考据学,"那只是次要的怀璧其罪,一并诛之而已"[1]。再者,正如钱穆与朱维铮所分析,《汉学商兑》是针对江藩《国朝汉学师承记》《国朝经师经义目录》而发。[2] 更要进一步细究的,是前者驳斥的"汉学"与后者赞扬的"汉学",内涵并不完全相同,田富美就分析,江藩所谓的"汉学"是指专主治学的考据功夫,而方东树所称之"汉学"则概括了义理思想与考据功夫,两者范畴不尽相同。[3] 至于袁枚的宋学,若依据现代学界对理学的定义,既包括程、朱,也不排除陆、王,所以他在书信中,劝人不要总是把陆、王视为异端。[4]

更进一步来讲,若要论当世真能发现宋儒优点者,又非袁枚莫属:"宋儒之学,首严义利之辨。讲学,义也;决科,利也。宋儒当时早知后世以其学为干禄之书,则下笔时必耻为之。……窃以为今之善尊宋儒者,莫仆若耳。"[5] 宋学如此,汉学又何尝不是?他批评汉学家这里不足,那里不够,正是因为他自以为懂得汉学家的为学方法,明其弊,才可以矫正其漏失缺陷。至于该如何拯救,袁枚的说法,就是以文明道。

其实,考证学者也不是只讲考证而已,他们同时也是文人雅士,谈诗论文,皆能为之,葛兆光就认为这些汉学家:

> 他们在书斋中钻研经典中的知识性问题,用"学术话语"赢得生前身后名,在

---

1 张丽珠:《清代的义理学转型》,页118—119。
2 参见钱穆《中国近三百年学术史(下)》,台北:台湾商务印书馆,2005,页573—576。朱维铮则另外剖析方东树与阮元、江藩等人的学术人际关系,还有方东树的人格特质。朱维铮:《求索真文明——晚清学术史论》,上海:上海古籍出版社,1996,页13—37。
3 参见田富美《方东树反乾嘉汉学之探析》,铭传大学2008年中国文学学理与应用学术研讨会,铭传大学应用中文系主办,2008年,页11—13、24—29。关于方东树对汉学的批评,学者虽已有论述,但忽略了方东树是从文章的角度出发。方东树批判汉学,固然是其宋学(程、朱)本位所致,可是方东树作为姚鼐弟子、桐城派的大将,说文法,论义理,重经世,对"文章之学"的重视,也是方东树反对汉学家的原因之一。反过来说,汉学家也常批判桐城派的文章,方东树正是以彼之道还施彼身,认为真正不明文章大义者,其实是汉学家自己。详可见刘芝庆《"文章要有本领"——方东树论汉宋之争》,收于氏著《经世与安身——中国近世思想史论衡》,台北:万卷楼图书公司,2017。
4 参见(清)袁枚《代潘学士答雷翠庭祭酒书》,《小仓山房诗文集》,页1518。
5 (清)袁枚:《再答似村书》,《小仓山房诗文集》,页1562。

公开场合社交场合以道德修养的说教示人,以"社会话语"与周围的世界彼此协调,当然,他们也少不了私人生活的乐趣,歌楼酒馆,园林画船,在那里,他们以"私人话语"在世俗世界中偷得浮生闲趣。

清郑献甫《补学轩文集》卷一《著书说》里打过一个比方,说宋人语录式的话语是"画鬼",无论画得好不好都可以蒙人,清代考据式的话语是"画人",稍有不像就不敢拿出来给人看,而文人写诗词,就好比"画意",无论好不好都敢自夸一通,虽然确认一个人的学问知识要靠可以比较评判的"画人"技术,但清代许多人包括考据家是三种话语都会说的。[6]

就葛兆光看来,汉学家既有"学术话语"与"社会话语",当然还有私领域的"私人话语",他们既能以考据为学,也可以舞诗弄词,艺通多方,非沾一味。这种面向,固然有可能正是方东树所批评"文与人分"的情况,却也表现出汉学家并非个个都是老学究,并非人人都只知考证学而不懂其他,他们是擅长多种话语的。袁枚所论,套句柳宗元对韩愈言论的评语:"子诚有激而为是耶?"[7]虽说时势所激,言之成理之处或有,但过于偏颇,亦复不少。

回到主题,以文明道,六经皆为文章,这就是袁枚的立场,以文人自命,以文人自诩,但文人又非玩志丧志者,而是胸怀天下,在本朝则美政,在乡则美俗。这种文人,用王充的话来讲,就是文儒。而文人之文,既能文采风流,当然也可以化民成俗,改变世界:"尝谓功业报国,文章亦报国,而文章之著作为尤难。"[8]于是写文章,成著作,安顿身心,诗文风流,经世致用,功业报国,舍我其谁?"若夫仆之所自信者,则固有在矣。周官三百六十,谓非其人莫任者,今无有也。唐、宋来几家文字,非其人莫任者,诚有之矣。仆幼学徐、庾、韩、柳之文及三唐人

---

6 葛兆光:《域外中国学十论》,上海:复旦大学出版社,2002,页9。
7 (唐)柳宗元:《天说》,收入(唐)柳宗元《柳河东集》,页286。
8 (清)袁枚:《再答陶观察书》,《小仓山房诗文集》,页1484。

诗。每摇笔,觉此境非难到,苦学植少,让古人之我先,腼焉以早达为悔。"[1] 是以达则兼善天下,从事实务,退则著文章,文章亦报国,故曰:"仆进有事在,退有事在,未必退闲于进。"[2]

以上从"文"的角度析论袁枚,切入他对汉宋学的看法,其学其人虽以文为重,铺叙展衍,炫藻逞才,博学多能,但亦不废经,也重义理,他更是上溯孔子,以儒为本。说到底,文章是文人的安身立命处,调适而上遂,在乾嘉考证学的风尚中,袁枚的儒者心声,或许可视为另种形态。本文对袁枚论儒学与考据之相涉、文人与经师之相较,袁枚经说,初为发凡,还请专家同行,不吝指正。

---

[1] (清)袁枚:《再答陶观察书》,《小仓山房诗文集》,页1485。
[2] (清)袁枚:《再答陶观察书》,《小仓山房诗文集》,页1484。

身体与美学
——近代思想史中的理想世界

一、前言

众所皆知,清末以来,逢数千年未有之大变局,外患内忧,一时并至,有志之士为了解决问题,或引进西洋学说,中体西用;或"药方只贩古时丹",从过去寻找答案。只是该如何变,要变些什么,是渐或骤,是救亡图存或是启发蒙昧,是船坚炮利还是政治体制,是复兴佛学还是批判孔教,是单线进行又或是双重复调,言人人殊,但中国确实到了该变的时候。在当时,国势衰弱,文明素质又处处不如人,许多人开始反思:中国,到底是哪里出了问题?是社会制度?是中国人性格?是国家体制的问题?还是儒学亡了中国?

就在这种思考之下,随之而来的各种变革,从船坚炮利到文化气氛,从政治体制到教育方式,都引起了许多反思与改变。值得注意的是,学术界在分析这段时期时,多把焦点放到"人"的改变,且多是论心灵、精神、思想的更新,以期促成"新人"的出现[1],应付新局面的各种生活与挑战。于是诸多理论纷至沓来,各

---

[1] 袁洪亮就以"人学"为题,论述中国近代人学思想史。他从传统儒学中追溯,同时眼观西学,来分析清末以来的诸多问题,只是他虽谈到人性、人格、人欲、人心、人生、公私等各种人学问题,但对于人的身体,所谈甚少。袁洪亮:《中国近代人学思想史》,北京:人民出版社,2006,第五章第一节。黄金麟应该是当前学界中较为全面探讨身体与近代政治的学者,包括身体与政治、身体的

种运动屡上台面，这些思潮中，有一面相当被忽略：近代新思潮的提倡，往往伴随着"身体"的进化，这种变革，当然是想象的规划，而非实际上的肉身脱俗。换句话说，身体素质伴随思想的更新，于是在未来世界中，真正优异的人种与人类将取代旧的人们，成为新世界的主人。这也是近代以来，张之洞、廖平、严复、康有为、谭嗣同、蔡锷、梁启超、陈独秀、胡适等等，在他们的著作中常常强调的重点。而这种身体观，又不只是新思想的具体而微，也有着美学与伦理上的意义，都是为了未来和谐美好的理想社会而设。

只是，为何如此看重身体呢？除了当时进化论的流行，止于至善，故身体的完善，同时也代表了真善美社会的成型，也跟当时中国乌托邦思想的规划有关。此外，"病夫""病国"之类的称呼，自然也是近代中国知识分子相当在意的问题，因此提倡身体的改造。最后，可能还有知识传统上的因素，从先秦以来，中国医疗知识与社会、政治的关系，就常常是双向互动的，其中关键在于身体所牵涉的种种联结。

本文的研究，就是在处理这些问题，亦在指出：近代知识人为什么要改造身体？除了国力政治的因素，是否还有美学、道德的层面？而改造身体的资源，除了西方思潮，又使用了哪些中国本有资源？这些都是本文的问题意识所在。

二、启蒙与救亡：中国的衰败源自身体

前已言之，内忧外患的中国，究竟该如何拯救？是启蒙民智还是救亡图存，又或者是两者并行不悖？是中体西用，史学经世，诸子学复兴，还是借佛学解西学？不管是何者，其中一个广泛的讨论焦点，就是中国人的身体问题。当时很多人认为，中国比不上其他国家的关键是中国人体质不佳，加上吸食鸦片更是害人

国家化、法权身体、钟点时间与身体、空间与身体、身体与规训等等，颇为广泛，但近代的身体观，其实还有许多面相可供探索。本文所采的路径，探讨改造身体所涉及的进化世界观构成的美学想象，便是一例。黄金麟：《历史、身体、国家：近代中国的身体形成（1895—1937）》，台北：联经出版事业公司，2001。

不浅，本来就不甚康健的身体，状况愈发低下，因此加强素质，身强体壮，就变成当务之急。

身体不如人，自然也造成了国势不振，甚至是文明低落的结论。但其实应该反过来看，武斗甚于文攻，好说歹说无效，于是西方用船坚炮利打开了中国的大门。中国连番失利，检讨自身，于是从"国家"的阶段，反思到"个人"的层面。在19世纪末期，因为中日甲午战争，西方舆论界才开始用"病夫"形容中国，特别是中国政治，但多为譬喻，把中国比喻成病人，需要药方诊治，认为中国已病入膏肓，必须尽快诊疗，从内外源发现病症，该动手术就动手术，切莫拖延。到了20世纪初期，"病夫"的概念从国家转移到个人，从群体变化到个体，病国的意涵未完全消失，同时也开始形容中国人的体质。[1]梁启超就说中国缺乏尚武精神，以病夫闻名于世界，手足瘫痪，尽失防护机能："我以病夫闻于世界"，"我不速拔文弱之恶根，一雪不武之积耻，二十世纪竞争之场，宁复有支那人种立足之地哉！"[2]他更形容中国人因为社会风俗，以娇柔为上，体质本就不强，再加上吸食鸦片，更是雪上加霜：

> 中（国）人不讲卫生，婚期太早，以是传种，种已孱弱，及其就傅之后，终日伏案，闭置一室，绝无运动，耗目力而昏眊，未黄耉而驼背；且复习为娇惰，绝无自营自活之风，衣食举动，一切需人；以文弱为美称，以赢怯为娇贵，翩翩年少，弱不禁风，名曰丈夫，弱于少女；弱冠而后，则又缠绵床笫以耗其精力，吸食鸦片以戕其身体，鬼躁鬼幽，趺步欹跌，血不华色，面有死容，病体奄奄，气息才属：合四万万人，而不能得一完备之体格，呜呼！其人皆为病夫，其国安得不为病国也！[3]

---

[1] 参见杨瑞松《想象与民族耻辱》，《病夫、黄祸与睡狮："西方"视野的中国形象与近代中国国族论述想象》，台北：政治大学出版社，2010，页17—67。

[2] 梁启超：《新民说》，张品兴主编《梁启超全集》第2册，北京：北京出版社，1999，页712。

[3] 梁启超：《新民说》，《梁启超全集》第2册，页713。

首先，杨瑞松虽已指出，以"病夫"来形容中国，是从西方舆论界开始，中国接收这方面的讯息之后，内部产生变化。就如上引梁启超所言，他巧妙地将"病夫"由中国换成了中国人，又或者可以这么说：中国何以孱弱？就是因为这样的中国人太多了，以文弱为美称，以羸怯为娇贵，质不如人，病体奄奄，尚武精神又欠缺，故四万万人皆为病夫，病夫所聚，自然也为病国。

但这样的转变，不完全是西方式的"冲击/回应"所引起的。[1] 在传统里，本来就有类似的资源，足供取用，传统医疗知识与社会、政治是双向互动的，论病以及国，其中关键处在于身体所牵涉的种种关系。中国思想史中，将统治者身体视为"国"，由此论证其政权正当性或可追溯至西周晚期[2]，而这种"身体－政治"的思考模式，包含向度实属多样。例如杨儒宾提出先秦儒家身体观的"四体一体"与"二源三派"，前者指出儒家身体观综摄了意识的主体、形气的主体、自然的主体与文化的主体；"二源三派"，二源即《周礼》为中心的威仪身体观、医学为中心的血气观，三派即践形观、自然气化说、礼仪观。[3] 黄俊杰则从更广泛的角度提出东亚儒学的四种身体观，分别是：一、作为政治权力展现场域的身体；二、作为社会规范展现场域的身体；三、作为精神修养展现场域的身体；四、作为隐喻的身体。[4] 两位学者对儒家身体观的研究极具贡献，然而若观察先秦诸子的各种言论，会发现"身体－政治"模式并非儒家所独有，而是普遍存在于先秦诸子之中，早已成为中国传统思想的重要资源。[5] 因此以病来形容人，甚至是形容国家的现况，并非是从西方传来，毋宁是中西交流之下所逼出来的一些观点。

---

[1] 关于"冲击/回应"模式的讨论非常多，本文不拟重复，可见朱浒《"范式危机"凸显的认识误区》，《社会科学研究》，2011年第4期。熊月之：《研究模式移用与学术自我主张》，《近代史研究》，2016年第5期。

[2] 参见金仕起《论病以及国：周秦汉唐方技与国政关系的一个分析》，台北：台湾大学历史学研究所博士论文，2003，页1—17。

[3] 参见杨儒宾《儒家身体观》，台北："中央研究院"文哲所，1996，页9—25、27—83。

[4] 参见黄俊杰《东亚儒学：经典与诠释的辩证》，台北：台湾大学出版中心，2007，页190—210。

[5] 详可参刘芝庆《修身与治国——从先秦诸子到西汉前期身体政治论的嬗变》，台北：花木兰文化出版社，2015，第一章。

将病夫冠于中国人头上,除梁启超之外,还有许多舆论都开始呼应这种讲法。谭嗣同比较中西人种,中国人之体貌,愈见猥鄙,又更萎靡,或瘠而黄,或肥而弛,实在差劲;蔡锷认为八股文、鸦片残害中国人身体,以至于连体格体力足够为兵者,都不可求,而且不只是男子而已,缠足之风,更是祸患妇女。[1] 这种男女生下的孩子,自然毫无生气。胡适在1906年发表的《敬告中国的女子》也说:"一个人对于爷娘生出来的好身体,正该去留心保护他,切莫使他有一点的坏处,这才是正大的道理。为什么反要去把一双好好的脚,包裹得紧紧的,使他坐立不稳血脉不行呢? 列位要晓得一个人全靠那周身的血脉流通,方才能够使得身体强壮,那血脉若不行,自然身体一日弱似一日,那气力也便一些都没有了。若是那些身体强壮的,也还可以勉强支持,倘是那些身体素来不大强壮的女子,受了这种苦处,那身体便格外羸弱,到后来生男育女的时候,因为他的身体不好,那乳水便一定不多的。原来人家小孩子的身体气魄,都和他们爷娘的身体气魄很有关系,这些身体软弱的爷娘,怎么还能够养出身体强壮的儿女呢? 所以中国人的身体,总和病人一般的,奄奄无生气,难怪外国人都叫我们是病夫国呵!"[2] 总言之,中国之所以国力不如人,许多事不如人,内忧外患,其关键之一,由国观人,"病夫国",是中国人自己的身体问题。

反过来讲,病夫而成病国,治疗需先抓住病症,病症就在身体,则强国就须强种,但该如何强种呢? 知识分子们看法各有不同,彼此间或也可能充满矛盾。

谭嗣同相信人的身体是可以进化的:"又使人满至于极尽,即不用一物,而地球上骈肩重足犹不足以容,又必进思一法,如今之电学,能无线传力传热,能照见筋骨肝肺,又能测验脑气体用,久之必能去其重质,留其轻质,损其体魄,益其灵魂,兼讲进种之学,使一代胜于一代,万化而不已;必别生种人,纯用智,不用力,纯有灵魂,不有体魄。犹太古初生,先有蠢物,后有灵物;物既日趋于灵,

---

[1] 参见杨瑞松《想象与民族耻辱》,《病夫、黄祸与睡狮:"西方"视野的中国形象与近代中国国族论述想象》,页43—49。

[2] 北京师联教育科学研究所编:《胡适教育独立思想与教育论著选读》,北京:中国环境科学出版社,2006,页17。

然后集众灵物之灵而为人。今人灵于古人，人既日趋于灵，亦必集众灵人之灵，而化为纯用智纯用灵魂之人。可以住水，可以住火，可以住风，可以住空气，可以飞行往来于诸星诸日，虽地球全毁，无所损害，复何不能容之有？"[1] 谭嗣同虽非专指中国人，但上节已说他认为中西身体不同，中国人体质较差，则中国人更需按规划，在进化的路程上努力进化，迎头赶上，将来殊途同归，不分中西，则是势所必至，理所当然了。

严复也批评："盖一国之事，同于人身。今夫人身，逸则弱，劳则强者，固常理也。"中国的传统教育，本来也重视此理，先秦时期，庠序校塾，不忘武事，壶勺之仪，射御之教，都是练民筋骸，鼓民血气的代表，所以孔孟就非文弱书生，甚有魁梧之气，至此之后，愈来愈重文不重武，重柔让之教，轻视手足活力，于是体不健身不壮，形魄孱弱，阳刚之气少，而八股文封锢士人心灵，导致身心俱劣，鸦片缠足更是毁坏中国人身体："故中国礼俗，其贻害民力而坐令其种日偷者，由法制学问之大，以至于饮食居处之微，几于指不胜指。而沿习至深，害效最著者，莫若吸食鸦片、女子缠足二事，此中国朝野诸公所谓至难变者也。"[2] 国家富强，人民富足，原因往往有三个："盖生民之大要三，而强弱存亡莫不视此：一曰血气体力之强，二曰聪明智虑之强，三曰德行仁义之强。"[3] 所以他主张鼓民力，开民智，新民德。

但是，也有人从不同角度看问题，就鲁迅来讲，他则认为要从精神上入手，要推广文艺，否则体格再强壮也无用，更何况中国人体质已先天不如人，文艺再不加强，情况会更糟：

> 因为从那一回以后，我便觉得医学并非一件紧要事，凡是愚弱的国民，即使体格如何健全，如何茁壮，也只能做毫无意义的示众的材料和看客，病死多少是

---

1 谭嗣同：《仁学》，北京：华夏出版社，2002，页158。
2 严复：《原强修订稿》，《严复集》，北京：中华书局，1986，页29。
3 严复：《原强修订稿》，《严复集》，页27—28。

不必以为不幸的。所以我们的第一要著,是在改变他们的精神,而善于改变精神的是,我那时以为当然要推文艺,于是想提倡文艺运动了。

鲁迅在《呐喊》的自序中,先以梦为比喻,以吃药与医疗作中介,希望借此能挽回国运,改变中国人。但他终于认识到,这样是不够的,医学可以救人,终究非第一要紧事,所以他弃医从文。[1]但是鲁迅的说法也并非说强壮的身体不重要,而是说文武皆备,中国真正要挽回劣势,寻求富强,身体与心灵都是必要的,缺一不可。更何况《呐喊》毕竟是20世纪20年代的观点,跟本文所谓的清末民初的时限,仍有段距离,因此改造身体,就成了那个时代迫切要思考的问题。

三、进化与美善:近代以来的身体修身观

从上述的思潮中,我们发现,中国人的身体,如果是中国积弱不振的源头之一,那改善身体,就成了一个必须面对的问题。类似的言论颇多,本文就以廖平与康有为对未来世界的规划为例,说明两位学者,如何回应时代,又如何提出想象的解决之道。

同样是学医,相较于精神与文艺,廖平则是在他的经学世界中,认为经学既足以救人,也可以救世,可以是精神的丰饶,当然也可以是身体的进化改善,止于至善,所以在他的解经世界里,他更努力学医,以医学来改造人体。

对于廖平的研究,学者多关注廖平的经学发展,回顾廖平的学思历程,故有经学六变之说。由一、二变的平分今古与尊今抑古,到三变以后的皇帝王伯、小统大统、天学人学等等,其论愈见恢奇怪诞。况且,廖平自从经学三变,他的

---

[1] 值得注意的是,辛亥革命后到"五四"前,知识分子对于"人"的内涵,突出自我,生命至上,奉行个人主义,这与20世纪所强调的概念颇有不同。可见袁洪亮《中国近代人学思想史》,第五章第一节。用王汎森的话来讲,就是从"新民"到"新人"的转变,王汎森,《从"新民"到"新人"——近代中国中的"自我"与"政治"》,《思想是生活的一种方式:中国近代思想史的再思考》,台北:联经出版事业公司,2017,页53—90。

论述已不再是今古文经义的解释,而是道通多方,牵引释、道、医、方技等范畴,廖平的弟子蒙文通就说:"廖师大小统以后之说,多推于方技术数,援纬候、医学、阴阳家以立义。"对此,章太炎也说:"君之学凡六变,其后三变杂梵书及医经刑法诸家,往往出儒术外。"[1]

顺着这样的线索,许多学者探究三变以后的经学发展,就不限于经学本身,更是旁涉其他,并予以细化的分析。[2] 而廖平自经学三变以后,开始钻研并著述老、庄、尸、命理、地理与医学。特别是热衷医理,值得我们注意,因为廖平既不行医也不执业,他论医乃基于理论兴趣,故所述重在阐述医理,而非实际治病。除此之外,更是呼应当时社会思潮,希望借此改善中国人的身体、体质,挽回日渐颓丧的国势,并且拯救中国人的自信心,使其脱离"东亚病夫"之类的讥讽。[3]

我们回到廖平的经学世界。其实从经学四变开始,廖平说法又有变化,"身体"的重要性开始凸显。首先,他是将《诗》《易》分属天学,为周游六漠,魂梦飞身,遨于六合之外,皇帝王霸则全属人学。原本以皇帝王霸配《诗》《易》《尚书》《春秋》,如今只配《尚书》《春秋》,[4] 至于《老》《庄》等书,亦随着《诗》《易》而"升级"。《四变记》就说:

---

[1] 蒙文通:《井研廖师与汉代今古文学》,收于廖幼平编《廖季平先生年谱》,成都:巴蜀书社,1982,页153。章太炎:《清故龙安府学教授廖君墓志铭》,收于廖幼平编《廖季平先生年谱》,页94。

[2] 关于廖平经学三、四、五变的起讫时间,学界尚有分歧。但不管如何,经学三变显然是一个关键期,因此本文的研究,并不在考证分期时限,而是在说明廖平经学三变以后的思想内涵。关于廖平经学的分期问题,可参刘芝庆《廖平的经学与道教》,《经世与安身:中国近世思想史论衡》,台北:万卷楼图书公司,2017。

[3] 更进一步来讲,这些医论之作,当可与廖平论老庄堪舆命理等书并观。因此不管是以《老》《庄》《楚辞》释经,建构天学,还是以《素问》《灵枢》为修身之最高等,又或是以《黄帝内经》的五运六气解《诗》《易》等等,从三变到六变,廖平都企图将道家道教之学收摄到经学中。此时所谓的经学,就廖平来讲,其目的仍在于通经致用,不将经书视为客观研究对象,转而研究生活世界意义的来源,考古是为了用今。论六合之外、讲白日飞升、说长生服气,此等道术之说,显然深刻影响廖平经学三变以后的论点。可见刘芝庆《廖平的经学与道教》,《经世与安身:中国近世思想史论衡》,页275—292。

[4] 参见陈文豪《廖平经学思想研究》,台北:文津出版社,1995,页191、194。

今故以经传为主，详考"至人""神人""化人""真人""神人""大德""至诚""大人"，以为皇天名号，而以《灵枢》、《素问》、道家之说辅之，以见圣人人帝之外，尚有天皇，此"天人学"之所分也。

周游六漠，魂梦飞身，以今日时势言之，诚为力所不至。然以今日之民，视草昧之初，不过数千万年，道德风俗，灵魂体魄，已非昔比。若再加数千年，精进改良，各科学继以昌明，所谓长寿服气，不衣不食，其进步固可按程而计也。近人据佛理言人民进化，将来必可至轻身飞举，众生皆佛。[1]

廖平怎么以"《灵枢》、《素问》、道家之说辅之"呢？他认为《灵枢》《素问》里的"黄帝"当为"皇帝"，"岐伯"当为"二伯"，为治"皇帝学"之专书。其中又可分为天学人学、治天下、治病三门，治天下者为"帝学"；言天道人身应天地者，则为"皇学"；医学专书则是入"艺术"。而医书中屡屡言及"道"，廖平认为这就是求道，亦即孔子之道，是以身比天地，因修身以存道，相较于《容经》为普通修身、《洪范五行传》为仕宦修身，《灵枢》《素问》可谓最高等的修身，为《中庸》（属天学）"至诚"的基础，其后渐序进展，再加上科学发达，"近人据佛理言人民进化，将来必可至轻身飞举，众生皆佛"。此外，《楚辞》《山海经》《老》《庄》《列》《穆天子传》等书，或言地理，以地球为齐州，或言形神俱融、辟谷飞升之事，又或是佛教说世界进化，众生皆佛，而佛又出于道，诸书皆尽属天学之列。[2]

值得注意的是，在经学四变中，人的身体是需要修身的，而修身又有等级之分，如普通修身、仕宦修身之类，修身也非精神内涵上的调养而已，而是真的与身体有关，修身是内外兼具发之于内，显之于外。到了最后，科学发达，医学昌明，人的身体经过进化之后，可以改善原本的缺憾，可以长寿，甚至不衣不食，精神飞举，就像神明佛祖一样。廖平经学四变的时间，各家学者认定虽不同，但起

---

[1] 廖平：《四益馆经学四变记》，收于李耀仙编《廖平选集》（上册），成都：巴蜀书社，1998，页553—554。

[2] 参见廖平《四益馆经学四变记》，收于李耀仙编《廖平选集》（上册），页554—557。

始点都是在 20 世纪初，这与我们前面所提到的社会思潮、舆论走向，是相当一致的。[1]

但是，要改变身体，特别是中国人的身体，除经学之外，廖平异于他人之处在于将医术与经学结合。他之所以研究医术，也是因为他渐渐意识到，不管是由人企天，还是人学为天学、为世界进化之本，人的"身"（形）都是基础。廖平在《〈内经〉平脉考》注曰："太初之无，谓之道也；太极未形，物得以生，谓之德也；未形德者有分，且然无间，谓之命也；此命流动生物，物成生理，谓之形也；形体保神，各有所仪，谓之性也。是以血气精神，奉于一形之生，周于形体所仪之性，亦周有分无间之命，故命分流动成形体，保神为性，形性久居为生者，皆血气之所奉也。"这段话与《庄子·天地》"泰初有无，无有无名，一之所起，有一而未形。物得以生，谓之德；未形者有分，且然无间，谓之命；留动而生物，物成生理，谓之形；形体保神，各有仪则，谓之性。性修反德，德至同于初"[2]，颇为类似，廖平显然是有所本。此处廖平基本上是融用庄子文句与一部分的文意来注解《内经》，但重点又有不同，庄子主要在说明人必须性修返德的复初功夫，然后与天地为合，同乎大顺；廖平此处却强调血气精神与形性的关系，以呼应注解《内经》文句："人之血气精神者，所以奉于生而周于性命者也。"就廖平看来，重"生"重"性命"，就不能不重视其所居存的"形"，如此才能进一步谈脉象变化。形体，是血气精神之所聚，也唯有先立此基础，求之于身，才可能从人学发展到天学，从神游到脱壳飞升的形游。如此发展，既不可躐等，更不会一蹴可及。

而中国人自幼耳濡目染，对天人之学的经典，本就不隔，再加上语言的亲切与方便，当然更容易改善身体，强化体魄，远离病夫行列。所在相关医书著作的辑补疏证中，廖平在 1912 年著成《人寸诊比类篇》《古今诊皮篇》之后（此时约

---

[1] 廖平经学三变之后，其说之所以愈见恢奇怪诞，并非全从经学一、二变中的解经衍绎而出，而是他在借由接触道术，乃至于佛教的过程中渐受影响所致。详可参刘芝庆《廖平的经学与道教》，《经世与安身：中国近世思想史论衡》。
[2] 廖平：《〈内经〉平脉考》，《廖平医书合辑》，天津：天津科学技术出版社，2010，页1462。郭庆藩：《庄子集释》，北京：中华书局，2004，页 424。

属经学三、四变之间），便开始致力医学，不但有治病的考虑，同样也有阐释自身理论，建构大统或天学的需要。因为前者属人事，后者则是天道，然后再搭配《大学》《中庸》等书，绾合了他由人学到天学的理路进程——更重要的是，他要改造国人体质。他自署楹联"燮理阴阳，初谙人寸；扫除关尺，进以皮肤"，便可见此理。[1] 因此廖平《古今诊皮名词序》指出"尺"，应当作"皮"，"尺之为文与皮字之形相似"。[2] 诊尺即是诊皮，尺肤就是皮肤，于是集汇诊皮者为一门，并进而提倡"五诊法"："《诊皮》末附以《五诊法》，《经》每以皮（腠理）、络（一作肉分）、经（三部九候诊经脉）、筋（有经筋篇）、骨（筋骨亦作脏府）以浅深层次，分属脏府，及邪风传移，最关紧要，今别汇为一门，名曰《五诊法》。"[3] 这些都是就实际的人体治疗来讲的。《诊络篇补证》则是解释经脉与络脉之异及其相关主病治法，例如廖平解释《灵枢·血络篇》的题旨，就说"络为轻病，其络有淤血，可以目见，以瓷锋或针刺出恶血，则病自愈，故以血络名篇"[4]，又说《内经》结脉，乃指络脉，而非经脉。[5] 辨别经络脉，重在阐述辨析，但以针刺出恶血，就是在讲具体医法。《诊骨篇补证》则是注述骨节大小、长短与广窄，然后定其脉度，"故曰骨为干，脉为营，如藤蔓之营附于木干也"[6]，并以图文并列方式，附录《周身名位骨》以证之。[7]《药治通义辑要》，更说病有新旧，故疗法亦有不同，用膏、药酒、汤、煎、丸等等，各有特性，"邪在毫毛，宜服膏及以摩之，不疗，廿日入于孙脉，宜服药酒……不疗，六十日传入经脉，宜服散……"[8] 如此种种，都可视为"人学"的一环，是专为阐述医理与治疾病理而作，既是医学专书，当然就注重人体，阐述医理更是为了要治病，而要探究人体疾患，改善病夫体质，就更必须分

1　参见张远东、熊泽文编著《廖平先生年谱长编》，上海：上海书店出版社，2016，页205。
2　廖平：《古今诊皮名词序》，《廖平医书合辑》，页95。
3　廖平：《古今诊皮名词序》，《廖平医书合辑》，页96。
4　廖平：《诊络篇补证》，《廖平医书合辑》，页190。
5　参见廖平《诊络篇补证》，《廖平医书合辑》，页199。
6　廖平：《诊络篇补证》，《廖平医书合辑》，页417。
7　参见廖平《周身名位骨》，《廖平医书合辑》，页426—442。
8　廖平：《药治通义辑要》，《廖平医书合辑》，页1002。

析医理，两者是不可分的。

不只如此，廖平对医学的研究，更触及了筋肉、骨髓、伤寒、时方、经方、温病，他对骨骼辩证、释骨，从周身名位骨来谈筋脉和同、骨髓坚固、气血皆顺的问题，所以才有此类的说法："肾属水，肾藏精，骨藏髓，精髓同类，故肾合骨。发为经血之余，精髓充满，其发必荣，故荣在发。水受土之制，故肾以脾为主。"[1] 治国医人，皆该由此而观，他甚至认为这是经学，是孔门大道，所以更要遵从，"《灵》《素》全出孔门，以人合天，大而九野十二水，为平天下大法；小而毛发支络为治一身支疾病"，"治国医人，皆所合通者……收五行以归经学……治法可以重光，于医学中扫除荒芜，自有澄清之望"[2]。

而在改善身体的过程中，廖平又引入进化的观念："精进改良，各科学继以昌明，所谓长寿服气，不衣不食，其进步固可按程而计也。"关于进化论或是演化论，王汎森就指出，在近代中国思潮中，许多学者常常把历史发展视为进步的，有意志的。这种导向某一个目标，持续向上，止于至善的"线性历史观"，谈演化，述公例，说古今，在进化的过程中，确定自己的定位与方向，正是晚清以来的普遍做法。[3]

廖平谈进化，除加进身体改善的因素之外，更多添了理想性：美善的未来世界。在他的规划中，从人学到天学，天学又以人道为基础，其后神游形游，遨于六合之外，众生成佛，辟谷飞升，人人皆为至人。

> 天学以人道为基础，世界进化资格以禽兽、野人、庶人、士大夫、君子、诸侯、天子，分八等。今日中国孔教开化二千年，可谓由庶人以进士。海外其高者，则常在庶人之域。以时局言，又为一大战国，所谓处士横议，诸侯放恣之世界。必数千百年地球共推数大国为主，然后为帝局，全球人民略有人士之程度。又数百年

---

[1] 廖平：《骨髓门》，《廖平医书合辑》，页422。
[2] 张远东、熊泽文编著：《廖平先生年谱长编》，页229。
[3] 参见王汎森《近代中国的线性历史观——以社会进化论为中心的讨论》，《近代中国的史家与史学》，香港：三联书店，2008，页50—108。

而后地球大一统,如秦始之并合而后为皇局,人民程度由士大夫以进天子,则更非数万年不能。然此为人皇尚书之学,至此始满其量,乃由人而企天,至其归极,人人有至人资格,释氏所谓众生皆佛……人人可以上天入地,同行同归……[1]

廖平在《伦理约编叙例》中,正是以此七等来谈进化资格。进化的公例,分别是禽兽、野人、庶人、士大夫、君子、诸侯、天子,不过七等[2],至人为最后一种,故有八等。而地球大一统,人民程度由士大夫进步到天子,但尚非至善,只是"人皇尚书之学,至此始满其量",要到了人人有至人资格,至其归极,人人可以上天入地,同行同归才算是圆满境界。

这就是廖平理想中的未来,因为身体的改造,促成了社会的真善美,这种规划,充斥着浓厚的人文美学,是纯朴与文明至极的进化社会,廖平就说:"文明与纯朴,皆尽其长,乃为尽善尽美。经传古说兼存二义,相反相成,各有妙理。……不知即纯朴一事,古来犹杂满野,必后世之皇帝一统大同,文明与纯朴皆尽,乃真所谓纯朴。则亦未尝不后人胜于前人。"[3] 所谓的纯朴,并非文明的对立,而是两者皆尽,止于至善,充满了美感与道德、科技与进化的大同一统。

除了廖平,康有为也是将身体纳入进化想象中的重要人物。关于康、廖思想的关系,多有纠葛,模仿之处,亦复不少,因非本文主旨,故不处理这个问题。[4]《大同书》是理解康有为思想的重要著作,成书年代大概是 19 世纪末 20 世纪初期左右,正如汪荣祖所言,大同是康有为三世说不可分割的一部分,《大同书》虽晚出,但绝不能证明康有为大同思想也晚出。[5]

---

1 廖平:《庄子叙意》,严灵峰编《无求备斋庄子集成初编》,台北:艺文印书馆,1972,页 8—9。
2 参见廖平《孔经哲学发微》,收入李耀仙编《廖平选集》(上册),页 325—327。
3 参见廖平《知圣续篇》,收入李耀仙编《廖平选集》(上册),页 268—269。
4 康、廖二人的学术渊源与抄袭问题,可参刘芝庆《论康有为与廖平二人学术思想的关系——从〈广艺舟双楫〉谈起》,《经世与安身:中国近世思想史论衡》。
5 关于《大同书》确切的出版与形成年代,详见朱维铮《导言》,收于康有为著、朱维铮编校《康有为大同论二种》,上海:中西书局,2012。汪荣祖:《康有为》,台北:东大图书公司,1998,页 117—118。

学界论大同理想者甚多，本文略人所详，直接指出，康有为认为大同世界的来临，源自人类形状体格相同："夫欲合人类于平等大同，必自人类之形状、体格相同始，苟形状、体格既不同，则礼节、事业、亲爱自不能同。夫欲合形状、体格绝不同而变之使同。"[1] 要怎样改变人种呢？就从男女交合，改善基因做起。

　　他认为白种人与黄种人较好，前者又胜于后者。黑、棕种人就很差了，黑种人铁面银牙，至蠢极愚，左观右看，前视后睹，似猪若牛，蠢如羊豕，若要以黑种人直接交配白种人，鲜花插在牛粪上，蛤蟆是不可能变成西施的，也是人情所不愿。棕种人比黑人优些，但五十步笑百步，也不会太好到哪去："目光黯然，面色昧然，神疲气茶，性懒心愚，耗矣微哉，几与黑人近矣！然头尚端正，下颏不出，则脑质非极下也……"[2]

　　因此要改善黑种人，可采迁地、杂婚、饮食习惯、沙汰去芜等方法："故欲致诸种人于大同，首在迁地而居之，次在杂婚而化之，末在饮食运动以养之，三者行而种人不化，种界不除，大同不致者，未之有也。当千数百年，黄人既与白人化为一矣，棕、黑人之淘汰变化，余亦无多。如大同之世，行沙汰恶种之方，奖励迁地杂婚之法，则致大同亦易易也。"[3] 棕种人较好些，同样迁其地，改其食，然后通婚，先变为黄人，再变为白人，循序渐进，为时未晚，不像黑人，天生差劣，问题重重，比较难救。

　　至于最为康有为关注的黄种人，特别是中国人，"白种之强固居优胜，而黄种之多而且智，只有合同而化，亦万无可灭之理"，"凡日食用煎牛肉半生熟、血尚红滴者，行之数月，面即如涂脂矣。若多行太阳之中，挹受日光，游居通风之地，吸受空气，加以二三代合种之传，稍移南人于北地，更易山人于江滨，不过百年，黄种之人，皆渐为白色，加以通种，自能合化，故不待大同之成，黄人已尽为白人矣。是二种者已合为一色，无自辨别……"[4] 康有为对人种的判别，当然充

---

[1]　康有为著、朱维铮编校：《康有为大同论二种》，页148。
[2]　康有为著、朱维铮编校：《康有为大同论二种》，页145。
[3]　康有为著、朱维铮编校：《康有为大同论二种》，页151。
[4]　康有为著、朱维铮编校：《康有为大同论二种》，页145。

满偏见,同时也受欧洲中心主义以及地理气候决定论的影响。[1]但我们也必须指出,如果自然环境对人种有着强烈影响,康有为所做的,并非挑战自然,人与天斗,而是顺天应人,听天命,顺时势,用迁徙、调整习惯等方法重新适应自然,以符合进化原理。而这种改善,当然是从身体的改造而来:"故人类之色状、体格视乎饮食、起居、运动,而以传种为甚。而传种之故,因于地宜,积于天时之气候者也。"所以近热带者必黑,近冷带者必白,因此移转地方,势在必行,同时也会改变起居饮食等人伦日用,然后影响传宗接代,善种存,恶种去。"人种者,由地宜天时积成,则亦可迁地而移其形色也。若以棕黑之人迁之四五十度近海之地或三四十度陆地,积世易种,形色必变为黄人。""故欲致诸种人于大同,首在迁地而居之,次在杂婚而化之,末在饮食运动以养之,三者行而种人不化,种界不除,大同不致者,未之有也。当千数百年,黄人既与白人化为一矣,棕、黑人之淘汰变化,余亦无多。如大同之世,行沙汰恶种之方,奖励迁地杂婚之法,则致大同亦易易也。"[2]

从改造身体,变化人种,然后影响社会制度、国家体制。康有为以公羊三世说来对应,直接以"人类进化表"[3]称之:

表一　康有为人类进化表

据乱世	升平世	太平世
人类多分级	人类少级。	人类齐同无级。
有帝,有王,有君长,有言去君为叛逆。	无帝王、君长,改为民主统领,有言立帝王、君长为叛逆。	无帝王、君长,亦无统领,但有民举议员以为行政。罢还后为民。有言立统领者以为叛逆。

---

[1] 参见李广益《"黄种"与晚清中国的乌托邦想象》,《中国现代文学研究丛刊》,2014年第3期,页23—25。
[2] 康有为著、朱维铮编校:《康有为大同论二种》,页150—151。
[3] 康有为著、朱维铮编校:《康有为大同论二种》,页152—154。

续表一

据乱世	升平世	太平世
以世爵、贵族执政,有去名分爵级者,以为谬论。	无贵族执政,虽间存世爵、华族,不过空名,无政权,与齐民等。	无贵族、贱族之别,人人平等,世爵尽废。有言立贵族、世爵者,以为叛逆。
有爵,有官,殊异于平民。	无爵,有官,少异于平民,而罢官后为民。	民举为司事之人,满任后为民,不名为官。
官之等级较多。	官级稍少。	官级较少。
有天子、诸卿、大夫、士。	有同龄、大夫、士三等。	只有大夫、士二等。
有皇族,极贵而执权。	皇族虽未废而仅有空明,不执权。	无皇族。
有大僧,为法王、法师、法官。	削法王,犹为法师、法官、议员。	无大僧。
族分贵贱多级,仕宦有限制,贱族或不得仕宦。	虽有贵贱之族而渐平等,皆得仕宦。	无贵贱之族,皆为平民。
族分贵贱,职业各有限制,业不相通。	虽有贵贱之族,而职业无限,得相通。	职业平等,各视其才。
女子依与其夫,为其夫之私属,不得为平人。	女子虽不为夫之私属而无独立权,不得为公民、官吏,仍依与其夫。	女子有独立权,一切与男子无异。
一夫多妻,以男为主,一切听男子所为。	一夫一妻,仍以男为主,而妻从之。	男女平等,各有独立,以情好相合,而立和约,有期限,不名夫妇。
族分贵贱,多级数,不通婚姻。	族虽有贵贱而少级,婚姻渐通。	无贵贱之族,婚姻交通皆平等。
种有黄、白、棕、黑贵贱之殊。	棕、黑之种渐少,或化为黄,只有黄、白,略有贵贱而不甚殊异。	黄、白交合化而为一,无有贵贱。
黄、白、棕、黑之种,有智愚迥别之殊。	棕、黑之种渐少,或化而为黄,只有黄、白,略有智愚,而不甚悬绝。	诸种合一,并无智愚。
黄、白、棕、黑之体格、长短、强弱、美恶迥殊。	棕、黑之种渐少,或化为黄,只有黄、白,虽有长短、强弱、美恶而不甚悬绝。	诸种体格合一,皆长,皆强,皆美,平等不甚殊。

续表一

据乱世	升平世	太平世
黄、白、棕、黑之种不通婚姻。	棕、黑之种甚少,各种互通婚姻。	诸种合一无异,互通婚姻。
主国与属部人民贵贱迥殊。	主国与属部人民渐平等,不殊贵贱。	无主国属部,人民平等。
有买卖奴婢。	放免奴婢为良人,只有仆。	人民平等,无奴婢,亦无雇仆。

　　关于康有为与中国公羊学的关系过于复杂,本文限于篇幅,不能尽说,但康有为与董仲舒、何休等公羊学家的差异之一,是康有为把许多西方思潮与器物,诸如进化论、人种学、平等观等等,加入其中。[1] 但我们发现这种进化,其实就是以人种作为基础的,身体原来是世界秩序同归的关键。

　　当然,这样的大同世界,有节有度,有制有教,有序有规,有质有文,人文风俗,科学昌明,尽善尽美,既是技术的,也是道德的,同时更是美感的生活。在这个世界里,身体享有充分的器备礼具之乐:"居处之乐""舟车之乐""饮食之乐""衣服之乐""器用之乐""净香之乐""沐浴之乐""医视疾病之乐"大同之人,身上都是没有体毛的,所以六根清净,不藏污纳垢:"大同之世,自发至须眉皆尽剃除,五阴之毛皆尽剃落,惟鼻毛以御尘埃秽气,则略剪而留之。盖人之身,以洁为主,毛皆无用者也。凡鸟兽则纯毛,野蛮之人体亦多毛,文明之人剪发,太平之人,文明之至也,故一毛尽拔,六根清净。"这样的身体,当然是香净文明、完美的身体,所以那时最丑的人,都远比现在的美人好看:"故太平之世,人人皆色相端好,洁白如玉,香妙如兰,红润如桃,华美如花,光泽如镜,今世之美人尚不及太平世之丑人也。"[2] 除此之外,当然还有内化心灵的超越自由,"炼形神仙之乐""灵魂之乐":"于时人皆为长生之论,神仙之学大盛,于是中国抱

---

[1] 关于公羊学与康有为的关系,可见刘芝庆《论康有为与廖平二人学术思想的关系——从〈广艺舟双楫〉谈起》,《经世与安身:中国近世思想史论衡》。刘芝庆:《王道、经学与身体——重探董仲舒的春秋学》,收入本书。

[2] 康有为著、朱维铮编校:《康有为大同论二种》,页316。

朴、贞白丹丸之事，炼煞、制气、养精、出神、尸解、胎变之旧学，乃大光于天下。人至垂老，无不讲求，于是隐形、辟谷、飞升、游戏、耳通、目通、宿命通，亦必有人焉。若是者，可当大同之全运，或亦数千年而不绝益精也。"[1] 康有为还担心人人追求至极美善，没人工作，影响世界运行，所以还加上但书：有恩报恩，政府教养二十年，就必须工作二十年回报，四十岁之后，正式退休，求仙养形，御气尸解，乘光骑电，随心所欲而不逾矩，逍遥自适，悉随尊便。

四、改造现在，走向未来：修身的新定义

康有为、廖平二人的说法，当然不能代表全部思潮，或许该这样说，清末民初以来的思想家，对于身体的改造与进化，都有自己的方法，彼此承袭者有之，独特之处，也所在多有。本文并非专门讨论这些进化改造之道，而是以康、廖为例，来说明近代思潮中常被人忽略的"身体"因素。不管激进或保守，不论是世界的还是民族的，不分中学或西学，中国既然需要富强，回应世界，则这样的身体，就是需要进化改变的。因此，传统以来的"修身"，既修内心也养身体，虽然大原则不变，却是旧瓶装新酒，不论是从医术改造身体，还是从经学回归内在，又或是人种进化，白黄肤色，混同相合。这种新时代的修身观，既承继过往，又呼应现代，中国思想传统的现代诠释，反本而开新，看似复古，实则自己的话多，古人的话少。而在自处的文化脉络与存在境遇中，去努力，去追求，去寻找，真诚地思考时代的问题，解决社会的危机，替这个曾经辉煌如今看来却萎靡不振的大国量身定位，继往开来，建构乌托邦。[2]

这些修身观，其说虽愈见恢奇附会，空谈规划，拟测理境，但怪诞的另一面，其实就是救世之心，当又是源自他们的时代感受。从一个人到一个时代，从康、

---

[1] 康有为著，朱维铮编校，《康有为大同论二种》，页318。
[2] 回顾百余年间的世界思想史，追求理想国乌托邦的论著非常多，近代中国也是如此。可见萧公权著《康有为思想研究》，汪荣祖译，台北：联经出版事业公司，1988，页458—481。李广益：《"黄种"与晚清中国的乌托邦想象》，《中国现代文学研究丛刊》2014年第3期，页13—28。

廖到近世，从清末学说到民初思潮，跫音远去，我们仿佛看到了具体实在的生命主体，或沉思或浮躁，或偏激或狂傲，奔走道途，衣沾不足惜，但使愿无违，踽踽独行在这三千年未有之变局。

博学于诗
——论"胡适论黄遵宪"

一、前言

在中国近代文学史中,黄遵宪的诗歌理论颇受学界重视,学者多有研究。正如梁启超在《饮冰室诗话》所言,身处"过渡时代,必有革命"的环境,"革命者,当革其精神,非革其形式","能以旧风格含新意境,斯可以举革命之实矣"[1]。"革命"的定义是否准确,甚至是否必要,或可再论,但梁启超称赞黄遵宪的话,或说"能镕铸新理想以入旧风格",或说"公度之诗,独辟诗境"[2],都可以说是知人之言,而后世学者也往往将黄遵宪列入晚清"诗界革命"的重要作者之一。[3]

正因为如此,从胡适、周作人、钱锺书、钱仲联以来,乃至于当代学者,他们对于黄遵宪诗歌理论的解释,多以梁启超之语为重要参照,或从诗界革命谈起,如胡适、周作人等人,又或是兼以对照黄遵宪的文学作品,以加深对诗作的解读,

---

1 梁启超:《饮冰室诗话》,北京:人民文学出版社,1959,页51。
2 梁启超:《饮冰室诗话》,页2、24。
3 参见魏仲佑《黄遵宪与清末"诗界革命"》,台北:"国立"编译馆,1994,页307—308。左鹏军:《黄遵宪与岭南近代文学丛论》,广州:中山大学出版社,2007,页3、40—41。

借以了解黄遵宪的诗学主张的实践性等等。[1] 其中胡适在《五十年来中国之文学》与其他相关言论中,虽仍可见"用旧风格写极浅近的新意思"之类的评论[2],但他显然有自己的理路,不与梁启超等同。胡适要以白话文学(文学革命)的角度,来看近五十年中国文学的发展。因此从曾国藩的桐城古文开始,经过严复、林纾的翻译文章,梁启超、谭嗣同一派的议论文,章太炎的述学文、章士钊的政论文,再到近五十年来白话小说的发展,最后到了胡适、陈独秀等人的文学革命运动,才终于正式有意地主张白话文学,并以"活文学"称之,明确反对文言,并以"死文学"视之,这就是胡适认为的近代中国文学史。而黄遵宪身处其中,可以说是康、梁等"诗界革命"的代表人物,也就在这样的文学史脉络当中,胡适才屡屡以"俗话""民间文学""民间白话文学""山歌"的说法来标举黄遵宪的诗作。[3]

若把胡适与梁启超的评论相比较,两者其实颇有差异。就学术研究的角度而言,学者多标举梁启超的观点,以作辅证,或赞许其为知人之言,屡屡引文;相较之下,胡适的说法,虽也常被引用,但仍有许多争议,像是对"我手写我口"的解释、黄遵宪是否主张白话文学等等,后世学者看法多与胡适不同。梁启超与胡适评语的是非对错,学界讨论已多,也非本文关心所在,但我们要进一步指出,胡适作为一种"历史的"诠释,与黄遵宪"当时的"主张,存在着某种落差,这种落差,固然可说是出于胡适自身理路使然,也连带局限了黄遵宪的诗歌形象。但倒过来讲,经由"胡适论黄遵宪"的影响,反而更凸显了黄遵宪诗歌的一些侧面,让后人得以更深入了解其诗学世界。换句话说,胡适的看法是一个很好的立基点,不管是他的分析又或是他的影响,我们梳理这些看法,并试着再作调整,会发现这些论述其实提供我们更深入理解黄遵宪的可能。因此本文的研究,

---

[1] 相关的文献回顾,可参黄胜任《一百年来黄遵宪研究述评》,收于中国史学会、中国社会科学院近代史研究所编《黄遵宪研究新论:纪念黄遵宪逝世一百周年国际学术讨论会论文集》,北京:社会科学文献出版社,2007,页574—612。张堂锜:《黄遵宪的诗歌世界》,台北:文史哲出版社,2010,《序》。左鹏军:《黄遵宪与岭南近代文学丛论》,页133—150、162—163。

[2] 胡适:《五十年来中国之文学》,收于《胡适作品集(八)》,台北:远流出版公司,1994,页101。

[3] 胡适:《五十年来中国之文学》,收于《胡适作品集(八)》,页65—152。

即是以胡适的说法与相关讨论为出发点,再回到黄遵宪本身,分析他的诗歌理论,并参酌学界的研究,提出一些与当前学界或异或同的看法,以期能对黄遵宪的诗学理论研究,挖掘出更多的视野。

二、五十年来中国之文学——从"胡适论黄遵宪"谈起

胡适在《五十年来中国之文学》中,以白话／文言的角度分析五十年来中国文学的发展[1],在这个历史脉络中,文言由盛而衰,白话则反之。其中虽出现了许多重要的作者,企图挽狂澜于既倒,如章太炎,他是清代学术史的压阵大将,又是文学家,可以说是古文学五十年来的第一作家,而他的诗歌(韵文)更全是复古的文学,并且"还想恢复那'数极而迁,虽才士弗能以为美'的诗体"[2],话说如此,"但他的成绩只够替古文学做一个很光荣的下场,仍旧不能救古文学的必死之症"。[3] 章士钊也是一例,他虽有欧化的倾向,但也只是把古文变精密繁复而已,"使古文能勉强直接译西洋书而不用原意来重做古文,使古文能曲折达繁复的思想而不必用生吞活剥的外国文法"[4]。胡适又引罗家伦的评语,认为章士钊的政论文可说是集逻辑文学而大成,"政论的文章,到那个时候,趋于最完备的境界"[5]。

二章的古文功底,虽为上乘,但就胡适看来,他们因为个人学识与才力的关系,或许可以作出很好的古文,胡适就说章太炎的文章"所以能自成一家,也并非因为他模仿魏晋,只是因为他有学问做底子,有论理做骨格"[6],因而能有文学意味,是古文学里上品的文章。但历史的趋势与潮流是挡不住的,因为章士钊等

---

1 《五十年来中国之文学》作于 1922 年,是为《申报》五十周年纪念所作,故上溯至《申报》创刊的 1972 年。胡适:《五十年来中国之文学》,收于《胡适作品集(八)》,页 150。
2 胡适:《五十年来中国之文学》,收于《胡适作品集(八)》,页 110。
3 胡适:《五十年来中国之文学》,收于《胡适作品集(八)》,页 108。
4 胡适:《五十年来中国之文学》,收于《胡适作品集(八)》,页 113。
5 此为胡适引罗家伦语。胡适:《五十年来中国之文学》,收于《胡适作品集(八)》,页 115。
6 胡适:《五十年来中国之文学》,收于《胡适作品集(八)》,页 107。

人的文章，是刻意修饰，是谨严的，是逻辑的，是掉书袋的，"做的人非常卖气力；读的人也须十分用气力，方才读得懂。因此，这种文章的读者仍旧只限于极少数的人"[1]，所以古文终究是死文学，无法普及。反之，白话文学终将到来，毕竟白话才是真正的活文学，是人人可读可用的语文，而胡适、陈独秀等人大力提倡白话文学，攻击古文文言，他们登高而招，顺风而呼，在历史风潮中乘势前进，带领新文学风潮，正是文学革命的关键点。[2]

相较于胡适等人之外的人物，或也谈民间文学，或也有意作新诗，但他们既未全力主张白话文学，也没有明确反对古文权威，更没有相对的环境，毕竟时机尚未到来，因此无法形成一股潮流，带动文学革命。[3]但也就在这样的进程中，这些人物虽然未竟全功，只是若以他们的主张与作品来看，他们对白话文学的发展，其实也作出了一些贡献，而黄遵宪就是其中的代表人物。[4]

胡适正是从这个角度来评价黄遵宪。他首先从康有为、梁启超谈起，指出康有为诗胜于文，但自从公车上书之后，他的文章也颇有势力。[5]只是论影响性，始终不及他的学生梁启超，梁启超笔锋常带情感，又能善用各种字句语调，不避排偶，不避长比，不避佛书名词，不避诗词典故，也不避日本输入的新名词，是以影响颇大。[6]而从康、梁为基础，再看其同道，这群人都颇有改革文学的志愿，

---

1 胡适：《五十年来中国之文学》，收于《胡适作品集（八）》，页115。

2 胡适：《五十年来中国之文学》，收于《胡适作品集（八）》，页136。此处所言，主要着眼于胡适对自身定位的看法，而非是对新文化运动，又或是"五四运动"的时限作考证。可参罗志田《再造文明的尝试：胡适传（1891—1929）》，北京：中华书局，2006，页119—120。至于"文学运动"与"五四运动""新文化运动"的定义与讨论，彼此关系为何，各家说法不同，可参周策纵《五四运动史（上）》，台北：桂冠图书公司，1989，页1—8。

3 陈独秀就认为白话文是应当时需要而产生，"适之等若在三十年前提倡白话文，只需章行严一篇文章便驳得烟消云散了"。陈独秀：《答适之》，收于胡适《胡适作品集（八）》，页33—34。

4 其实胡适早在留学时期，就已经注意到黄遵宪在近代文学中的特殊之处，他认为中国文学有三大病：无病呻吟、摹仿古人、言之无物，而近代中国诗界，"晚近惟黄公度可称健者，余人如陈三立、郑孝胥，皆言之无物者也"。胡适：《胡适留学日记（三）》，收于《胡适作品集（三十六）》，台北：远流出版公司，1986，页290—291。

5 胡适：《五十年来中国之文学》，收于《胡适作品集（八）》，页88。

6 胡适：《五十年来中国之文学》，收于《胡适作品集（八）》，页92—93。

但胡适认为他们不过就是把古文变得浅近，把应用的范围扩大，如此而已。至于在韵文方面，虽然也有诗界革命的主张，但多以新名词为重，终究不免失败，不过就在这群人之中，仍有人在诗界中绽放一些光彩，诗胜于文的康有为是一个，另一个就是黄遵宪，胡适说他"是一个有意作新诗的，故我们单举他来代表这一个时期"[1]。

胡适首先指出的是黄遵宪的《杂感》五首之二，特别说明"末六句竟是主张用俗话作诗了"[2]，末六句是：

> 我手写我口，古岂能拘牵。
> 即今流俗语，我若登简编。
> 五千年后人，惊为古斓斑。[3]

显然，胡适是以俗语的角度来解释"我手写我口"这段诗，所以他又谈了黄遵宪的《山歌》，誉为民歌的上品。接着他又指出黄遵宪少年时代受了本乡（芝庆按：黄遵宪出生于广东省嘉应州，即今梅州市）平民文学的影响，以至于屡有诗作：

> 他对于这种民间文学的兴趣，可以使我们推想他受他们的影响定必不少。故他在日本时，看见西京民间风俗……他就能赏识这种平民文学……他因此作为一篇《都踊歌》……[4]

也因为有了这层缘故，所以黄遵宪可以大胆提出"我手写我口"的主张，"我

---

1 胡适：《五十年来中国之文学》，收于《胡适作品集（八）》，页95。
2 胡适：《五十年来中国之文学》，收于《胡适作品集（八）》，页96。
3 黄遵宪：《人境庐诗草》，收于陈铮编《黄遵宪全集（上）》，北京：中华书局，2005，页75。
4 胡适：《五十年来中国之文学》，收于《胡适作品集（八）》，页97。

手"写的就是"我口"的白话语文，也正是平民流行最广的白话文学。[1] 因此不论他是"以古文家抑扬变化之法作古诗"[2]，还是运用新材料新思想来作新诗，或用旧风格写极浅近的新意思，都可以做到"通"——条理清楚，叙述分明。胡适认为黄遵宪诗歌的好处就是求通，求达意，求懂得。[3]

但是胡适的观点也引起了讨论，学者们质疑，"我手写我口"是否就是指白话？黄遵宪以俗语作诗，是否就是赏识，乃至于主张白话文学？增田涉就说：

> 然而在"文学革命"以前的晚清时候，就有了"我手写我口"这样的诗句，同时黄遵宪又写过数首"山歌"。这些"山歌"，为讲新文学史者所适当地巧妙地利用，于是黄遵宪便被目为白话诗的积极实践者，而被特别重视，在文学史也被强调了。此种观点由胡适始的，我们在他的《五十年来中国之文学》一书中，可以见到。

> ……现在一见原诗，在这"我手写我口"之后，即云"古岂能拘牵"，不拘古人的话，"自己想什么便写什么"，或者说，"即生有一张嘴巴便该写自己喜欢的话"之类的意味，因此，"写我口"之口，就不能断定说是"口语"的意思；其后续云"即今流俗语，我若登简编，五千年后人，惊为古斓斑"，虽说将"流俗语"，以"登简编"，但这流俗语，到底是不是口头语呢？一时既不能断定，却也不能就说他是在写白话诗了。……明白地说：黄遵宪虽说出了"我手写我口"，但他并没有积极地主张要写白话诗（消极的他认为在他的诗里无妨渗进一些流俗语，我们也可以肯定他的诗集，有时的确也渗进了一两句流俗语）……[4]

---

1 胡适：《五十年来中国之文学》，收于《胡适作品集（八）》，页97。胡适其实是把白话文、民间（平民）文学、俗语放在同一个层次来看，认为它们都是白话文学之一种。胡适：《白话文学史（上卷·唐以前）》，收于《胡适作品集（十九）》，台北：远流出版公司，1994，页10。

2 胡适：《五十年来中国之文学》，收于《胡适作品集（八）》，页99。

3 胡适：《五十年来中国之文学》，收于《胡适作品集（八）》，页100—101。

4 [日]增田涉：《关于黄遵宪》，刘纘英译，收于朱传誉编《黄遵宪传记资料》，台北：天一出版社，1981，页48。

增田涉指出胡适是在文学革命大致成功之后，为了该运动的推展，因此标举黄遵宪的诗句，刻意作了"历史性"的解读[1]，"《五十年来中国之文学》的刊行，是在'文学革命'运动成功之后，更非把'文学革命'推进不可的时候……所以虽只是'我手写我口'的片言只语，也有十分加以利用的价值，于是学者的胡适也就巧妙地加以利用了"[2]。增田涉的用意在指出，胡适的诠释与黄遵宪诗意有落差，这种落差也连带影响胡适对于黄遵宪诗学理论的观察。

对于诗的解读，钱锺书也有看法，他说：

> 学人每过信黄公度《杂感》第二首"我手写我口"一时快意大言，不省手指有巧拙习不习之殊，口齿有敏钝调不调之别，非信手写便能词达，信口说便能意宣也。且所谓"我"，亦正难与非"我"判分。[3]

钱锺书虽未明指胡适，但也无妨，因为深信"我手写我口"的"学人"中，胡适显然具有相当的代表性。从引文来看，"口"与"手"皆有灵敏迟钝不同，再者，胸中有字，手下无字，反之亦然，因此两相亦难配合。钱锺书认为要克服这样的问题，重点在于"思"与"学"不可偏废，要由学而思，或由思而学，学思必须并重，如此循环反复，以至于得心应手，"心生言立，言立文明，中间每须剥肤存液之功，方臻掇皮皆真之境"。这个时候，心中所想，才能宣之于口，才能信笔而书：

> 今日之性灵，适昔日学问之化而相忘，习惯以成自然者也。神来兴发，意得手随，洋洋只知写吾胸中之所有，沛然觉肺肝所流出，人己古新之界，盖超越而两

---

[1] 所谓的"历史性"解读，根据黄俊杰的看法，是指解读者身处时代的历史情境与历史记忆，以及其思想系统，都会影响解读者以自己的"历史性"进入文本的思想世界。黄俊杰所言，虽是指经典与解经者而言，但此处若延伸到解读者与文本的关系，实可互相发明。黄俊杰：《东亚儒学史的新视野》，台北：台湾大学出版中心，2006，页46—48。

[2] ［日］增田涉：《关于黄遵宪》，刘缜英译，收于朱传誉编《黄遵宪传记资料》，页48。

[3] 钱锺书：《谈艺录》，台北：书林出版公司，1988，页206。

忘之。[1]

钱锺书的看法,对本文颇有启发,详见下节。关于"我手写我口"的解释,增田涉是就黄遵宪诗意来看,而钱锺书则是从诗学理论来讲,他们都对以胡适为代表的解释不满意,但不管是胡适也好,增田涉与钱锺书也罢,他们针对"我手写我口"来作讨论,基本上都是认可这句诗(或是胡适讲的"末六句")的重要性。可是,《杂感》不过是黄遵宪二十一岁时的诗作[2],是否仍可视为他的重要主张?答案是可能的,因为在黄遵宪死后,他的弟弟黄遵楷为《人境庐诗草》题跋,就曾回忆其兄的诗歌理论:

> (黄遵宪)尝曰:"人各有面目,正不必与古人相同。吾欲以古文家抑扬变化之法作古诗,取《骚》《选》乐府歌行之神理入近体诗。其取材,以群经三史诸子百家及许、郑诸注为词赋家不常用者;其述事,以官书会典方言俗谚及古人未有之物、未辟之境,举吾耳目所亲历者,皆笔而书之。要不失为以我之手,写我之口云。"[3]

类似的说法,我们在黄遵宪的《人境庐诗草·自序》(以下简称《自序》)中也可看到,只是《自序》讲的是"要不失乎为我之诗"[4],但其实与"要不失为以我之手,写我之口"互通。若然如此,"我手写我口,古岂能拘牵"自可以视为黄遵宪诗学的重要特征之一,并非如钱锺书所言,是"一时快意大言"[5]。那么,顺

---

1 钱锺书:《谈艺录》,页206。
2 张堂锜:《黄遵宪的诗歌世界》,页247。
3 黄遵宪:《人境庐诗草》,收于陈铮编《黄遵宪全集(上)》,页69。
4 黄遵宪:《自序》,收于陈铮编《黄遵宪全集(上)》,页69。
5 钱仲联早年认为此句不过是黄遵宪少年兴到之语,不当作为定论,亦不能以此来解黄遵宪诗作,但后来改变说法:"在二十一岁所写的《杂感》诗里,就已主张'我手写我口',用通俗语言入诗,反对盲目尊古与模仿,在以后二十多年的创作实践中,他坚持了自己揭橥的原则。"钱仲联:《前言》,收于黄遵宪著、钱仲联笺注《人境庐诗草》,上海:上海古籍出版社,1999,页5。相关的讨论可参左鹏军《黄遵宪与岭南近代文学丛论》,页140—141。本文要指出的是,对于"我手写我口"的解

着黄遵宪的说法与钱锺书等人的提问,我们可以再思考之处,在于"我手"该如何与"我口"联结?心口如一,又如何可能?古与今的语文关系所牵涉的作诗之法,又是如何?黄遵宪怎么处理这些问题?黄遵楷引用其兄之语,但细观此言,黄遵宪先是提及诗法、取材、述事等等,最后才归纳为以我之手写我之口,前后观之,我们究竟该怎么看待这段话?更进一步来讲,这个说法要怎么融入黄遵宪的诗学理论?与其他主张的关系又是如何?上述种种,是否可能统摄到一个广泛的宗旨之中?

三、博学于诗:黄遵宪的诗歌理论

在这一节,我们将尝试回答上节末段所提出的疑问,并借由说明而重构黄遵宪的诗歌理论。对于这些疑问,我们不妨直接破题,然后再详细论述。我认为,上述所提及的种种主张,皆可归纳于一种宗旨之中,而这个宗旨正是黄遵宪一以贯之,始终持续努力达成的目标,也是黄遵宪为学的重要特征:"博学",反映在诗作上,就是"博学于诗"[1]。

而前述钱锺书所言,亦极具洞见。套用钱锺书的观念来讲,不管是《杂感》讲的我口我手,还是古文与今言[2],两者若要融会贯通,都必须面对"思"与"学"的问题,而黄遵宪之所以强调博学,显然就是就这方面来讲的。

黄遵宪有多重视博学呢?在他与石川英(字君华,号鸿斋,1833—1918)的笔谈中,黄遵宪谈到龟谷行(字子藏,号省轩,1838—1913)[3]的博学才识,对其多

释,并非是如胡适所说的白话文学,而在黄遵宪的诗学论述中,"我手写我口"必须归融到一个完整系统的框架中来理解。更进一步来讲,"要不失乎为我之诗"与"要不失为以我之手,写我之口",两者其实是互通的,是同个意思的不同说法而已,详见第三节。

[1] 在黄遵宪的著作中,并未明确提到"博学于诗"一词,但他的许多言论显然都有这个意思,有关博学的言论也非常多,而这些说法都常被他归结于作诗之道。因此为了论述上的方便,本文采用"博学于诗"的说法,以概其余。

[2] "古文与今言,旷若设疆圉。"黄遵宪:《人境庐诗草》,收于陈铮编《黄遵宪全集(上)》,页75。

[3] 关于石川英、龟谷行与黄遵宪的交往记录,可参蒋英豪编著《黄遵宪师友记》,香港:香港中文大学出版社,2002,页49、165。

所赞赏:

> 鸿斋:敝国作诗文(者),有一病,曰不多读书也。今以诗文为家者,恐不读千卷之书。为龟氏多读书而能诗文,其比亦少矣。
>
> 公度:仆之蓄于胸中未告人者,曰日本人之弊,一曰不读书,一曰器小,一曰气弱,一曰字冗,是皆通患,悉除之,则善矣。[1]

石川英以龟谷行为例,强调多读书对于诗文的重要性,黄遵宪非常同意这个说法,然后更进一步指出日人作诗文的其他缺点。此外又与宫岛诚一郎(字栗香,1838—1911)谈及山田蠖堂(1803—1861)的《蠖堂诗稿》:"笔气甚好,唯稍疏耳,质甚美而学未足。气多甚好,唯此气未经陶炼耳。"[2] 黄遵宪认为蠖堂诗笔气甚好,但仍需陶冶磨炼,故曰:"质甚美而学未足"。由此可见,"学",始终是黄遵宪关注的焦点。

但正如黄遵宪与石川英所言,要作好诗文,不能只有学,还要博学,要多读书。黄遵宪一再以这个角度来评价人物:

> 士生古人之后,欲于古人范围之外成一家言,固甚难;即求其无剿说、无雷同者,吾见亦罕,今读刘甑庵先生《盆瓴诗集》,其殆庶乎。先生于学无所不窥,其于诗也,深嗜笃好,朝夕吟诵而不辍,积书稿至尺许。[3]

> ……有妻曰黎玉贞,著有《柏香楼诗文集》三卷,志称其博通经史,诗文高洁,无闺阁气,因序此集,而并志之,以劝勉客人焉。[4]

---

[1] 郑子瑜、石藤惠秀编:《己卯笔话》,收于陈铮编《黄遵宪全集(上)》,页690。
[2] 《光绪五年闰三月十七日(1879年5月7日)笔谈》,收于陈铮编《黄遵宪全集(上)》,页739。
[3] 黄遵宪:《刘甑庵〈盆瓴诗集〉序》,收于陈铮编《黄遵宪全集(上)》,页283。
[4] 黄遵宪:《〈古香阁诗集〉序》,收于陈铮编《黄遵宪全集(上)》,页286。

黄遵宪称赞他们的诗作,"于学无所不窥""博通经史"等等,显然是其中的关键。为何要这么注重博学呢? 因为唯有先借由博学才能通达,才能有自己独特的特色(诗文高洁,无闺阁气),才能不受古人所限,说自己的话(欲于古人范围之外成一家言)。这也是黄遵宪与龟谷行谈到的:

> 诗之纤靡,一由于性,一由于习,习之弊又深于性。欲挽救之,仍不外老生常谈,曰多读书,以广其识,以壮其气。[1]

多读书,正是诗作的基础。而博学也正是黄遵宪的特色,很多人就是以这个角度来看他的,康有为就说黄遵宪"好学若性,不假师友,自能博群书,工诗文,善著述"[2]。洪士伟说:"公度先生,岭南名下士也,情挚而品端,才赡而学博。"[3] 胡先骕则是认为:"黄氏本邃于旧学,其才气横溢,语有足多者。"[4] 周作人也说:"不过讲到诗的问题,我是个外行,我所以佩服他的,还因为他的学问与见识。"[5] 王韬则是针对《日本杂事诗》来讲,"叙述方土,记载方言,错综事迹,感慨古今","而采据浩博,搜辑详明,方诸古人,实未多让"[6],也是赞叹黄遵宪诗作及其注释的广博德方。从这个角度来看,不论是黄遵宪在《人境庐诗草》的《自序》,又或是上节黄遵楷的引语,都指出黄自己是经史子集"皆采取而假借之",这是"其取材也";会典方言俗谚"皆笔而书之",这是"其述事也";曹、鲍、陶、

---

1 郑子瑜、石藤惠秀编:《己卯笔话》,收于陈铮编《黄遵宪全集(上)》,页694。
2 康有为:《康有为序》,收于陈铮编《黄遵宪全集(上)》,页67。
3 洪士伟:《洪士伟序》,收于陈铮编《黄遵宪全集(上)》,页3。洪士伟:《洪士伟序》,收于陈铮编《黄遵宪全集(上)》,页3。
4 胡先骕:《评胡适〈五十年来中国之文学〉》,《学衡》第18期,1923年6月,收于学衡编辑委会员《学衡》,台北:学生书局,1971,页2485。
5 左鹏军认为周作人说自己不懂诗,只是自谦,而他对黄遵宪的诗作亦多有评论。左鹏军:《黄遵宪与岭南近代文学丛论》,页154—155。
6 王韬:《王韬序》,收于陈铮编《黄遵宪全集(上)》,页5。

谢、李，乃至到晚近小家等诗人，不名一格，不专一体，都可融会而用，"其炼格也"[1]。此处所言，虽是就取材、述事、炼格来讲，但所说事物无一不从读书而出，更进一步来讲，要做到这样的标准，"多读书"正是关键。[2]

但博学不只是读书而已，在黄遵宪的看法里，更包括了涉世与游历。前者是人生阅历的成长，随着处世而渐增；后者是增广见闻，借由游学而了解社会文化。《自序》所讲的"其述事也……以及古人未有之物，未开之境，耳目所历，皆笔而书之"[3]，《〈北游诗草〉序》所赞扬的"……阅历其地，一一赋诗咏之……其诗雄健磊落，写物状，纪风土，无一徒作者，使读者如身游其地，目击其状……"[4]，都可以视为"博学"的要素：

> 鸿斋：……仆一游贵邦，将经名山大川，养其胸中郁闷之气，然则如仆拙恶，诗文亦自有所见乎？
>
> 公度：……然核其理，则太史公所谓游名大川以状其气也，此理自不可诬。……须得如阁下多读书之人，倡为其说，一以昌明博大为宗，则后进亦未可量也。[5]

游名山大川而壮大其气，乃可以昌明博大为宗，对照前引黄遵宪语"日本人之弊……一曰器小，一曰气弱，一曰字冗，是皆通患"，游历显然对这些"通患"是有帮助的。黄遵宪在《致周朗山函》更明确指出：

---

1 黄遵宪：《自序》，收于陈铮编《黄遵宪全集（上）》，页68—69。
2 黄遵宪的博学，亦可由其藏书所见，据梅州市人境庐文物管理所编《黄遵宪藏书目》，包括经史子集外文译本在内的书籍，总共编号为587种。另外据郑海麟指出，黄遵宪早年所读之书，包括《日知录》《天下郡国利病书》《黄梨洲全集》《船山遗书》《船山诗草》，对清初三大家的学术，亦不陌生。此皆可见黄遵宪的博学，可谓无书不读。可参梅州市人境庐文物管理所编《黄遵宪藏书目》，收于陈铮编《黄遵宪全集（下）》，页1605—1624。郑海麟：《黄遵宪传（附黄遵楷传）》，北京：中华书局，2006，页13。
3 黄遵宪：《自序》，收于陈铮编《黄遵宪全集（上）》，页69。
4 黄遵宪：《自序》，收于陈铮编《黄遵宪全集（上）》，页69。
5 郑子瑜、石藤惠秀编：《己卯笔话》，收于陈铮编《黄遵宪全集（上）》，页691。

> 吾今日所遇之时，所历之境，所思之人，所发之思，不先不后，而在我焉。……虽然，吾身之所遇，吾目之所见，吾耳之所闻，吾愿笔之于诗，而或者其力有未能，则不得不借古人而扶助之，而张大之，则今宪所为，皆宪之诗也。[1]

吾身所遇，吾目所见，吾耳所闻，讲的其实就是"博学"的内涵。亲遇亲见亲闻，既是读书，也是历世，更是游见，是从人情事物、世界宇宙、古今文物中闻见学思："我行遍历三天下，松寥一阁天下奇，两鼎蟠螭碑《瘗鹤》，还有椒山手写诗。"[2] 既学既思，在于成就"我"这个主体，"我自有我之诗者在矣"[3]，我历而我见，我见而我思，我思故我在，或感世事艰难，"世情初阅历，吾道果艰辛"[4]；或哀生离死别，"一队同游少年辈，两年零落九原多"[5]；或叹有志难伸，"门掩官何冷，灯孤仆亦亲。车声震墙外，滚滚尽红尘"[6]；又或是以新名词入诗，因博学而博物，以竹枝词写异地民风，写所见亲闻，详注以介绍国人，如《日本杂事诗》[7]；又或是半取佛理，参以西方植物学、化学、生学理等说，以辟新境，如《以莲菊桃杂供一瓶作歌》[8] 如此种种，将学思闻见尽化成诗，"吾愿笔之于诗"。博学于诗，这样的诗作，才是自己的，而不是别人的、古人的，"则今宪所为，皆宪

---

[1] 黄遵宪：《致周朗山函》，收于陈铮编《黄遵宪全集（上）》，页292。胡适其实颇为理解这层意思，他在《留学日记》的《今别离》条就说："昨夜月圆，疑是旧历七月十五夜也。……忽念黄公度《今别离》第四章'汝魂将何之'，其意甚新，惜其以梦为题，而独遗月。古人'今夜鄜州月，闺中只独看''但愿人长久，千里共婵娟！'皆古别离之月也。千里远别，犹可共婵娟之色，今之去国三万里者，其于国中父老骨肉，日月异明，昼夜异时，此夜绮色佳之月，须待一昼夜之后始可普照吾故园桑梓，此'今别离'之月色也。感此因成英文小诗二章……"胡适：《胡适留学日记（三）》，收于《胡适作品集（三十六）》，页126。
[2] 黄遵宪：《己亥杂诗》第六十六首，收于陈铮编《黄遵宪全集（上）》，页160。
[3] 黄遵宪：《致周朗山函》，收于陈铮编《黄遵宪全集（上）》，页291。
[4] 黄遵宪：《慷慨》，收于陈铮编《黄遵宪全集（上）》，页208。
[5] 黄遵宪：《哭张心谷》，收于陈铮编《黄遵宪全集（上）》，页76。
[6] 黄遵宪：《郁郁》，收于陈铮编《黄遵宪全集（上）》，页127。
[7] 蒋英豪：《〈日本杂事诗〉与近代汉语新词》，《汉学研究》第22卷第1期，2004年6月，页299—301。
[8] 梁启超：《饮冰室诗话》，页30—31。

之诗也","未必遽跻于古人,其亦足以自立"[1]。因此,梁启超《嘉应黄先生墓志铭》所说的"自其少年,稽古学道,以其中年阅历世事,暨国内外名山水,与其风俗政治形势土物,至于放废而后,忧时感世,悲愤伊郁之情,悉托之于诗"[2],就不只是单纯地记录平生而已,而是指出稽古学道、广游四方、走涉江湖,建构了黄遵宪的诗歌世界与内涵。梁启超的文意,正该在此脉络中理解。

博学于诗,那么,究竟要如何转换熔铸于诗歌之中? 黄遵宪的答案是:参酌古法,并且转为今用,另外就是涵养性情胸襟。他说:

> 尝于胸中设一诗境:一曰复古人比兴之体;一曰以单行之神,运排偶之体;一曰取《离骚》乐府之神理而不袭其貌;一曰用古文家伸缩离合之法以入诗。[3]

比兴之体,即是善用联想与譬喻,以达"美刺"之用,如《乙丑十一月避乱大埔三河虚》以困兽、群蛙比太平军,《寄四弟》以鸿雁分飞而兴兄弟离合之情;"单行",是指不拘对仗韵声,善用流水对,排比对偶,既要完整表达情感,又不流于冗散骈俪,故曰"以单行之神,运排偶之体";乐府神理,或可指"感于哀乐,缘事而发",以此作诗,取其精神而不模仿;"伸缩离合之法",是妥善变化写作视野与技巧,时而正面,时而侧面,忽写对方,忽写自身,或颠倒顺逆,夹叙夹议,连用连叠等等。[4]

除此之外,黄遵宪认为诗人的性情胸襟应该要宏阔,涵养器量应该要淳厚,叔度汪汪,如千顷波,实乃"文章之佳,由于胸襟器识"[5]。文章如此,诗作亦如是。换言之,根柢要扎实,性情要笃厚,正是为诗之道:

---

1 黄遵宪:《自序》,收于陈铮编《黄遵宪全集(上)》,页69。
2 梁启超:《嘉应黄先生墓志铭》,收于陈铮编《黄遵宪全集(下)》,页1571。
3 黄遵宪:《自序》,收于陈铮编《黄遵宪全集(上)》,页69。
4 参见张堂锜《黄遵宪的诗歌世界》,页87—95。
5 郑子瑜、石藤惠秀编:《庚辰笔话》,收于陈铮编《黄遵宪全集(上)》,页709。

> 诗之为道，性情欲厚，根柢欲深。此其事似在诗外，而其实却在诗先，与文章之同者也。[6]

综论上述所言，黄遵宪之所以强调博学，然后以此为作诗要素，实包涵了许多面相，并非只是读书而已，而是要求学思修养并重。博学为诗，其重要性皆在于此。

最后，我们再回到"我手写我口"。在博学于诗的宗旨下，又该怎么理解这句话？前面已经提到黄遵楷的引语"要不失为以我之手，写我之口"，但就整段引语来看，黄遵宪在《自序》中也有类似的话，只是《自序》讲的是"要不失乎为我之诗"。由此而观，不管是我手写我口，还是为我之诗，重点都在于"我"这个主体，而要完成这个主体，就是要借由博学为基础，调适而上遂。更进一步来讲，这个为我之诗的我手写我口，黄遵宪认为是语文合一的"今言"[7]：

> 盖语言与文字离，则通文者少；语言与文字合，则通文者多，其势然也。[8]

黄遵宪主张语言与文字相合，他称赞"嘉道之间，文物最盛，几于人人能诗"，诗作即便是置于其他地区，亦无愧色，"岂非语言与文字合，易于通文之明效大验乎？"[9]由此可知，"我手写我口"的"口"就是"口语"，更确切地说，是指语文合一的"口语"，反过来讲，这种语文，不只要能"我口"，还要能"我手"，

---

6 黄遵宪：《〈养浩堂诗集〉跋》，收于陈铮编《黄遵宪全集（上）》，页244。
7 "今言"出自《杂感》之一："古文与今言，旷若设疆圉。"黄遵宪：《人境庐诗草》，收于陈铮编《黄遵宪全集（上）》，页75。
8 黄遵宪：《日本国志》，收于陈铮编《黄遵宪全集（下）》，页1420。值得一提的，黄遵宪又说："然中国自虫鱼云鸟，屡变其体，而后为隶书，为草书。余乌知夫他日者不又变为一字体，为愈趋于简，愈趋于便者乎？"认为文字的进化是由繁到简，愈趋便利，此说非黄遵宪所独论，康有为、梁启超都有同样的看法。可参刘芝庆《论康有为与廖平二人学术思想的关系——从〈广艺舟双楫〉谈起》，《中国历史学会史学集刊》第41期，2009年10月，页305—306。
9 黄遵宪：《〈梅水诗传〉序》，收于陈铮编《黄遵宪全集（上）》，页287。

既能说也能写,所以才要"雅驯可诵"[1]。但是"雅驯"也非必要条件,只要善得其真亦可,因为出自真心真意,发诸今言,纯任天真,也可以算是天地至文:"夫声成文谓之诗,天地之间,无有声,皆诗也。即市井之谩骂,儿女之嬉戏,妇姑之勃溪,皆有真意以行其间者,皆天地之至文也。"[2] 因此,未必就如胡适所言,"我手写我口"是指白话,毕竟黄遵宪著重的是"今言",在黄遵宪的讲法中,"今言"显然并无胡适所主张文言/白话的对立关系存在,换句话说,"今言"可以是"雅驯可诵",也可以是"市井之谩骂""儿女之嬉戏"。而今言固然是语文合一,但也必须是以博学为基础,融会贯通,才能得心应手,出之于口作之于手,重点在于"我手"与"我口"必须是"为我"的,"我"才是作诗的主体,这就是"为我之诗"。用增田涉的话来讲,就是"以自身体会得到的语言写诗"——至于要如何体会,就得靠博学了。

顺着这样的脉络看来,"我手写我口"的说法,就不必视为年少之语,而是可作为黄遵宪的诗学主张之一,但原因并不在于黄遵宪是否持续实践这个主张,而是与其他主张一样,这个说法仍可归融于"博学于诗"的宗旨之中,使得黄遵宪的诗歌理论更显完整。自始至终,黄遵宪终身贯彻,努力不懈的,并不是局限在这些单一的细节观点,而是他对于"博学"的坚持与付出的心力,并且具体实践在他的诗作之中。换句话说,在"博学于诗"的原则之下,出于性情淳厚,兼容古法,于是根柢既深,我手写我口,不管是以俗语白话新名词入诗,不避佛家语,又或是诗作涵融诸子百家、《选》、《骚》、乐府,乃至于"诗之外有事,诗之中有人"[3] 等等,都可以成为"未必遽跻于古人,其亦足以自立",且文言合一的今言诗歌。黄遵宪所谓"……要不失为以我之手,写我之口","……要不失乎为我之诗",整段话的文意,正可由此来理解。

---

1 黄遵宪:《〈梅水诗传〉序》,收于陈铮编《黄遵宪全集(上)》,页287。
2 黄遵宪:《致周朗山函》,收于陈铮编《黄遵宪全集(上)》,页291。
3 黄遵宪:《自序》,收于陈铮编《黄遵宪全集(上)》,页68。

四、结论

　　胡适与黄遵宪诗歌主张的异同,张堂锜《论黄遵宪与胡适的诗歌改革态度》一文已有详尽的解析。[4] 据他的看法,黄遵宪与胡适的文学观当然各有特色,不可等同,但如果就文学史的发展来看,从晚清黄遵宪、梁启超,再到胡适、陈独秀等人的文学提倡,呈现的是一条不绝如缕的文学发展道路。或者应该这么说,从黄遵宪到胡适,"作诗如作文"的程度更加深化,对于排偶、骈律、对仗等束缚,也得到更进一步的松脱,而讲文学进化,反对摹古,主张诗作中的"人"与"我"等等,更是英雄所见略同,当然此间未必有绝对的影响关系,但就文学史内缘发展来看,显有理路可寻。[5]

　　这种比较,事实上可以引发其他的研究进路。因为我们可以延伸而出:胡适与黄遵宪,既然有同有异,那么,胡适到底怎么解释黄遵宪?胡适在文学革命的世界中,看到了黄遵宪诗歌的哪些形象?就后来学者的讨论来看,胡适解释的形象,显然是出于特定立场(白话文学),对于这种落差,我们是否就该抛弃,不必再论?如果我们要再善加利用,又该如何?可能的方法之一,就是借由这种落差所形成的众多讨论,我们可以省视并调整。也就是说,从胡适之诠释而产生的相关论证里,我们可以找到再探索的基点,用本文的论述来讲,就是以"我手写我口"的相关诗句为基础,然后再回到黄遵宪,重新阅读文本。因此,从"我手写我口"出发,反省其与白话文学的关系,再思考"手"与"口"的关联,再到"我"这个主体性的建立,如此等等。我们可以问的是,在这首诗作中,要怎么处理这些问题?更扩大来看,在黄遵宪整体的诗歌理论里,他又是用什么样的态度与原则来看待?我们又该怎么论述证明?

　　本文的研究,就是以这样的方法为基础来尝试探索黄遵宪的诗歌理论,然

4　参见张堂锜《论黄遵宪与胡适的诗歌改革态度》,收于氏著《黄遵宪的诗歌世界》,页271—295。
5　参见张堂锜《论黄遵宪与胡适的诗歌改革态度》,收于氏著《黄遵宪的诗歌世界》,页281、284、286、293—295。

后提出黄遵宪诗学理路的重心，其实就在于他对"博学"的重视，且将其视为作诗的关键因素。当然博学不止于广读博览，还包括了涉世阅历、游览增闻等等，如此循序渐进，学思并重，自能促使知识的增加，生命的成长，兼或涵养性情，或参用古法，融用古语、新名词，以我手写我口，要不失为我之诗……总之，博学于诗，目的在于完成自我主体的建立，诗中有我，是我作诗，而非作古人或别人的诗，"仆自为仆之诗而已"[1]，正可由此而观。

---

1 《光绪五年闰三月十七日笔谈》，收于陈铮编《黄遵宪全集（上）》，页739。

图书在版编目(CIP)数据

解释世界与改变世界：中国思想史中的知识信仰与人间情怀/刘芝庆著.—武汉：武汉大学出版社，2019.9

ISBN 978-7-307-20997-8

Ⅰ.解… Ⅱ.刘… Ⅲ.思想史—中国—文集 Ⅳ.B2-53

中国版本图书馆CIP数据核字(2019)第132221号

责任编辑：赵 金　　装帧设计：鹿书工作室

出版发行：武汉大学出版社　　(430072 武昌 珞珈山)
(电子邮箱：cbs22@whu.edu.cn　网址：www.wdp.com.cn)
印刷：武汉新鸿业印务有限公司
开本：720×1000　1/16　　印张：20　　字数：292千字
版次：2019年9月第1版　　2019年9月第1次印刷
ISBN 978-7-307-20997-8　　定价：48.00元

版权所有，不得翻印；凡购我社的图书，如有质量问题，请与当地图书销售部门联系调换。